사회언어학:
언어와 사회, 그리고 문화

강현석   단국대학교 영어과 교수

강희숙   조선대학교 국어국문학과 교수

박경래   세명대학교 한국어문학과 교수

박용한   해군사관학교 인문학과 교수

백경숙   한양여자대학교 영어과 교수

서경희   한국외국어대학교 영어학과 교수

양명희   중앙대학교 국어국문학과 교수

이정복   대구대학교 국어국문학과 교수

조태린   연세대학교 국어국문학과 교수

허재영   단국대학교 교육대학원 국어교육 전공 교수

사회언어학:
언어와 사회, 그리고 문화

© 강현석 외 9명, 2014

1판 1쇄 발행__2014년 12월 31일
1판 6쇄 발행__2023년 02월 25일

지은이__강현석·강희숙·박경래·박용한·백경숙·서경희·양명희·이정복·조태린·허재영
기 획__한국사회언어학회
펴낸이__홍정표

펴낸곳__글로벌콘텐츠
　　　　등록__제25100-2008-000024호

공급처__(주)글로벌콘텐츠출판그룹
　　　　대표__홍정표 이사__김미미 편집__임세원 강민욱 백승민 권군오 문방희 기획·마케팅__이종훈 홍민지
　　　　주소__서울특별시 강동구 풍성로 87-6 전화__02-488-3280 팩스__02-488-3281
　　　　홈페이지__www.gcbook.co.kr 메일__edit@gcbook.co.kr

값 20,000원
ISBN 979-11-85650-72-2 93700

사회언어학
총서 1

사회언어학:

언어와 사회, 그리고 문화

강현석·강희숙·박경래·박용한·백경숙

서경희·양명희·이정복·조태린·허재영 지음

글로벌콘텐츠

책머리에

1990년에 창립되어 현재 24년의 역사를 지닌 한국사회언어학회는 그동안 파솔드(Fasold)의 ≪Sociolinguistics of Language≫를 번역한 ≪사회언어학≫(황적륜 외 옮김 1994)과 본빌레인(Bonvillain)의 ≪Language, Culture, and Communication≫을 옮긴 ≪문화와 의사소통의 사회언어학≫(한국사회언어학회 옮김 2002) 등의 사회언어학 개론 성격의 대표적 외국 도서들을 번역 출간함으로써 사회언어학의 보급과 후속 연구 세대 양성을 도모하여 왔다. 또한 2012년에는 학회의 대표적 학자들을 집필위원으로 해서 ≪사회언어학 사전≫을 편찬하여 번역된 사회언어학 전문 용어의 통일과 한국어 사회언어학 용어의 표준화를 이루는 성과를 이루었다.

그동안 이룬 이러한 학회 사업의 성과를 바탕으로 제12기 학회 상임이사회는 그동안 염원했던 '사회언어학 총서'의 출간을 시행하기로 하고 총서의 첫 간행물로 ≪사회언어학: 언어와 사회, 그리고 문화≫를 저술하고 발간하기로 결정하였다.

이 책을 '사회언어학 총서'의 제1권으로 발행하기로 한 배경은 크게 다음 두 가지이다. 첫째로 국내에는 아직 일반 사회언어학을 공부하고 가르칠 수 있는 교재가 한정되어 있고 현재 시중에 있는 책들도 쓰인지 오래되어 최근의 학문적 동향을 잘 반영하지 못하고 있다고 판단된다는 점이다. 둘째 배경은 그동안 출간된 책들이 대부분 외국, 특히 서양에서 이루어진 연구의 업적과 이론의 소개에 중점을 두고 있어서 국내에서 이루어진 사회언어학적 연구와 성과에 대한 독자들의 이해를 이끌어내는 데는 한계가 있다는 집필진의 인식이었다. 따라서 집필진은 본서에서 외국의 학문적 이론과 연구에 대한 소개만이 아니라 국내 사회언어학계에서 이룬 성과를 균형 있게 제시하고자 노력하였다.

이 책의 출간 과정을 간략히 소개하면 다음과 같다. 2013년 2월에 열린 한국사회언어학회 상임이사회에서 이 책을 학회 차원에서 기획하고 출판하기로 결정하였다. 이어서 이사회의 논의를 거쳐 전체 책의 내용과 구성을 결정하고 각 장의 집필자를 섭외하였다. 또 이 책은 학회 차원에서 총서의 일환으로 저술하는 것이어서 서경희 선생님을 위원장으로 해서 조태린, 강희숙, 백경숙, 강현석 위원으로 편집위원회를 구성하여, 전체 책의 조직을 구상하고 집필 방침 및 편집 양식을 결정하였다.

각 장의 초고가 완성된 것은 금년 6월말 경이었고, 이 후 3차에 걸친 집필진 간의 교차 검토와 수정 작업, 두 외부 연구자의 형식과 내용의 검토를 거친 후, 최종 원고 검토와 교정을 통해서 이번에 출간하게 되었다.

한국 사회언어학의 성과를 많이 소개한다는 점 외에 이 책의 또 다른 특성은 기존 일반 사회언어학 교재보다 더 폭넓고 심층적 내용을 포함한다는 것이다. 이것은 이 책의 각 장들을 사회언어학의 해당 분야를 전공한 전문 학자들이 집필했기 때문에 가능하였다. 각 장의 제목과 필자는 다음과 같다.

> 제1장 서론 (강현석, 단국대학교)
> 제2장 언어와 지역 (강희숙, 조선대학교)
> 제3장 연령과 사회 계층 (박경래, 세명대학교)
> 제4장 언어와 성 (백경숙, 한양여자대학교)
> 제5장 호칭과 경어법 (이정복, 대구대학교)
> 제6장 화용론과 대화 분석 (서경희, 한국외국어대학교)
> 제7장 언어와 문화 (허재영, 단국대학교)

제8장 언어 공동체와 언어 태도 (양명희, 중앙대학교)
제9장 언어 상황과 언어 선택 (박용한, 해군사관학교)
제10장 언어 정책 및 계획 (조태린, 연세대학교)

사회언어학 개론서에 일반적으로 포함되는 사회언어학 분야는 언어 변이와 언어 변화, 방언학, 대화 분석 같은 미시 사회언어학적 분야들과 언어 접촉, 언어 정책, 언어 태도 같은 거시 언어학적 분야들, 그리고 호칭어, 색채어, 언어상대주의 같은 주제를 다루는 인류언어학 분야가 대표적이다.

이 책에서 다루는 사회언어학 분야도 크게 다르지 않으며 그 내용을 소개하면 다음과 같다. 먼저 이 책의 서장(序章)인 1장에서는 사회언어학의 역사와 하위 분야, 그리고 사회언어학의 주요 방법론을 소개한다. 이어서 언어와 지역적, 사회적 요인과의 상관관계를 연구하는 변이 분야를 셋으로 나누어, 2장, 3장에서는 각각 언어 변이의 지역적 요인, 언어 변이의 연령과 계층 요인을 다루며, 4장에서는 언어 변이의 성별 요인에 대하여 논의한다. 5장에서는 대화 참여자 간의 힘의 역학과 사회적 관계가 드러나는 호칭과 경어법에 대하여 다루고, 6장에서는 화행 이론, 대화의 규칙과 구조 등을 주제로 하는 화용론과 대화 분석에 대하여 소개한다.

6장까지가 미시 사회언어학적 주제에 대한 내용이라면 이어지는 7장은 언어 상대성(linguistic relativity) 이론이나 금기어와 같이 언어와 문화에 대한 인류언어학적 주제들을 다룬다. 뒤이어 8장부터는 거시 사회언어학적 주제와 내용을 논의한다. 8장에서는 언어 공동체의 개념과 언어 태도 및 언어 권리를 다루고, 9장에서는 넓은 의미의 언어 접촉에 관한 주제가 언어 상황과 언어 선택이라는 제목으로 소개된다. 마지막으로 10장에서는 언어 정책 및 계획에 대한 주요 주제들이 논의된다.

이 책의 출간에는 여러 선생님들의 노고가 배어 있다. 먼저 이 책의 각 장을 집필해 주신 열 명의 집필진께 깊은 감사의 말씀을 전한다. 필진 선생님들은 개인적으로 아무런 대가 없이 학회와 국내 사회언어학의 저변 확대를 위해서 각 장을 집필해 주셨다는 점을 밝힌다. 또한 이 책의 편집위원회의 일원으로 수고를 아끼지 않으신 서경희, 조태린, 강희숙, 백경숙 선생님께 심심한 사의를 표한다. 편집위원회는 여러 차례 본서의 편집과 간행을 위해 모임을 가졌으며, 또한 전자 메일과 카카오톡을 활용하여 지속적 소통을 통해서 주요 결정을 하였다. 특히 서경희 선생님은 전체 집필과 편집 과정을 지휘해 주셨으며, 조태린 선생님은 그 과정에서 실무적 지원과 도움을 아끼지 않으셨다.

이 책의 편집 과정에서 도움을 주신 이정복 선생님께도 감사를 표하고, 이 책의 내용 검토 후 도움되는 제언을 해 주신 홍미주 선생님과 이 책의 형식적인 면을 검토하고 교정해 주신 박주형 선생님께 감사를 드린다. 또한 이 책의 편집과 출판을 성심껏 도와주신 (주)글로벌콘텐츠 출판그룹의 홍정표 대표와 양정섭 이사께도 사의를 표한다.

이 책의 출간을 시작으로 앞으로 훌륭한 저술들이 '사회언어학 총서'의 후속 출판물로 간행되길 기대한다. 학회 총서의 제1권으로 출판된 ≪사회언어학: 언어와 사회, 그리고 문화≫가 언어학 중 '가장 흥미로운 하위 분야' 중 하나인 사회언어학에 관심 있는 학생, 연구자, 일반 독자에게 많이 읽혀 한국 사회언어학의 저변을 더 확장하는 데 이바지하길 기대한다.

2014년 12월 15일
한국사회언어학회 회장 및 공저자 강현석

목 차

제1장

서론:

사회언어학으로의 초대

언어란 신비로운 존재이며, 인간만이 가지고 있는 복잡한 의사소통 체계다. 언어는 인간만이 사용하기 때문에 인류의 기원과 진화 문제와도 관련을 지닌다. 또한 언어 없는 인간은 생각할 수 없으며, 언어가 없는 인류 문화와 역사 역시 상상하기 어렵다.

이 세상에는 수많은 언어가 존재한다. 그리고 각 언어는 지역적 요인에 따라 여러 지역 방언을 가지고 있고, 사회적 요인에 따라 사회 방언을 가지는 등 적지 않은 내부 변이형들을 내포하고 있다. 또한 언어는 과거의 기록과 문헌들이 증명하듯이 늘 변화하고, 분화하고, 생성하고, 소멸하기도 하는 것이어서 거시적인 관점에서 아주 흥미로운 현상을 보여준다. 언어는 다른 동물들의 의사소통 수단과는 달리 놀라울 정도의 체계성과 규칙성을 가지고 있는데, 이 특성을 포함한 세 가지 특질, 즉 언어의 통시적 변화(diachronic change)와 내부 변이성(internal variability) 그리고 언어의 체계성(systematicity)은 언어의 가장 중요한 본질적 특성으로 간주된다. 이 가운데 언어의 체계성과 규칙성은 일반적으로 이론언어학에서 다루는 주제이며, 내부 변이성과 언어의 변화, 특히 진행 중인 언어의 변화는 사회언어학에서 다루는 연구 주제라고 할 수 있다.

사회언어학에서는 언어의 내부 변이성과 언어 변화 외에도 다양하고 흥미로운 소재와 주제를 다룬다. 사회언어학에서는 언어를 추상적이고 독립적인 개체로서가 아니라 사회적 맥락 속에서의 실재(entity)로 다루고 연구한다.

이 장에서는 사회언어학의 여러 분야와 세부 연구 주제에 대한 본격적인 논의에 앞서 사회언어학을 개괄적으로 소개하고자 한다. 먼저 첫 절에서는 언어학의 한 하위 분야로서 사회언어학의 성격을 논의하고 언어에 영향을 주는 주요 사회적인 요인들에 대하여 소개한다. 둘째 절에서는 현대 사회언어학의 전조가 되는 대표적인 연구 업적과 연구자들을 소개하고 현대 사회언어학의 출범 과정을 설명한 후 사회언어학의 하위 분야에 대하여 논의한다. 이 장의 마지막 부분인 셋째 절에서는 사회언어학 연구에서 자료 수집과 분석에서 사용되는 주요 방법론을 소개한다.

1. 사회언어학과 사회적 요인

1.1 사회언어학의 성격

언어학은 크게 이론언어학(theoretical linguistics)과 응용언어학(applied linguistics)으로 분류할 수 있다. 전자는 음운론, 형태론, 통사론, 의미론과 같이 화자가 모어에 대해 내재적으로 지니고 있는 문법적 지식을 기술하고 이론화하는 것을 목적으로 한다. 반면에 응용언어학은 이론언어학이 구축한 언어 이론을 현실 세계나 다른 학문과의 접합 분야에 적용하여 다양한 부문에 나타나는 실제적 문제를 이해하고 이를 해결하는 데 도움을 주는 것을 목표로 한다. 응용언어학의 여러 분야 중에서 현실 문제와 좀 더 직접적이고 밀접한 관련을 갖는 분야로는 언어 교육, 통·번역, 법정언어학, 사전 편찬학 등이 있고 다른 학문과의 접합 분야로 분류될 수 있는 것은 심리언어학, 인류언어학, 전산언어학, 그리고 이 책에서 다루는 사회언어학 등이 있다.

사회언어학은 다른 응용언어학의 제 분야와 유사하게 이론언어학(특히 생성문법)의 지나친 추상성과 현실과의 괴리라는 배경하에서 발생하였다. 이론언어학은 촘스키(Chomsky)가 얘기하는 언어 능력(linguistic competence) 혹은 문법 능력(grammatical competence)을 기술하는 것을 목표로 한다. 반면에 하임스(Hymes 1966)은 인간이 가진 언어적 능력은 생성문법에서 말하는 언어 능력만이 아니라 적절한 표현과 문형과 말씨를 맥락에 알맞게 사용하는 화자의 능력을 포함하는 것으로 보았고 이 능력을 의사소통 능력(communicative competence)이라고 지칭하였다. 의사소통 능력에 대한 분석과 기술은 사회언어학의 여러 연구 대상과 연구 주제 중 중요한 부분이 된다.

사회언어학의 전제는 인간의 언어와 언어 사용에 미치는 사회적 요인의 영향이 지대해서 사회적 요인들을 배제한 언어와 언어 사용에 대한 이론은 학문적 설명력이 약하고 미흡할 수밖에 없다는 것이다. 라보브(Labov)는 초기에 진정한 언어학은 사회적 요소를 언어 이론에 통합한 언어학일 수밖에 없다는 의미에서 '사회언어학'이라는 용어 사용 자체를 기피하였다. 다시 말해 그의 입장은 진정한 언어 이론은 사회적 요인을 언어 구조나 언어 사용 양상을 설명하는 데 포함해야 바람직하고 이상적이라는 것이다. 이러한 생각은 다양한 학문적 배경을 가진 많은 사회언어학자들이 정도에 있어서는 차이를 보이더라도 공유하는 이론적 입장이라고 할 수 있다.

1.2 주요 사회적 요인들

앞에서 언급했듯이 사회언어학은 단순히 화자의 문법적 능력만이 아니라 생성문법에서 언어 수행(linguistic performance)적인 것으로 치부하는 사회문화적 맥락과 상황적 맥락에 따라 언어를 사용하는 인간의 의사소통 능력 혹은 사회언어학적 능력(sociolinguistic competence)을 연구 대상으로 한다.

예를 들어 한국어에서 '나는 행복해'라는 말은 문법적으로는 완전하지만 사용되는 사회적 맥락은 제한되어 있다. 즉 청자가 화자와 동일하거나 낮은 지위를 갖든지 화자와 청자 간의 관계가 친밀해야 하는 조건을 갖는다. 그렇지 않은 경우 화자는 '나' 대신 '저'라는 대명사를, 또 '행복해' 대신 '행복해요' 혹은 '행복합니다'라는 표현을 선택해야 한다. 또한 자신의 아버지나 어머니에 대한 호칭어로는 '아버지', '어머니'를 사용하고 '시아버지, 장인'께는 일반적으로 '아버님', '시어머니, 장모'께는 '어머님'을 사용해야 하며, 이 호칭어를 반대로 사용하는 것은 사회적 맥락에서 적절하지 않다. 위의 두 예에 대한 화자의 지식과 언어 능력을 문법 능력과 구분하여 사회언어학적 능력이라고 할 수 있다.

앞서 맥락은 사회문화적, 상황적 모습을 띤다고 하였는데 그렇다면 사회언어학자들이 특히 관심을 갖고 연구하는 사회문화적 요인에는 어떤 것들이 있을까? 이들 요인 가운데 대표적인 요인 몇 가지를 아래에서 논의하고자 한다. 언어의 변이에 영향을 주는 또 다른 주요 변인인 지역(region)에 대하여는 제2장에서 논의한다.

사회 계층

사회 계층은 사회학자들이 특정 사회의 구성원들을 사회적·경제적·교육적 지위를 감안하여 몇 개의 위계 집단으로 나누는 사회적·정치적 개념이다. 사회 계층의 구분에는 일반적으로 경제적 요소가 가장 중요하다고 보는 경향이 있다. 이에 따라 사회 계층을 사회경제적 계층(socio-economic class) 혹은 사회경제적 지위(socio-economic status)라고도 한다.

사회 계층의 개념은 관점에 따라 다르게 정의할 수 있다. 예를 들어 막스 베버(Weber 1946)은 사회 구성원의 경제적 지위, 사회적 지위 그리고 사회 권력적 지위가 모두 사회 계층에 영향을 주는 것으로 본 반면, 부르디외(Bourdieu 1979)는 사회 구성원이 갖는 경제적 자원, 문화적 자원, 사회적 자원을 그 구성원의 사회 계층을 결정짓는 주요 변수로 보았다.

사회언어학에서 사회 계층은 특히 변이 이론(variation theory)의 중요한 분석 단위였다. 변이 이론에서는 언어 변이의 체계성이 개별 화자에게는 관찰하기 어렵지만 언어공동체(speech community)에서는 변이의 구조성을 관찰할 수 있다는 기본 가정을 토대로 한다. 예를 들어 라보브의 뉴욕시 언중의 모음 뒤의 'r' 발음 연구(Labov 1966a)에서 사회 계층이 높은 화자일수록 'r'을 더 높은 빈도로 발음하는 경향을 보인 것은 'r' 발음의 언어적 행태가 사회 계층이라는 사회구조적 개념과 상관관계가 있다는 것을 의미했고, 개별 화자의 발화 자료만을 가지고는 이를 파악할 수 없지만 언어공동체의 대표성 있는 표본 자료를 조사하면 이 상관관계를 분석해 낼 수 있다는 것을 이 연구는 보여 주었다. 또한 이 연구는 '사회 계층'이라는 사회학적 개념을 사회언어학에서 기본적 사회 요인으로 사용할 수 있도록 정당화하는 계기가 되었다.

사회언어학 연구에서 사회 계층을 구분하는 데 사용된 가장 중요한 지표는 직업이었다. 하지만 대부분의 연구는 화자의 직업 외에도 학력 수준, 소득 수준, 거주지 유형, 아버지의 직업 같은 지표를 화자의 사회 계층을 산정하는 데 함께 사용하였다. 예를 들어 울프램(Wolfram 1969)는 디트로이트 흑인 영어 연구에서 직업, 학력, 소득, 거주지를 기준으로 삼았고 트럿길(Trudgill 1974b)는 영국 노리치(Norwich) 영어의 변이 연구에서 직업, 소득, 학력, 아버지의 직업, 주택 유형, 거주 지역을 기준으로 하여 화자들의 사회 계층을 산정하였다.

국가나 사회에 따라 다소 다를 수 있지만 사회학에서는 일반적으로 계층을 상류 계층(upper class), 중류 계층(middle class), 하류/노동 계층(lower/working class)으로 분류한다. 이 중 상류 계층은 전체 사회 구성원의 1~2%에 불과하고 이들에 대한 언어학자들의 접근이 쉽지 않다. 또한 이들의 언어 사용 양상이 중류 계층 중 특히 상위 중류 계층(upper middle class)이나 중상위 중류 계층(upper & middle middle class)과 다르지 않기 때문에 이들의 언어 자료는 수집 대상에 포함되지 않는 경우가 많다. 트럿길(1974b)는 영국의 노리치 영어를 연구하기 위한 조사에서 제보자들을 중위 중류 계층, 하위 중류 계층, 상위 노동 계층, 중위 노동 계층, 하위 노동 계층의 다섯으로 구분하였고, 맥콜리(Macaulay 1977)은 스코틀랜드

글래스고(Glasgow) 영어를 연구하기 위한 조사에서 중류 계층을 계층 I과 계층 II로 나누고 노동 계층은 계층 III과 계층 IV로 구분하여 분석하였다.

화자들이 사용하는 언어 행태를 설명하기 위해 사회 계층이라는 개념을 사용하는 것에 대한 반론도 있다. 그 가운데 하나는 사회언어학자들이 사용하는 사회 계층에 대하여 현실적으로 제보자들이 의식하지 못하는 경우가 있어서 이런 경우 화자들의 언어 행태가 실제로 사회 계층에 의해 유의미한 영향을 받느냐 하는 문제다. 다른 하나는 사회 계층에 대한 화자들의 정체성이 성(gender)이나 민족성(ethnicity), 나이와 같은 다른 요인과 복합적으로 나타나는 경우가 많다는 것이다. 특히 초기 사회언어학 연구들은 사회 계층을 이들과는 큰 연관이 없는 독립적인 요인으로 다루었다. 이러한 배경이 후에 사회언어학 연구에서 사회 연계망 접근법(social network approach, Milroy & Milroy 1992)이나 실행공동체(community of practice, Eckert 2000) 방법론이 발생하는 요인 중 하나가 되었다.

성

사회언어학에서 다루는 성은 생물학적인 성(sex)이 아니라 심리적인 혹은 성 정체성과 관계 있는 성(gender)을 가리킨다. 성이라는 요인은 사회 언어학에서 다루는 중요한 사회적 요인 중 하나여서, '언어와 성(language and gender)'이라는 사회언어학의 한 하위 분야로 발전하였고 남성 화자와 여성 화자의 전형적 언어를 지칭하는 남성어와 여성어를 구별해 주는 성별어(genderlect)라는 용어가 사용되기도 한다.

화자의 성은 오래전부터 언어 변이에 영향을 주는 중요한 언어 외적 요인으로 분석되었다. 변이 이론의 여러 연구에서 얻은 결론은 여성 화자들이 남성 화자들보다 더 표준적이고 문법적인 언어를 사용한다는 것이었다. 예를 들면 트럿길(1974b)는 앞서 언급한 노리치 영어에 대한 연구에서 사회언어학적 변수인 (ing)의 두 변이형 [ɪŋ]과 [ɪn](예: running, [rʌnɪŋ]~[rʌnɪn]) 가운데 여성 화자들이 같은 사회 계층의 남성 화자들보다 표준 변이형인 [ɪŋ]을 높은 비율로 사용한다는 것을 밝혀냈다. 또한 아이시코비츠(Eisikovits 1988)도 호주 시드니에 거주하는 하류 계층 청소년들의 영어에서 여자 아이들이 이중 부정(예: I *didn't* do *nothing*)이나 일탈 과거형(예: He woke up and *seen* something)과 같은 비표준 어형(linguistic forms)을 또래의 남자 아이들만큼 자주 사용하지 않는다는 것을 발견했다.

하지만 언어와 성 연구의 본격적 시작은 레이코프(Lakoff)의 《Language and Woman's Place》(1975)에서 시작되었다고 할 수 있다. 레이코프에 의하면 여성의 언어가 남성의 언어보다 공손하고 문법적으로 정확하며 'Charming!', 'Sweet!' 같은 감탄적이며 실체적 뜻이 결여된 형용사(empty adjectives)와 자기 확신이 결여된 말투인 부가의문문을 자주 사용하고, 평서문에서 상승 억양을 사용하는 등의 특질을 갖는다고 한다. 이 책은 남성의 언어를 무표적인 것으로 설정하고 여성의 언어는 결손적인 유표성을 지닌다는 결손 접근법(deficit approach)의 관점을 취했다.

레이코프(1975)와는 달리 코츠(Coates 1993) 같은 언어학자는 남녀 간 언어 차이는 상이한 사회화 과정에 기인한 남녀의 하위 언어문화의 차이에서 비롯된다는 차이 접근법(difference approach)을 제안하였고, 캐머론(Cameron 1998) 등은 여성의 언어는 사회에서 권력을 갖지 못한 사람들과 특징을 공유하며 남녀의 언어적 차이는 사회 권력의 소지 여부에 기인한다는 권력 접근법(power approach)을 제시하였다. 이후 위의 세 접근법을 넘어서서 사회적 구성주의(social constructionism)에 기반을 둔 역동적 접근법(dynamic approach)이 또한 제안되었다. 역동적 접근법(Eckert & McConnell-Ginet 1998)은 화자의 사회적 정체성은 상황과 맥락에 따라 가변적이며 성 정체성도 다른 유형의 사회적 정체성과 같이 여성 화자도 때로는 더 여성적이고 때로는 덜 여성적인 다양한 정체성을 가질 수 있다고 상정한다. 따라서 이 접근법에 따르면 화자는 자기가 가질 수 있는 복수의 성 정체성 중에서 상황과 맥락에 적절한 것을 선택해서 성 정체성을 수행(performing/doing gender, Candace & Zimmerman 1987)한다고 할 수 있다.

위와 같이 성은 '언어와 성' 분야 외에도 변이 이론을 포함한 다양한 사회언어학 분야에서 중요한 사회적 요인으로 간주되고 있으며, 방법론적으로도 담화 분석, 말뭉치언어학, 계량사회언어학, 페미니스트 이론,

어휘 분석 등 다양한 분야와의 상호작용을 통하여 연구가 이루어지고 있다.

연령

언어 사용자의 연령(age) 역시 화자가 사용하는 언어에 영향을 주는 중요한 사회언어학적 변인 중 하나다. 연령이란 생물학적 나이를 의미하며 연속 변수의 성향을 띤다. 사회언어학 연구에서 화자들의 언어적 특성과 연령 간의 상관관계를 살펴보기 위해서는, 화자들을 몇 개의 동일한 산술적 차나 범위(range)를 갖는 연령 집단이나 특정 사회에서 언어적으로 유사하다고 판단되는 언어 집단(cohort)으로 나누어 분석한다. 전자의 예로는 제보자들을 15~30살, 30~45살, 45~60살, 60~75살 등의 연령대에 따라 동일하게 구분하는 것이고, 후자의 예로는 제보자들을 어린이, 청소년, 성인,[1] 노인 등으로 구분하는 것이다. 후자의 경우 각 집단(예: 청소년, 노인)의 의미는 특정 사회나 문화권에 따라 가변적일 수 있다. 전자는 또한 문화 외적(etic) 혹은 문화 중립적으로 연령 집단을 구분한 예고, 후자는 문화 내적(emic)으로, 즉 문화 특징적으로 연령 집단을 구분한 예라고 할 수 있다.

일반적으로 어린이의 언어는 가변적이고 아직 안정적 체계를 갖지 못한 것으로 평가된다. 청소년기는 부모의 절대적 지배에서 벗어나 또래 집단(peer group)의 언어에 특히 많은 영향을 받는데, 이 시기의 언어적 특성으로는 비속어, 은어의 빈번한 사용과 다른 시기보다 비표준적인 지역 방언(vernacular)을 사용하는 특성을 더 뚜렷이 보이는 데 있다. 성인은 일반적으로 가장 보수적인 언어를 사용한다. 그 이유는 이들의 삶이 직장에서의 성공에 초점이 맞추어져 있고 직장은 가장 표준적이고 보수적인 언어를 요구하는 곳이기 때문이다.[2] 노인의 언어는 사회나 문화권마다 노인에게 기대하는 역할이 다를 수 있기 때문에 가변적인 편이지만 대개는 중년기의 언어보다 덜 표준적인 경우가 많다. 노인들의 사회 연계망(social network)은 중년기보다 좁아지고 더 지역적인 성격을 띠게 되는데, 이것도 노인들의 언어를 덜 표준적으로 만드는 요인이 될 수 있다.

사회언어학의 변이 연구에서 관찰되는 세대 간 언어의 차이는 연령 단계 언어 변이(age grading variation)일 수도 있고, 진행 중인 언어 변화를 보여 주는 것일 수도 있다. 위에서 언급한 청소년들의 빈번한 비속어 사용과 성인 언어의 보수성은 언어공동체 전체로는 변하는 것이 아니고 늘 존재하는 세대별 차이여서 연령대 언어 변이의 예다.[3] 하지만 현재 영국의 콘월(Cornwall) 지역에서 관찰되는 모음 뒤의 'r' 탈락 현상(Piercy 2012)은 젊은 세대에서는 거의 항상 일어나지만 중년 세대와 노년 세대 에서는 점차로 탈락 빈도가 감소하는데, 이는 진행 중인 음운 변화의 예에 해당된다. 모음 뒤의 'r' 탈락 현상은 원래는 모음 뒤의 'r'을 탈락시 키지 않았던 이 지역의 방언과 위세를 띤 영국 표준 방언과의 접촉으로 인하여 발생한 것이다. 이와 같이 세대 간의 언어 차이를 바탕으로 언어 변화가 진행되고 있다고 주장하는 것을 '의사 시간(apparent time)' 방법 (Labov 1972)을 토대로 한다고 한다.

연령이라는 사회적 요인이 다른 사회적 요인들과 상호작용하는 것은 자주 관찰된다. 비속어의 경우는 남자 청소년이 여자 청소년보다 더 자 주 쓰는 경향을 보이는 반면 진행 중인 언어 변화는 젊은 여성 화자가 선도하는 경우가 많다. 또한 연령이라는 사회적 요인이 언어 변이에 갖 는 영향력과 중요성은 사회나 문화권에 따라 가변적이다(Holes 1983).

민족성

다민족 국가의 경우 민족성(ethnicity)이 언어 변이의 중요 요인으로 기 능할 수 있다. 이 경우는 대개 특정 민족 집단이 사용하는 언어나 사회 방언이 그 민족의 정체성을 표출할 때 나타난다. 민족 집단의 정체성은 의복, 음식, 종교, 의식, 관습 등 다양한 방식으로 나타날 수 있는데, 특정 언어 또는 사회 방언의 사용 역시 민족 집단의 정체성을 드러낼 수 있다. 민족 집단은 동일 국적 집단이나 인종 집단과 관련이 있으며 때로는 상 호 간의 경계가 모호한 경우도 있다.

언어가 민족성을 띠는 경우도 적지 않게 관찰된다. 예를 들면 스페인이나 프랑스에서는 바스크어가 바스크 민족 집단의 정체성을 보이고 이란에서는 쿠르드어가 쿠르드족의 정체성을 띤다. 또 러시아와 중국에서는 한국어가 각각 고려인(임채완 1999)과 조선족(박경래 2002)의 정체성을 드러내는 수단으로 사용된다. 때로는 국가 내 주류 집단 언어의 한 변종으로 소수 민족 집단의 정체성이 표시되기도 하는데, 미국의 아프리카계 미국인 일상 영어(AAVE)와 멕시코계 미국인들의 치카노 영어(Chicano English) 그리고 영국의 카리브 해 출신 이민자와 그 자손들이 사용하는 영국 흑인 영어(British Black English)가 그러한 예다. 이와는 달리 주류 언어와 민족 언어의 혼합형이 정체성 표현의 도구로 사용되기도 하는데 미국에서 히스패닉계 주민들이 사용하는 스팽글리시(Spanglish)가 한 예다.

민족 언어가 특정 민족의 정체성을 띠게 되는 경우 그 언어는 미화되어 표현되는 경우가 많다. 민족 언어는 특히 민족이나 국가의 '영혼' 혹은 '정신', '어머니'나 '부모' 같은 친족 표현, 혹은 민족의 '역사'나 '전통'과 관련지어 흔히 묘사된다. 예를 들어 벨라루스어는 '영적 삶의 토대'로 지칭되며(Anon 1987), 야키어(Yaqui)는 '부모와 부족 지도자의 언어'로 표현되고(Martinez 1989), 중국의 표준어인 북경어는 '우리 국가의 걸출하고 장구한 역사'라고 칭송된다(Yenbing 1955).

언어가 드러내는 민족 정체성의 강도는 특정 민족이 쇠락하여 한 국가의 소수 민족으로 전락할 경우 그 민족이 갖게 될 언어 유지(language maintenance)의 가능성과도 밀접한 관련을 갖는다. 또한 민족 집단 내 개별 성원의 언어 유지는 각 성원이 갖는 사회적 연계망(Milroy & Milroy 1992)의 성격에 의해 영향을 받는다. 대체로 민족 집단 내 특정 구성원이 집단의 중심에 위치해서 개인적인 연계망이 다중적이고 밀도가 높을수록 민족어의 유지 가능성이 증대된다.

민족어가 이미 국가 내 주류 집단의 위세 언어로 교체(language shift)가 이루어진 경우에도 잔존 민족어가 민족 집단의 정체성 표시의 도구로 기능하기도 한다. 예를 들면 인도의 힌디어나 유대인의 히브리어는 이들 민족 집단의 성원들이 거주하는 국가의 주류 언어로 언어 교체가 이루어진 이후에도 종교 의식이나 문화 행사에서 사용되는 경우가 관찰된다. 이런 현상은 이들의 민족어가 민족성 혹은 민족 정체성의 표시 수단으로서 여전히 기능한다는 것을 보여준다.

힘

사회언어학에서 힘(power)이란 특정인이나 특정 집단의 의사에 따라 다른 사람이나 다른 집단을 통제하고 행동하게 할 수 있는 권력 혹은 영향력을 지칭한다. 힘의 불균형은 개인이나 집단 간에만 나타나는 것이 아니고 국가 간에도 나타난다. 힘의 비대칭성은 인간의 역사에서 언제나 존재했고 언어는 이 힘의 불균형을 반영하고 또 힘을 표현하는 중요한 수단으로 기능해 왔다.

힘이나 권력의 불균형이 언어에 영향을 미칠 때 이 불균형은 다른 사회적 요인, 즉 사회 계층, 연령, 성, 민족성 등이 초래하는 경우가 많다. 즉 사회적 지위와 연령은 거의 모든 사회에서 크든 작든 힘의 차이를 초래하고, 성별에 의한 권력 차이도 많은 국가에서 관찰된다. 또한 특정 민족 집단이 국가나 사회의 주류 혹은 비주류 소수 그룹에 속하는지 여부도 이들 집단의 언어가 갖는 힘에 중요한 영향을 미친다.

힘이나 권력은 언어의 어휘, 구문, 말투, 말씨 등 미시적 차원에서 관찰되기도 하고 국가의 표준어, 공용어, 외국어 정책 같은 거시적 차원에서 나타나기도 한다.

먼저 미시적인 차원에서 보면, 화자가 청자에 대해 갖는 상대적인 힘은 화자가 사용하는 화행의 종류와 울타리 표현(hedge)의 사용 빈도에서 나타날 수 있다. 상대적으로 힘이 약한 화자는 간접 화행을 많이 사용한다. 예를 들어 직접적인 '요구' 대신 '질문'이나 '진술' 같은 화행을 써서 요구를 함축하는 경우이다. 힘이 약한 화자가 직접 화행을 쓸 경우에는 '좀', '-ㄴ 것 같아' 같은 발화 강도를 완화하는 울타리 표현을 자주 사용하는 경향이 있다.[4] 또한 화자의 상대적 힘은 말씨에서도 나타나는데 사회적으로 힘이 약한 화자는 자신 없이 약한 음량으로 발화하거나 평서문에서 확고한 인상을 주는 하강 어조 대신 상승 어조(rising tone)를 사용하기도 한다. 레이코프(1975)는 이것을 여성을 포함한 사회적 약자 말씨라고 하였다.

대화자 간의 힘의 관계는 호칭어에서는 어느 언어에서나 보편적으로 나타나고, 한국어나, 일본어, 자바어 등에서 관찰되는 어미나 조사 사용에 의한 문법화된 경어법에서는 더 명시적으로 나타난다. 호칭어는 상대방을 부르는 말로서 화자가 청자를 어떤 사회적 존재로 인식하고 있는지를 보여준다.[5] 프랑스어, 스페인어, 독일어 등의 유럽어에서는 두 가지 유형, 즉 'tu'형과 'vous'형의 이인칭 대명사(Brown & Gilman 1960)가 있어서 대화자 간의 힘과 친소 관계에 따라 다른 대명사가 사용된다.

거시적 차원에서 언어 간에 관찰되는 힘의 차이로는, 국제적 위상의 언어 간 차이와 다언어 국가 내에서의 언어 간 위세의 차이가 있고, 한 언어의 방언 차원에서는 표준 방언과 비표준 방언 간의 힘의 불균형이 있다. 주지하듯이 오늘날 영어의 강력한 힘과 위상은 전 세계적으로 관찰되며, 중국어의 힘도 빠른 속도로 증대하고 있다. 수많은 소수 언어가 존재하는 브라질에서는 포르투갈어만이 공용어로 지정되어 힘을 독점하고 있으며, 한국의 경우 서울 방언을 표준어로 지정하여 국가 내 권력을 점유하고 있다.

언어 접촉 상황에서 일어나는 언어 교체나 언어 사멸 현상은 언어 간 힘의 차이를 극명하게 보여준다. 또 언어 접촉 상황에서 나타나는 어휘적 차용, 언어 구조적 차용(structural borrowing)은 위세가 높은 언어에서 낮은 언어로 일어난다. 전자는 상층 언어(superstratum), 후자는 기층 언어(substratum)라고 불리는데 이 또한 언어의 상대적 힘과 위상을 반영한다. 특수한 언어 접촉 상황의 산물인 피진어와 크리올어가 형성될 때도 이들 대부분이 현실적 힘을 갖는 유럽 언어들을 기반으로 하고 있다는 점도 언어와 힘의 관계를 보여준다.

언어 계획 혹은 언어 정책은 국가의 경제적, 정치적 이익을 위해 언어에 관한 장기적인 정책을 마련한다고 하지만, 흔히 현재 권력을 점유하고 있는 주류 집단 위주로 정책 결정이 이루어지므로 사회 구성 집단의 힘과 직접 관련되어 있다. 또한 공교육에서 국민에게 외국어 학습 기회를 부여하기 위해 입안하는 외국어 교육 정책 역시 수많은 외국어 중 언어 위상과 정치적, 경제적 효용성을 따져 소수를 선정하는 것이므로 언어의 힘과 밀접한 관계가 있다.

2. 사회언어학의 형성과 제 분야

이 절에서는 사회적 맥락 속에서의 언어 사용과 언어 변이를 분석하고 연구하는 현대적 의미의 사회언어학이 어떠한 과정을 거쳐서 형성되었는지를 먼저 논의하고 이어서 사회언어학의 하위 구분 및 다양한 연구 분야를 소개한다.

2.1 사회언어학의 형성

사회언어학의 전조

언어의 기본 기능이 사회문화적 맥락 속에서 이루어지는 화자와 청자 간의 생각과 감정의 교류, 즉 의사소통이기 때문에 언어의 사회적 기능과 언어와 사회적 요인과의 상호작용에 대한 언어학자들의 관심은 오래 전부터 있었다. 예를 들면 언어학 연구의 선구자 중 하나인 고대 인도의 파니니(Panini)는 말투에 따른 어형의 변이에 대해 언어 보편적인 규칙을 제시하는 등 현대의 변이 이론 학자(variationist) 같은 분석 시도를 하였다 (Kiparsky 1979).

근대에 들어서는 역사·비교언어학, 방언학, 인류학, 사회학 학자들이 현대 사회언어학의 기틀을 마련하는 데 많은 영향을 주고 기여를 하였다. 역사·비교언어학자 중에서는 프랑스의 메이예(Meillet)가 1905년에 만든 강의 노트에서 역사·비교언어학의 통시적 언어 변화 규칙들이 지나치게 단순화되어 있고 각 시기에 존재하는 공시적 변이, 즉 언어의 내적 변이를 무시하고 있다고 지적하였고, 1906년에는 '언어는 분명히 사회적 현상'이라는 언어관을 제시하였다. 역사·비교언어학자들은 그들의 언어 변화 이론을 설명하는 데 적합한 각 언어의 지역 방언들에 관심을 가지게 되었고, 또 몇몇 학자들은 언어 접촉으로 인해 친족 관계가 모호해진 혼합 언어(mixed languages)에 대해서도 학문적 흥미를 갖고 연구하였다.

언어지리학이라고도 불리는 방언학도 현대 사회언어학의 형성에 중요한 역할을 하였다. 유럽에서는 19세기 말 언어지리학의 선구라고 할 수 있는 독일의 벵커(Wenker)와 스위스의 질리에롱(Gilliéron)이 두드러진 공헌을 하였다. 벵커는 1876년부터 10년간에 걸쳐 약 5만 명의 독일 전역의 학교 교사들에게 지역적 변이를 보이는 단어가 포함된 40개의 문장을 보내서 해당 지역의 방언으로 바꾸어 달라고 요청하였다. 벵커는 수집된 자료를 바탕으로 ≪독일제국의 언어 지도(Sprachatlas des Deutschen Reichs)≫를 작성하여 언어지리학 분야의 개척자 역할을 하였다. 프랑스에서는 질리에롱이 음성학 훈련을 받은 에드몽(Edmond Edmont)을 프랑스의 전역을 순회하며 자료를 수집하게 하였다. 4년이란 기간에 걸쳐 에드몽은 639개 지역에서 700명 정도의 제보자들로부터 약 2000개의 단어와 어구에 대한 자료를 수집했다. 질리에롱은 이렇게 수집된 자료를 바탕으로 1902년부터 1912년에 걸쳐 ≪프랑스 언어 지도(Atlas Linguistique de la France)≫를 제작하였다.

미국의 경우 본격적인 방언 지도는 1931년 큐래스(Kurath)가 전국 언어 지도를 작성하기 위한 시범 사업으로 뉴잉글랜드(New England) 지역의 언어 지도를 제작하면서 출발하였다. 큐래스는 이후 미국을 8개 권역으로 나누어 30년에 걸쳐 미국 방언 지도(Linguistic Atlas of the United States)를 만드는 거대한 사업을 수행하였다.

방언학은 언어의 지역적 변이를 다루었을 뿐만 아니라 당시 일부 방언 학자들의 연구 방법은 현대 사회언어학의 방법론적 특징을 내포하고 있었다. 특히 큐래스의 미국 방언 지도는 언어 자료를 시골에서만이 아니라 도시 지역에서도 수집하고 분석하였으며, 제보자에는 교육을 받지 않은 전형적인 방언 화자만이 아니라 교육을 받은 해당 지역의 중산층 화자도 포함되었다. 큐래스는 미국 영어는 영국 영어의 단순한 후손이 아니라 그동안 미국에서 발생한 도시화나 인구 이동 같은 여러 가지 사회적 변화와 발전이 반영된 결과라는 시각을 보였다.

현대 사회언어학의 형성에 중요한 영향을 미친 또 하나의 학문 영역은 언어인류학(linguistic anthropology)이다. 현대 인류학의 개척자라고 할 수 있는 보애스(Boas)는 인류학을 문화인류학, 형질인류학, 고고학, 언어학의 네 분야로 구분하고, 사멸 위기에 있는 많은 아메리칸 인디언 언어에 대하여 연구하여 서구인의 자문화 우월 의식을 비판하는 문화 상대주의를 강조하였다. 그의 제자인 인류학자이며 구조주의 언어학자인 사피어(Sapir)는 문화와 언어 간의 관계를 연구하여 모어의 구조가 모어 화자의 세계관 혹은 인식 구조에 영향을 줄 수 있다는 언어 상대주의(linguistic relativism)를 제창하였다. 언어에 대한 인류학적 관점과 방법론은 현대 사회언어학에도 많은 영향을 주어 참여자 관찰과 민족지학 같은 방법론 그리고 실행공동체(Eckert & McConnell-Ginet 1998)와 같은 개념이 인류학으로부터 도입되었다.

사회언어학의 형성에 중요한 영향을 준 또 다른 학문 분야는 사회학이다. 사회학 분야에서 언어에 관심을 가지고 현대 사회언어학의 출범과 발전에 공헌한 사회학자로는 가핑클(Garfinkel), 색스(Sacks), 셰글러프(Schegloff) 등을 들 수 있다. 가핑클은 대화 분석(conversation analysis)과 관심 대상과 방법을 부분적으로 공유하는 민족방법론(ethnomethodology)을 사회학의 하위 연구 분야로 발전시켰고, 색스는 가핑클의 민족방법론에 영향을 받았지만 화자들의 일상 대화에 좀 더 관심을 가지고 대화의 다양한 특징과 구조 및 대화 전략을 연구하였다. 색스와 함께 대화 분석의 초석을 놓은 셰글러프 역시 대화 분석과 함께 대화 속에서의 통사적, 형태적, 운율적 구조 같은 어형의 변이와 대화 참여자 간의 상호작용 관계를 탐구하는 상호작용 언어학(interactional linguistics)을 수립하는 데 공헌하였다.

현대 사회언어학의 출범

'사회언어학적(sociolinguistic)'이라는 단어는 1949년 유진 니다(Eugene Nida)가 그의 저서 ≪형태론(Morphology)≫에서 처음으로 사용하였고 '사회 언어학(sociolinguistics)'이라는 용어는 1939년에 토마스 핫슨(Thomas Hodson) 이 〈인도에서의 사회언어학(Sociolinguistics in India)〉이라는 논문에서 처음 으로 사용하였다. 헤이버 커리(Haver Currie 1952)도 언어학 연구에서 자료 분석을 할 때 사회적 요인들을 배제하는 바람직하지 않은 경향이 있음을 지적하면서 '사회언어학(sociolinguistics)'이라는 용어를 언급하였다. 하지 만 웹스터 사전(Webster's New International Dictionary)에 이 단어가 수록된 것은 1961년이 되어서였다.

1950년대에 들어 미국에서는 현대적 의미의 사회언어학 연구가 점차 이루어지기 시작했고, 1960년대에는 연구의 양과 질 그리고 연구자 수가 급격히 늘어났다. 특히 1964년은 앞서 언급했던 사회언어학의 전조적 성격을 띠는 연구들을 토대로 이루어진 현대 사회언어학의 성립과 발전 에 중요한 한 해였다. 이 해에 미국에서 열렸던 사회언어학과 관련된 세 학술 행사는 사회언어학의 본격적 출발과 발전의 결정적 계기가 되었 다. 1964년 5월에 UCLA의 '언어와 언어학' 연구소(UCLA Center for Research in Language and Linguistics)는 캘리포니아 주 레이크 애로우헤드(Lake Arrowhead)에서 '사회언어학' 학술대회(UCLA Sociolinguistics Conference) 를 거행하였다. 이 학술대회에는 언어 계획, 언어지리학, 언어인류학, 언 어 접촉, 언어 변이 등 다양한 학문적 배경과 관심 영역을 가진 하우겐 (Haugen), 맥데이빗(McDavid), 검퍼즈(Gumperz), 하임스(Hymes), 퍼거슨 (Ferguson), 라보브(Labov) 등이 참가하였다. 이 학술대회에서 발표된 논문 들은 '사회언어학'(Bright 1966)이라는 제목으로 출판되었다. 레이크 애로 우헤드에서 열린 학회에서 참가자들은 발표자들의 여러 학문 영역을 포 괄할 수 있는 '사회언어학 세미나'와 '언어와 사회'란 제목의 두 강좌를 곧 거행될 미국언어학회 여름학교(Linguistic Society of America Summer Institute) 에 설강하기로 결정하였다. 그리고 한 달 후 퍼거슨과 검퍼즈가 각각 주관한 이 두 강좌는 인디애나 주 블루밍턴(Bloomington)에서 열린 미국언어학회 여름학교에서 참가자들로부터 큰 호응을 얻어서, 사회언어학의 전파와 저변 확대에 공헌하고 또 사회언어학이란 신생 분야에 대한 관심을 일으켰다. 이 두 강좌에 참가한 다양한 학문적 배경을 가진 학자들은 또한 사회언어학의 학문적 영역을 규정하고 방법론적 기틀을 설정하는 토대를 제공하였다.

사회언어학의 성립에 중요한 역할을 한 또 다른 학술 행사는 미국언어학회 여름학교와 공동으로 같은 장소와 시기에 열린 '사회 방언과 언어 학습(Social Dialects and Language Learning)'이라는 명칭의 학술대회였다. 이 학술대회는 표준어와 방언의 평등 문제, 도시 방언 연구, 방언학의 연구 방법에 초점을 맞추어 진행되었다. 이 학술대회에서는 지금은 지역 방언이나 방언형(dialect form)에 사용되지 않는 '표준 이하(substandard)'라는 표현의 적절성에 대한 논쟁도 있었다.[6]

위에서 언급한 1964년의 두 사회언어학 학술대회와 미국언어학회 여름학교의 강좌는 그동안 축적된 사회언어학적 연구들의 성과가 결합되고 융합되는 결정적 촉매가 되었다. 그 이후 '사회언어학'은 언어학의 하위 분야로 공인되었으며, 미국의 많은 대학에서 언어 사용에 사회적 영향을 강조하는 사회언어학 강좌가 본격적으로 개설되기 시작했다.

미국에서 현대적 의미의 사회언어학이 출범한 후 곧 이어 유럽 여러 나라들에서도 사회언어학의 연구가 본격화되었다. 영국에서는 특히 번스타인(Bernstein)이 1960년대 말부터 사회 계층과 언어와의 상관관계를 연구한 결과를 바탕으로 제한된 코드(restricted code)와 정교한 코드(elaborated code)의 개념을 제안하는 등 사회언어학 발전에 공헌하였다. 1970년대에는 트럿길의 계량사회언어학적 연구가 사회언어학적 변이, 영어 방언학, 방언 접촉을 중심으로 이루어졌다. 프랑스에서도 1960년대 말부터 언어학 학술대회에서 사회언어학적 주제에 대한 연구 결과가 상당수 발표되어 1968년에는 대표적 언어학 학술 잡지인 ≪Langages≫가 사회언어학 특집호를 발행하였다(조태린 2005). 독일에서도 1960년대 말부터 사회언어학적 연구가 활발히 이루어져서 사회언어학이 언어학의 독립된 하위 분야로 인정받기 시작했다.

한국에서는 사회언어학의 주제라고 할 수 있는 경어법과 지역 방언에 대한 연구가 일제강점기 때부터 있었다. 하지만 이들은 사회언어학적 방법론과 이론적 틀을 사용하였다고 보기 어려워 현대적 의미의 사회언어학 연구에 포함시키기는 어렵다. 경어법에 대한 연구는 현대와 중세, 근대 국어의 경어 형태 및 의미와 용법의 변화, 경어법의 체계에 대한 연구들이 일반적이었고 여기에 더하여 경어법과 관련된 호칭과 지칭어에 대한 연구가 수행되었다. 지역 방언에 대한 연구 주제는 전통 방언학(traditional dialectology)적 방법론에 따라 주로 방언 구획, 지역 방언의 어휘, 음운, 형태적 특질 기술, 지역 지명 연구 등이 대부분이었다.

본격적 의미의 사회언어학 연구는 1970년대부터 관찰되기 시작한다(왕한석 2008). 이때는 이미 사회언어학이 언어학의 한 분야로 자리를 잡은 구미(歐美) 지역에서 공부한 학자들이 귀국해서 연구 활동을 시작하였고, 국내 국어학자들도 사회언어학적 이론과 방법론에 영향을 받아 현대적 의미의 사회언어학 연구를 수행한 시기였다. 연구 주제는 대부분 경어법, 호칭어, 방언학에 대한 것들이었지만, 예컨대 황적륜(J. R. Hwang 1975) 같은 경어법의 언어 교육적 함축을 논하는 연구나 강신항(1976) 같은 이중 언어 사용에 대한 연구도 수행되었다.

1980년대 이후에는 더 많은 학자들이 사회언어학 연구에 참여하였으며 연구 주제도 사회언어학의 다양한 하위 분야에서 이루어지기 시작했다. 1990년에는 언어학, 국어학, 인류학의 학문적 배경을 가진 사회언어학자들이 '한국사회언어학회'라는 전문 학회를 결성하여 한국에서 사회언어학에 대한 연구가 본격적으로 이루어지게 되었다.

2.2 사회언어학의 분류 및 하위 분야

사회언어학이라는 명칭은 이 학문 분야에 사회학과 언어학의 학제적 성격이 있다는 것을 함축한다. 사회언어학은 연구의 영역이 넓어서 어떤 분야는 사회학에 가깝고 어떤 분야는 이론언어학에 가까운 성격을 띠기도 한다. 사회언어학이라는 표현 외에 언어사회학(sociology of language)이라는 명칭도 사용되는데 이 용어는 사회학과 언어학의 학제적 성격 가운데 언어학적 요소보다는 사회학적 요소를 강조할 때 주로 사용된다. 즉 전자는 사회 구조와 사회적 요인이 언중의 언어 사용과 어형에 어떠한 영향을 미치는가에 주안점을 두는 반면 후자는 언중이 사용하는 어형과 사용 양상을 바탕으로 사회의 구조와 성격을 규명하는 데 주된 관심을 기울이는 경향이 있다.

이와 관련하여 허드슨(Hudson 1996: 4)는 사회언어학이 사회적 관점에서의 언어 연구(study of language in relation to society)인 데 비해 언어사회학은 언어적 관점에서의 사회 연구(study of society in relation to language)라고 정의하였다. 하지만 사회언어학과 언어사회학의 구분은 명확한 것이 아니고 많은 중복 영역을 가지고 있어서 허드슨(1996) 자신이 지적했듯이 이 둘을 구분하는 것은 큰 의미가 없다.

사회언어학은 미시 사회언어학(micro-sociolinguistics)과 거시 사회언어학(macro-sociolinguistics)으로 구분하기도 한다. 미시 사회언어학은 협의의 사회언어학, 즉 사회적 관점에서의 언어 연구를 지칭하고 거시 사회언어학은 언어사회학과 유사한 학문 영역을 지칭한다. 앞서 언급한 바와 같이 미시 사회언어학은 사회 구조와 사회적 요인이 언중의 언어에 어떤 영향을 주는지와 다양한 어형과 언어 사용 양상이 사회 계층, 성, 나이, 민족성 같은 사회적 요인과 어떤 상관관계를 보이는가에 관심을 갖는다.

미시 사회언어학으로 대표적인 것은 변이 이론 혹은 계량사회언어학(quantitative sociolinguistics)이라고도 불리는 언어 변이와 변화(language variation and change) 분야다. 변이 이론은 언어 내적 요인과 사회적 요인을 언어 자료를 설명하는 데 통합시킴으로써 언어 이론(linguistic theory)의 설명력을 증대시키려 한다. 즉 언어는 사회적 기능과 의미를 가지고 있기 때문에 단순한 언어 내적 설명만으로는 설명적 타당성(explanatory adequacy)을 확보하기 어렵다는 가정하에 사회 요인적 설명을 보강한 더 나은 언어 이론의 정립을 지향한다. 이외에도 미시 사회언어학에 포함될 수 있는 사회언어학의 연구 분야에는 대화 분석, 텍스트 분석, 방언학, 언어와 성, 언어와 민족성, 상황변이어(register) 등이 있다.

거시 사회언어학은 특정 사회 혹은 특정 사회의 구성원들이 사회 내부에 존재하는 언어(또는 방언) 변종들에 대해 어떤 행동 양상을 보이는가에 대해 거시적 관점에서 연구한다. 거시 사회언어학은 특히 언어 공동체 내에서 언어(또는 방언) 변종들의 사용 영역(domain of use)에 관심을 가지며, 언어 공동체 내의 화자들이 어떠한 사회적, 상황적 맥락에서 특정 언어 변종을 사용하는가에 초점을 맞추고 있다. 거시 사회언어학의 다른 주요 연구 영역으로는 언어 정책과 언어 계획, 언어 태도, 언어 교육 정책, 공용어 문제, 언어 권리(linguistic rights), 문화 간 의사소통, 그리고 이중 언어 사용과 양층어 상황 등을 포함한 언어 접촉 분야 등이다.

진정한 기술적, 설명적 타당성을 가진 사회언어학 이론을 구축하기 위해서는 미시 사회언어학적 연구와 거시 사회언어학적 연구가 모두 필요하다. 실제 사회언어학 연구에서는 거시적, 미시적 시각이 모두 요구되는 경우가 많다. 예를 들어 흔히 거시 사회언어학 분야로 간주되는 언어 접촉에 대한 연구도 다중언어 상황이나 이중 언어 상황에서의 언어 태도, 언어 정책, 공용어 문제 등을 다루면 거시 사회언어학의 관점을 취하는 것이지만 카리브 지역의 표준 영어와 크리올 영어의 어형 변이에 대한 언어 내외적 제약을 밝히는 연구에서는 거시 사회언어학과 미시 사회언어학의 시각을 모두 취하게 된다.

앞에서 기술한 바와 같이 사회언어학의 하위 연구 분야는 다양하다. 사회언어학 개론서나 사회언어학 편람서(handbook)에서는 사회언어학의 큰 분류를 미시 사회언어학, 거시 사회언어학 외에 응용사회언어학을 별개의 영역으로 추가하기도 한다. 응용사회언어학은 사회언어학의 연구 성과를 교육에 관한 제반 문제, 법정이나 법률 문제, 여성이나 소수자의 인권 문제 등과 연결 지어 실제 사회 문제의 해결에 직접적인 도움을 주는 것을 목표로 한다.

3. 사회언어학의 주요 방법론

사회언어학 분야에서의 연구 과제를 성공적으로 수행하기 위해서는 적절하고 신빙성이 있는 자료를 수집하여 합리적이고 정확하게 분석하는 것이 기본적인 선결 요건이라고 할 수 있다. 이 절에서는 사회언어학 분야에서 사용되는 대표적 연구 방법에 대하여 소개한다.

3.1 현지 조사

현지 조사는 연구하고자 하는 언어나 방언이 사용되는 곳에서 해당 언어 자료를 수집하는 것을 말한다. 언어학에서 본격적인 현지 조사는 보애스, 사피어, 블룸필드(Bloomfield)와 같은 구조주의 언어학자들이 미국에서 아메리카 원주민들의 언어를 연구하고 기술하기 위해 수행하였고 유럽에서는 스위스의 질리에롱을 비롯한 방언학자들이 방언의 지역적 변이와 변화를 조사하면서 시작되었다. 미국 구조주의 언어학자들의 현지 조사는 자기들이 잘 알지 못하는 언어와 문화를 탐구하는 민족지적 관점에서 이루어졌다는 점에서 유럽의 그것과 차이가 있다.

연구자가 연구 대상인 언어 공동체의 구성원이 아닌 경우에는 원활한 현지 조사를 위해서 현지 적응과 현지인들과의 원만한 관계를 유지하기 위한 준비 기간이 필요하다. 현지인들과의 우호적인 관계를 유지하지 않고는 효과적인 현지 조사가 불가능하기 때문이다. 따라서 연구자는 현지인들이 잘 아는 지인의 소개 같은 과정을 통해서 연구 대상 언어 공동체에 접근하는 것이 자연스럽다. 또한 현지 사회에서 평판이 좋은 현지인을 제보자(informants)로서만이 아니라 연구의 자문 혹은 도우미로 활용하는 것이 바람직하다.

연구 대상인 언어공동체의 대표성 있는 언어 자료를 확보하기 위해서는 다양한 사회 계층, 연령, 성별 배경을 가진 제보자를 선택하여 자료를 수집하는 것이 필요하다. 왜냐하면 어느 언어 공동체에서나 언중들의 발화 자료에는 공동체 내부의 변이가 관찰되기 때문이다. 전통적 민족지학 현지 조사에서 수집한 연구 자료는 거의 질적 자료였지만 요즈음은 설문 조사 또는 실험적 방법 등을 통해서 양적 자료도 확보하고 있다.

현지 조사에서 연구자가 흔히 활용하는 방법은 제보자 면담, 참여자 관찰, 현지 조사 기록 작성, 사진과 영상 자료 수집 등이다. 물론 현지 조사에서 연구자가 사용하는 방법은 연구의 목적과 성격에 따라 가변적이다. 특히 현지 조사가 사회언어학과 민족지학 중 어떤 성격이 더 강한지에 따라 활용하는 방법이 다를 수 있다.

제보자 면담은 현지 조사에서 현지인을 일대일 혹은 일대다 방식의 대화를 통해서 언어(또는 방언) 자료와 지역 문화에 대한 정보를 수집하는 방법이다. 참여자 관찰(Emerson, Fretz & Shaw 2001)은 원래 문화인류학에서 사용하는 방법으로 연구 대상 언어 공동체 구성원들의 문화적 맥락과 상황적인 맥락에 따라 언어 사용 양상이 어떻게 다른지에 대하여 관찰하는 방법으로 사회언어학 연구를 위한 조사에서도 활용된다. 참여자 관찰이란 연구자가 분석 대상 언어 공동체에 사회문화적으로 통합된 상태에서 깊이 있게 관찰하는 방법이다. 참여자 관찰은 연구 대상 언어 공동체나 연구의 주제에 따라 관찰 대상이 되는 말 사례(speech event)의 선정과 관찰 시간(또는 기간)이 달라질 수 있다. 참여자 관찰은 현지 조사의 원칙에 입각해서 체계적으로 이루어져야 하기 때문에 효율적인 참여자 관찰이 이루어지려면 현지 언어 공동체 구성원들과의 신뢰가 중요하다.

현지 조사에서 연구자는 늘 조사 내용과 조사 과정 그리고 연구 대상의 특이 사항에 대해 세심하게 기록해야 한다. 연구 대상과 소재에 대한 해석과 의견도 연구자가 작성하는 기록의 주요 대상이 된다. 주의 깊게 작성한 기록은 자료 수집과 자료 분석 과정에서 중요한 역할을 한다. 작성한 기록을 나중에 정확히 이해할 수 있도록 기록에는 일자와 시간 및 장소를 명기해야 한다. 사정상 연구자가 바로 기록을 남길 수 없는 경우에는 기억의 손실을 막기 위해 가능한 가장 빠른 시간 내에 기록하려는 노력이 필요하다.

최근에는 민족지학 연구와 같은 현지 조사의 결과 보고에서 사진과 영상 자료를 활용하는 경우도 증가하고 있다. 사진과 영상 자료는 단순히 연구 보고의 목적만이 아니라 연구자의 연구 대상에 대한 기억 유지와 기록의 목적을 위해서도 훌륭한 보충 자료가 된다.

3.2 설문 조사

설문지를 활용한 사회언어학 연구는 오랜 역사를 가지고 있다. 이 방법을 활용한 선구적 연구는 벵커나 큐래스, 오턴(Orton) 등 유럽과 미국의 방언학자들이 수행했다. 설문지를 활용한 조사의 장점은 많은 응답자로부터 비교적 짧은 시간에 많은 양의 자료를 수집할 수 있다는 점이다. 이는 많은 시간과 비용이 요구되는 현지 조사 방법이나 사회언어학 면담과 비교하면 두드러진 장점이다. 반면에 설문지를 활용한 조사의 단점은 응답자들로부터 심층적 의견을 도출해 내기 어렵다는 점이 있고, 또 설문지에 포함된 대부분의 질문의 답이 범주적인 선다형이어서 개인 언어 사용에 나타나는 변이(intra-speaker variation)를 경시하기 쉽다는 점, 그리고 응답자들이 불성실한 답변을 할 가능성이 다른 방법론보다 높다는 점이 지적될 수 있다.

사회언어학에서 설문지를 활용할 수 있는 연구 분야는 다양하지만 특히 소수 집단의 언어(또는 방언)의 사용 양상 조사, 지역어 조사, 특정 어휘나 표현의 사용 양상에 대한 연구 또는 각종 언어와 방언에 대한 언어 태도와 평가가 대표적이다. 잘 알려진 가장 쌍 실험 방법(matched guise test)은 지각 실험 방법과 언어 태도에 대한 설문을 병행하는 방법론이라고 할 수 있다.

사회언어학 연구를 위한 설문지를 작성할 때 연구자가 수행해야 할 과업은 크게 세 가지로 나눌 수 있다. 첫째는 명확한 연구 과제의 설정이고, 둘째는 적합한 설문 대상 표본의 선정이며, 셋째는 설문지의 실제 작성이다. 먼저 연구 과제의 설정은 선행 연구와 연구 대상에 대한 체계적인 탐색의 결과를 통해서 수행해야 하고 설문 내용이 연구 목적과 부합하여야 한다. 또한 모집단 전체를 대상으로 설문 조사를 할 수 없으므로 선정된 표본이 연구 대상 집단에 대해 대표성을 가질 수 있게 표집

(sampling)해야 한다.

설문지의 구성은 크게 도입부, 설문 부분, 종결부로 나뉜다. 도입부는 설문지의 제목, 성실한 답변을 요구하는 공손한 요청, 예상 소요 시간, 익명성의 보장 등의 내용이 포함될 수 있다. 설문 부분에는 조사할 내용에 대한 설문 문항들이 배치된다. 설문 부분도 하위 구분할 수 있으며, 이 경우 설문 전체에 대한 지시 사항에 추가해서 각 설문 하위 영역마다 추가로 지시 사항을 포함할 수 있다. 종결부에는 응답자에 대한 감사의 말이 포함되고 응답자가 설문 결과를 알고 싶어 하는 경우를 위해서 연구자의 전자우편 주소나 전화번호를 포함시키는 경우가 있다.

설문 유형은 크게 폐쇄형(또는 선다형)과 개방형으로 나눌 수 있다. 폐쇄형 질문에 대한 응답은 개연성이 있는 답들을 포함시켜야 하고 긍정이나 부정의 한 방향으로 편향성을 띠지 않게 작성해야 한다. 개방형 질문은 응답자가 상대적으로 자유롭게 답변할 수 있기는 하지만 응답하는 데 시간이 많이 소요되고 응답 내용을 분석하는 데에도 많은 시간이 걸린다. 응답자의 수고를 덜기 위해서 대개 소수의 개방형 질문을 설문지의 말미에 포함시키는 것이 일반적이다.

설문지에 포함되는 질문들은 간결한 문장과 명확한 표현으로 작성해야 한다. 연구자가 질문에 어떤 표현을 쓰느냐에 따라 응답이 달라질 수 있다는 점에 유의해야 하며(Schuman & Presser 1981),[7] 질문의 순서 역시 응답자의 응답 행태에 영향을 미칠 수 있으므로 세밀한 주의를 기울여야 한다(Bishop 1987).

일단 설문지가 완성되면 적절한 대상을 상대로 설문을 시험해보는 것이 필요하다. 이 과정에서 발견되는 오류나 개선점을 반영하고 수정해서 최종 설문지를 완성하여 실제 설문에 사용한다.

설문지를 이용한 자료 수집 방법이 갖는 과제는 설문 참여자의 설문 응답률을 높이는 것과 응답자들이 각 질문에 대해 성실히 답변하게 하는 것이다. 이 두 가지 목적을 달성하기 위해서는 일차적으로 연구자와 응답자와의 우호적인 관계 설정이 이루어져야 하고, 이차적으로 설문의 내용이 충실해야 하며, 또한 설문지의 구성과 외양도 짜임새 있게 꾸며

져야 한다.

근래에 들어 전통적 설문지와는 다른 전화 설문과 인터넷을 활용한 온라인 설문 방법이 개발되어 활용되고 있다. 라보브는 미국과 캐나다 전역의 북미(北美) 영어 연구인 텔서 연구 과제(Telsur Project)에서 전화 설문을 주 방법론으로 이용하였다. 베일리, 위클과 틸러리(Bailey, Wickle & Tillery 1997)의 오클라호마 영어 연구에서도 전화 설문을 활용하였고 틸러리, 위클과 베일리(Tillery, Wikle & Bailey 1997)의 비표준 대명사 'y'all'에 대한 연구에서도 같은 방법을 이용하였다. 전화 설문을 이용할 경우 사회언어학 면담에서 연구자가 사용하는 질문 유형도 포함시킬 수 있다. 또한 인터넷을 활용한 온라인 설문도 인터넷의 범용화와 더불어 점차 증가하는 추세다(Schilling 2013: 68 참조).

설문 조사는 제보자 면담이나 또래 집단(peer group)의 대화 분석, 참여자 관찰 같은 다른 연구 방법과 병행하여 시행할 수도 있다.

3.3 사회언어학 면담

사회언어학 면담(sociolinguistic interview)은 라보브(1966a)가 제보자로부터 다량의 자연 발화 성격을 가진 언어 자료를 수집하기 위해서 개발한 자료 수집 방법이다. 대개 면담 내용은 녹음이 되고 전사 작업을 거치며, 분석하고자 하는 사회언어학 변수(sociolinguistic variable)의 변이형이 출현한 각 예는 사례(token)로 코딩하여 계량사회언어학 통계 기법을 사용하여 분석한다.

사회언어학 면담은 사전 조사나 시험 연구(pilot study)의 결과를 토대로 작성된 면담 계획(interview schedule)에 따라 무작위 표집, 판단 표집(judgement sampling), 혹은 연계망(networking)을 이용한 표집 방법을 통해 선정된 제보자들을 대상으로 시행한다. 연구에 필요한 제보자의 수는 분석 대상인 사회언어학 변수에 대해 얼마나 많은 잠재적 사회적 요인을 분석하고자 하느냐에 따라 결정된다. 예를 들어 어떤 사회언어학 변수에 대해서 특정 집단의 성별 요인만 분석한다고 하면 각 셀(cell)마다 보통

5명 정도의 제보자가 필요(Feagin 2002)하므로 10명이면 분석 가능하다. 하지만 성별 요인 외에 세대 요인과 계층 요인까지 사회언어학 변수의 변이 양상에 영향을 준다고 가정해서, 세대를 청년, 중장년, 노년으로 구분하고 사회 계층을 상·하위 중류 계층과 상·하위 하류(또는 노동) 계층의 넷으로 구분하면 총 24개(2×3×4)의 셀에 대해 총 120명(24×5)의 제보자가 필요하다.

면담 계획에 포함된 질문들은 연구자가 조사하고자 하는 화자 집단이나 사회언어학 변수의 성격에 따라 다를 수 있고 제보자가 사용하는 어형만이 아니라 어형에 대한 평가나 태도에 대한 질문도 포함될 수 있다. 대체로 제보자가 자연스럽게 답변할 수 있는 지역 공동체에 대한 질문이 많이 포함되며, 처음에는 일반적인 질문에서 시작해서 점차 세부적인 질문을 하는 것이 자연스럽다. 원활한 면담 진행과 자료 수집을 위해서는 연구자가 제보자에게 질의할 일련의 연관된 질문들을 미리 준비하는 것도 필요하다.

라보브가 개발한 고전적인 면담 방법은 제보자에게서 다양한 말투의 언어 자료를 수집할 수 있게 구성되어 있다. 다섯 가지 유형의 말투, 즉 편한 말투, 주의하는 말투, 지문 읽기 말투, 단어 목록 읽기 말투, 최소 대립쌍 읽기 말투가 대개 수집된다. 라보브는 이들 다섯 가지 유형의 말투는 가장 자연스러운 말투에서부터 가장 주의를 기울이는 말투까지 말투의 연쇄(stylistic continuum)를 이룬다고 하였다. 라보브는 이들 중 특히 일상어(vernacular)라고 불리는 일상적인 말투 자료를 수집하는 것이 가장 중요하다고 강조하였다. 일상어는 화자가 자기의 말을 의식하지 않고 발화하는 언어 변종으로서 진행 중인 언어 변화를 가장 먼저 반영한다고 그는 주장하였다.

하지만 사회언어학 면담은 상당히 격식적인 말 사례여서 면담을 통하여 제보자의 일상어를 수집하는 것이 쉽지 않아 일반적으로 관찰자 역설(observer's paradox, Labov 1972: 209)이 적용된다. 즉 연구자가 제보자의 일상어를 관찰하고 이 변종의 자료를 수집하는 것을 목표로 하지만 면담이라는 격식적 상황에서는 제보자의 일상어를 관찰하기가 어려운 것을 관찰자 역설이라고 한다. 따라서 제보자가 면담 상황이라는 것을 의식하지 않고 답변에 몰두할 수 있는 주제에 대한 질문을 하는 것이 중요하다. 예를 들면 죽을 뻔 했던 경험, 과거 축제의 추억, 배우자와의 첫 만남과 같은 유형의 질문을 하는 것이 필요하다. 또한 연구자가 제보자에게서 일상어에 가까운 자료를 수집하기 위해서는 면담 상황에서 나타나는 면접자와 피면접자 간의 권력 불균형을 해소하려는 노력과 함께 제보자의 언어 변종, 언어 공동체, 지역 문화를 배우려는 학습자적 자세를 갖는 것이 중요하다. 면담을 할 때는 제보자가 편안하게 느낄 수 있도록 가능한 한 이해하기 쉬운 표현들을 사용해야 하며, 때로는 제보자의 언어에 가까운 말씨와 말투를 쓰려고 노력해야 한다.

성공적인 면담을 수행하기 위한 중요한 요소 가운데 또 하나는 연구자와 제보자 간에 신뢰가 있어야 한다는 것이다. 따라서 제보자가 모르는 상황에서 녹음(surreptious recording)하는 일을 해서는 안 되고 연구자가 면담을 통해 알게 되는 개인 정보를 타인에게 알려서도 안 된다. 연구자는 자신의 연구 과제에 대해 제보자에게 가능한 한 성실하게 설명하여야 하고[8] 질문도 되도록이면 제보자의 관심과 흥미를 유발할 수 있는 주제에서 고르는 것이 바람직하다. 가장 이상적인 것은 연구 결과를 연구 대상 언어 공동체가 현실에서 활용할 수 있게 하는 것이고 이것이 어려우면 적어도 연구 결과를 해당 언어 공동체에 알리는 적극적인 노력이 중요하다.

사회언어학 면담의 약점으로는 다음 두 가지를 들 수 있다. 하나는 여러 제보자로부터 자료를 수집하고 전사하고 통계 처리하고 분석하는 데 많은 시간과 비용이 소요된다는 점이며, 다른 하나는 음운, 형태 변수와는 달리 일부 어휘, 통사 변수는 면담을 통해 수집한 자료에서 나타나는 빈도가 너무 낮아 의미 있는 분석이 어렵다는 점이다.

3.4 말뭉치 분석

말뭉치(corpus)는 언어학자들이 경험적, 실증적으로 언어를 분석하기 위해서 구축한 언어 자료를 말한다. 아메리카 원주민 언어들을 연구했던 미국의 구조주의 언어학자들은 많은 양은 아니었지만 언어 자료를 구축하여 분석하였다. 유럽과 미국의 방언학자들도 여러 언어의 지역 방언 자료를 수집하여 구축했는데 이렇게 구축된 자료를 말뭉치라고 할 수 있다. 이와 같이 말뭉치를 활용한 언어 연구의 역사와 전통은 뿌리가 깊다고 할 수 있다.

이러한 전통의 예외는 촘스키가 주도한 변형생성문법의 합리주의적 방법론이다. 촘스키는 언어 능력과 언어 수행을 구별하고 언어 능력이 문법적 기술의 이상적인 대상이라고 간주한 반면 언어 수행은 불완전하고 신빙성이 없다고 간주하여 경험적 연구 방법에 의한 연구 결과를 신뢰할 수 없다고 평가하였다.

하지만 컴퓨터 과학의 발전을 통해 많은 언어 자료를 전자 말뭉치로 쉽게 구축하고 분석할 수 있는 길이 열리고, 또한 언어학자들에 의해 경험적 연구의 필요성이 재인식되면서 말뭉치 분석은 언어학의 여러 분야에서 효율적인 방법론으로 자리 잡게 되었다. 그리고 전자 말뭉치(electronic corpus)의 사용이 일반화되면서 말뭉치라는 용어는 주로 전자 말뭉치를 지칭한다.

사회언어학에서 많이 활용되어 온 대표적인 전자 말뭉치는 다음과 같다. 먼저 최초의 본격적인 전자 말뭉치로 구축된 것은 브라운 말뭉치(Brown Corpus)다. 이 말뭉치는 100만 어절로 구성된 미국 영어의 문어 말뭉치로 1961년에 발행된 다양한 유형의 텍스트들로 이루어졌다. 브라운 말뭉치에 대응하는 영국 영어를 대상으로 구축된 말뭉치가 LOB(Lancaster/Oslo-Bergen)다. LOB는 말뭉치의 어절 수와 텍스트 유형의 구성 비율과 성격이 브라운 말뭉치와 동일하다. 브라운 말뭉치보다 30년 뒤, 즉 1991년 미국 영어의 문어 자료를 브라운 말뭉치의 텍스트 유형과 구성 비율로 구축한 말뭉치는 프라운(Frown: Freiberg Brown Corpus)이라고 불리며, 이 말뭉치에 대응하는 영국 영어의 말뭉치는 프라이버그 LOB(Freiberg LOB)다. 또한 브라운 말뭉치와 동일한 구성 방식으로 ACE(Australian Corpus of English), WCSNZE(Wellington Corpus of Spoken New Zealand English), 콜하푸르(Kolhapur) 말뭉치가 구축되었는데, 이들은 각각 호주 영어, 뉴질랜드 영어, 인도 영어의 문어 말뭉치다. 위의 말뭉치들은 브라운 말뭉치를 모델로 삼았기 때문에 브라운 가족 말뭉치(The Brown Family of Corpora)라고 부른다.

최초의 순수 구어 말뭉치는 런던-룬트(London-Lund) 말뭉치다. 이 말뭉치는 1975년부터 1981년 사이에 녹음된 영국 영어의 구어 자료를 전사하여 구축하였다. 그밖에 사회언어학 연구에서 자주 활용되는 영국 영어 말뭉치는 BNC(British National Corpus)가 있고, 미국 영어 말뭉치는 ANC (American National Corpus)와 COCA(Corpus of Contemporary American English)가 있다. 이들은 모두 문어와 구어 자료가 통합된 말뭉치며, 현재 BNC는 1억 어절, ANC는 2천 2백만 어절, COCA는 4억 5천만 어절로 구성되어 있다. 역사·사회언어학(historical sociolinguistics) 분야에서는 헬싱키(Helsinki) 말뭉치를 흔히 활용한다. 이 말뭉치는 730년에서 1720년에 간행된 영어 문어 텍스트 450개로 구성되어 있으며 약 160만 어절의 크기를 갖는다. 여러 국가에서 통용되는 영어 변종을 비교하는 연구에는 ICE(International Corpus of English)가 흔히 쓰인다. 이 말뭉치는 현재 14개 국가에서 쓰이는 영어 변종의 하위 말뭉치들로 구성되어 있으며 각각의 하위 말뭉치는 100만 어절로 구축되어 있다.

그동안 구축된 한국어의 대표적 말뭉치는 국립국어원의 세종 말뭉치(국립국어원 2007가)와 연세대학교의 연세 말뭉치(서상규 2002), 고려대학교의 한국어 말모둠(김흥규·강범모 1996)이 있다. 이중 가장 먼저 구축하기 시작한 것은 연세 말뭉치로 1980년대 후반에 시작되었으며 문어와 구어 자료를 포함한 약 8,900만 어절로 이루어져 있다. 1995년에 구축된 고려대학교 한국어 말모둠은 1970~1990년대의 한국어 문어와 구어로 구성되어 있으며 1천만 어절로 이루어져 있다. '21세기 세종 계획'이라는 정부 지원 사업의 일환으로 구축된 세종 말뭉치는 약 2억 어절로 이루어져 있으며 다른 말뭉치보다 높은 비율의 형태 분석 말뭉치와 형태의미 분석 말뭉치를 포함한다. 세종 말뭉치는 또한 북한어 말뭉치, 역사 말뭉치, 한영(韓英)과 한일(韓日)의 병렬 말뭉치도 하위 말뭉치로 포함하고 있다.

사회언어학 연구 주제 중에는 방언 간 변이, 문어와 구어의 상황변이어(register) 차이, 언어 변화, 사회언어학적 변이, 성별어 연구 등에서 전자 말뭉치를 자주 활용한다. 특히 WCSNZE나 헬싱키 말뭉치, ICE에는 구축된 텍스트 자료에 등장하는 화자나 필자의 사회 계층, 나이, 성별, 교육 수준 등의 사회적 정보가 포함되어 있어서 사회언어학 연구에 매우 유용하다. 문어와 구어의 상황 변이어 차이에 대한 연구는 바이버(Biber 1988)이 대표적이다. 이 연구의 주 자료는 영국 영어의 문어 말뭉치인 LOB와 영국 영어의 구어로 구축된 런던-룬트 말뭉치다. 위에서 언급한 한국어 말뭉치 등을 활용해서 한국에서도 문어와 구어의 비교 연구, 성별어 연구, 상황 변이어 연구 등이 이루어지고 있다.

말뭉치를 사용한 사회언어학 연구의 중요한 특징은 자연 과학의 실험 연구와 마찬가지로 기존 연구의 연구 방법을 타 연구자가 그대로 복제하고 사용해서 연구 결과를 검증하는 것이 가능하다는 것이다. 이 장점은 사회언어학의 다른 방법론과 뚜렷하게 차별된다. 말뭉치 분석의 또 다른 특징은 분석 결과가 계량적이어서 계량사회언어학을 제외한 사회언어학의 다른 분야와 구별된다는 점이다.

말뭉치 분석의 방법론적 제약도 있다. 첫 번째 제약은 어휘의 비교 연구나 문법 구문의 연구 등에서 나타나는 말뭉치 크기의 문제다. 특히 어휘 연구에서 효과적이고 정확한 연구 분석이 이루어지기 위해서는 바우어(Bauer 1994)가 지적하였듯이 말뭉치의 크기가 지금까지 구축된 말뭉치보다 방대해야 하기 때문이다. 두 번째 제약은 말뭉치 구축 시 선택되는 문어나 구어 텍스트의 대표성 문제다. 문어나 구어의 텍스트 장르와 유형은 아주 다양한데 이들 중 어떤 것들을 말뭉치 구축에 선택하고 또 그 유형들을 어떤 비중으로 포함시키는가에 대한 결정에는 상당히 자의적인 요소가 포함되기 때문이다. 따라서 이러한 결정을 바탕으로 구축된 문어나 구어 말뭉치가 특정 언어의 대표성을 가질 수 있느냐 하는 것이다.

이와 같은 제약에도 불구하고 말뭉치 분석 방법론은 컴퓨터 과학의 지속적 발달과 더불어 새롭게 구축된 말뭉치들과 정교하게 개발된 분석 도구로 인하여 더욱 진화하고 있다. 특히 상당수의 말뭉치나 분석 도구를 인터넷상에서 바로 사용할 수 있게 된 점은 말뭉치 분석 방법론의 중요한 발전이라고 할 수 있다. 또 하나의 주목할 만한 발전은 구어 말뭉치의 진화에서 찾을 수 있다. 구어 말뭉치는 기존의 구어를 전사한 텍스트 자료를 뛰어넘어 텍스트 자료와 소리 파일이 연결되어 원하는 경우 바로 소리를 들을 수 있는 음성 말뭉치가 개발되었고 또 그 수도 증가하고 있다. 영국 영어 말뭉치인 ICE-GB(ICE-Great Britain)의 최근 버전은 300개의 음성 파일이 연결되어 있고 버카이 자연 발화 말뭉치(Buckeye Natural Speech Corpus)는 오하이오 주 콜럼버스 시 주민 40명의 면담 자료와 녹음 자료로 구성되어 있다. 이외에도 말뭉치 분석 방법론은 앞으로도 여러 방면에서 계속 발전할 것으로 예상된다.

앞에서 사회언어학의 네 가지 대표적인 방법론을 소개하였다. 사회언어학의 제 분야는 서로 공유하는 방법론도 있지만 사회언어학 각 분야가 갖는 특정한 하위 방법론도 있다. 이 책에서 소개되지 않은 다른 주요 방법론으로는 지각방언학(perceptual dialectology), 사회음성학(socio-phonetics), 언어 태도 연구 등에 쓰이는 실험적 방법, 대화/담화 분석, 민족방법론, 언어인류학 등에서 사용되며 대화의 녹음 전사 자료나 텍스트 자료를 바탕으로 주로 질적 분석을 하는 대화와 담화 분석 방법 등이 있다.9)

4. 요약 및 결론

이 장은 이 책의 서론으로 첫 번째 절에서는 사회언어학의 성격에 대하여 설명하고 언어와 상관성을 보이는 대표적인 사회적 요인들을 소개하였다. 두 번째 절에서는 사회언어학의 형성 과정과 사회언어학의 분류 및 주요 하위 분야에 대하여 논의하였다. 마지막 세 번째 절에서는 사회언어학 연구의 주요 방법론에 대하여 소개하였다.

첫 번째 절에서는, 사회언어학이 내관(內觀)적 방법론으로 수립한 언어 이론을 현실적인 언어 문제나 다른 학문과의 접합 분야에 적용시키는 응용언어학의 한 분야로 분류될 수 있고, 언중의 언어를 사회문화적 맥락 속에서 분석하고 사회적 요인과 언어와의 상관관계를 탐구하고 분석하는 것을 목표로 하는 학문 분야임을 설명하였다. 이어서 사회언어학 연구가 흔히 분석의 대상으로 삼고 화자들이 사용하는 어형과 언어 사용에 중요한 영향을 미치는 사회적 요인들, 즉 사회 계층, 성, 연령, 민족성, 힘의 개념을 선행 연구들의 연구 결과와 연관지어 설명하였다.

두 번째 절에서는, 역사·비교언어학, 방언학, 언어인류학, 사회학이 현대 사회언어학의 형성에 많은 기여를 했다는 점을 강조하고 특히 사회언어학의 출범에 공헌한 학자들과 그들의 연구를 소개하였다. 또한 1964년에 미국에서 열린 두 개의 '사회언어학' 학술 대회와 미국언어학회 여름학교의 두 가지 사회언어학 강좌가 사회언어학의 공식적 출범과 전파에 지대한 영향을 끼쳤음을 설명하였다. 이어서 사회언어학과 언어사회학의 구분과, 미시 사회언어학과 거시 사회언어학의 차이에 대해 설명하였고 언어 변이와 변화, 방언학, 대화 분석, 언어 접촉, 언어 정책, 언어 태도, 언어인류학 등을 사회언어학 연구의 대표적인 분야로 소개하였다.

세 번째 절에서는, 사회언어학에서 흔히 사용되는 네 가지 연구 방법에 대하여 논의하였다. 먼저 인류언어학자들과 방언학자들이 오랫동안 자료 수집 방법으로 사용해 온 현지 조사 방법을 소개했고 설문 조사의 장단점과 유의 사항에 대하여 논의하였다. 이어서 라보브가 개발한 사회언어학 면담의 일반적 구성과 특징 그리고 이 방법을 통해 자료 수집을 할 때 유의해야 할 점을 소개하였다. 마지막으로 비교적 최근에 개발된 연구 방법인 전자 말뭉치 분석 방법에 대하여 논의했는데, 사회언어학에서 자주 사용되는 대표적 말뭉치들을 소개하고 이 방법론의 장점과 제약을 함께 기술하였다.

현대 사회언어학의 역사는 길지 않지만 연구 대상이 되는 사회언어학적 현상은 인간 언어의 역사와 함께해 왔다고 할 수 있다. 현재 영어의 위상은 최고의 위치를 점유하고 있지만 중세 시대에는 영국에서도 프랑스어와 라틴어의 위세에 눌려 차별받던 기층 언어(substratum)에 불과하였다. 한국전쟁 직후에는 최빈국의 언어 가운데 하나로 취급되던 한국어가 지금은 꽤 높은 지위에 올라 있음은 물론이고 전 세계의 상당수 대학에서 한국어 강좌를 개설하고 있고 많은 외국인들이 한국어를 학습하고 있다. 과거에 독특한 성조와 억양 그리고 낮은 위세로 경시되던 중국어도 중국 경제의 지속적인 성장과 함께 세계 2위의 언어로 부상하고 있다. 이 모든 것이 각 언어 화자 집단의 정치적, 경제적 힘이 언어에 투영된 결과이며, 이에 따라 현실 세계에서 언어는 무시되기도 하고 존경의 대상이 되기도 하는 것이다. 언어 변이, 언어 권리 등 다른 사회언어학적 현상도 언어의 역사와 함께 해 왔다.

언어학 내에서의 사회언어학의 지위와 미래에 대한 전망은 밝다. 많은 국가에서 사회언어학적 환경은 늘 변하고 있어서 이에 따른 언어 태도나 언어 분쟁 등의 문제가 현안으로 존재하고 있으며 자국어와 외국어에 대한 국가 차원의 언어 정책 수립의 필요성을 요구하고 있다. 또한 요즈음에는 언어 접촉도 20세기 초반 이전과 같이 한두 언어와의 접촉만 일어나는 것이 아니라 교통, 통신 수단, 인터넷 매체의 발달로 다언어 간의 접촉 현상이 나타나고 있다. 이로 인해 최근 들어 급속히 진행되는 언어 사멸 현상과 사멸 위기 언어의 증가가 범세계적으로 관찰되고 있다.

위에 언급한 변화는 우리나라에서도 관찰된다. 전통적으로 단일어 환경이었던 우리나라에 동남아 출신 이주 노동자의 유입과 결혼 이민자의 증가로 점차 다중 언어 사회로 이행하고 있으며, 이로 인한 언어 접촉 현상과 언어 교육 문제가 중요한 사회언어학적 문제로 대두하였다. 여기에 북한 이탈 주민과 조선족이라고 불리는 중국 동포의 유입 역시 우리나라에 새로운 유형의 방언 접촉을 초래함으로써 이로 인한 언어 차별과 표준어 교육 문제 역시 그 중요성이 부각되고 있다. 또한 우리말의 제주어에서 언어 사멸 현상이 관찰되는데 이는 장차 커다란 문화적 손실이 될 수 있어 심각한 문제로 인식되고 있다. 여기에 통일 이후에 겪게 될 표준어 제정 문제와 북한의 여러 방언에 대한 태도 및 방언 권리에 대한 문제도 사회언어학의 주요 과제로 떠오를 전망이다.

탐구 과제

1 이신희(J. S. H. Lee 2004)는 플라이 투 더 스카이의 노래(아래 가사 참조)를 비롯하여 몇 곡을 예로 들며 케이팝(K-pop)의 많은 노래 가사에 한국어와 영어를 혼용하는 동기 중 하나가 한국의 젊은이들이 기성세대와는 다른 '정체성'을 표현하려는 것이라고 주장하였다.

I want you~ I need you~ tell you how feel
I want you~ I need you~ show my love for real

말로 다 못할 내 맘을 알고 있니 oh baby~
느낄 수가 있니
I want you~ I need you
온종일 너의 생각으로 가득 찬 나를 봐

I want you~ I need you~ 멈출 순 없어
I want you~ I need you~ 슬픔은 없어

[랩] Stop what your doin' don't play your games Cause you know that I'm
　　　fallin', ain't got no shame And I wanna be with you, Love the things ......
　　　(플라이 투 더 스카이의 'I want you, I need you'의 가사 일부)

이신희(2004)의 주장은 이 장에서 언급한 언어에 영향을 미치는 사회적 요인들 외에 '정체성'이라는 사회적(혹은 사회심리적) 요인이 언어 사용에 영향을 미칠 수 있다는 것을 의미한다. 이 주장에 대해서 어떻게 생각하는가? 또한 이 장에서 다룬 사회적인 요인 외에 언어 사용에 영향을 줄 수 있는 또 다른 사회적인 요인이 있다면 무엇일지를 논의해 보자.

2 자료 수집에서부터 연구 결과의 발표에 이르기까지 사회언어학적 연구의 전 과정에서 간과할 수 없는 것이 연구 윤리의 문제다. 영국의 사회언어학자 캐머런(2002)는 '존중해 주세요: 사회언어학에서의 주체와 객체('Respect, please!' Subjects and objects in sociolinguistics)'라는 제목의 글에서 그라이스(Grice)의 대화 격률(maxims of conversation)을 본보기로 해서 사회언어학적 연구 윤리와 관련된 네 가지 격률을 제시하였다.

1) 격률 1(적절성의 격률: Maxim of Relevance): 특정 언어공동체에 대해 연구할 때 그 공동체의 구성원들에게 그들이 흥미를 가질 수 있는 질문을 하라.
2) 격률 2(책임의 격률: Maxim of Accountability): 연구 과정에 제보자들을 참여시키고 제보자에게 거짓말을 하거나 신뢰를 깨지 마라. 제보자와 연구 과정을 함께 논의하고 협상하라.
3) 격률 3(존중의 격률: Maxim of Respect): 제보자의 견해를 '식견 없는' 것 혹은 '아마추어적인' 것으로 치부하거나 무시하지 마라. 연구자의 견해와 일치하지 않더라도 제보자의 의견이나 해석을 존중하라.
4) 격률 4(접근성의 격률: Maxim of Accessibility): 단순히 언어학자들만을 위해서 제보자들이 이해할 수 없는 방식으로 연구 결과를 발표하지 마라. 가능하면 제보자들이 연구 결과를 이해할 수 있는 형태의 매체를 사용해서 공표하라.

이 네 가지 격률 중 현재 사회언어학 연구자들이 가장 잘 준수하는 격률은 무엇이고 가장 지키지 않는 격률은 어떤 것이라고 생각하는가? 위의 격률 중 특히 지키기 어려운 것이 있다면 어느 것이고 그 이유는 무엇인가? 또한 위의 네 가지 격률 외에 추가적으로 필요한 격률이 있다면 무엇일지를 논의해 보자.

3 김해연(2010)은 사회언어학 분야의 대표적 국내 학술지 ≪사회언어학≫에 창간호부터 2010년까지 실린 논문들을 아래의 표에서와 같이 주제별로 분류하였다.

사회언어학의 하위 분야	편 수	비율
상호작용사회언어학/담화 분석/대화 분석/비판담화 분석	65(3-30-21-11)	17.8%
경어법/호칭어	40(19-21)	10.9%
사회언어학과 외국어교육	29	7.9%
언어태도/의식, 행동, 사용	23(10-13)	6.3%
언어정책	20	5.5%
언어와 성	19	5.2%
사회문화	17	4.6%
인터넷통신언어/광고언어	17(10-7)	4.6%
사회언어학의 일반적 소개	12	3.3%
이중-다중언어/피진/크리올	12(4-2-6)	3.3%
언어접촉/차용	12	3.3%
문화 간 의사소통	10	2.7%
지역/사회 방언	8(4-4)	2.2%
새터민/조선족/남북 방언	7	1.9%
기타/서평/이론언어학	75(50-9-16)	20.5%
총합계	366편	

한국에서는 사회언어학의 어느 하위 분야에서 많은 연구가 이루어졌는가? 이 장의 결론 부분에 언급된 현재와 미래의 국내 사회언어학적 상황과 관련지어 볼 때 앞으로 어느 분야에서 더 많은 연구가 이루어질 것으로 보는가? 또한 표에 제시된 사회언어학의 하위 분야 중 외국에서는 발견할 수 없는 주제가 있다면 무엇일지를 논의해 보자.

더 읽을거리

1 김해연(2010), 〈한국 사회언어학 연구 개관〉, ≪사회언어학≫ 18(2), 287~347, 한국사회언어학회.

1993년부터 간행된 한국사회언어학회 학회지인 ≪사회언어학≫에 발표된 논문들을 연구 주제별로 분류하여 각 주제에 대한 개별 연구들을 소개하고 한국 사회언어학의 연구 동향을 분석한 논문이다.

2 황적륜(2010), 〈사회언어학의 기원과 성립〉, ≪사회언어학≫ 18(2), 1~27, 한국 사회언어학회.

한국사회언어학회의 20주년 기념 학술대회에서 발표된 논문. 이 논문은 먼저 현대 사회언어학의 형성 과정과 사회 정치적 배경에 대하여 논의하였다. 이어서 하임스(1974)가 현대 사회언어학의 3대 분야라고 부른 변이 이론, 의사소통의 민족지학, 언어사회학의 역사적 배경과 발전 과정에 대해 기술하였다.

3 Baker, P. (2010). *Sociolinguistics and Corpus Linguistics*. Edinburgh: Edinburgh University Press.

사회언어학에서 말뭉치 분석 방법이 많이 사용되는 분야를 소개하고 각 분야에서의 분석 방법에 대하여 논의하였다. 그리고 사회언어학 연구에서 많이 사용되는 대표적인 구어와 문어 말뭉치에 대하여 소개하였다. 말뭉치 분석의 장점과 더불어 분석 과정과 분석 결과의 해석에서 주의해야 할 점에 대한 기술도 포함되어 있다.

4 Holms, J., and Hazen, K. (eds.) (2014). *Research Methods in Sociolinguistics*. Wiley Blackwell: Malaysia.

사회언어학에서 사용되는 다양한 자료 수집 방법과 자료 분석 방법을 소개하고 각 방법론의 장단점을 논의한 연구서. 이 책에는 이 장에서 소개한 사회언어학 연구 방법론 외에도 실험적 방법, 인류학적 분석, 대화와 담화 분석 방법 등 여러 연구 방법론들이 소개되어 있다.

주석

1) 성인은 여기에서 장년과 중년을 포괄한 의미로 사용된다.

2) 생코프와 라베르지(Sankoff & Laberge 1978)은 이 현상을 '언어 시장(linguistic market)'라는 개념을 사용하여 설명하였다.

3) 한국어의 예를 들면 '썰렁하다', '짱이다', '대박' 같은 어휘는 청소년이나 젊은 층이 많이 쓰는 표현이므로 연령대 언어 변이를 보인다고 할 수 있다.

4) 부모님께 돈을 달라고 요청할 때 "돈 주세요" 대신 "돈 좀 주세요"라고 말하는 경우라든지, "그 사람 인상이 조금 차가와" 대신 '그 사람 인상이 조금 차가운 것 같아'라고 얘기하는 것이 예이다.

5) 예로 한 중년 남자에 대한 호칭어로 A는 '김씨', B는 '김 선생님'을 사용하는 경우를 들 수 있다.

6) 요즈음에는 '표준 이하(substandard)'라는 주관적 가치 인식이 내포된 표현은 금기시되고 대신 '비표준적(nonstandard)'이라는 표현이 사용된다.

7) 슈만과 프레서(Schuman & Presser 1981)은 응답자들에게 'forbid'와 [not] allow'로만 교체되는 동일한 취지의 질문을 사용해서 각각에 대해 물었을 때 응답자들이 'yes'나 'no'로 답변한 비율에서 상당한 차이를 보이는 것을 발견했다.

8) 이 설명은 자료 수집 전에 이루어지면 이상적이지만 부득이 면담의 말미나 면담 후에 이루어질 수도 있다.

9) 사회언어학에서 활용되는 방법론에 대한 폭넓은 소개와 심층적 논의는 홈스와 헤이전(Holms & Hazen 2014)를 참조하기 바란다.

제2장

언어와 지역

오늘날 지구상에는 약 6,700개의 개별 언어가 존재한다고 한다. 추상적인 차원에서 보면 그러한 개별 언어는 모두 동질적 성격을 갖는 것처럼 생각할 수도 있다. 그러나 모든 언어는 지역이나 사회적 요인 또는 언어가 사용되는 구체적인 장면이나 상황에 따라 말소리는 물론 어휘와 문장 등 다양한 문법적 층위에서 차이를 보이는 것이 보통이다. 이러한 차이를 일컬어 사회언어학에서는 흔히 언어 변이(linguistic variation)라고 하여 중요한 연구 대상으로 삼고 있다.

가령, 영어의 경우만 하더라도 지역에 따라 크게 두 가지 변종, 곧 영국 영어(British English)와 미국 영어(American English)로 나누어 볼 수 있다. 현재의 영국 영어는 5세기 무렵 브리튼 제도에 앵글로색슨족이 이주하면서 형성되었고, 그 후 11세기 후반에 이루어진 노르만 정복에 의해 노르만 프랑스어(Norman French)가 뒤섞여 완성된 것이다. 이와는 달리 미국 영어는 영어 사용자들이 신대륙에 이주한 17세기 무렵부터 시작된다고 할 수 있는데, 이 시기의 미국 영어는 엘리자베스 1세 때의 영국 영어와 별다른 차이가 없었다. 그러나 오늘날 영국 영어와 미국 영어는 철자는 물론, 발음과 어휘, 문장 등의 층위에서 적지 않은 차이를 보인다.

영국 영어와 미국 영어에서 나타나는 철자(spelling)의 차이는 상당히 체계적 성격을 지닌다. 구체적인 사례를 몇 가지 제시하면 다음과 같다.[1]

〈표 2.1〉 영국 영어와 미국 영어에서의 철자 차이 유형 및 사례

유형	사례	
	영국 영어	미국 영어
-re : -er	centre, fibre, metre	center, fiber, meter
-ce : -se	defence, offence, pretence	defense, offense, pretense
-our : -or	arbour, colour, honour	arbor, color, honor
-gue : -g	prologue, monologue, dialogue	prolog, monolog, dialog

영국 영어와 미국 영어의 이와 같은 차이는 어휘 면에서도 비교적 풍부한 사례가 발견되고 있다. 다음은 조철현(1981: 9)에서 제시하고 있는 '학교 및 그 주변에 관한 것'의 범주에 드는 어휘를 대조한 결과이다.

(1) 영국 영어   미국 영어

     school ground campus

     residence hall dormitory

     chancellor president

     provost dean

     public school private school

     term time school year

     head master principal

     notice board bulletin board

여기에서 보듯이, 영국 영어와 미국 영어의 어휘 체계는 하나의 의미 범주 안에서도 상당한 차이를 보인다. 이러한 사실은 개별 언어가 사용되는 지역에 따라 차이가 있을 수 있다는 것을 의미한다. 결국 위의 예들은 언어란 다양성과 이질성을 그 본질적 특징으로 하는, 그리하여 다양

한 유형의 언어 변이를 보일 수 있음을 잘 보여 준다고 할 것이다.

　사회언어학이 하나의 본격적인 학문으로 자리 잡기 전까지 언어 변이
는 이른바 자유 변이(free variation)로 간주되어 체계적인 관찰이 불가능하
다고 보았다. 그러나 사회언어학이 발달하면서 언어 변이는 매우 중요한
그리고 핵심적인 연구 대상으로 인식되고 있다. 위에서 언급한 대로 언
어는 크게 세 가지 요인, 곧 지역적 요인과 사회적 요인, 그리고 상황적
요인에 따라 변이를 보인다. 지역적인 요인에 따른 변이를 지역적 변이
(regional variation), 사회적 요인에 따른 변이를 사회적 변이(social variation),
상황적 요인에 따른 변이를 상황적 변이(contextual variation)라고 한다. 이
가운데 첫 번째 유형에 속하는 지역적 변이는 전통적인 언어지리학 또는
방언학에서 주로 다루어 왔던 것이다. 그러나 언어 변이의 관점에서 보
면 지역적 변이 또한 사회언어학의 주요한 연구 대상이라고 할 수 있다.
따라서 2장에서는 언어의 지역적 변이 양상과 관련하여 전통적인 언어
지리학이 어떻게 싹트게 되었는가와 함께 한국어에서 나타나는 지역적
변이의 양상을 다양한 문법적 층위에서 살펴보고자 한다.

1. 언어의 지역적 변이와 언어지리학

　앞에서 예로 든 영어의 경우처럼 개별 언어가 사용 지역에 따라 차이
를 보인다는 사실은 그다지 심오한 사유를 필요로 하는 것이 아니라고
할 수 있다. 그럼에도 불구하고 언어의 지역적 변이가 언어학자의 본격
적인 관찰의 대상이 되기 시작한 것은 그리 오랜 역사를 갖고 있지 않다.
즉 19세기 언어학계를 지배하였던 소장문법학파(Junggrammatiker)의 이른
바 '음성 법칙의 무예외성'에 대한 증거를 문헌이 아닌 살아 있는 언어
자료, 곧 방언에서 찾으려고 한 것이 그 첫 시도였던 것이다. 이와 같은
시도는 독일의 언어학자 게오르크 벵커(Georg Wenker)에 의해 처음으로
이루어졌는데, 그 결과는 언어지리학(linguistic geography)이라는 학문의
출발점이 되었다.

뱅커는 1876년부터 1887년까지 40개의 표준어 문장으로 이루어진 질문지를 독일 전역의 5만여 초등학교에 보내어 교사들로 하여금 해당 지역 방언으로 번역해 달라는 방식으로 방언 자료를 수집하였다. 이러한 방언 자료 수집의 결과는 후에 ≪독일제국의 언어 지도(Sprachatlas des Deutschen Reiches)≫라는 이름의 최초의 언어 지도의 탄생을 가능하게 하였다. 이 지도를 통해 드러난 중요한 언어적 사실 가운데 하나는 게르만어에서 일어난 2차 자음 추이의 실현 여부에 따라 독일어가 표준어인 고지 독일어(High German: HG) 지역과 비표준어인 저지 독일어(Low German: LG) 지역으로 나뉜다는 것을 확인할 수 있게 주었다는 것이다.

게르만어의 2차 자음 추이란 무성 파열음 'p, t, k'가 어중이나 어말 또는 모음 뒤에서 마찰음 [f], [s(ss)], [ch]로 실현되고, 어두 위치나 어중/어말 위치의 유음 'l, r' 또는 비음 'm, n' 뒤에서 'p, t'가 파찰음 [pf]나 [z]로 실현된 것을 말한다. 다음이 그 예이다.

〈표 2.2〉 게르만어 2차 자음 추이 유형 및 사례

언어 \ 유형	p>f	t>s	k>ch	p>pf	t>z
영어	sleep	eat	make	pepper	ten
LG	slapen	etan	maken	peper	teihn
HL	schlafen	essen	machen	pfepper	zehn

위의 예에서 보듯이, 게르만어의 2차 자음 추이는 저지 독일어(Low German: LG)에서는 수행하지 않은 반면, 표준 독일어 지역인 고지 독일어(High German: HG)에서는 대부분 수행하였음이 특징이다. 〈그림 2.1〉은 게르만어에서 일어난 2차 자음 추이의 결과 독일어가 크게 두 개의 방언권으로 나뉠 수 있음을 보여준다.

〈그림 2.1〉을 보면 베를린의 바로 북쪽에서부터 라인 강에 이를 때까지 하나의 등어선(isogloss)[2)]이 그어져 있음을 알 수 있다. 이 등어선을 중심으로 남쪽은 2차 자음 추이를 수행한 고지 독일어 지역이고, 등어선의 북쪽은 그러한 자음 추이를 겪지 않은 저지 독일어 지역이다. 결과적

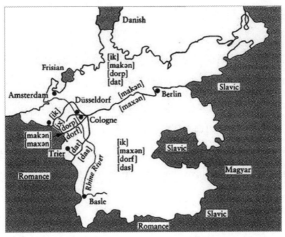

〈그림 2.1〉 2차 자음 추이에 따른 독일어의 방언 분화
(R. Wardhaugh 1998: 132)

으로 고지 독일어 지역에서는 '[ix], [maxən], [dorf], [das]'와 같은 음성형
이, 저지 독일어에서는 '[ik], [makən], [dorp], [dat]'와 같은 음성형이 나
타남으로써 독일어의 지역적 변이를 잘 보여주고 있다.

벵커에 의해 이루어진 선구적인 언어지리학의 성과는 질리에롱(Gilliéron)
에 의한 ≪프랑스 언어 지도(Atlas Linguistique de la France: ALF)(1902~1910)≫,[3)]
질리에롱의 제자들인 자베르크(Jaberg), 주드(Jud)에 의한 이탈리아에서의
≪이탈리아 및 남부 스위스의 언어민속지도(Sprach und Sachatlas des Italiens
und der Südschweiz)(1928~1940)≫ 및 ≪이탈리아 언어 지도(Atlas Linguistique
Italien: ALI)(1908~)≫의 제작으로 이어졌다. 또한 이러한 지역적 요인에
의한 언어 변이의 모습을 조사·분석한 연구가 미국, 영국, 스코틀랜드,
일본 등 여러 나라에서 이어졌고, 우리나라에서도 한반도 전역을 대상으
로 한 극히 적은 수의 어휘와 운율적 특징을 반영한 ≪한국 언어 지도집≫
(1993)과 1980년부터 1985년까지 남한 지역을 조사한 자료를 바탕으로
153장의 언어 지도를 갖춘 ≪한국 언어 지도(The Linguistic Atlas of Korea)≫
(2008)가 완성되었다.

2. 한국어의 지역적 변이

앞에서 언급한 영어나 독일어를 비롯하여 전 세계의 모든 언어들이 그렇듯이 한국어 또한 음운과 어휘, 형태 통사적 층위에서 지역에 따라 다양한 언어 변이를 보인다. 이와 같은 언어 변이를 관찰하는 데 도움을 주는 것이 방언 구획[4]이다. 〈그림 2.2〉에서 보듯이 한국어 방언은 중부 방언, 동남 방언(경상도 방언), 동북 방언(함경도 방언), 서남 방언(전라도 방언), 서북 방언(평안도 방언), 제주도 방언 등 크게 6개의 대방언권으로

〈그림 2.2〉 한국어 방언 구획
(김병제 1988: 209)

나뉜다고 할 수 있는바, 이와 같은 방언 구획은 한국어에서 나타나는 지역적 변이의 관찰을 용이하게 해 줄 수 있는 것이다.[5]

2.1 한국어 음운의 지역적 변이 양상

음운론 층위에서 나타나는 한국어의 지역적 변이의 모습은 지역에 따라 달리 나타나는 음운 체계(phonological systems)나 음운 과정(phonological processes)의 차이를 통해 쉽게 확인할 수 있다.

한국어의 모음은 단모음과 이중모음을 합하여 21개이고 자음은 19개로 이루어져 있다든지, 소리의 길이, 곧 음장(音長)에 따라 단어의 의미가 달라지는 운소를 갖고 있다는 것은 이른바 표준어가 보여 주는 음운 체계의 특징이다. 그러나 그러한 음운 체계는 방언권에 따라 매우 다양하면서도 가변적인 성격을 보이는 것이 실제 언어 현실이다. 어간과 어미가 결합하는 과정에서 이루어지는 음운 과정도 방언권에 따라 차이를 보이는 경우가 적지 않다. 따라서 여기에서는 음운 체계나 음운 과정이 방언권에 따라 어떠한 차이가 있는지에 대한 한국어의 지역적 변이 양상을 살펴보기로 한다.

개별 언어의 음운 체계는 음소(音素, phoneme)와 운소(韻素, prosodic elements)로 나누어 살펴볼 수 있다. 음소는 모음과 자음으로 구분하는 것이 일반적이다. 한국어의 모음 음소[6]는 통시적으로 많은 변화를 겪어 왔고 공시적으로도 끊임없이 변화하고 있는 매우 역동적인 현상이다. 따라서 모음 체계는 지역이나 세대에 따라 다양한 언어 변이 양상을 보인다. 이와 같은 언어적 사실을 토대로 최명옥(2013)에서는 모음 음소 가운데 이중모음을 제외한 단모음만을 대상으로 6개 방언권의 모음 목록을 〈표 2.3〉과 같이 제시하고 있다. 이를 통해 우리는 한국어의 단모음이 방언권에 따라 많게는 10모음에서 적게는 6모음에 이르기까지 언어 변이의 폭이 적지 않다는 것을 알 수 있다.

그러나 이러한 모음 체계의 변이는 지역에 따라 진행 중인 음성 변화의 유형을 고려한 정밀화가 좀 더 필요한 것으로 보인다. 〈표 2.3〉에 제

방언권	모음 목록
동남 방언	이, 에/애, 으/어,[7] 우, 오, 아(6)
동북 방언	[+노]:[8] 이, 에, 애, 위, 외, 으, 어, 우, 오, 아(10) [-노]: 이, 에, 애, 으, 어, 우, 오, 아(8)
서남 방언	① 이, 에, 애, 위, 외, 으, 어, 우, 오, 아(10) ② 이, 에／애, 위, 외, 으, 어, 우, 오, 아(9)
서북 방언	① 이, 에, 애, 으, 어, 우, 오, 아(8) ② 이, 에 애, 우, 오, 아(6)
중부 방언	[+노]: ① 이, 에, 애, 위, 외, 으, 어, 우, 오, 아(10) ② 이, 에, 애, 외, 으, 어, 우, 오, 아(9) [-노]: ① 이, 에, 애, 으, 어, 우, 오, 아(8) ② 이, 에/애, 으, 어, 우, 오, 아(7)
제주 방언	[+노]: 이, 에, 애, 으, 어, 우, 오, 아, ·(9) [-노]: 이, 에/애, 으, 어, 우, 오, 아(7)

시한 최명옥(2013)의 모음 음소 체계를 바탕으로 하고, 곽충구(2003)에서
논의된 현대 모음 체계의 변화 방향을 고려하여 한국어 대방언권에서
나타나는 모음 체계의 지역적 변이 양상을 살펴보기 위해 먼저 최대 10
모음을 지닌 지역의 단모음 체계를 혀의 위치와 높이, 입술 모양을 고려
하여 제시하면 다음과 같다.

〈표 2.4〉 한국어 방언의 10모음 체계

혀의 높이 \ 혀의 위치 / 입술 모양	전설		후설	
	비원순	원순	비원순	원순
고	ㅣ	ㅚ	ㅡ	ㅜ
중	ㅔ	ㅟ	ㅓ	ㅗ
저	ㅐ		ㅏ	

  이러한 모음 체계와 현대 한국어의 대방언권에서 나타나는 단모음 체
계를 비교해 보면 언어 변이는 지역에 따라 다음과 같은 네 가지 유형의
모음 합류가 일어나고 있는 사실과 관련이 있다.

(2) 가. /ㅔ, ㅐ/의 합류: 동남 방언, 서남 방언, 중부 방언, 제주 방언

　　나. /ㅡ, ㅓ/의 합류: 동남 방언

　　다. /ㅡ, ㅜ/의 합류: 서북 방언

　　라. /ㅓ, ㅗ/의 합류: 서북 방언

모음 합류(合流)란 별개의 음가를 가지고 대립을 보이던 두 모음이 더이상 대립하지 않고 동일한 음가를 지니는 모음으로 실현되는 것을 말한다. 오늘날 한국어의 모음 체계 내에서 모음 합류는 상당히 활발하게 이루어지고 있는데 여기에는 다음과 같은 몇 가지 특징들이 있다.

첫째, 네 가지 유형의 모음 합류 가운데 가장 많은 방언에서 관찰되는 것은 전설의 비원순모음 /ㅔ, ㅐ/의 합류다. 즉 (2가)에서 보듯이, /ㅔ, ㅐ/의 합류는 동남 방언, 서남 방언, 중부 방언, 제주 방언 등 네 개의 대방언권에서 공통적으로 나타나고 있어 (2나~라)의 모음 합류에 비해 훨씬 더 광범위한 지역에서 합류가 일어나고 있다.[9]

둘째, 후설의 비원순모음 /ㅡ, ㅓ/의 합류는 동남 방언에서만 보이는데, 이러한 모음 합류는 경남 지역과 경북 북부 지역인 '울진, 봉화, 영풍, 상주, 의성, 금릉'을 제외한 경북 지역에 걸쳐 이루어졌음이 특징이다(국립국어원 엮음 2007: 99).

셋째, 서북 방언의 경우는 후설의 위치에서 이루어지는 모음 합류, 곧 (2다)의 /ㅡ, ㅜ/와 (2라)의 /ㅓ, ㅗ/의 합류로 후설 모음이 다음과 같이 단순화되는 모습을 보인다.

(3) /ㅡ, ㅜ/　　　→　　　ㅜ

　　/ㅓ, ㅗ/　　　→　　　ㅗ

　　/ㅏ/　　　　→　　　ㅏ

넷째, 노년층에 한정되기는 하지만 제주 방언에서는 중세 한국어 시기에 모음 음소로 존재하였던 /·/가 오늘날까지 그대로 유지됨으로써 /·/의 비음운화에 관한 한 어떤 육지의 방언들보다 보수적인 모습을 보인

다. 제주 방언에서는 'ᄂᆞ멀(나물), 물[馬], 쏠(쌀), 꼴다(깔다), 젖다(잦다)'의 예에서처럼 어두 위치에서 아직도 /ㆍ/가 단모음으로서의 기능을 유지하고 있는 것이다(국립국어원 엮음 2007: 150). 이러한 보수성은 제주 방언이 한국어의 여타 방언들과 구별되는 중요한 특징 가운데 하나다.

한편, 한국어를 구성하는 대방언의 분절 음소 가운데 자음은 방언들 간에 큰 차이 없이 19개의 목록을 가지고 있는 것으로 알려져 있다. 다음은 한국어의 자음 목록을 조음 위치와 조음 방법에 따라 구분한 것이다.

〈표 2.5〉 한국어 자음 목록

조음 방법 / 조음 위치	장애음			공명음	
	평음	유기음	경음	비음	유음
양순음	ㅂ	ㅍ	ㅃ	ㅁ	
치경음	ㄷ	ㅌ	ㄸ	ㄴ	ㄹ
	ㅅ		ㅆ		
경구개음	ㅈ	ㅊ	ㅉ		
연구개음	ㄱ	ㅋ	ㄲ	ㅇ	
후음	ㅎ				

이러한 자음 목록 가운데 치경음에 속하는 /ㅅ, ㅆ/는 동남 방언의 일부 방언에서 별개의 자음으로 실현되지 못하고 /ㅅ/ 하나만 나타남으로써 방언 간의 차이를 보이기도 한다. 예를 들면 경북의 '영일, 청송, 군위, 칠곡, 달성, 청도' 등의 지역과 경남의 '밀양, 김해' 지역에서는 여타의 국어 방언들과 달리 /ㅅ, ㅆ/가 [ㅅ]로만 실현된다.

〈표 2.5〉에 제시한 자음 목록 가운데 경구개음 /ㅈ, ㅊ, ㅉ/는 동북 방언에 속하는 육진 지역어와 서북 방언에서 경구개음이 아닌 치음 [ts, tsh, ts']로 실현됨으로써 방언 간의 차이를 보이기도 한다. 이와 같은 차이는 이들 지역 방언에서 /ㅈ, ㅊ, ㅉ/가 중세 한국어 시기와 같은 치음으로 실현되는 보수성을 지니고 있는 데서 비롯된 것이다.

한국어는 음장이나 성조와 같은 운소에서도 지역에 따른 변이를 비교적 분명하게 보여준다. 대한민국학술원에서 만든 《한국 언어 지도집》

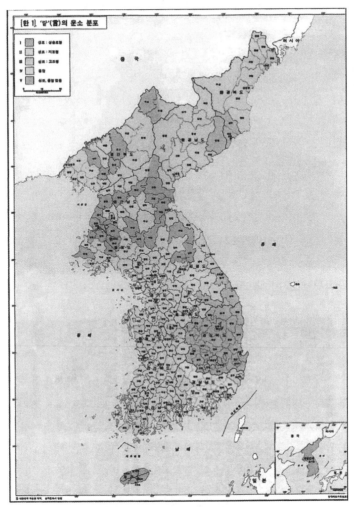

<그림 2.3> '말(言)'의 운소 분포

(1993)에 따르면 한국어는 성조 방언과 음장 방언 그리고 무성조·무음장 방언 등 크게 세 가지 운소형을 가지고 있다. 〈그림 2.3〉은 '말(言)'의 운소 분포이다.

이와 같은 '말(言)'의 운소 분포를 고려하여 한국어 운소 체계의 지역적 변이 양상을 제시하면 다음과 같다(대한민국학술원 1993).

(4) 가. 성조 방언: 경상남·북도 전역,

　　　　　강원도 삼척, 명주, 영월,

함경남·북도 전역(정평 제외),
평안북도 후창 동부 지역
나. 무성조·무음장 방언: 제주도 전역,
강원도 회양, 이천, 양구, 화천,
황해도 봉산, 재력, 장연, 은율, 안악, 황주, 수안, 신계
평안북도 자성, 후창(서부), 초산, 삭주, 운산, 태천
평안남도 영원, 맹산, 순천, 평원, 용강, 강서, 중화
함경남도 영흥, 문천, 고원
다. 음장 방언: 가, 나 지역을 제외한 그 밖의 지역

여기에서 보듯이 한국어의 방언은 운소 분포를 기준으로 할 때 크게 세 가지 유형으로 구분할 수 있다. 이러한 분포와 관련하여 나타나는 구체적인 언어적 사실을 몇 가지 제시하면 다음과 같다.

첫째, 운소를 기준으로 하면 현대 한국어는 크게 세 가지 유형으로 구분된다. '장, 단'이 변별적 기능을 가지는 음장 방언과 '저조, 고조, 상승조'가 변별적 기능을 가지는 성조 방언 그리고 음장이나 성조가 아무런 변별적 기능을 가지지 못하는 무성조·무음장 방언이 그것이다.

둘째, 현대 한국어에서 단어 차원에서 변별적 기능을 가지는 운소로는 음장과 성조가 있는데 이 둘은 한 지역에 공존하지 못하고 상보적 분포를 보인다. 음장의 변별적 기능은 단어의 첫 음절에서만 가능하여 둘째 음절 이하에서는 단음으로 된다.

셋째, 성조 체계를 구성하는 성조소에는 '저조, 고조, 상승조'의 세 가지가 있다. 성조 방언은 다시 크게 상승조를 가지는 방언과 그것을 가지지 않는 방언으로 나뉜다. 성조를 단위로 하는 음절별 명사의 성조 유형도 지역에 따라 달라 1음절 명사는 네 개의 성조 유형을, 2음절 명사는 다섯 개의 성조 유형을, 그리고 3음절 명사는 여섯 개의 성조 유형을 가지고 있다.

넷째, 음성 차원에서 보면, 장음의 길이는 중부 방언을 중심으로 그곳에서 멀어
질수록 상대적으로 짧아지며, 성조는 상승조의 길이와 끝 부분의 높이가 북
부에서 남부로 갈수록 점차 짧아지고 낮아진다. 그리고 성조 방언에 인접한
음장 방언은 단어 차원에서는 고저를 지니지만 변별적 기능은 하지 못한다.

음운 층위에서 한국어 방언들이 보이는 지역적 변이의 모습은 음운
과정의 차이를 통해서도 확인할 수 있다. 주지하는 바와 같이 음운 과정
(phonological processes)은 말소리 자체에 동기가 있는 변화를 말한다. 음운
과정의 유형은 분절음의 관점에서 음성 변화(sound change)의 구조 및 그
러한 음 변화의 목적이 무엇인지에 따라 구분 가능하다.[10]

한국어 방언들이 보이는 음운 과정 가운데 지역적 변이의 모습을 비교
적 선명하게 보여 주는 현상으로는 구개음화를 들 수 있다. 즉, 한국어의
여타 방언들과 달리 서북 방언, 곧 평안도 방언에서는 구개음화에 관한
한 어떠한 유형[11]의 구개음화도 실현되지 않는 모습을 보임으로써(김영
배 1969, 1985; 장영길 1994; 곽충구 2001) 지역에 따른 변이를 뚜렷하게 보
이는 것이다.[12] 서북 방언 출신의 작가 김동인이나 시인 백석의 문학
작품에 나타나는 다음과 같은 사례는 서북 방언이 보이는 독특한 비구개
음화 현상을 잘 보여주는 것이다(강희숙 2004: 9).

(5) 가. "고향이 영유요?"
　　　"예, 머, 영유서 나기는 <u>했디만</u>, 한 이십 년 영윤 <u>가보디두</u> 않았이요."
　　　　　　　　　　　　　　　　　　　　　　　　　(김동인, ≪배따라기≫)
　　나. 얘, 너, 음……, 데 뒤 좀 <u>가보디</u> 않갔니?
　　　　　　　　　　　　　　　　　　　　　　　　　(김동인, ≪감자≫)
　　다. 또 문밖에 <u>나가디두</u> 않구 자리에 누어서
　　　　　　　　　　　　　　　　　　　(백석, 〈南新義州 柳洞 朴時逢方〉)

한국어의 모음 체계 내에서 수행된 일련의 모음 상승 현상 가운데 후
설모음 위치에서 수행된 '어 → 으'나 '오 → 우' 변화 또한 지역적 변이를

비교적 분명하게 보여준다. 즉, '어 → 으' 또는 '오 → 우' 변화는 서울말을 비롯한 중부 방언이 그 개신과 방사의 중심지로서 매우 적극적이면서도 생산적으로 실현됨으로써 다른 방언들과 차이를 보이고 있는 것이다(강희숙 2005).

(6) 가. 그지(거지): 그지 세상에 태어난 게 억울해. 〈서울f1, 162〉
근너(건너): 강 근너는 아니구 〈서울m2, 241〉
으른(어른): 그 으른이 양자를 나가셨는데 〈서울f2, 199〉
나. 눔(놈): 도깨비 한 눔만 남구 〈서울m1, 175〉
둔(돈): 둔을 무진장 벌어야 그 살림을 해나가지 〈서울f1, 171〉
숙(속): 나는 청춘을 집 숙에서 늙어버렸어. 〈서울f1, 161〉

위의 예 가운데 (6가)는 '어→으' 변화를, (6나)는 '오→우' 변화를 보여주는 것이다. 이러한 변화는 둘 다 어두 위치에서 수행된 것으로서 다른 방언들에서는 거의 나타나지 않는 매우 특이한 현상이다.

자음군 단순화 또한 음운 과정에서 나타나는 지역적 변이를 관찰할 수 있는 현상 가운데 하나이다. 한국어는 음절 구조상 종성의 위치에 둘 이상의 자음이 오는 것을 허용하지 않기 때문에 겹받침이 종성에 위치하면 음절 구조 제약을 만족시키기 위해 하나의 자음을 탈락시키는데, 이를 일컬어 자음군 단순화라고 한다. 이와 같은 성격의 자음군 단순화는 예외를 전혀 허용하지 않는 강력한 음운 현상이다. 그러나 두 개의 받침 중 어떤 자음이 실현되는지는 상당히 복잡해서 자음의 성격이나 문법 범주에 따라, 또는 지역에 따라 차이를 보인다.

지역에 따라 차이를 보이는 자음군 단순화의 유형으로는 /ㄺ, ㄼ, ㄿ/ 등 'ㄹ'계 자음군 단순화를 예로 들 수 있다. 즉, 'ㄹ'계 자음군의 경우 지역에 따라 다음과 같은 방향으로 자음군 단순화가 실현된다.

(7) 가. 'ㄱ'가 탈락하는 지역: 동남 방언
나. 'ㄹ'가 탈락하는 지역: 중부 방언 및 서남 방언

'ㄹ'계 자음군이 보여 주는 위와 같은 양상은 자음군 단순화가 결국 한반도의 남북을 축으로 동서로 갈린다는 것을 의미한다. 이러한 사실을 잘 보여 주는 것이 '흙'의 자음군 단순화이다.

(8) 가. '흙'; 흘, 흘이, 흘을
    나. '흙': 흑, 흑이, 흑을

여기에서 보듯이 '흙'의 자음군 단순화는 두 가지 방향으로 이루어지는 것이 특징이다. 즉, (8가)의 경우처럼 받침 'ㄺ' 가운데 두 번째 자음 'ㄱ'가 탈락하고 'ㄹ'가 실현되는 방언은 동남 방언의 동부 지역에 국한되고 나머지 지역에서는 (8나)의 경우처럼 반대 방향으로 단순화가 이루어짐으로써 지역에 따른 변이를 분명하게 보여 주는 것이다(이진호 2012: 287).[13]

음운 과정의 차원에서 한국어 방언들이 보이는 지역적 변이의 모습을 관찰할 수 있는 또 다른 사례로는 /어간말 '이']{어, 아}[14]의 음운 과정을 들 수 있다. 즉 '비-(空), 비비-(捻), 지-(負), 치-(打), 꺼지-(陷), 이-(載)' 등 '이'로 끝나는 어간과 '어/아'로 시작하는 어미가 결합하는 경우 지역에 따라 다음과 같이 다양한 음운 과정을 보인다(최명옥 2013).

(9) 가. /비] 어Y/(空): ⓐ 비어Y, ⓑ 벼:Y, ⓒ 베:Y, ⓓ 비:Y
    나. /비비] 어Y/(捻): ⓐ 비벼Y, ⓑ 비베Y, ⓒ 비비Y
    다. /지] 어Y/(負): ⓐ 제Y, ⓑ 저Y
    라. /치] 어Y/(打): ⓐ 테Y, ⓑ 처Y
    마. /꺼지] 어Y/(陷): ⓐ 꺼데Y, ⓑ 꺼저Y
    바. /이] 어Y/(載): ⓐ 네Y, ⓑ 예Y, ⓒ 이어Y, ⓓ 여Y

이와 같은 /어간말 '이']{어, 아}/의 음운 과정은 어간말 모음 '이' 앞에 자음이 있는지의 여부, 선행 자음의 음운 자질의 종류, 어간의 음절수와 같은 언어 내적 요인에 따라 달라지되 지역에 따른 언어 변이는 다음과 같다.

〈표 2.6〉 /어간말 '이][어, 애/의 음운 과정(최명옥 2013)

	동남	동북	서남	서북	중부	제주
/비] 어/	비:Y	베:Y	비어Y	베:Y	경기, 황해: 벼Y 충남북: 비어	비어Y
/비비] 어Y/	비비:Y	비베Y	전남: 비베Y 전북: 비비Y	비베Y	비벼Y	비벼Y
/지] 어Y/	저Y	제Y	저Y	제Y	저Y	저Y
/치] 어Y/	처Y	처Y	처Y	테Y	처Y	처Y
/꺼지] 어Y/	꺼저Y	꺼저Y	꺼저Y	꺼데Y	꺼저Y	꺼저Y
/이] 어Y/	여Y	예Y	이어Y	네Y	여Y	여Y

2.2 한국어 어휘의 지역적 변이

넓은 의미의 어휘는 개별 언어에 존재하는 단어 전체를 가리키고 좁은 의미의 어휘는 일정한 범주에 속하는 단어 전체를 의미한다. 따라서 한국어에 나타나는 어휘 변이의 지역적 양상은 개별 단어들이 보여 주는 변이의 모습을 통해 확인할 수 있다.

개별 단어들이 보여 주는 지역적 변이는 주로 세 가지 요인에 의해 나타난다. 지역에 따라 어원을 달리하는 단어들이 쓰이기도 하고 동일한 기저형을 가진 단어가 지역에 따라 상이한 음성 변화를 겪거나 음성 변화와 함께 접미사에 의한 파생에 의한 개별 단어의 지역적 변이가 나타나는 것이 그것이다.

지역에 따라 어원을 달리하는 단어들이 쓰임으로써 변이를 보이는 사례로는 '부추'15)를 들 수 있다. 먼저 이익섭 외(2008: 72)에 제시한 '부추'의 언어 지도(〈그림 2.4〉)를 보기로 하자.

지도를 통해 알 수 있듯이 부추는 지역에 따라 모두 14개의 변이형을 가지고 있다. 이러한 변이형들은 '부추'계, '솔'계, '정구지'계, '세우리'계 등 크게 네 가지 부류로 구분이 가능한데 이러한 부류들은 제각기 다른 어원을 가지고 있음이 특징이다.

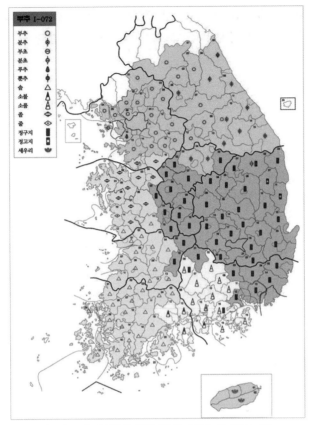

〈그림 2.4〉 '부추'의 언어 지도(이익섭 외 2008: 72)

(10) 가. '부추'계: 부추, 부초, 분추, 분초, 푸추, 뿐추

　　　 나. '솔'계: 솔, 소불, 소풀, 졸, 줄

　　　 다. '정구지'계: 정구지, 정고지

　　　 라. '세우리'계: 세우리

　(10가)의 '부추'계는 경기와 강원도 지역을 중심으로 하는 방언형이다.
이 가운데 '분추'[16)는 강원의 여러 지역들과 충북의 북단인 '충주'와 '제
천' 등 비교적 폭넓게 분포한다. '부추'를 제외한 '부초, 분초, 푸추, 뿐추'
등 나머지 방언형은 모두 한 지역에서만 출현하는 제한된 분포를 보인다.

(10나)의 '솔'계는 주로 충남을 비롯하여 전라남·북도와 경남 일원에 분포하는데 하위 유형에 따른 분포 지역은 다음과 같다.

(11) 가. 솔: 전라남·북도

　　나. 소불: 전남 동부의 승주, 광양, 여천, 경남 남해 등

　　다. 소풀: 남해 이외 경남 서부의 몇몇 지역

　　라. 졸, 줄: 충남

'솔'계의 '솔'은 승주, 광양, 여천 등 전남 동부 지역을 제외한 전라남·북도 전역에 분포한다. 결과적으로 전남 방언의 경우, 동부의 몇몇 지역에서는 '소불'이 쓰이고 나머지 지역에서는 '솔'이 쓰여 동서의 분화를 보인다.[17]

한편 (10다)의 '정구지'계에 속하는 '정구지'와 '정고지'는 경남의 몇몇 지역을 제외한 경상남·북도 전역에 분포한다는 점에서 전형적인 경상도 방언의 특징을 보인다. '정구지'가 '정고지〉정구지'의 변화를 겪은 것이라고 보면 동해안의 한두 지점에서 고형(古形)인 '정고지'가 유지되고 나머지 지역에서는 신형(新形)인 '정구지'가 폭넓게 분포한다는 것을 알 수 있다.

마지막으로, (10라)의 '세우리'계는 '세우리' 한 가지 방언형만을 가지고 있고 제주도 지역에서만 분포한다. '세우리'는 육지의 어형과는 전혀 다른 어원을 가지는 방언형으로 일종의 언어 섬(language island)을 형성한다.

'부추'의 경우와 비슷하게 상이한 어원을 지닌 단어들이 지역에 따라 달리 분포함으로써 변이를 보이는 또 다른 예로는 '청미래덩굴'[18]이 있다.

〈그림 2.6〉에서 보듯이 '청미래덩굴'은 무려 26개의 변이형이 있다. '청미래덩굴'의 변이형들은 어원이 무엇인지에 따라 다음과 같이 '청미래'계, '망개'계, '명감'계, '기타' 등으로 나눌 수 있다.

(12) 가. '청미래'계: 청미래덤(뎀)불, 칭미래 덩굴, 층모래동굴, 청매기덤뿔

나. '망개'계: 망개, 망개덤불(풀), 망개딩 이, 처망개, 참망개덤불, 멍개(게), 멍 개뗌불, 뭥개, 멍가, 명개(과), 멩저남 (낭), 멜대기남(낭)

〈그림 2.5〉 청미래덩굴 열매

다. '명감'계: 명(멩)감, 맹감, 멍감, 밍감, 맹검

라. 기타: 땀(깜)바구, 퉁갈(괄/과리), 늘렁감, 버리둑덤풀

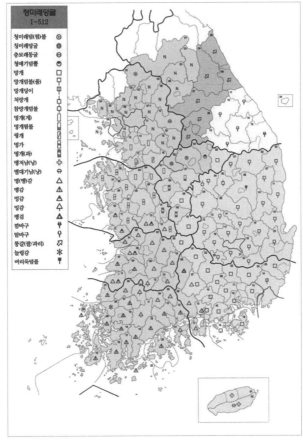

〈그림 2.6〉 '청미래덩굴'의 언어 지도(이익섭 외 2008: 270)

이러한 변이형들은 각기 어원이 다르고 그 분포 또한 지역에 따라 상당한 차이를 보인다. 지역적 분포 양상은 다음과 같다.

(13) 가. '청미래'계: 경기 서부, 충북 북부

　　나. '망개'계: 경기 서남부, 충남북 및 경남북 대부분 지역

　　다. '명감'계: 전남북과 경남의 서부 지역, 제주도

　　라. 기타: 강원 남부와 중부

흥미로운 것은 경기와 강원 일원에는 대응하는 방언형이 없는데 이는 청미래덩굴이 추운 지방에서는 자라지 못하기 때문이다. 그러나 여타 지역에서 나타나는 변이형의 지역적 분포를 보면 중부지방의 서쪽은 대체적으로 '청미래'계가 쓰이고 경상도와 충청도는 '망개'계가 쓰이는 반면 전라도와 제주도 지역은 '명감'계가 쓰이고 강원도 지역에서는 '땀(깜)바구, 통갈(괄/과리)' 등의 기타 부류가 분포하고 있어 지역적 분화를 비교적 분명하게 보여준다.

어휘적 층위에서 발견되는 지역적 언어 변이의 두 번째 유형은 단일한 기저형이 상이한 음성으로 실현되는 것과 관련이 있다. 이러한 사실을 잘 보여 주는 예가 〈그림 2.7〉에 제시한 '가을'의 언어 변이이다. 이에 따르면 '가을'의 변이형들은 크게 '가을'계와 '가실'계로 구분된다.

(14) 가. '가을'계: 가을, 갈, 가올, 가울, 가읅

　　나. '가실'계: 가실, 가싥, ᄀ슬

이러한 '가을'의 변이형들은 15세기 한국어 문헌에 나타나는 'ᄀ슬ㅎ'과 관련이 있다. 즉, 'ᄀ슬ㅎ'의 끝 자음 'ㅎ'을 일단 논외로 하면 '가을'계는 'ᄀ슬ㅎ'의 두 번째 음절에 있는 'ㅿ'이 탈락한 반면 '가실'계는 'ㅿ'과 'ㅅ'이 대응되므로 'ㅿ〉ㅅ' 변화를 상정할 수 있다. 따라서 두 유형의 변이형들은 하나의 단일한 기저형에서 각기 다른 음성 변화를 수행한 결과로 볼 수 있고 그러한 변이형들이 현대 한국어에서 지역에 따라 분

포를 달리한다고 할 수 있다. '가실'계가 주로 경상남·북도와 전라남·북도의 남부 지역과 제주도에 제한적으로 분포하는 반면 '가을'계는 '가실'계가 분포하는 지역을 제외한 전 지역에서 매우 광범위한 분포를 보인다.

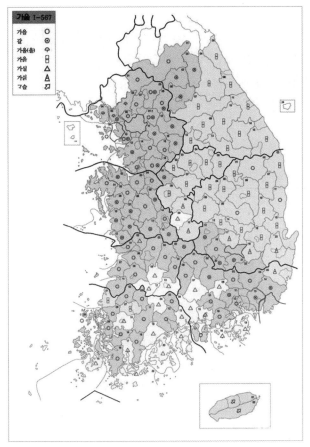

<그림 2.7> '가을'의 언어 지도(이익섭 외 2008: 288)

끝으로, 음 변화와 접미사에 의한 단어 파생이 지역적 변이를 보이는 예로는 '파리'를 들 수 있다. '파리'의 변이형은 다음과 같이 '파리'계와 '파랭이'계 그리고 '프리'계로 나타난다.

(15) 가. '파리'계: 파리, 포리, 퍼리

　　 나. '파랭이'계: 파랭이, 파래이, 포랭이

　　 다. '프리'계: 프리

　　현대 한국어의 '파리'는 15세기 한국어에서 '풀'로 나타난다.[19] 여기에 '동물'을 나타내는 접미사 '-이'가 결합하여 '프리'가 된 것이 16세기 형이다. 그 이후 18세기에는 '파리'가 나타나는데 이는 어두 위치에서 'ㆍ'가 비음운화한 결과다. 지역에 따라서는 '포리' 혹은 '퍼리'로 실현되기도 하는데 'ㆍ'가 어두자음 'ㅍ'의 원순성에 동화되어 나타난 것이 '포리'고, '포리'의 'ㅗ'가 비원순모음화하여 나타난 것이 '퍼리'다. 이와 같은 변화의 과정을 통해 나타난 '파리, 포리, 퍼리' 등의 '파리'계는 오늘날 제주도 지역을 제외한 거의 모든 육지 방언에 분포하고 있다. 중부 방언을 비롯하여 경남 서부 지역을 제외한 거의 모든 동남 방언 지역에서 '파리'가 쓰이고 전라북도 북부 지역 일부와 경남 서부의 함양 지역에서는 '퍼리'가 쓰인다. 이에 비해 전라남·북도 전역과 여기에 인접한 경남 서남부의 일부 지역에서는 '포리'가 쓰여 어형에 따라 지역적 분포를 달리한다.

　　한편, (15ㄴ)의 '파랭이'계는 '파리, 포리'에 접미사 '-앙이'가 결합한 형태다. '파랭이, 파래이'는 주로 경상남·북도 지역에서 쓰이고 '포랭이'는 경남의 일부 지역에서 쓰이는 분포를 보인다.[20]

　　마지막으로, (15ㄷ)의 '프리'는 제주도 지역에서만 나타나는 16세기 어형으로 제주도 방언의 보수성을 잘 보여준다.

　　이상에서 살펴본 바와 같이 현대 한국어에 나타나는 '파리'의 변이형들은 중세한국어 시기에 나타났던 '풀' 또는 '프리'가 겪은 음운 변화와 접미사에 의한 단어 파생이 지역에 따라 상이하게 나타난 결과를 반영하는 것이다. 〈그림 2.8〉은 '파리'의 변이형들이 쓰이는 지역적 분포를 잘 보여준다.

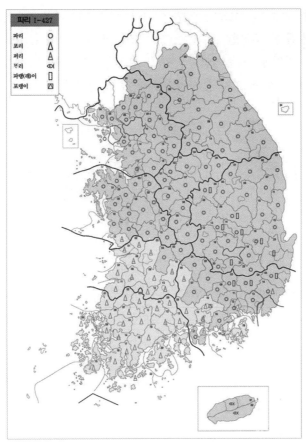

〈그림 2.8〉 '파리'의 언어 지도(이익섭 외 2008: 226)

2.3 한국어 문법의 지역적 변이

음운이나 어휘 층위에 못지않게 형태·통사 층위, 곧 문법 층위에서
나타나는 한국어의 지역적 변이 또한 매우 다양한 편이다. 형태론은 단
어를 구성하는 요소 또는 단어 형성 규칙을 다루는 분야고 통사론은 문
장의 구성 요소와 문장 형성 규칙을 다루는 분야이므로 한국어의 지역
방언들이 보이는 형태·통사적 변이는 문법 층위에서 다루어야 할 단어
나 문장 구조를 통해 확인할 수 있다.

단어를 구성하는 요소인 어휘 형태나 문법 형태 가운데 문법 형태에 국한하면 우선 주목할 수 있는 것이 조사의 변이형이다. 주격 조사만 하더라도 지역에 따라 다양한 변이를 보인다. 다음은 이기갑(2003)에 제시된 한국어 주격 표지의 지역적 변이형을 정리한 것이다.

〈표 2.7〉 한국어 방언의 주격 표지

	중부	동북	동남	서남	서북	제주
이, 가	-{이/가}, -이, -이가	-{이/가}, -이, -이가	-{이/가}, -이, -이가	-{이/가}, -이, -이가	-{이/가}, -이	-{이/가}
(이)라/ /래/라서느	-라(황해도 북부), -{이}라/래(충남 서해안), -{라서}(충남 서해안)	-라서느			-래	-래, -라

　위의 표를 통해 알 수 있듯이, 한국어의 주격 표지는 크게 '이/가'형과 '(이)라/래/라서느'형으로 나눌 수 있다. 이 두 유형의 지역적 분포를 보면 '이/가' 유형은 모든 방언권에 공통적으로 분포하는 반면 '(이)라/래/라서느' 유형은 동남 방언과 서남 방언을 제외한 지역에 분포한다. 이 두 유형의 하위 유형들의 지역적 분포도는 몇 가지 주목할 만한 언어적 특징이 있다.

　첫째, '이/가'형의 하위 유형에는 '-{이/가}'형, '-이'형, '-이가'형 등 세 가지가 있는데 이 가운데 '-{이/가}'형은 전국적인 분포를 보이는 반면 '-이'형과 '-이가'형은 지역에 따라 얼마간의 차이를 보인다. 즉, '-이'형은 제주 방언을 제외한 나머지 방언권에 분포하고 '-이가'형은 제주 방언과 서북 방언을 제외한 나머지 방언권에만 분포한다. 다음에 '이/가'형이 쓰이는 용례를 몇 가지 제시한다.

(16) 가. 고마 병이 딱 나가이고 그러구러 죽기가 됐어.[경남 의령]
　　　나. 그 집 하인인가가 둘인가 셋인가가 왔어요.[중앙어]

(17) 니거 여저끈 그래구 있단 말이야.[강원 강릉]

(=네가 여태 그러고 있단 말이야.)

(18) 가. 금년 파<u>이</u> 맵재오.(=금년 파가 맵지 않소.)[동북]

　　나. 저 사람 코<u>이</u> 와 데레?(=저 사람 코가 왜 저래?)[서북]

　　다. 여자 한나<u>이</u> 그 집안 잘 맨들었어.[서남]

　　　(=여자 하나가 그 집안을 잘 만들었어.)

(19) 가. 당신너 딸<u>이가</u> 찾아왔슴메.[동북]

　　　(=당신네 딸이 찾아왔소.)

　　나. 그 양반 아들<u>이가</u> 독잔데.[동남]

　　　(=그 양반 아들이 독자인데.)

　　다. 칡뿌렁구 그런 것을 캐다 놔 둬야 그 집<u>이가</u> 조용히 넘어가.[서남]

　　　(=칡뿌리 그런 것을 캐서 놔 둬야 그 집안이 조용히 넘어가.)

(20) 어멍<u>이거</u> 나온단 말이야.[강원 강릉]

　　(=어머니가 나온단 말이야.)

　위의 예들 가운데 (16), (17)은 '-{이/가}'형 주격조사의 예다. (17)과 같이 '-가' 대신 '-거'로 실현되는 변이형이 나타나는 지역은 강원도 강릉이나 양양 등 강원도 영동 지역이다. 이와 달리 (18)은 '-가'를 써야 할 자리에 '-이'가 쓰인 경우다. 이는 주격조사 '-가'가 나타나기 이전 시기의 언어적 모습을 반영하는 잔존형으로 중세 한국어에서 체언 어간의 말음이 모음으로 끝나는 환경에서도 '-이'가 쓰이던 것을 반영하는 것이다.

　흥미로운 점은 역사적 잔존형으로서의 '-이'가 모음으로 끝나는 모든 체언에 다 결합하지 않고 어휘에 따른 제약이 있다는 것이다. 지금까지의 연구에 따르면21) '-이'의 잔존은 방언권에 따라 다음과 같은 어휘들에 나타나는 것으로 보고되었다.

<表 2.8> 주격조사 '-이'의 잔존

방언권	어휘
서북	코, 우(위), 바다, 나라, 하나, 죠(조)…
중부	하나, 부자, 모자, 천자…
서남	하나, 외가(外家)…
동북	하나, 코, 우(위), 나라, 네모, 파, 조, 호(戶), 모(墓), 식구, 기후…
동남	하나, 코, 포(標), 사가(사돈댁), 전부, 서로…
제주	장마…

이러한 어휘들은 몇 가지 공통점이 있다. 즉, '하나, 코, 우, 나라, 바다' 등은 중세한국어 시기에 /ㅎ/을 말음으로 가졌던 어휘들이고 나머지는 한자어거나 쓰이는 빈도가 비교적 잦은 것들이다(이기갑 2003: 32).

이와 달리 (19), (20)에서는 자음으로 끝나는 체언 뒤에 '이가' 또는 '이거'가 쓰이는 예를 보여준다. 이 가운데 '이거'는 강릉 지역어에서 주로 쓰이는데 이는 강릉을 비롯한 영동 지역에서 주격 조사로 '가' 대신 '거'가 쓰이는 것과 궤를 같이하는 현상이다.

'이가'의 출현에 대해서는 몇 가지 견해가 있다. '이가'를 '이+가'의 결합으로 보고 '이'와 '가'를 둘 다 주격조사로 보는 견해(홍윤표 1978, 1994; 최명옥 1980)22)와 '이'는 주격 조사이고 '가'는 강조나 지정, 초점화 등의 기능을 지닌 담화적 기능어라고 보는 견해(김태엽 2001) 그리고 '이/가'의 형태적 변동을 '이가/가'로 단순화된 결과라고 보는 견해(이기갑 2003)가 그것이다.

한국어 주격 표지의 두 번째 유형인 '(이)라/래/라서느'형은 다음 용례들에서 보듯이 서북 방언과 중부 방언의 서해안 일부 지역과23) 동북 방언 및 제주 방언 등 주로 한반도의 변두리 지역에 분포하는 특징을 보인다.

(21) 가. 누구라 갔다 왔시까?[황해도]

　　　그 돈 할매라 갖고 있지 뭐.[충남 태안]

　　　누게라 경 ᄀᆞ릅데가?(누가 그렇게 말합디까?)[제주]

나. 이놈들<u>이라</u> 오느서 붙들어 쥑이깨미.[충남 태안]24)

    (이놈들이 와서 붙들어 죽일까 봐.)

다. 꽃이 열매<u>래</u> 된다.[서북]

    느<u>래</u> 급장가?(네가 급장이냐?)[제주]

라. 질이 나서니 소낙비<u>라서느</u> 어떻게 쏟아 붓는지.[동북]

    (길에 나서니 소나기가 어떻게 쏟아 붓는지.)

  위의 예들에 보이는 '(이)라/래/라서느'는 모두 모음으로 끝나는 체언 뒤에 결합한다는 공통점이 있다. 다만 충남 서해안 지역에서는 '라/이라' 가 공존하는 특징을 보인다.

  문법 층위에서 나타나는 지역적 변이 현상 가운데 주목할 만한 또 한 가지 현상은 표준어에서 '하십시오체, 해요체, 하오체, 하게체, 해체, 해라 체' 등 모두 6등급으로 구분되는 이른바 상대 높임법 화계(speech level)를 들 수 있다. 한국어의 상대 높임법 화계를 가장 잘 알아볼 수 있는 방법은 명령법 종결어미의 분포를 확인하는 것이다. 이기갑(2003)에서 제시한 명 령법 종결어미의 실현 양상을 방언권별로 보면 〈표 2.9〉와 같다.

  〈표 2.9〉는 명령법만을 대상으로 할 때 한국어 방언들에서 나타나는 상대 높임의 화계는 6등급~4등급이 된다는 것을 보여준다. 즉, 중부 방 언을 비롯하여 경남 방언, 서북 방언은 6등급의 화계를 가지고 있고 서남 방언과 경북 방언은 5등급의 화계를 가지고 있으며 동북 방언과 제주 방언은 가장 적은 4등급의 화계를 가지고 있다는 것을 알 수 있다.

  6등급의 화계 가운데 변이형들이 가장 복잡한 것은 아주 높임 등급이 다. 예를 들면 중부 방언에는 '-으십시오, -으시겨(오)/ 으시갸(오), -으 시랴(오)/으시라(오)'와 같은 변이형들이 존재한다.

(22) 가. 이리 앉<u>으시겨(오)</u>.[충남 대덕]

    나. 가지 말고 우리 집사람을 좀 지켜 <u>주시갸(오)</u>.[강원 강릉]

    다. 그저 목숨만 살려 <u>주시라(오)</u>.[충북 단양]

    라. 갈쳐 <u>주시랴(우)</u>.[충북 단양]

위의 예들 가운데 (22가, 나)는 아주 높임 등급의 명령법 종결어미로 '-으시겨(오)'와 '으시갸(오)'가 쓰인 것이다. '-으시겨'와 '으시갸'의 '겨' 와 '갸'는 기원적으로 '겨-'(在)와 반말 등급의 종결어미 '-어' 또는 '-아'25)의 결합에 의해 형성된 것이다.

서남 방언의 경우, 아주 높임의 명령법 종결어미로 '-으씨요'가 주로 쓰이는데 전남(광양, 여천)과 경남(남해, 하동)의 접촉 지역에서는 '-으씨 요' 대신 '-으이다'가 쓰인다.

(23) 가. 언능 오씨요.26)(=얼른 오십시오.)

　　나. 얼른 묵으이다.(=얼른 묵으십시오.)

〈표 2.9〉 한국어 지역 방언의 명령법 종결어미 체계(이기갑 2003)

방언	아주 높임	예사 높임	예사 낮춤	아주 낮춤	반말	두루 높임
중부 방언	-으십시오 -으시겨(오) /으시갸(오) (충청·강원) -으시랴(오) /으시라(오) (충청·강원)	-오/소 (-우/수)	-게 -소(충남)	-어라	-어 -아 (강원영동) -지	요 유(충청)
서남 방언	-으씨요 -으이다 (전남 동부 일부)		-소 -게 (전남 서남부 섬 지역 일부)	-어라	-어, -제	이라우 이다(전남 동부)
동남 방언	-으이소 -으소(경북) -으이다 (경남 서부)	-으소 (경남)	-게	-어라	-제	요 예
서북 방언	-으라(우)요	-우	-으시 -으시다나	-으라(우)	-어/아/와 -디	요
동북 방언	-읍소세 -읍소(함북) -수다/우다 (함남 북부) -습지요	-습게 -오/소 -습지		-어라 ? -지	-지/지비/지배	
제주 방언	-읍서		-어 -주 -자 -심(여성)	-으라		예 양 마씀

(23나)의 '-으이다'는 중세한국어 시기에 아주 높임의 기능을 담당했던 선어말어미 '-이-'가 결합된 '-이다'에서 기원한 것이다.[27]

동남 방언에서 쓰이는 아주 높임의 명령법 종결어미로는 '-으이소'와 '-으소', '-으이다' 등 세 가지가 있다. 이 가운데 '-으이소'는 '-으 +-이-+-소'로 분석된다. 이는 '-으소'에 선어말어미 '-이'가 결합한 것이라는 점에서 '-으이소'와 '-으소' 두 형태가 서로 다른 등급에 속할 수도 있음을 암시한다. '-으이소'와 '-으소'의 화계는 동남 방언의 하위 지역어에 따라 차이를 보인다. 경남 지역어에서 '-으이소'는 아주 높임에 속하는데 '-으소'는 예사 높임에 속한다(김영태 1983: 62). 그러나 경북 지역어에서는 그러한 차이가 뚜렷하지 않다. 따라서 '-으이소'와 '-으소'를 아주 높임의 명령법 종결어미로 묶는 것은 경북 지역어에 대해서만 성립한다.

한편, '-으이다'는 경남의 서부 지역어에서만 쓰인다. 이는 서남 방언의 '-으이다'와 동일한 형태로서 동남 방언과 서남 방언의 전이 지대에서 쓰인다.

한국어에서 예사 높임의 등급 표지나 등급 체계는 방언들 간에 상당한 차이를 보인다. 중부 방언에서는 '-오/소'로 나타나는 데 반해 동남 방언의 경남지역어에서는 '-으소'로 나타나고 서북 방언에서는 '-우'로만 나타나며 동북 방언에서는 '-오/소' 외에 '-습게'와 '-습지' 등 비교적 다양한 형태의 표지가 나타난다. 서남 방언을 비롯하여 동남 방언권의 경북 지역과 제주도 방언에서는 예사 높임의 등급을 갖는 표지가 별도로 존재하지 않는다. 이와 같은 사실은 모든 방언에서 아주 높임이 고유의 표지를 갖는 것과는 상당한 차이를 보인다.

한편 예사 낮춤은 동북 방언을 제외한 모든 방언권에서 고유의 높임법 표지가 쓰인다. 즉, 중부 방언을 비롯한 서남 방언과 동남 방언에서는 '-게'나 '-소'가 주로 쓰이고 서북 방언에서는 '-으시'와 '으시다나'가 주로 쓰이는 데 비해 제주 방언에서는 '-어, -주, -자, -심' 등의 독특한 표지들이 쓰인다.

(24) 가. 가만히 내버려 두게.

성은 여가 카만히 앉었겠. (형은 여기에 가만히 앉아 있게.)

나. 자네가 몬차 허소. (자네가 먼저 하게.)

(25) 가. 가마넌 텅깐에도 놔 두시. (가마니는 창고에다 놓아 두게.)

나. 이것 좀 보시다나. (이것 좀 보게나.)

(26) 가. 날이 저무는데 어서 집의 돌아가.

(날이 저무는데 어서 집에 돌아가게.)

나. 서울에 몬제 갓주. (서울에 먼저 가 있게.)

다. 날이 저물어시메 일 설르자. (날이 저물었으니 일을 마치게.)

라. 요 보심. (이것 보게.)

위의 예들 가운데 (24)는 중부 방언을 비롯한 남부 방언에서 '-게'나 '-소'가 예사 낮춤의 표지로 쓰인 것이고, (25)는 서북 방언에서 '-으시' 와 '으시다나'가 예사 낮춤의 표지로 쓰인 것이다. 이 가운데 (25나)의 '(으)시다나'는 중부 방언의 '-게나' 정도에 대응될 수 있는 표지다.

(26)은 제주 방언의 예사 낮춤 명령법 표지 '-어, -주, -자, -심' 등이 쓰이는 예다. 이 가운데 (26라)의 '-심'은 주로 중년 이상의 여성들 사이 에서 쓰이던 것인데 최근 들어서는 거의 쓰이지 않는다(정승철 1998).

한국어 방언에서 나타나는 아주 낮춤의 명령법 표지는 다른 등급의 표지들과 달리 방언들 간의 차이가 크지 않은 것이 특징이다. 다만, 가장 일반적으로 쓰이는 아주 낮춤의 명령법 표지인 '-어라'형에 대응하는 형 태가 서북 방언과 제주 방언에서는 '-으라'형인데 이는 중세한국어의 잔 재형이다.

반말 등급의 표지 가운데 특기할 만한 것은 동북 방언의 '-지', '-지비' 와 '-지배'다. 이들 표지는 중세 한국어형 '-디비'의 후대형으로 '-디비〉 지비'의 변화를 거친 것이다. 곧 형태소 내부에서의 /ㄷ/ 구개음화를 반 영한 것이다.

한국어 방언에서 나타나는 상대 높임법 표지들 가운데 가장 특징적인 것은 두루 높임의 표지로 쓰이는 보조사일 것이다. 즉 다른 등급의 표지로 종결어미가 쓰이는 데 반하여 두루 높임에서는 보조사가 쓰인다. 그러나 동북 방언에는 두루 높임의 표지가 나타나지 않아 제주 방언과 함께 가장 단순한 상대 높임의 화계를 갖는다.

중부 방언의 경우 두루 높임의 표지로 보조사 '-요, 유'가 쓰이는데 이 가운데 '-유'는 충남 지역에 주로 분포한다. 중부 방언과 동일한 '-요'를 두루 높임의 표지로 사용하는 지역은 동남 방언권과 서북 방언권이다.[28] 서남 방언과 제주 방언에는 독특한 표지들이 존재한다. 즉 두루 높임의 표지로 서남 방언에서는 '(이)라우'와 '이다'가 쓰이고 제주 방언에서는 '예, 양, 마씀'이 쓰인다.

(27) 가. 이리 좀 와보랑께<u>라우</u>.(와보라니까요.)

　　나. 어서<u>이다</u>.(어서요.)

(28) 가. 어서 집의 돌아가<u>예</u>.(어서 집에 돌아가요.)

　　나. 놀지 말앙 흔저 공부허주<u>양</u>.(놀지 말고 빨리 공부하세요.)

　　다. 이디서 더 놉주<u>마씀</u>.(여기서 더 노시지요.)

(27)의 예는 서남 방언에서 '(이)라우'와 '이다'가 중부 방언의 '요'에 대응되는 두루 높임의 표지로 쓰인다는 것을 보여준다. 이 가운데 (27나)의 '이다'는 전남과 경남의 전이 지대에서 나타난다.

(28)의 '예, 양, 마씀'은 제주 방언에서 두루 높임의 표지로 쓰인다. 이들은 반말등급의 어미 '-아, -주' 등의 뒤에 쓰여 두루 높임의 기능을 하는 특징이 있다.

문법 층위에서 나타나는 한국어의 지역적 변이 현상으로 또 한 가지 주목할 만한 것으로는 현재 시제를 나타내는 형태소 '-느-/-는'이 전남 방언과 순창과 남원 등 전남에 인접한 일부 전북 지역어에서는 나타나지 않는다는 것이다. 즉, 이 지역에서는 '-는다, -는구나, -는구먼, -는'을 비롯하여 '-는가, -느냐, -는데, -느니' 등의 어미가 각각 '-은다, -은구나,

-은구만, -은, -은가, -냐, -은디, -으니'로 실현된다. 다음이 그 예이다.

(29) 가. 멋이든지 잘 <u>묵은다</u>.(무엇이든지 잘 먹는다.)
    나. 멋이든지 잘 <u>묵은구나/묵구나</u>.(무엇이든지 잘 먹는구나.)
    다. 멋이든지 잘 <u>묵은구만/묵구만</u>.(무엇이든지 잘 먹는구먼.)
    라. 멋 <u>헌</u> 사람이여?(뭐 하는 사람이야?)
    마. 멋이든지 잘 <u>묵은가</u>?(무엇이든지 잘 먹는가?)
    바. 멋이든지 잘 <u>묵냐</u>?(무엇이든지 잘 먹느냐?)
    사. 멋이든지 나도 잘 <u>묵은디</u> 하나 묵어 보자.
       (무엇이든지 나도 잘 먹는데, 하나 먹어 보자 .)
    아. <u>노니</u> 염불헌다고 한번 해 보세.(노느니 염불한다고 한번 해 보세.)

이러한 예에서 보듯이, 전남 방언과 일부 전북 지역어에서는 현재 시제 형태소 '-느-/-는'이 체계적인 탈락을 보이고 있다. 이와 같은 탈락 현상은 다른 한국어 방언들에서는 나타나지 않음으로써, 여타 한국어 방언들과 체계적인 차이를 보이고 있다(이기갑 2003: 470~471).

3. 요약 및 결론

언어의 지역적 변이는 전통적으로 방언지리학(또는 언어지리학)에서 주로 다루어 왔던 것이지만 언어 변이의 관점에서 보면 이 또한 사회언어학의 주요한 연구 대상 가운데 하나다. 따라서 2장에서는 사회언어학에서 관심을 가지는 주요 연구 대상인 언어 변이 중 지역적 요인에 의한 변이 양상에 대하여 살펴보았다. 먼저 영어의 두 가지 주요 변종인 영국 영어와 미국 영어의 차이와 함께 개별 언어를 대상으로 한 언어지리학이 탄생하게 된 배경과 성과에 대하여 살펴보고, 이어서 한국어 방언권에서 나타나는 지역적 변이의 모습을 음운, 어휘, 형태·통사 등 세 가지 문법적 층위에서 살펴보았다.

한국어가 보여 주는 음운 층위에서의 지역적 변이는 음운 체계와 음운 과정으로 나누어 살펴보았다. 음운 체계 가운데 한국어의 모음 체계가 많게는 10모음 체계에서 적게는 6모음 체계에 이르기까지 지역에 따라 커다란 차이를 보이며, 운소 체계 역시 지역에 따라 성조 방언, 음장 방언, 무성조·무음장 방언 등 크게 세 가지 운소형을 보인다는 사실을 지적하였다. 음운 과정의 차원에서는 구개음화와 모음상승, 'ㄹ'계 자음군의 단순화, /어간말 '이'][{어, 애}/의 연쇄에서 나타나는 음운 과정의 실현에서 지역적 변이를 비교적 분명하게 보인다는 사실이 확인되었다.

　어휘의 차원에서 개별 단어들이 보여 주는 지역적 변이는 모두 세 가지로 구분하여 살펴보았다. 지역에 따라 별개의 어원을 지닌 단어들이 쓰이는 '부추', '청미래덩굴'의 변이, 동일한 기저형의 단어가 지역에 따라 상이한 음성으로 실현되는 '가을'의 변이, 음성 변화와 함께 접미사에 의한 파생이 이루어진 '파리'의 변이가 그것이다.

　마지막으로 형태·통사 차원에서는 주격 표지, 상대 높임법 화계, 현재 시제 형태소 '-느-/-는'의 실현에서 나타나는 체계상의 차이를 통해 지역적 변이의 모습을 확인하였다. 상대 높임법의 경우 중부 방언을 비롯한 경남 방언과 서북 방언은 6등급의 화계를 가지는 데 비해 서남 방언과 경북 방언은 5등급의 화계를 가지고 있으며, 동북 방언과 제주 방언은 4등급의 화계를 각각 가지고 있어 지역에 따른 변이를 분명하게 보이며, 현재 시제 형태소 '-느-/-는'은 여타의 한국어 방언들과 달리 전남 방언과 일부 전북 지역어에서만 체계적인 탈락을 보임으로써 방언 간의 차이를 보인다는 사실을 지적하였다.

　이상을 통하여 확인된 대로 언뜻 보면 언어적으로 그다지 큰 차이 없이 동질적 성격을 띠는 것처럼 보이는 한국어도 음운과 어휘, 형태·통사 등 문법의 각 층위에서 지역에 따라 상당한 변이를 보인다. 이러한 지역적 변이는 사회언어학이 추구하는 언어 변이의 일면을 보여 준다는 점에서 지속적인 관심과 연구가 필요하다고 할 것이다.

탐구 과제

1 영국 영어(British English)와 미국 영어(American English) 간에 나타나는 언어 변이는 이 장에서 예로 든 철자나 어휘 체계 외에 발음상의 차이도 적지 않다. 영국 영어와 미국 영어 간에 나타나는 발음상의 차이로는 어떤 것들이 있는지 확인해 보자.

2 한반도에서 사용되는 한국어의 분화에 대한 기존의 논의에는 동서의 분화를 보이는 현상에 대한 논의들이 적지 않다. 한국어의 동서 분화의 양상을 여러 문법적 층위에서 찾는다면 어떠한 언어 변이를 예로 들 수 있는지 점검해 보자.

3 한국어 대방언권들에는 어떠한 전이 지대(transitional area)가 있으며 그러한 전이 지대에서 나타나는 언어 변이의 양상으로는 어떠한 예들이 있는지 어휘와 문법 차원에서 찾아 논의해 보자.

4 우리의 주변국에 속하는 중국이나 일본어는 지역적 요인에 따른 언어 변이가 어떻게 나타나고 있는지에 대하여 음운 체계나 음운 과정을 중심으로 살펴보자.

더 읽을거리

1 곽충구(2003), 〈현대국어의 모음 체계와 그 변화의 방향〉, ≪국어학≫ 41, 59~
91, 국어학회.
이 논문에서는 현대 한국어의 모음 체계가 구조적 불균형을 해소하면서 무표
적 모음으로 구성된 단순한 체계로 변화하고 있음을 지적하고, 한국어 방언들
이 음소의 변이음역, 유표성, 합류 등을 통한 변화의 역동성을 보이는 가운데
지역에 따른 언어 변이를 보이고 있다는 점에 대하여 논의하였다.

2 황대화(1988), ≪조선어 동서방언 비교 연구≫, 한국문화사.
이 책은 한국어 방언들 간에 나타나는 언어적 차이가 남북의 언어적 차이보다
동서의 차이가 더 크다는 전제하에 모음 변화 및 전설모음화, 어중 자음의
대응, 구개음화, 두음법칙 등의 음운 과정과 격조사 및 종결어미 등의 변이
현상에 대해 다루고 있다.

3 이기갑(2003), ≪국어 방언 문법≫, 태학사.
이 책은 한국어 내부에 존재하는 여러 방언들의 문법을 서로 비교하면서 그들
사이의 관계를 밝히고, 한국어가 겪은 역사적 분화의 과정을 기술하였다. 특
정한 문법 현상이나 문법 범주가 개별 방언에서 실현되는 양상과 함께 방언들
간의 비교를 통해 한국어에서 방언 문법의 분화상을 총체적으로 보여주고
있다.

주석

1) 조철현(1981: 6~7) 참조.

2) 이를 달리 벤라트 선(Benrather Linie)이라고도 한다.

3) 잘 알려진 바와 같이, ≪프랑스 언어 지도≫의 작성을 위한 방언 조사는 음성전사 훈련을 받은 에드몽(E. Edmont)에 의한 직접적인 현지조사에 의해 이루어졌다. 1896년부터 1900년까지 에드몽은 프랑스 전역은 물론 스위스의 프랑스어 사용 지역, 벨기에의 왈룬어(Wallon) 및 피카르디어(Picardia) 사용 지역, 영불해협의 섬들을 두루 돌아다니면서 639개 지점에서 700명의 제보자를 대상으로 현지조사를 하였다(이익섭 1984: 17~18).

4) 방언 구획이란 어떤 언어가 사용되는 지역 사회를 방언의 특징을 기준으로 구분하는 방언학적 작업을 말한다.

5) 한국어의 대방언권을 6개로 나누는 작업은 小倉進平(1940)에서 처음으로 시도되었다. 애초에 이루어진 6개의 대방언권 구분 내용은 다음과 같다.

   a. 경상 방언: 경상남·북도, 강원 일부(울진, 평해)
   b. 전라 방언: 전남·북(무주, 금산 제외)
   c. 함경 방언: 함남·북
   d. 평안 방언: 평남·북
   e. 경기 방언: 경기, 충남·북, 강원(울진, 평해 제외), 함남 일부(영흥 이남),
              전북 일부(무주, 금산)
   f. 제주도 방언: 제주도

6) 모음 체계는 단모음과 이중모음으로 구분하여 살펴볼 필요가 있기는 하지만, 지역적 변이를 좀 더 분명하게 보이는 것은 단모음이라고 할 수 있다. 따라서 여기에서는 단모음만을 논의의 대상으로 삼는다.

7) '에/애'나 '으/어'는 몇몇 방언권에서 이러한 모음 음소의 합류가 일어났음을 보여 주는 것이다.

8) 〈표 2.3〉에서, [+노]는 '노년층'을, [-노]는 노년층을 제외한 다른 연령층을 나타낸다. 일정한 방언권의 모음 목록이 세대에 따라 변이를 보일 수 있음을 보여 주는 것이다.

9) 이와 같이 모음 /ㅔ, ㅐ/의 합류가 동북 방언과 서북 방언을 제외한 나머지 방언권에서 폭넓게 나타나는 것은 전설 저모음, 곧 개모음이 중화하기 쉽기 때문이라고 할 수 있다(곽충구 2003: 77).

10) 음운 과정은 일반적으로 변화의 구조에 따라 대치(代置, replacement), 탈락(脫落, deletion) 또는 삭제(削除, elision), 첨가(添加, addition), 축약(縮約, contraction), 도치(倒置, metathesis) 등 다섯 가지로 나뉘고 변화의 목적에 따라 약화(弱化, weakening)와 강화(強化, strengthening) 로 구분할 수 있다.

11) 음성적 차원에서 이루어지는 구개음화를 비롯하여 /ㄷ, ㄱ, ㅎ/ 등 음운론적 차원에서 이루어지는 구개음화를 말한다.

12) 다만, 서북방언의 하위 지역어에 따라서는 'ㅈ'이 /i, j/ 앞에서 구개 변이음 [ʧ]으로 발음됨은 물론, /i, j/ 이외의 환경에서도 [ʧ]로 실현된다는 보고가 있기도 하다. 예컨대, 한영순(1957)에서는 의주·피현 지역어의 경우, [ts]가 대부분 [ʧ]로 변화되었다는 지적을 하고 있다. 이와 같은 변화는 서북방언에서도 'ㅈ' 구개음화가 진행 중임을 보여주는 것이라는 점

에서 흥미 있다고 하겠다.

13) 물론 'ㄱ'이 남는 방언과 'ㄹ'이 남는 방언이 만나는 일종의 전이 지대에서는 경우에 따라 'ㄱ'이 남기도 하고, 'ㄹ'이 남기도 하는 등 변이를 보이기도 한다. 이진호(2012: 287) 참조.

14) /어간말 '이']{어, 애/란 어간말 모음이 '이'인 어간 뒤에 '어/아' 계열의 어미가 결합하는 환경을 말한다.

15) 백합과의 여러해살이풀로 (오이소박이에 넣는) 가는 파같이 생기고, 잎은 좀 납작하며, 파·마늘 대신 양념으로 쓰기도 하는 식용식물을 가리킴.

16) 한국어에서는 '더지다〉던지다', '고치다〉곤치다', '까치〉깐치' 등의 예처럼 치찰음 앞에서 'ㄴ'음이 첨가되는 현상이 있다. '부추'의 경우도 '부추〉분추'의 변화를 수행한 것이다.

17) 그러나 이기갑(1986: 39~40)에서는 전남 방언에서도 '솔'과 '소불' 외에 '소풀'이 사용된다는 조사 결과를 제시하면서 '솔'이 전남의 중·서부 지역에 분포하고 '소불'과 '소풀'이 동부 지역에 주로 분포함으로써, 전남 방언의 동서 분화를 보여 주는 사례가 된다고 보고 있다. 참고로, 조선조 세종 때 간행된 의학서인 《鄕藥集成方》에 나오는 '蘇艼'이라는 표기를 토대로 할 때 '솔'의 어원은 '소톨'에 그 기원을 두고 있을 가능성이 높다. '소톨〉소올〉솔'의 변화를 충분히 예측할 수 있기 때문이다. 이렇게 보면 '소불'은 '소톨〉소불〉소불'의 변화를 겪은 결과이고, '소풀'은 '소불〉소풀'의 변화 과정을 거친 것이라고 할 수 있다.

18) 백합과의 낙엽 활엽 덩굴성 관목으로 줄기에 가시가 있고 8월에 콩알만한 열매가 빨갛게 익는데 열매는 속이 반쯤 비어 있다.

19) '파리'는 12세기 문헌으로 알려진 《계림유사(鷄林類事)》에 "蠅曰蠅"이 나타나는 것으로 보아 꽤 이른 시기부터 있었던 것으로 보인다.

20) '파랭이'계의 형성 과정을 제시하면 다음과 같다.
파랭이: 파리+-앙이〉파랑이(어간말 모음 'ㅣ' 탈락)〉파랭이(움라우트)
파래이: 파랭이〉파래이
포랭이: 포리+-앙이〉포랑이(어간말 모음 'ㅣ' 탈락)〉포랭이(움라우트)

21) 한영순(1967), 김병제(1988), 이기갑 외(1998), 황대화(1986), 정용호(1988), 정영주(1993), 강정희(1988) 등을 예로 들 수 있다.

22) 최명옥(1980)에서는 이와 같이 두 개의 주격조사가 합쳐진 형태를 일컬어 복합격조사로 처리하였다.

23) 구체적으로는 '황해도 북부·충남 태안·보령 지역어' 등이 해당한다.

24) 서북 방언이나 황해도 지역에서는 자음 뒤에 쓰이는 '이라'형은 나타나지 않고 모음 뒤에 쓰이는 '래/라'형만 나타나는 데 반해 충남 서해안 지역어에서는 자음 뒤에 쓰이는 '이라'형이 나타나는 것이 특징이다.

25) 강원도 영동 지역에서는 종결어미 '-어'가 '-아'로 실현되는 것이 특징이다. 따라서 '시겨' 또한 '시갸'로 실현된다(이기갑 2003: 209).

26) 서남 방언에서는 '-으씨요' 대신 '-시씨요'도 가능하다.
例. 쪼께만 더 살으시씨요.(조금만 더 사십시오.)

27) 중세 한국어 시기에는 아주 높임의 등급에 해당하는 것이 'ᄒᆞ쇼셔체'인데 '-이다'는 아주 높임의 설명법 종결어미로서의 기능을 가지고 있었다(고영근 2010: 325 참조).
例. 이 못 ᄀᆞ샛 큰 珊瑚 나모 아래 무두이다.(석보상절 권11, 32장)
니르샨 양ᄋᆞ로 호리이다.(석보상절 권6, 24장)

28) 물론 동남방언에서는 '요' 외에 '예'가 출현하기도 하는데 《한국방언자료집》 경북편에 따르면, '예'는 경북의 '선산, 영일, 경산, 영천, 달성, 월성' 등에서 쓰이는 것으로 조사되었다.

제3장

연령과 사회 계층

부모와 자녀, 친구 사이, 선생님과 제자 등 모든 인간관계의 시작은 언어 사용에서 시작된다. 이 때문에 인간의 언어 사용은 인간 사회와 밀접한 관계를 가질 수밖에 없다. 사회언어학은 언어를 추상적인 대상으로서가 아니라 그 언어가 실제로 사용되는 언어 집단의 사회적인 맥락(social context)에서 관찰하는 분야다. 따라서 어떤 언어적 특징을 보이는 사람들이 있을 때 그러한 사람들의 사회적 배경이 무엇인지를 찾아낼 수 있는 언어 현상을 다룬다. 역으로 말하면 어떤 사회적인 요인들이 한 언어 공동체 안에서 언어 분화에 어떻게 관여하는지에 대하여 살펴보는 학문이다.1)

하나의 언어 공동체 안에서 언어 분화(변이)에 관여하는 요인들로는 연령, 사회 계층(social class), 성(gender), 학력, 직업, 종교, 종족 등 매우 다양하며 이들 요인 각각이 완전히 독립적으로 관여하지는 않는다. 그리고 이들 요인이 구체적으로 언어 분화에 어느 정도로 영향을 미치는지도 언어 공동체마다 다를 수 있다. 그것은 그 언어 공동체를 이루고 있는 사람들의 가치관이나 문화가 다를 수 있기 때문이다. 이 때문에 어떤 언어 공동체에서는 언어 분화에 매우 중요하게 작용하는 사회적인 요인이 다른 언어 공동체에서는 중요하지 않을 수도 있다.

사회언어학의 대전제는 한 언어 공동체를 이루는 구성원들의 사회적 배경이 동질적이지 않다는 것이다. 따라서 언어 분화에 영향을 주는 요인들은 하나의 언어 집단 내에서도 그 집단을 이루고 있는 구성원들의 사회적 배경이나 발화 상황에 따라 복잡하게 얽히게 된다. 이는 한 언어 공동체를 이루는 구성원들의 연령과 사회 계층, 성, 학력, 직업, 종교, 인종 등이 다를 수 있고 그 때문에 구성원들의 언어 사용 양상도 다를 수 있다는 것을 의미한다.

연령 차에 의한 언어 차이는 다음의 사례에서 잘 나타난다. 필자의 딸이 다섯 살 때였다. 필자가 거실에서 텔레비전을 보고 있었는데 외할머니 방에서 이야기하는 것을 듣다가 뭐가 깨달았다는 듯이 달려와서는 다음과 말하는 것이었다.

"아빠, 나 '학교'와 '핵교'의 차이가 뭔지 알았어."
"그래? 그 차이가 뭔데?"
"학교는 다니는 거고 핵교는 댕기는 거야."
"그걸 어떻게 알았는데?"
"큰할머니는 맨날 나한테 '너 어느 핵교에 댕기니?'하고 묻는데 엄마 아빠는 '학교에 다닌다'고 하잖아. 그러니까 핵교는 댕기는 거구 학교는 다니는 거잖아, 맞지?"

아이의 말을 듣고 두 가지를 생각하게 되었다. 하나는 아이가 움라우트형과 비움라우트형을 구별하고 있다는 것이고, 다른 하나는 큰할머니의 말과 엄마 아빠의 말이 다르다는 것을 인식하고 있다는 것이다. 다시 말하면 다섯 살짜리가 큰할머니로 대표되는 노년층 세대는 비표준형인 움라우트형을 사용하는데 엄마 아빠로 대표되는 장년층 세대는 표준형인 비움라우트형을 사용한다는 것을 인식하고 있다는 것이다. 이것은 우리의 일상생활에서 연령에 의한 언어 차이를 잘 보여주는 사례라고 할 수 있다. 이와 같이 연령이 언어 분화와 어떻게 관련되는지가 이 장에서 논의할 첫 번째 내용이다.

한 언어 공동체 내에서 연령 외에 그 구성원들 간에 서로 다른 말을 사용하게 하는 또 하나의 중요한 사회적 요인 가운데 하나가 사회 계층(social class)이다. 사회 계층은 흔히 사회적 지위(social status)로 바꾸어 부르기도 한다. 우리 사회에서 사회 계층이 언어에 어떻게 반영되어 나타나는지는 다음의 사례를 통하여 쉽게 알 수 있다.

억센 비가 몹시도 쏟아지던 어느 날, 이웃 마을로 심부름을 가게 되었는데 어떤 승용차가 태워 주었다. 차에 타자 피서 나온 교수라면서 자기와 자기 가족을 정중히 소개해 주더니, 폭우를 가리키면서 "바깥 날씨가 조금 궂지요?"라고 했다. 볼일을 마치고 돌아오는 길엔 어떤 친절한 트럭 운전사가 태워 주었는데, 그의 옆자리로 기어오르자마자 다음과 같이 소리치는 것이었다. "저놈의 염병할 비 좀 보소!" (김진우 2004: 303)

위의 사례는 학력이나 지위의 차이가 반영된 언어 차이를 보여준다. 교수로 대표되는 계층에서는 표준어와 문법적인 말을 사용하는 데 반해 트럭 운전기사로 대표되는 계층에서는 비문법적이고 저속한 말을 사용함으로써 두 계층 간의 언어 차이를 보여주는 예다. 이와 같이 사회 계층이 언어 분화와 어떻게 관련되는지가 이 장에서 논의할 두 번째 내용이다.

연령과 사회 계층은 사회언어학 연구에서 중요한 사회적 요인 가운데 하나로 다루어져 왔다. 연령 차이에 의한 언어 차이는 하나의 언어 공동체 내에서 동시대를 살아가는 사람들이 보이는 언어 분화의 방향을 가장 잘 반영하고 있기 때문이다. 사회 계층 또한 동일 언어공동체 안에서 언어 사용 양상을 달리하는 사회적 요인이 된다. 이 장에서는 하나의 언어 공동체 내에서 언어 사용을 달리하게 하는 사회적 요인 가운데 연령과 사회 계층을 중심으로 살펴보고 종교와 언어 사용에 대하여는 간략하게 소개할 것이다. 연령과 사회 계층에 의한 언어 차이와 관련된 사례를 소개하고 연령에 의한 언어 차이와 사회 계층에 의한 언어 차이가 구체적으로 어떻게 나타나는지, 그리고 그러한 현상이 왜 중요한지, 그래서 우리가 연구해야 할 과제는 무엇인지에 대하여 살펴보고자 한다.

앞 장에서 연령과 사회 계층 외에도 성이나 학력, 직업, 종교, 민족 등도 언어 분화를 일으키는 요인들이라는 점을 언급하였다.[2] 이 가운데 성은 다음 장에서 따로 다룬다. 학력과 직업은 넓은 의미의 사회 계층에 포함될 수 있으므로 따로 다루지 않는다.

1. 연령과 언어

사회언어학 연구에서 연령이 언어 분화를 가져오는 주요한 사회적 요인 가운데 하나라는 것은 잘 알려진 사실이다. 우리는 일상생활에서 할아버지·할머니와 아버지·어머니의 말이 다르고 외할머니나 외할아버지의 말이 아버지·어머니의 말과 다르다는 것을 쉽게 확인할 수 있다. 이러한 차이는 연령 자체가 언어 변이를 일으키는 것은 아니고 각 연령대가 겪는 수많은 사회적 경험이나 사회적인 압력이 복합적으로 작용하여 생기는 것이다. 이와 같이 어떤 연령층(age level)에서 나타내는 행동적 수단의 하나가 '말'이기 때문에 연령에 따라 언어 현상을 살펴볼 필요가 있다. 언어를 연구할 때 연령은 두 가지 측면에서 살펴보아야 한다. 하나는 연령 단계(age grading)에 의한 언어 차이고 다른 하나는 연령 차(age difference)에 의한 언어 차이인데 연령 차는 세대 차(generation difference)라고 바꿔 부르기도 한다.[3] 이 절에서는 연령에 의한 언어 차이가 어떻게 나타나는지, 그 차이는 무엇을 의미하는지, 연령에 의한 언어 차이를 통해서 우리가 추구해야 할 과제는 무엇인지에 대하여 살펴보고자 한다.

1.1 연령 단계와 언어 차이

말하는 특별한 방식, 즉 어휘 선택, 발음, 문법에 대한 규칙 등 화자들이 사용하는 여러 가지 어형들은 어떤 사회적 필요에 의해 결정된다.

따라서 10대들에게 적합한 방식이 나이가 들면서 점차 사라지는 것을 연령이라는 사회적 변수와 관련지어 관찰하면 재미있는 현상을 발견할 수 있다. 가령 성인 남자들은 대개 남자들만 있는 상황에서는 제한적이기는 하지만 욕설을 사용하는 데 비해 여자들은 성인이 되면 모든 상황에서 욕설이 감소된다. 속어(slang)도 나이를 반영하는 어휘 영역이어서 현재의 속어는 젊은이 집단을 나타내는 언어적 특권이다(Holmes 2008: 174~175). 그래서 어떤 단어들은 나이 많은 사람들에게서만 사용되고 어떤 단어들은 젊은이들에게서만 사용된다. 그 가운데 어떤 것은 이제까지 들어본 적이 없는 것도 있고 어떤 것들은 한 연령대에서만 사용되어 다른 연령대에서는 이해하지 못하는 경우도 있다.[4]

연령 단계에 따른 언어 사용을 고려할 때 우리의 일생을 필요에 따라 어린이, 청소년, 어른, 노인으로 나눌 수도 있고 어른은 다시 장년층과 중년층과 같이 몇 개의 연령층으로 나눌 수도 있다. 그런가 하면 어린애와 어른으로 나눌 수도 있다.

사회언어학에서 언어 사용을 연령 단계에 따라 살펴봐야 할 필요성은 '어떤 연령 단계에서 나타내는 행동적인 수단의 하나가 말'이라는 데서 찾을 수 있다. 이는 어떤 행동 양식이 어떤 연령 단계에는 어울리지만 다른 연령 단계에는 어울리지 않는다는 것을 의미한다. 다시 말하면 각 연령 단계에 적절한 행동 양식이 따로 있고 그러한 행동 양식은 언어 사용에도 영향을 준다는 것을 의미한다.

언어도 각 연령 단계에 적절한 표현이 있어서 노년층에 어울리는 말이 따로 있고 중년층이나 청소년층에 어울리는 말이 따로 있다. 노년층이 쓰면 어울리는 말이 중년층에나 청소년층에서는 쓰이지 않고, 마찬가지로 청소년층에서 쓰는 말이 중년층이나 노년층에서는 쓰이지 않을 수 있다.

예를 들면, 1980년대 이후 폭넓게 쓰이기 시작하여 지금은 어느 정도 자리를 잡은 것으로 보이는 2인칭 대명사 '자기'가 젊은 연인과 젊은 부부 사이에서는 다음의 (1)과 같이 말하는 것이 자연스럽지만 중년층 이상, 특히 남성 화자들이 사용하면 부정적인 반응을 보일 것이다. 또한 청소년들은 (2)와 같이 말하면 금방 알아듣지만 중장년층 이상의 화자들에게는 생소할 것이다. 마찬가지로 노년층의 화자가 젊은 사람들에게 (3)과 같이 말하면 자연스럽지만 청소년층 화자들이 이 말을 사용하기에는 역시 부적절할 것이다. 이것은 화자의 말에 대한 또래 집단(같은 연령대)의 압력을 과소평가할 수 없고 동시에 청소년 시기에는 동료들의 영향이 부모들의 규준으로부터 받은 잠재적인 영향을 쉽게 부정할 수 있다는 것을 말해준다.

(1) 가. 자기야, 나랑 같이 갈래?
　　나. 이거 자기가 해 주면 안 돼?

(2) 가. 야, 빨리 친추(친구 추가)해 줘.
　　나. 너 때문에 깜놀(깜짝 놀라다)했잖아.

(3) 가. 자네 춘부장 집에 있는가?
　　나. 요즘 자네 자당님 건강은 어떠신가?

각 연령 단계에 어울리는 적절한 말이 정해져 있어서 다음의 (4)와 같은 말은 어린아이들이 쓰면 자연스럽지만 중학생이나 어른은 쓸 수 없고, (5)와 같은 말은 어린아이부터 장년층까지는 쓰기 어렵지만 중년층 이상이 되면 쓸 수 있다. 또한 어른이나 엄마가 어린아이에게 (6)과 같은 말을 쓸 수 있지만 화자가 누구든 어른에게는 이런 말을 쓸 수 없다. 그리고 어린아이가 어른이나 어린아이에게 (5)와 같은 말도 쓸 수 없다. 이러한 현상들은 우리의 일생을 몇 개의 연령 단계로 나누었을 때 각 연령 단계에 어울리는 말이나 행동 양식이 있다는 것을 시사한다.[5]

(4) 가. 엄마, 나 까까 사줘.
　　나. 엄마, 맘마 줘.

(5) 가. 김씨, 저녁에 한잔 하지.

나. 자네, 이따가 우리 집에 좀 들렀다 가게.

(6) 가. 아가, 까까 먹자.

　　나. 아가, 엄마가 맘마 줄게.

위와 같은 언어 사용 현상과 나이를 관련지어 말할 때는 연령 단계(age grading)라고 한다(이익섭 2004: 138). 앞에서 언급한 어린이-청소년-어른-노인 단계나 유아-청소년-장년층-중년층-노년층 단계로 나누어 부르거나 청소년층-장년층-중년층-노년층 또는 노년층과 젊은 층으로 나누어 부르는 것도 각각 어느 연령 단계를 나타내는 이름이다. 따라서 연령 단계는 어느 연령대에서 쓰이는 어형이 있어서 어떤 사람이 그 연령대에서 쓰이는 어형을 사용하게 되는 것을 의미한다. 여기에서는 연령 단계를 크게 유아 단계, 청소년 단계, 기성세대 단계로 나누어 살펴보고 필요에 따라 세분하고자 한다.6)

유아어

생후 1년부터 만 6세까지의 어린이를 유아라 하고 이 유아 단계에 쓰는 말을 유아어라고 한다. 유아어는 유아 단계의 어린아이들도 사용하지만 어른들이 유아를 대할 때도 사용하는 것이 보통이다. 유아어의 언어적 특징은 둘로 나눌 수 있다. 하나는 언어를 배우는 단계에서 주로 쓰는 것으로 '엄마, 아빠, 맘마, 어부바, 쭈쭈, 까까, 지지'와 같이 발음하기 쉬운 음소나 음절 구조로 되어 있거나 '쉬, 웅가, 지지'나 '죄암죄암, 곤지곤지, 따로따로, 도리도리, 짝짜꿍, 부라부라, 섬마섬마, 걸음마'와 같이 유아의 행동 발달을 위한 육아 관련 말이고, 다른 하나는 또래의 어린이들과 어울려 놀 때 주로 쓰는 것으로 '소꿉놀이, 사금파리, 땅뺏기, 숨바꼭질, 고무줄놀이, 말뚝박기, 말타기' 등과 같이 어린이 놀이와 관련된 말들이 대부분이다.

유아의 놀이와 관련된 말은 1960년대와 1970년대를 거쳐 1980년대 아이들이 아주 일상적으로 썼던 말인데 지금은 어른들의 머릿속에만 남아 있는 말이 되었다. 이에 비해 유아의 언어 발달이나 행동 발달과 관련된 말들은 아직도 쓰이고 있지만 이것도 쓰임이 점차 약화되어 가는 추세다. 그 대신 블록(block, 조립식 장난감), 장난감 로봇(robot), 모빌(mobile), 카드(card), 퍼즐(puzzle), 유아 전동차, 보행기, 인형 등과 같은 서양식 장난감이나 유아 용구로 대체되면서 전통적인 놀이와 명칭은 사라지고 많은 경우 그 자리를 외래어나 외국어가 대신해 가고 있다. 이에 따라 어린 아이의 언어 발달이나 행동 발달과 관련된 말은 유지되는 반면 놀이와 관련된 말이나 육아와 관련된 도구와 명칭은 새로운 용어로 대체되고 있는데 사회 변화에 따른 유아어 변화의 양상 가운데 하나다.

연령 단계와 호칭

청소년 단계와 기성세대 단계에서의 언어 사용이 다르고, 기성세대라고 하더라도 연령대에 따라 언어 사용 양상이 다를 수 있다. 국어에서 호칭과 경어법을 연령 단계와 관련지어 살펴보면 매우 흥미 있는 사실을 발견하게 된다. 유아 단계의 말이 청소년 단계 이상에서는 쓰이지 않는 것과 마찬가지로 청소년과 기성세대 간에도 언어 사용 양상이 다르기 때문이다. 이것은 언어 태도나 언어 습관에 의한 것으로 보인다(이익섭 2004: 144).

어린이나 청소년 단계에서는 성별에 관계없이 '엄마, 아빠'라고 부르지만 장년층이 되면 여성은 '엄마, 아빠'를 그대로 쓰는 데 비해 남성은 '엄마, 아버지'로 바꾸어 부르고 중년층 이상이 되면 '어머니, 아버지'로 부르게 되는데 이것은 화자의 연령대에 따라 선택되는 것이다. '누나'와 '누님'도 각각 부르는 연령 단계가 있어서 청소년 단계에서는 '누나' 또는 '누야'라고 부르다가 결혼하고 나면 '누님'이라고 부르게 된다. 그런데 근래에는 '누나'를 쓰는 연령층이 높아져 중년층에서도 쓰지만 노년층에서는 쓰지 못한다.

결혼을 해야 쓸 수 있는 호칭인 '여보'도 아이가 생기고 시간이 꽤 지나야 쓸 수 있는 말이지 결혼했다고 바로 부부 간에 쓸 수 있는 것은 아니다. 근래에는 '여보'라는 호칭을 쓰기 전 단계에서 앞의 예 (1)에서와 같이 '자기'를 쓰는 것이 보통이고 아이가 생기면 아이의 이름에 기대어 종자명 호칭을 쓰는 것이 보통이다. '마누라'나 '영감'은 중년층과 노년층에서 각각 지칭으로 쓰이기도 하지만 호칭으로는 70대 이상의 노년층에서나 들을 수 있는 말이 되었다. 예전에는 자녀를 이름으로 부르다가 자녀가 결혼하고 아이가 생기면 '애비'나 '아범'으로 불렀지만 근래에는 아이가 성인이 되어야 쓸 만큼 이 말을 쓰는 연령층이 높아졌다.

가족이 아닌 남을 부를 때는 청자의 연령대뿐만 아니라 화자의 연령대 조건도 고려되어야 한다. 청자가 어릴 때(청소년층 이하)는 서로 '야'나 '애'라고 하거나 이름을 부르지만 성인이 되어 결혼을 하면 '야'나 '애'는 쓰기 어렵다. 가령, 화자와 청자가 둘 다 어릴 때는 '성근아!', '종규야!'와 같이 서로 호격 조사를 붙여 이름을 부르지만 나이가 들어 중년 단계가 되면 서로 '성근이!', '종규!'와 같이 호칭이 달라진다. 호칭의 대상이 장년층 이상이고 화자가 노년층일 때도 '홍만이!', '종규!'와 같이 부르지만 이것도 근래에는 쓰는 연령층이 높아졌다. 이 경우에도 결혼을 하여 아이가 있으면 모두 종자명 호칭을 쓸 수 있다.

2인칭이기는 하되 지칭으로 쓰이는 '자네'나 '당신'은 사용에 많은 제약이 있다. 예전에는 30~40대만 되어도 친구 간에 '자네, 어디 가나'와 같이 쓸 수 있었는데 근래에는 화자가 50대는 되어야 쓸 수 있는 말이 되었다. 앞의 예문에서 보았듯이 '자네'가 하게체와 함께 쓰이는 것은 나도 나이가 꽤 들었고 자네도 이제 어느 정도 나이가 들어 만만하게 대하기 어려우니 내가 대접해서 점잖게 이 말투를 쓴다는 의미가 함축되어 있다(이익섭 2004: 145). 따라서 청년층 이하의 연령대에서는 '자네'가 쓰이지 않는다. '당신'도 마찬가지여서 나이가 어느 정도 들어야 쓸 수 있는 말이기는 하지만 일부 지역에서는 이 말을 쓰면 무시한다고 싸움이 일어날 수도 있어 사용에 주의해야 한다. '자네'와 '당신'이 화자의 나이는 물론이고 상대방의 나이도 어느 정도 들어야 쓸 수 있다는 점에서 어린이나 청년 단계에서는 쓰이지 않는다.

연령 단계와 유행어

유행어는 신어(新語)의 일종으로 어느 한 시기에 여러 사람들 사이에서 많이 쓰이는 단어나 구절로 신기한 느낌이나 경박한 느낌을 주기도 한다. 유행어는 한때 쓰이다가 사라지는 것이 일반적이지만 보통어로 정착되기도 한다. 대개 말 자체의 재미와 신기성·풍자성·해학성이 있고 발음이 두드러지며 유행의 원인이 된 사람의 영향력 등에 따라 급속도로 퍼지는 속성이 있다. 유행어는 그 시대의 사회상을 민감하게 반영하므로 그 시대의 모습을 이해하는 데도 귀중한 자료가 된다. 특히 선거 등 정치 사회적 변화가 있는 시기에 많이 발생하며, 최근에는 매스컴의 보급 등에 힘입어 코미디 프로그램, 광고 방송 등에서도 많은 유행어가 발생하고 있다. 여기에 휴대전화와 인터넷의 발달과 보급으로 사회적 소통망(SNS, 소셜 네크워크 서비스)인 페이스북(Facebook)이나 트위터(Twitter), 카카오톡(KakaoTalk) 등을 통해 유행어가 짧은 시간에 급속히 확산되는 경향을 보인다.

기성세대에 의해 만들어진 유행어에는 당시의 정치 사회상을 많이 반영하고 있으며 언론을 통해 확산되기도 한다. 1950년대에는 '빨갱이, 프락치'와 같이 이념과 관련된 말과 '국물, 자유부인, 귀하신 몸, 사바사바' 등 새로운 풍조를 나타내는 말이 생겨났고 1960년대와 1970년대에는 '민생고, 좋아하시네, 지가 무슨 통뼈라고'나 '중대 발표, 유비 통신, 복부인, 한다면 합니다'와 같이 경제 발전과 당시의 정치 상황을 풍자하는 말들이 생겨났다. 1980년대에는 '3김 시대, 땡전 뉴스, 큰손, 떡고물, 물로 보다'가 유행하였고, 1990년대에는 '떡값, 몸통, 깃털, 우리가 남이가?'와 같이 당시의 정치나 부정부패와 관련된 말들이 유행하였다. 2000년대 들어서도 '자의반 타의반', '의원 임대', '관심법' 등 정치 상황을 반영하는 유행어가 줄을 이어 건국 이후 정치 상황의 변화를 엿볼 수 있게 한다. 그런가 하면 1990년대 후반 국제통화기금(IMF) 구제금융 관리 체제에 있던 시기에는 '명퇴(명예퇴직), 이태백(20대 태반이 백수), 밤새 안녕하십니까?'와 같이 서민들의 위기감을 나타내는 말이 유행하였고, '공주병,

왕자병' 등 외모를 중시하고 자기도취적인 성향을 가진 사람들을 비웃는 말이 유행하기도 하였다. 그 외에 '뭔가 보여드리겠습니다, 웬일이니, 나가 놀아라, 지구를 떠나거라' 등은 코미디 프로그램에서 연유한 유행어이며, '따봉, 부드러운 여자, 산소 같은 여자' 등은 광고 방송의 영향으로 발생한 유행어들이다.

인터넷이 본격적으로 보급된 2000년대 초반에는 누리꾼들을 중심으로 유행어가 양산되기 시작했다. 예쁜 남자를 뜻하는 '꽃미남', 당연하다는 뜻의 '당근이다', 기괴한 물건이나 일을 뜻하는 '엽기', 최고라는 뜻의 '짱' 등이 사용되었다. 휴대전화나 인터넷을 통한 사회적 소통망(SNS, 소셜 네트워크 서비스)에서는 '호호호'나 '크크크'와 같이 웃음을 뜻하는 문자를 사용하기도 한다. 최근에는 사건 사고나 부정부패와 관련된 '테러, 게이트' 등의 외국어도 유행어로 폭넓게 사용되고 있다.

위에 제시한 예들에서 보듯이 어느 연령 단계에서 특별히 사용하는 유행어가 있는가 하면 특정 시기에 유행하여 그 시기의 거의 모든 연령대에서 사용하는 유행어도 있다. 또한 사회가 발달하고 다양해지면서 정치, 경제, 사회, 문화 등 특정 분야와 관련된 유행어도 생겨났다. 근래에는 방송의 연예 오락 프로그램에서 많은 유행어들이 양산되었는데 이들 유행어들은 많은 경우 잠시 쓰이다가 사라지지만 일부 유행어는 오랜 생명력을 유지하기도 한다.

이처럼 유행어는 어느 시대에나 존재해 왔고 때로는 세태를 풍자하기도 한다. 최근에는 인터넷과 소셜 네트워크 서비스(SNS)를 통한 소통이 활발해져 과거에 비해 훨씬 다양하고 많은 유행어가 빠르게 확산되고 있다.

여기에 더하여 공공 기관에서까지 에듀스타(Edu-Star), 위센터(Wee Center),7) 하이 서울(Hi Seoul), 다이나믹 부산(Dynamic Busan), 클린 광주(Clean Gwangju), 컬러풀 대구(Colorful Daegu)와 같이 외국어를 남용하거나 국적불명의 용어를 만들어 쓰고 있다. 이 때문에 외국어를 모르는 어른들에게는 소통에 장애가 되기도 한다. 또한 방송에서 막말과 품격 낮은 언어 표현을 써서 국민들의 언어생활에 부정적인 영향을 초래하기도 하고 사람을 높여야 하는데 사물을 높이는 잘못된 표현도 확산되고 있다. 특히 청소년층에서 지나치게 사용하는 욕설과 비속어는 인성뿐만 아니라 교우 관계에도 심각한 악영향을 초래하므로 이런 언어 행태에 대한 순화 노력이 필요하다.

청소년 언어의 특징

청소년기는 어른도 어린이도 아닌 주변인으로 여러 면에서 불만이 많고 정서적인 동요가 심하여 부모나 어른들의 보호와 감독, 간섭으로부터 독립하려는 경향이 강하게 나타나는 질풍노도의 시기다. 청소년기의 이런 특성 때문에 청소년층(adolescents)은 기존의 질서나 세력에 반하여 새로움을 추구하거나 또래 집단(peer group) 내에서 유대를 강화하고 결속력을 다지려는 특징을 보인다. 이 때문에 청소년층은 다른 사람들이 알아듣지 못하도록 일시적으로 자기네 구성원들끼리만 빈번하게 사용하는 은어나 속어,[8] 축약어 등의 유행어를 사용하거나 어른들에 비해 비표준형(nonstandard form)을 더 많이 사용한다.

어느 시대를 막론하고 은어나 비속어가 사용되었으나 인터넷과 휴대전화의 발달과 함께 일시적으로 유행하는 말들을 많이 만들어 사용하는 청소년이 늘면서 무슨 뜻인지도 모르는 은어와 비속어가 우리의 일상생활에까지 깊숙이 침투하였다. 이 때문에 청소년들과의 소통을 위해 '청소년 은어 사전'이 편찬되기도 하였다.[9] 국립국어원에서 2012년 전국 초·중·고등학교 학생 6,053명을 대상으로 조사한 결과 99.2%(6,002명)가 일상 대화에서 은어나 비속어를 사용해 본 경험이 있는 것으로 나타났다. 거리를 지나가는 청소년들의 대화를 잠시만 들어 보아도 그들의 일상에서 은어나 비속어가 어느 정도의 비중을 차지하는지 쉽게 짐작할 수 있다.

청소년들의 말에서 은어나 비속어가 일상화된 것도 문제지만 이들 비속어의 상당 부분이 여성이나 장애인 등 사회적 약자를 비하하거나 성을 비하하는 내용이어서 청소년들의 의식이나 가치관 정립에 문제가 있다는 지적도 있다. 청소년들이 보이는 이러한 행태는 기존의 질서와 가치에 반항하면서 자기 또래들끼리의 유대를 강화하고 새로움을 찾아 끊임없이 새로운 말을 만들어 쓰는 데서 비롯된다는 것이다(이익섭 2004: 139~146).

청소년들에 의한 언어 파괴의 심각성은 '아저씨 고터 앞에서 버카충하던 중인데 정말 얼척없네요, 졸빨요!!(아저씨 고속터미널 앞에서 버스카드 충전하던 중인데 정말 어이없네요, 아주 빨리요!!)'와 같은 112 신고 접수 매뉴얼의 사례나 '빠바에서 썸남 만났는데 개가 캐 에바하더라(파리바게트에서 요즘 연락하는 남자 만났는데 개가 너무 과장이 지나치더라)'와 같은 대화에서 단적으로 나타난다. 청소년들의 은어나 비속어의 사용은 여기에 그치지 않고 외국어를 변용한 '에바(과장된 행동을 하다, 지나친 행동을 하다), 레알(사실적이다)', '썸타다(관심 가는 이성과 잘되어 가다)', '오렁나다(돈이 없다)', '개드립치다[10](어처구니없는 말을 하다)' 등으로까지 확산되고 있다. 이에 비하면 '꼬불치다(몰래 감추다), 골때리다(황당하다), 쪽팔리다(창피하다, 부끄럽다), 토끼다(도망가다)' 등은 이미 구시대의 말이 되어 버렸다.

과거와는 달리 요즈음 청소년들이 줄임말을 많이 사용하는 것도 청소년 언어의 한 특징이다. 줄임말 사용을 연령 단계와 관련지어 보면 청소년층이 유행어 변화의 주도 세력이 될 수 있다. 요즘 10대들이 사용하는 줄임말을 몇 가지 유형으로 나누어 살펴보자.

(7) 가. 김천(김밥천국)   생정(생활정보)
       교카(교통카드)   생선(생일 선물)
       문상(문화상품권)   깜놀(깜짝 놀라다)
    나. 버카충(버스카드충전)   솔까말(솔직히 까놓고 말해서)
       지못미(지켜주지 못해서 미안해) 갑툭튀(갑자기 툭 튀어나오다)

(8) 얼짱(얼굴이 잘생김)   볼매(볼수록 매력 있음)
    쌩얼(화장 안 한 얼굴)   쌍수(쌍꺼풀 수술)
    얼사(얼굴 사진)   얼평(얼굴 평가)
    장미단추(장거리 미녀 단거리 추녀)

(9) 차도남(차가운 도시 남자)　　　　차도녀(차가운 도시 여자)
　　까도남(까칠한 도시 남자)　　　　까도녀(까칠한 도시 여자)
　　부없남(부끄럼이 없는 남자)　　　부없녀(부끄럼이 없는 여자)
　　초식남(온순하고 착한 남자)　　　초식녀(온순하고 착한 여자)

　위의 예 (7)은 일상생활에서 쓰는 말을 줄인 것인데 (7가)는 두 개의 단어나 어절을 하나의 단어로 줄인 것이고 (7나)는 세 개의 어절을 하나의 단어로 줄인 것이다. 이와 달리 예 (8)은 사람의 외모를 나타내는 말로 10대들이 외모에 얼마나 관심을 많이 가지는지 짐작하게 한다. 외모에 대한 청소년들의 관심은 예 (9)에서와 같이 남녀의 행동 특징을 나타내는 말에도 나타난다. 이 외에도 예 (10)에서와 같이 인터넷이나 휴대전화 사용과 관련된 줄임말들도 많이 쓰인다.

(10) 로긴(로그인)　　　영자(운영자)　　　스샷(스크린샷)
　　 강퇴(강제 퇴장)　 전거(전체 쪽지 거부)　전쪽(전체에게 보내는 쪽지)
　　 글설리(글쓴이를 설레게 하는 리플)　 단톡방(단체 카카오톡 방)

　줄임말의 사용은 청소년의 언어생활 전반에 걸쳐 광범위하게 나타난다.[11] 특히 줄임말을 이용하여 은어와 비속어를 지나치게 많이 사용함으로써 기성세대와 소통의 단절을 가져오기도 하고, 줄임말을 사용함으로써 원래 가지고 있던 단어의 뜻이 왜곡되기도 한다.

(11) 가. 낚였다(속았다)　　　　　　쌈/구름과자(담배)
　　　　쉴드치다(보호하다)　　　　어이털려(어이가 없다)
　　　　간지나다(폼나다)　　　　　웃프다(웃기는데 슬프다)
　　 나. 담탱이(담임)　　　　　　　병맛(병신같다)
　　　　찐지버거(모자라는 사람)　　듣보잡(듣도 보도 못한 잡것)
　　　　여병추(여기 병신 추가)　　　이뭐병(이거 뭐 병신도 아니고)
　　　　미존(미친 존재감)　　　　　개쩌네(대단하네)

된장녀(사치와 허영이 많은 여자)

위의 예들에서 보듯이 청소년들의 말은 주로 단어를 극단적으로 줄이거나 짧은 단어들을 조악하게 합쳐서 만들어 쓴다. 문제는 청소년 대부분이 이런 말을 표준어와 구분하지 못한다는 것이다.[12] 이 때문에 은어나 비속어를 쓰지 않으면 아무 말도 할 수 없을 지경이 되었다. 여기에 더하여 '빵셔틀(중·고등학교에서 힘센 학생의 강요에 의해 빵을 사다 주는 행위나 그런 사람)'[13]이나 '노상까다(길에서 돈을 빼앗는다)'와 같이 학교 폭력이나 청소년의 비행과 관련된 말들도 무분별하게 사용되고 있다.

청소년 언어의 또 다른 특징 가운데 하나는 욕설을 담은 은어나 비속어를 아무 거리낌 없이 쓴다는 것이다. 예컨대, 교복 광고에 등장한 '졸예'는 '졸라 예쁘다'의 줄임말이다. '졸라'는 본래 욕설에서 기원한 말로 '졸라 추워', '졸라 배고파', '졸라 잼 있어'에서와 같이 '존나'와 함께 부사처럼 쓰인다. 발음이 변형되어 청소년들은 이게 욕인 줄도 모르기 때문에 아무 때나 수식어로 쓴다. 그냥 '춥다'고 하거나 '엄청 춥다'고 해도 될 말을 '개 추워', '졸라 추워'와 같이 자신의 감정을 더 얹어서 표현하는 것인데 욕에서 기원한 것을 아는 기성세대들은 듣기 거북할 수밖에 없다. 그렇다고 은어가 모두 부정적인 의미로만 쓰이는 것은 아니다. '등골 브레이커(부모의 등골이 빠질 정도로 값비싼 옷들을 사는 사람)'는 자성적인 의미를 담고 있고 '별다방(커피 전문점 스타벅스)'은 외래어를 우리말로 바꾼 것이다. '치맥(치킨과 맥주)'은 우리나라에서뿐만 아니라 중국어 인터넷 사전에도 올라 있을 정도로 확산되었다.

청소년들이 이런 은어, 비속어, 줄임말을 사용하는 이유는 '채팅할 때 편리하다'거나 '또래들끼리 어울리기 위해서' 또는 '재미있어서'나 '너무 바르게 말하면 친구들이 만만하게 보거나 재수 없어 보일까봐' 또는 '학업 스트레스 때문'이라고 한다. 과거에는 알려져서는 안 될 정보를 숨기거나 결속력을 다지기 위해서 은어를 썼는데 지금은 지루하고 따분한 기성세대와 분리하여 재미있고 톡톡 튀는 청소년들만의 말로 공감대를 형성하여 서로 간에 위로 받고 친밀감을 느끼려 한다는 것이다. 안정된 모습으로 가만히 두지 못하는 것, 이것이 청소년층의 한 특징이고 이들의 언어는 바로 그러한 특징을 반영하는 것이다(이익섭 2004: 140).

연령을 연령 단계와 관련지을 때 청소년 언어의 중요한 특징 가운데 또 하나가 어른들보다 비표준형(nonstandard form)인 사투리(vernacular form)나 속어를 더 많이 사용한다는 것이다. 비표준형은 유행어와는 달리 청소년뿐만 아니라 어른들도 사용하지만 비율에서 차이가 있다. 시대마다 유행하는 말이 달라서 연령대별로 알고 있는 유행어가 다른 것이 보통인데 비표준어는 모든 연령대에서 관찰된다는 점이 다르다. 이 때문에 오랜 시간이 지나면서 점진적으로 언어 변화가 일어나게 된다.

어른들에 비해 청소년들이 비표준형을 더 많이 쓴다는 것은 다음의 〈그림 3.1〉에서와 같이 디트로이트의 흑인 영어와 애팔래치아 지역 영어에서 'He didn't do nothing'이나 'I don't make no money no more'와 같은 다중 부정(multiple negation) 문장을 사용하는 비율을 비교한 결과에서도 알 수 있다.

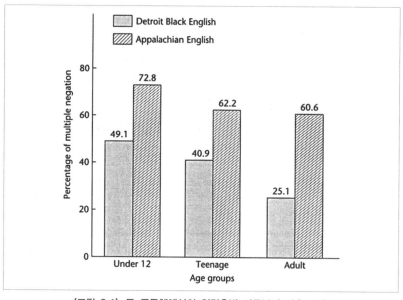

〈그림 3.1〉 두 공동체에서의 연령층별 다중부정 사용 비율
(Holmes 2008: 177; 이익섭 2004: 142)

위의 그림을 보면 디트로이트 흑인 영어에서는 열두 살 이하에서는 49.1%, 10대에서는 40.9% 그리고 어른들은 25.1%가 다중 부정을 사용하는 데 비해 애팔래치아 영어에서는 열두 살 이하에서는 72.8%, 10대에서는 62.2% 그리고 어른들은 60.6%가 다중 부정을 사용하여 열두 살 이하의 연령층에서 비표준형을 가장 많이 쓰고 10대들은 그보다 덜 쓰며 어른들이 가장 적게 쓰는 것으로 나타났다.

청소년들이 어른들에 비해 비표준형을 더 많이 사용한다는 것은 〈그림 3.1〉의 디트로이트의 흑인 영어 자료를 사회 계층과 관련지어 제시한 〈그림 3.2〉를 통해서도 알 수 있다.

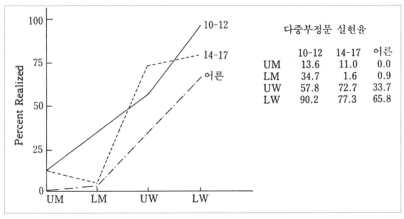

〈그림 3.2〉 사회 계층과 연령별 다중 부정 실현율
(Wolfram 1969: 163; Wolfram & Fasold 1974: 91; 이익섭 2004: 141)

위의 〈그림 3.2〉는 세 연령층(10~12세, 14~17세, 어른) 모두에서 어떤 사회 계층에서든 젊은이들이 어른보다 비표준형인 다중 부정을 더 많이 쓴다는 것을 보여준다. 사회 계층으로 보면 상위 중류(UM: upper middle) 계층이나 하위 중류(LM: lower middle) 계층이 상위 노동(UW: upper working) 계층이나 하위 노동(LW: lower working) 계층보다 다중 부정을 사용하는 비율이 현저히 낮다는 것을 알 수 있다. 이 그림에서 사회 계급을 나누지 않고 통합하여 연령층을 나누면 10~12세에서는 49.1%, 14~17세에서는

40.9% 그리고 어른은 25.1%로 나타나 〈그림 3.1〉의 디트로이트 영어의 다중 부정 사용 비율과 같다는 것을 알 수 있다. 결국 〈그림 3.1〉과 〈그림 3.2〉는 청소년층이 어른들보다 비표준형을 많이 사용한다는 것을 보여주는데 미국의 경우 중학교 1학년 때가 언어 사용의 큰 전환기라고 한다 (Wolfram & Fasold 1974: 92; 이익섭 2004: 142).

기성세대의 언어 사용

우리는 앞에서 청소년 시기에 은어나 속어, 유행어 등의 비표준형을 가장 많이 사용하는 것을 보았다. 어린 시절과 청소년기에 많이 사용하던 비표준형은 사회에 진출하여 사회적인 압력이 최고조에 달하는 중년 (middle age)에 가까워짐에 따라 점차 감소하게 된다. 그러다가 나이가 들어 직장에서 은퇴하고 사회적 압력이 감소하여 좀 더 이완된 상황이 되면 비표준형의 사용이 다시 증가하게 된다. 다시 말하면 사람들이 나이가 들어감에 따라 점점 표준형을 쓰다가 나중에는 표준형을 덜 쓰고 다시 비표준형을 사용하는 비율이 증가한다는 것이다(Holmes 2008: 175~177). 다음의 〈그림 3.3〉이 그러한 현상을 잘 보여준다.

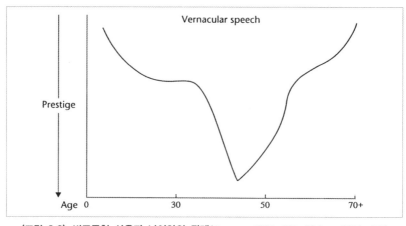

〈**그림 3.3**〉 **비표준형 사용과 나이와의 관계**(Downers 1984: 191; Holmes 2008: 176)

〈그림 3.3〉과 같은 현상을 뒷받침하는 예는 우리나라에서도 관찰된다. 박경래(1993: 175)에는 고등학교를 충주에서 졸업하고 대학 시절을 포함하여 8년간 서울에 살면서 서울 말씨를 썼던 제보자가 결혼을 하고 다시 고향으로 돌아와 살게 되면서 자연스럽게 충주 말씨를 쓰게 되었고 그렇게 함으로써 자기보다 덜 배운 친구나 이웃 사람들과도 아무런 부담이나 불편을 느끼지 않고 가깝게 지내게 되었다는 사례를 보고하고 있다. 이와 비슷한 예를 중국 동포들에게서도 관찰할 수 있다. 이중 언어 사회에서는 소수민족의 언어가 다수민족의 언어로 전환되는 것이 보통인데 중국 동포들은 소수민족이면서 우리말을 잘 보존하고 있다. 재중 동포들의 경우 젊을 때는 직장에서 공용어이면서 상위 집단 언어인 중국어를 유창하게 쓰다가 은퇴하고 나서 동포들끼리 어울려 지내게 되면서 중국어 대신 우리말을 더 자연스럽게 구사하게 된다는 것이다.[14] 또 다른 예로 이중 언어를 사용하는 캐나다의 몬트리올에 거주하는 불어 사용자들을 들 수 있다. 몬트리올은 불어만 사용하는 인구가 80만 이상, 영어만 사용하는 인구가 50만 정도이며 둘 다를 사용하는 인구가 75만이 넘는데 불어 사용자들이 어릴 때는 불어만 사용하고 사회 활동은 하는 30~50세에는 영어를 활발히 사용하다가 은퇴한 후 노년기에 접어들면 다시 어릴 때와 같이 불어만 사용함으로써 몬트리올에서 불어가 잘 보존되고 있다는 것이다(이익섭 2004: 143, 323~329). 이러한 사례들은 모두 사회생활을 가장 활발히 하는 중장년기가 그 사회에서 요구하는 표준형을 가장 많이 사용하는 시기라는 점에서 〈그림 3.3〉과 동일한 양상을 보여 주는 것이다.

1.2 연령 차와 언어 분화

블룸필드(Bloomfield 1933)과 같은 구조주의 언어학자들은 진행 중인 언어 변화는 너무 느리기 때문에 언어 변화 자체는 관찰할 수 없고 변화의 결과만 관찰할 수 있다고 한다(Labov 1972: 275; 이익섭 2004: 151). 이 때문에 전통 언어학에서는 진행 중인 언어 변이를 자유 변이라고 보았지만 사회언어학에서는 변이형이 자유롭게 나타나는 것이 아니고 모종의 사회적 요인에 의한 결과라고 본다. 변화라고 하는 것은 이 변이의 시간상 축적이기 때문에 변이를 연령대별로 비교해 보면 변화의 조짐과 방향을 어느 정도 예측해 볼 수 있다.

어떤 언어 변화가 일어날 때 모든 사람에게 동시에 한꺼번에 일어나는 것이 아니라 점진적으로 일어난다. 연령 차는 연령대별로 그 연령대에서 적절한 말을 씀으로써 연령대별로 언어 차이가 생기는 것이 아니고, 어느 연령대에서 쓰이던 어형이 다른 연령대에서는 쓰이지 않는다든가 반대로 어떤 연령대에서는 쓰이지 않던 어형이 다른 연령대에서는 쓰임으로써 언어 차이가 생기는 것이다.15) 따라서 연령 차에 의한 언어 차이는 언어 변화를 가져오게 된다.16)

가령 70대 이상의 노년층 세대가 '[호매이], [조래이], [호래이]'라고 하던 것을 50대 이하의 중장년층 세대나 청소년층 세대에서는 각각 '[호미], [조리], [호랑이]'라고 한다면 언어 변화의 결과로서 연령 차를 보이는 것이다. 마찬가지로 70대 이상의 노년층에서 널리 쓰던 '자새, 곰배, 길마' 따위가 30대 이하의 연령층에서는 쓰이지 않는다든가 반대로 30대 이하의 연령층에서 널리 쓰이는 '스타일, 콤플렉스, 스트레스, 스마트하다'와 같은 외래어를 70대 이상의 노년층에서는 쓰지 않는다면 이 역시 언어 변화를 보이는 것이다. 다음과 같은 예들은 알아들을 수 있는 말이기는 해도 노년층에서는 잘 쓰지 않는 표현들이다.

(12) 가. 허리가 자꾸 두꺼워져서 큰일이야./나는 허리가 얇아져서 걱정이야.
　　　나. 조용히 나가서 오줌 싸고 왔어./나는 똥 싸고 왔는데…
　　　다. 주문하신 커피 나오셨습니다.
　　　라. 가격은 삼천 원이세요./이 가방은 양가죽이세요.
　　　마. 주사 맞으실게요.

(12가)는 형용사 '굵다'와 '가늘다'를 써야 할 곳에 '두껍다'와 '얇다'를 써서 오류를 범한 것이고 (12나)는 자기의 의지에 따라 배설물을 몸 밖으로 내보내는 '누다'와 생리 현상을 참지 못하여 배설물이 저절로 몸 밖으

로 나오는 '싸다'를 구별하지 못해서 오류를 범한 것이다. (12다)와 (12
라)는 높임의 대상이 아닌 '커피, 원, 가죽' 등 무생물을 높이는 경어법을
사용함으로써 오류를 범한 것이고 (12마)는 상대방에게 어떤 행동을 하
도록 요청하는 명령형을 써야 할 자리에 화자 스스로가 어떤 행동을 할
것을 약속하는 뜻을 나타내는 종결 어미를 써서 오류를 범한 것이다.
(12다, 라, 마)는 모두 지나치게 상대방을 높이려 한 데서 생긴 오류인데
주로 서비스 업종에 종사하는 젊은 층에서 자주 쓰고 중년층이나 노년층
에서는 거의 쓰이지 않는다는 점에서 세대 간에 차이를 보인다. 이 때문
에 연령대별 언어 차이는 세대 차라고 바꾸어 부르기도 한다.

　한국어에서 음장이나 모음 체계 또는 음운 현상이 연령대에 따라 차이
를 보이는 것도 연령에 의한 언어 차이이되 연령층에 따른 언어 차이가
된다. 다음의 〈그림 3.4〉는 1990년대 충주 지역에서 음장의 변별적 기능
이 연령 단계에 따라 다르다는 것을 보여 준다.

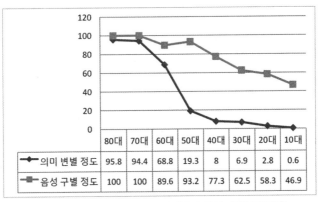

〈그림 3.4〉 충주 지역에서의 연령대별 음장 실현 비율(%)
(박경래 1993: 72)

　위의 〈그림 3.4〉에서 보듯이 음장의 변별력이 연령대별로 달라서 70대
와 80대에서는 음장의 유무에 따라 의미를 잘 변별하던 것이 60대에서
심한 동요를 보이다가 50대에 오면 음장에 의한 변별력이 급격히 떨어진
다는 것을 알 수 있다. 이는 60대와 50대 사이를 기점으로 음장이 의미

변별력을 상실했다는 것을 의미하는 것이다. 이에 비해 음성적으로는 구별 정도가 연령대별로 점진적으로 감소하여 20대도 58.3%가 음장을 구별하여 발음하고 10대부터 50% 이하로 떨어지는 것을 알 수 있다. 연령대별로 차이를 보이는 음장의 의미 변별 비율과 발음 구별 비율은 음장 변화의 과정을 보여주는 것이다.

그런데 동일한 언어 집단 내에서도 모든 언어 변수(linguistic variable)가 연령대에 따라 같은 양상을 보이는 것은 아니어서 다음의 〈그림 3.5〉에서와 같이 모음 '외, 위'를 단모음으로 실현하는 비율과 모음 '에'와 '애'를 변별하여 발음하는 비율이 연령대에 따라 차이를 보인다.

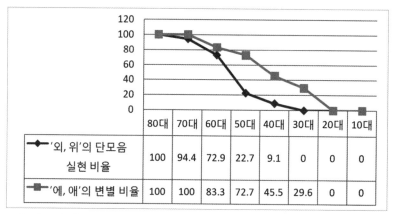

	80대	70대	60대	50대	40대	30대	20대	10대
'외, 위'의 단모음 실현 비율	100	94.4	72.9	22.7	9.1	0	0	0
'에, 애'의 변별 비율	100	100	83.3	72.7	45.5	29.6	0	0

〈그림 3.5〉 충주 지역에서의 단모음 '외, 위'의 실현 비율과 '에, 애'의 변별 비율
(박경래 1993: 92, 106)

〈그림 3.5〉에서 보듯이 '외, 위'를 단모음으로 발음하는 비율이 50대에 와서 급격히 떨어지고 30대 이하에서는 전혀 단모음으로 발음하지 못한다는 것을 알 수 있다. 이는 60대와 50대 사이를 기점으로 '외, 위'가 단모음의 지위를 상실했다는 것을 의미한다는 점에서 〈그림 3.4〉에서의 음장 변화 시기와 같다고 할 수 있다. 그런데 단모음 '에'와 '애'는 50대까지도 잘 변별되다가 40대와 30대로 오면서 변별 비율이 급격히 줄어들고 20대 이하에서는 전혀 변별하지 못한다. 이는 50대와 40대 사이를 기점으로 변별력을 상실했다는 것을 의미한다는 점에서 음장이나 단모음 '외, 위'

의 변화 시기와 약간의 차이를 보인다.[17]

그리고 음장이나 '외, 위'의 단모음 실현 비율과 모음 '에, 애'의 변별 비율은 표준발음을 유지하는 정도인 데 반해 〈그림 3.6〉의 움라우트 실현 비율은 비표준 발음으로 실현하는 정도라는 점에서 차이를 보인다.

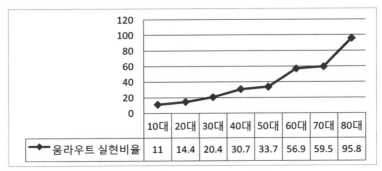

〈그림 3.6〉 충주 지역에서의 연령층별 움라우트 실현 비율(%)(박경래 1993: 159)

위의 〈그림 3.6〉은 모든 연령대에서 비표준형인 움라우트형을 사용하지만 연령대가 높아질수록 움라우트형의 사용 비율도 높아진다는 것을 보여준다. 특히 움라우트형의 사용 비율이 50대 이후부터 급격히 높아져 50대와 60대 사이를 움라우트 실현 여부를 나누는 경계로 삼을 수 있다. 그런데 음장이나 모음 '외, 위'와 '에, 애'와는 달리 30대 이하에서도 일부가 움라우트형을 사용하는 것은 변화의 결과가 양방향으로 이원화한 것이라고 해석할 수 있다. 하나는 비표준형인 움라우트형이 그대로 굳어진 변화고 다른 하나는 비표준형인 움라우트형을 다시 표준형으로 회귀시키는 변화가 공존하는 것이다. 국어에서 보이는 표준형으로의 변화는 교육이나 매스미디어의 영향 때문이라고 할 수 있다.

2. 사회 계층

여기에서는 라보브(Labov 1966a, 1972) 이후 여러 사회적 변수(social variables)

가운데 하나로 지적된 사회 계층화(social stratification)에 대하여 살펴보고 자 한다. 사회 계층과 관련된 용어로 사회 계급(social class)과 사회적 지위(social status)가 있다. 이익섭(2004: 84)에서 지적했듯이 사회 계층은 사람들이 속해 있는 사회에서 지위가 같거나 비슷한 사람들의 묶음을 가리키는 데 비해, 사회 계급은 좀 더 엄격하게 등급을 매겼을 때 쓰인다는 점에서 사회 계층이 더 포괄적인 개념으로 쓰이나 여기에서는 특별한 경우가 아니면 사회 계층과 사회 계급을 구분하지 않고 사회 계층이라는 말을 사용한다.

서구에서는 라보브(Labov 1966a) 이래 사회 계층을 언어 사용과 관련지은 연구가 활발하게 진행되어 왔으나 국내에서는 1980년대 이후에 서구에서 이루어진 연구 방법론을 수용하여 국어를 대상으로 한 연구가 수행되었다. 그러나 서구에서의 연구에 비해 상대적으로 국어를 대상으로 한 연구는 미흡한 편이다(박영순 2004: 141). 그 이유는 이익섭(2004: 90)에서 지적했듯이 우리나라에서의 사회 계층을 어떻게 설정할 수 있을까에 대하여는 아직 표본이 될 만한 결과를 내지 못하고 있는 것과 무관하지 않아 보인다. 우리나라에서 사회 계층을 나누는 것이 어려운 이유는 1970년대 이후 급격한 경제 성장과 사회 변화로 인하여 사회 계층을 나눌 만한 기준을 찾기가 어려웠기 때문이다.

서구 사회에서는 사회 계층을 나눌 때 개인이 가진 속성을 기준으로 하기 때문에 같은 계층의 사람들은 언어적 동질성을 갖는다는 것을 전제로 하는 데 비해 한국 사회는 혈연, 지연, 학연과 같이 개인이 속한 집합체를 통해 자아 정체성을 갖기 때문에 사회 계층을 구분하기가 어렵다는 것이다(김경동 1993: 135~160). 그러나 언어와 관련지어 볼 때 사회 계층을 나누기 어려운 가장 큰 이유는 1970년대 이후 산업화와 경제 발전으로 인해 농촌 인구의 급격한 도시 집중과 무관하지 않아 보인다. 농촌에 거주하던 대부분의 인구가 도시로 몰리면서 직업이나 수입, 거주지를 고려하여 사회 계층을 분류하기가 매우 어렵게 된 것이다. 사회학적으로는 이런저런 기준을 적용하여 사회 계층을 나눌 수도 있겠지만 도시의 경우는 언어적으로 매우 이질적인 배경을 가진 사람들로 구성되어 있기 때문에 사회 계층을 나누는 것이 어려울 수밖에 없다. 언어와 관련지어 보면 학력이나 재산, 직업에 거주지나 주거 양식 정도를 더하여 우리나라의 사회 계층을 구별할 수 있을 것이나 사회 계층을 나누는 문제는 지속적인 연구가 필요한 과제다.

언어와 사회 계층을 관련지을 때 사회 계층은 두 가지 유형으로 나눌 수 있다. 하나는 인도의 카스트와 같이 사회 계층이 엄격하게 구분되어 있어 사회 계층이 다르면 완전히 다른 어형을 사용하는 경우고, 다른 하나는 서구 사회와 같이 통계적으로 어떤 어형이 어느 계층에서 더 많이 쓰이고 어느 계층에서는 덜 쓰이는 모습을 보이는 경우다. 이러한 사회에서는 사회 계층의 이동이 유동적인 특징이 있다.

2.1 엄격한 사회 계층

사회 계층이 엄격하게 구분되는 예는 인도의 카스트 제도에서 찾을 수 있다. 이런 언어 공동체에 대한 조사에서는 각 계층을 대표하는 제보자를 통하여 전통적인 방언 조사 방법으로 언어 자료를 수집할 수 있다. 검퍼즈(Gumperz 1958)은 인도의 델리(Delhi) 북쪽으로 80마일 떨어진 곳에 있는 칼라푸르(Khalarpur)라는 인구 5천 명의 농촌 마을 주민을 다음과 같이 일곱 개의 카스트로 나누었다.[18] 이 가운데 마지막 세 카스트는 불가촉(不可觸) 카스트여서 마을에서 정해진 위치에서만 살아야 하고 이주도 자유롭지 못하다. 나머지 카스트들도 각자 주택 양식이나 복장 및 의식이 독특하게 구분된다.

(가) 브라만(Brahman, 최고위 카스트 계층)
(나) 라지푸트(Rajput, 무사 계층)
(다) 바이샤(Vaishyas, 상인 계층)
(라) 몇 개 집단의 기술공 및 근로 계층
(마) 샤마르(Chamar, 토지가 없는 근로자 계층)
(바) 야티아 샤마르(Jatia Chamar, 가죽 근로자 및 제조공 계층)
(사) 방기스(Bhangis, 청소부 계층)

검퍼즈는 이 마을의 방언에서 카스트에 따라 분화를 보이는 열한 가지의 음운 현상을 찾아내고 이 음운 현상들의 조합에 따라 다음과 같이 여섯 개의 언어 집단으로 재구성하였다.

(가) 거의 모든 가촉(可觸) 카스트

(나) 일정한 지역(C 및 G)에 거주하는 라지푸트(Rajput)

(다) 고풍(古風)을 지키는 가촉(可觸) 카스트

(라) 샤마르(Chamar)

(마) 야티아 사먀르(Jatia Chamar)

(바) 방기스(Bhangis)

검퍼즈(Gumperz 1958)에 의하면 이 여섯 개의 언어 집단 가운데 어떤 집단은 마을의 한쪽에 몰려 사는데 이것은 불가촉 카스트의 거주지 제약 때문이라고 한다. 이것은 카스트라는 사회 계층에 의한 언어 집단이 존재한다는 것을 의미한다. 또한 이 마을의 주민들도 이 여섯 개의 카스트 방언을 인식하고 있어 어떤 어형이 어느 카스트의 말인지를 구별할 뿐만 아니라 상위 카스트가 하위 카스트들처럼 말하면 그것은 격에 맞지 않는 천민의 말투를 쓴다는 뜻이고, 최하위 카스트인 방기스(Bhangis)의 말은 순화되어야 한다고 여긴다. 또한 하류층의 카스트가 상류층의 카스트 말을 흉내 내거나 따라하면 언짢아한다. 그래서 상류층의 카스트들은 하류층의 카스트 말을 가급적이면 안 쓰려고 한다는 것이다.

홈스(Holmes 2008: 140~141)은 영국에서도 1950년대에는 많은 단어 쌍들이 상류 계층의 화자들과 비상류 계층 화자들을 구별해 준다는 주장을 확인해 주었다. 예를 들면 상류 계층에서는 거실을 'sitting room'이라고 하는데 비상류 계층에서는 'lounge'라고 하고 상류 계층에서는 화장실을 'lavatory'라고 하는데 비상류 계층에서는 'toilet'이라고 한다. 1970년대까지는 상류 계층 화자들이 'bag, sofa, relations'라고 하는 것을 비상류 계층에서는 각각 'handbag, settee, relatives'라고 하여 계층을 구별하는 어휘를 사용하였다.[19] 그러나 두 집단 간의 이러한 장벽은 카스트 제도에 기반한 사회에서와는 달리 극복 불가능한 것은 아니다. 사람들의 사회적 계층이 올라가거나 내려갈 수 있고 이런 잠재적인 유동성은 발음과 같이 발화의 다른 측면에 좀 더 명확하게 반영된다.

우리나라에도 과거 왕권 사회에서는 궁중을 중심으로 하는 왕족과 반상(班常)이라는 엄격한 신분 제도가 있었지만 이 제도가 무너진 지금은 서구의 사회 계층과 비슷한 양상을 띠고 있다. 당시 사회는 왕족과 양반, 중인, 상민, 천민으로 계층을 나누었고, 언어에도 각 계층의 특징이 반영되었을 것이지만 현재는 그 흔적만을 찾아볼 수 있다.

왕족의 말로 대표되는 궁중어는 궁중에서만 통용되는 말로 특정한 사회 계층에서 쓰는 계층 방언이라고 할 수 있다. 현재 알려진 궁중어는 다음에 보듯이 그리 많지 않다.[20]

(13) 가. 마리(머리)
　　　조리니(졸인 것)
　　　프디(요)
　　　본겻(왕비의 친정)
　　　지(소변 또는 요강)
　　　소고의(왕비의 저고리)
　　　장고방(장독간)
　　　납시다(나오시다)
　　　감쪼으다(보다)
　　　수부수하오시다(양치질하시다)

　　　조치(찌개)
　　　기수(이불)
　　　치(상투)
　　　이부지(귀지: 耳垢)
　　　휘견치마(행주치마)
　　　봉지(바지)
　　　조라치(잡역부)
　　　자작하다(마름질하다)
　　　고장자(장고방 우두머리 상궁)

　　나. 용안(龍顔: 왕의 얼굴)
　　　지밀(至密: 왕의 침실)
　　　통기(通氣: 방귀)
　　　족당가락(足掌-: 발가락)
　　　수지톱(手指-: 손톱)
　　　차(茶: 숭늉/물/차의 통칭)
　　　생리(生梨: 배)

　　　수라(水剌: 밥, 진지)
　　　한우(汗雨: 땀)
　　　비수(鼻水: 콧물)
　　　족당톱(足掌-: 발톱)
　　　면(麵: 국수)
　　　청(淸: 꿀)
　　　탕(湯: 국)

청태(靑苔: 김)　　　　　　휘건(揮巾: 수건)

동의대(왕의 저고리)　　　행보(行步: 걷기)

감하시다(鑑-: 보시다)　　진어하시다(進御-: 잡수시다)

침수하시다(寢睡-: 주무시다)　어하시다(御-: 입다, 관을 쓰시다)

다. 수라(水刺) 잡수오너라(진짓상 들여오너라).

마리 아뢰다(머리 빗으시다).

한우(汗雨)가 계오시다(땀이 나셨다).

이부지 아뢰와요(귀지를 후벼 드릴까요)?

그리하옵다 뿐이오니잇가(그리하다 뿐이옵니까)?

그렇지 아니하오니이다(그렇지 않습니다).

(13가)는 궁중에서 쓰던 우리말 어휘들이고, (13나)는 궁중에서 쓰던 한자어거나 한자어와 우리말의 합성어들이다. 이 가운데 일부 어휘는 현대국어와 의미 영역이 약간 다른 경우도 있다. (13다)는 궁중에서 쓰였던 실제 문장을 예로 든 것인데 일반인들이 쓰는 말과는 많은 차이가 있음을 알 수 있다.

당시의 양반 제도는 귀속적인 신분 제도였기에 언어에도 계층의 특성이 반영되어 있었을 것이나 지금은 거의 사라지고 그 흔적만 남아 있다. 강신항(1967, 1976), 최명옥(1982), 정종호(1990)에 의하면 경북 안동, 영주, 영덕군 영해 등에서 다음의 예 (14), (15)에서와 같이 동일한 대상에 대하여 사회 계층 간에, 즉 반촌과 민촌 간에 친족 용어의 차이를 보인다.[21]

(14) 반촌 호칭어　　　　　　　(15) 민촌 호칭어

큰할배/할배(증조할아버지)　　：　노할아버지/할아버지(증조할아버지)

큰아배(할아버지)　　　　　　：　할배/할아부지(할아버지)

큰어매(할머니)　　　　　　　：　할매/할머니(할머니)

새할배(대고모부)　　　　　　：　할매(대고모)

맏아배/맏아부지(큰아버지)　　：　큰아부지(큰아버지)

맏어매/맏어무이(큰어머니)　　：　큰어무이(큰어머니)

아배(아버지)/아뱀(시아버지)	:	아부지(아버지)/아분님(시아버지)
어매(어머니)/어맴(시어머니)	:	어무이(어머니)/어먼님(시어머니)
작은아배(작은아버지)	:	작은아부지(작은아버지)
작은어매(작은어머니)	:	작은어무이(작은어머니)
아지매(고모/이모)	:	고모/고무(고모)/이모(이모)
새아재(고모부/이모부)	:	고모부(고모부)/이모부(이모부)
아지뱀(시숙)	:	아지반님(시숙)

한편 이익섭(1976)과 최명옥(1980)에 의하면 우리나라의 어촌 마을은 동일 권역 내의 농촌 마을과 언어적으로나 사회문화적으로 뚜렷한 차이가 있는데 이것이 두 지역 간의 소원한 사회관계 때문임을 밝혔다. 어촌과 농촌 마을의 소원한 관계는 언어 차이뿐만 아니라 그들 간에 통혼이 거의 이루어지지 않는 제약이 가장 크게 작용하였고, 가옥 구조와 같은 문화 양식의 차이에서도 나타났다. 이러한 차이는 두 지역 간의 사회 계층 차이, 즉 동족 집단 농촌 마을인 반촌과 어촌 마을인 민촌의 차이에서 기인하는 것으로 보인다.

위에서 본 사례들에서처럼 사회 계층이 고정되어 있어 계층 간의 이동이 어려운, 그래서 각 사회 계층마다 고유한 언어적 특징을 가진 경우를 엄격한 사회 계층이라고 한다. 현재는 인도의 카스트 방언을 제외하고는 계층 간의 장벽이 허물어져 엄격한 사회 계층을 유지하는 경우를 찾아보기가 어렵다.

2.2 유동적인 사회 계층

서구에서의 사회 계층과 언어

서구에서는 라보브(Labov 1966a)을 필두로 언어가 사회 계층에 따라 사회적 변이(social variation)를 보인다는 연구가 많이 이루어졌다. 이런 연구에서는 다수의 제보자를 대상으로 자료를 수집하고 수집된 자료를 통계적으로 처리하는 계량 분석(quantitative analysis) 방법을 이용한다. 그런데 어떤 계층에서 어떤 어형을 얼마나 쓰는지를 알아보기 위해서는 사회 계층에 대한 구분이 선행되어야 한다.

서구 사회에서는 사회 계층을 직업을 기준으로 나누거나 여기에 학력이나 수입, 거주지 조건을 더하기도 한다. 이는 학력이나 직업, 수입 등에 따라 사회 계층이 달라질 수 있다는 것을 의미한다.

라보브(Labov 1966a)는 언어와 사회 계층 간의 관계를 연구하기 위해 뉴욕 시민을 학력, 직업, 수입을 기준으로 0부터 9까지 10개의 등급으로 나누고 이것을 다시 상위 중류 계층, 하위 중류 계층, 노동자 계층, 하류 계층 등 4단계로 분류하였다. 이렇게 둘 또는 세 개의 등급씩 묶어 4단계로 나눈 것은 계층 간의 차이를 좀 더 뚜렷하게 보여 주기 위한 것이었다. 라보브는 이 연구를 위해서 뉴욕에 있는 에스 클라인(S. Klein), 메이시즈(Macy's), 색스 피프스 애비뉴(Saks Fifth Avenue) 등 세 개의 백화점 점원들을 대상으로 'car'와 'card', 'for'와 'form'과 같은 단어에서 모음 뒤의 'r'을 발음하는 경우와 발음하지 않는 두 개의 변이형을 조사하였다. 세 개의 백화점은 각각 하류층과 노동자층, 중류층 그리고 중상류층과 상류층 고객을 대상으로 하는 곳이다. 라보브는 여성 구두를 백화점 4층에서 판매한다는 것을 미리 알아보고 세 백화점의 여러 층 통로에서 매장 직원들에게 "여성 구두는 어디에 있나요?"라고 물어서 'fourth floor'를 무의식적으로 발음하게 하여 모음 뒤에서 'r' 발음 여부를 조사한 다음 못 알아들은 척하고 "뭐라고요?" 하고 재차 물어 주의를 기울인 발음도 조사하였다. 그리고 마지막에는 4층을 돌아다니면서 "죄송하지만 여기가 몇 층이지요?"라고 물어서 역시 'fourth floor'를 발음하게 하여 'r' 발음 여부를 조사하였다.

그 결과 모음 뒤의 'r' 발음이 뚜렷한 사회적 층화를 보였는데 전반적으로 상류층이 이용하는 백화점에서는 더 많은 사람들이 모음 뒤의 'r' 발음을 하였다. 심지어는 백화점 내에서도 그러한 양상이 뚜렷하여 어떤 백화점에서는 상위 관리자의 거의 절반이 모음 뒤의 'r'을 지속적으로 사용했는 데 반해 상대적으로 지위가 낮은 판매원은 18%만이 'r' 발음을 하였고 창고 직원들은 모음 뒤에서 'r' 발음을 거의 하지 않았다. 모음 뒤의 'r' 발음에 대한 평가가 자의적이어서 어떤 음에 대한 발음이 본래 부터 더 좋고 나쁜 것은 없지만 뉴욕에서 'r'을 발음하면 권위 있는 것으로 간주되는 반면 영국의 레딩(Reading)에서는 그렇지 않다. 따라서 다음의 〈그림 3.7〉22)에서 보듯이 모음 뒤의 'r'을 더 많이 발음하면 한 도시에서는 상위 계층이지만 다른 도시에서는 'r' 발음을 더 적게 해야 상위 계층이 되는 것이다. 그래서 아일랜드(Ireland)나 미국의 보스턴(Boston)이나 뉴욕(New York)에서는 'r' 발음을 하는 것이 표준의 권위 있는 방언형인데 영국 영어를 말하는 지역에서는 표준의 권위 있는 방언 화자들이 이 위치에서 'r' 발음을 하지 않는다(Holmes 2008: 145).

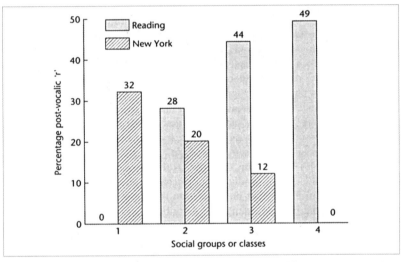

〈그림 3.7〉 레딩과 뉴욕 사회 집단에서 모음 뒤의 'r' 발음 비율(Holmes 2008: 146)

셔이, 울프램과 라일리(Shuy, Wolfram & Riley 1967)이나 울프램(Wolfram 1969)에서는 디트로이트 영어를 연구하기 위해 학력, 직업, 거주지를 기준으로 계층을 분류하고 이들 각 기준을 6등급 내지 7등급으로 나누었다. 어떤 제보자가 세 기준의 어느 등급에 해당하면 기준의 비중을 달리하여 〈학력점수×5〉, 〈직업 점수×9〉, 〈거주지 점수×6〉을 합산하여 제보자의 점수를 내고 제보자의 점수에 따라 4개의 계층으로 분류하였다

(이익섭 2004: 86~88).

  울프램(Wolfram 1969)의 연구는 언어 변수가 미국의 디트로이트(Detroit)
에서 사회 계층, 성, 나이, 인종과 같은 요소들과 어떻게 관련되는지를
밝히기 위해 시도되었다. 예를 들면 도시 내에서 상위 중류 백인 계층이
나 하위 노동 계층에 속하는 흑인 같은 특정한 사회 집단과 연결시킬
수 있는 언어의 다양성을 규명하기 위해 702명의 피조사자 가운데 48명
의 흑인 피조사자와 12명의 백인 피조사자를 네 개의 계층, 즉 상위 중류
(upper middle) 계층, 하위 중류(lower middle) 계층, 상위 노동(upper working)
계층, 하위 노동(lower working) 계층에서 뽑았다. 이들을 대상으로 어말
자음군 단순화, 어중과 어말의 (th), 음절말의 (d), 모음 뒤의 (r) 등 네
가지의 음운 변수와 계사 생략,23) 반복 의미(habitual meaning)를 나타내는
'be', 3인칭 단수 현재 시제 표지 '-(e)s', 다중 부정 등 네 가지 문법 변수
들을 조사하였다. 예를 들면 다음의 〈그림 3.8〉에서 보듯이 3인칭 단수
현재시제 표지 [z]의 탈락 정도에서 중류 계층과 노동 계층 간에 뚜렷한
차이가 있다는 것을 밝혀냈다.

	Upper middle	Lower middle	Upper working	Lower working
[z] 탈락 비율	1.4	9.7	56.9	71.4

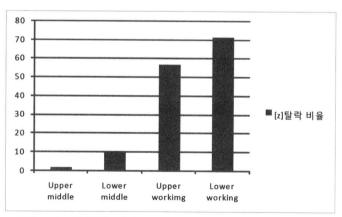

〈그림 3.8〉 디트로이트 흑인영어의 3인칭 단수 현재시제 [z] 탈락 비율
(Wolfram 1969: 136; 이익섭 2004: 104)

120

트럿길(Trudgill 1974b)는 라보브(Labov 1966a, 1972)의 연구 방법을 영국의 노리치(Norwich)에 적용하여 사회 계층을 직업, 학력, 수입, 주택 양식, 거주지, 부친의 직업 등을 기준으로 분류하여 각각의 기준에 6점을 곱한 점수를 합산하여 다섯 단계의 사회 계층으로 구분하였다. 울프램과 파솔드(Wolfram & Fasold 1974: 44)는 사회 계층이 경제적인 요인보다 교회 신도, 여가 활동, 지역 사회 조직 등 사회적인 요인과 더 직접적으로 관련된다고 보았다.

발음도 계층 간에 차이를 보여 'house'와 같은 단어에서 'h' 탈락이 화자들의 사회적 배경을 뚜렷하게 반영한다는 것을 보여주었다.[24] 홈스(Holmes 2008)은 영국의 요크셔(Yorkshire)와 노리치(Norwich)에서 다섯 개의 사회 집단에서 나타나는 'h' 탈락 현상을 다음의 〈그림 3.9〉에서와 같이 두 지역을 비교하였다.

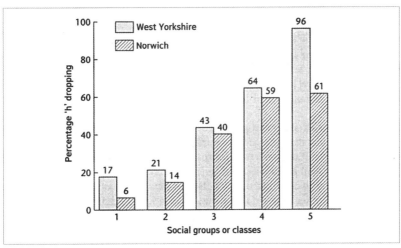

〈그림 3.9〉 노리치(Norwich)와 웨스트 요크셔(West Yorkshire) 사회집단의 'h' 탈락 비율
(Holmes 2008: 143)

두 지역에서 집단 1은 계층이 가장 높은 사회집단(종종 상위 중류 계층 또는 UMC라고 불림)을 나타내고 집단 5는 계층이 가장 낮은 사회집단(대개 하류 계층 또는 노동자 계층이라고 불림)을 나타낸다. 계층이 가장 높은

사회집단에서는 'h'를 가장 적게 탈락시키고 계층이 가장 낮은 사회집단에서는 'h'를 가장 많이 탈락시킨다. 〈그림 3.9〉에서 보듯이 웨스트 요크셔(West Yorkshire)의 점수가 노리치(Norwich) 점수에 비해 일관되게 높아 지역적인 차이가 있는 반면에 전체적으로 계층 간의 양상은 같다. 그런데 이러한 점수는 평균이기 때문에 각 집단(계층)에는 개인 간의 차이가 존재한다. 가령 웨스트 요크셔(West Yorkshire)에서 사회적으로 중간 집단 3에 속하는 어떤 사람은 모든 'h'를 탈락시켜 마치 낮은 사회 집단(계층) 출신에 해당하는 것처럼 말한다는 것이다(Holmes 2008: 143~144).

화자들의 발음이 그들의 사회 계층을 반영하고 사회 계층과 언어 변수(linguistic variable) 사이에 체계적인 상관관계가 있다는 사실은 라보브(Labov 1966a)에서 이미 입증되었다. 그래서 몇몇 언어 특징들은 전 세계에서 영어로 말하는 언어 공동체들에서 사회 계층과 관련하여 일정한 변이 양상을 보인다는 것이다. 예를 들면 sleeping이나 swimming 같은 단어 끝에 쓰인 변수 (ing)의 변이형 [ɪŋ]과 [ɪn]의 발음도 'h'음 탈락과 마찬가지로 모든 영어 공동체에서 계층을 구별해 준다. 따라서 다음의 〈표 3.1〉에서 보듯이 지역적인 변이가 있지만 네 개의 모든 공동체에서 사회언어학적인 방식의 규칙성을 뚜렷하게 보여 준다(Holmes 2008: 144).

〈표 3.1〉 영국, 미국, 호주 지역에서 변수 (ing)의 사회계층별 비표준 발음 [ɪn]의 사용 비율

지 역 　　　　사회 계층	1	2	3	4
노리치(Norwich)	31	42	91	100
웨스트 요크셔(West Yorkshire)	5	34	61	83
뉴욕(New York)	7	32	45	75
브리스번(Brisbane)	17	31	49	63

어떻든 서구에서 진행된 연구의 결론은 사회 계층과 언어 사용 간에 밀접한 관련이 있다는 것인데 연구자나 연구 대상 지역에 따라 사회 계층을 나누는 기준이 다소 다르게 적용되기도 하였다. 이는 사회 계층을 나누는 기준이 매우 중요하다는 것을 의미한다.

우리나라의 사회 계층과 언어

우리나라는 1970년대 이후 산업화와 경제 발전으로 대규모의 인구 이동과 급격한 사회 변화 때문에 서구와는 다소 다른 양상을 보이기는 하지만 기본적으로는 서구 사회와 마찬가지로 사회 계층이 유동적인 사회라고 할 수 있다.

우리나라에서 1980년대 이후 유동적인 사회 계층을 고려한 연구로는 이미재(1988), J. K. Ahn(1987), 강희숙(1994), 김규남(1998), 이주행(1999), 이길재(2005) 등을 들 수 있다.[25] 사회언어학적인 연구 가운데 연령이나 성별을 고려한 연구에 비해 사회 계층을 고려한 연구가 상대적으로 적었는데 그 이유는 사회 계층을 명쾌하게 구분하기가 어려웠기 때문으로 보인다.[26] 이와 관련하여 이길재(2005: 107~109)에서는 선행 연구를 검토하여 사회 계층 구분의 기준을 다음과 같이 정리하였다.

〈표 3.2〉 기존 연구에서 나타난 사회 계층 구분 기준(이길재 2005: 107)

	사회 계층의 구분 기준
김영모(1982)	학력, 재산, 직업, 수입, 가문, 인격
이미재(1988)	학력, 논(畓), 문화 시설, 가옥 형태, 월수입
J. K. Ahn(1987)	학력, 직업, 월수입
강희숙(1994)	학력, 세대주의 직업, 가족의 월수입, 가옥 형태
김규남(1998)	학력, 사회적 위치, 경제력, 부모의 계층
이주행(1999)	학력, 직업, 재산
이길재(2005)	학력, 월수입, 직업, 재산

앞에서도 지적했듯이 우리나라는 급격한 사회 발전으로 서구에서와 같은 기준으로 사회 계층을 구분하는 데 어려움이 있다. 이 때문에 박경래(1993: 8)에서는 어떤 개인의 경제적인 능력이나 수입 정도에 의해서 사회 계층이 정해지기보다 대체로 그의 학력이나 가문, 직업, 지위(地位) 등에 의해 정해지는 경향이 있음을 지적하였다. 그래서 어떤 사람이 부를 축적하고 좋은 집에 살더라도 학력이나 가문이 볼품없으면 그를 상위

계층으로 인정하지 않으려 한다는 것이다. 여기에는 예전에 백성을 사농공상의 네 가지 계층으로 나누었던 신분 제도가 붕괴된 이후에도 신분에 대한 뿌리 깊은 계층 의식이 남아 오늘날까지 작용하는 것으로 보인다. 지금까지의 모든 연구에서 '학력'을 사회 계층을 나누는 중요한 기준으로 삼은 것도 학력과 직업이 상관관계가 있어 고학력일수록, 그래서 사회 경제적인 지위가 높을수록 표준어의 영향을 받아 전통적인 언어 사용과는 다른 양상을 보이는 것과 관련이 있다.

이주행(1999: 53~54)에서는 기존의 연구들을 참고하여 학력, 직업, 재산을 사회 계층을 구분하는 준거로 삼아 각각을 7등급으로 나눈 다음 어떤 제보자가 이 기준 가운데 어느 한 등급에 해당하면 〈학력 등급×4〉, 〈직업 등급×6〉, 〈재산 등급×9〉를 합산한 점수로 제보자의 서열을 매기고 다음과 같이 일곱 개의 사회 계층으로 분류하였다.

상류 계층(HC): 19 ~ 37
상중류 계층(UMC): 38 ~ 56
중중류 계층(MMC): 57 ~ 75
하중류 계층(LMC): 76 ~ 94
상하류 계층(ULC): 95 ~ 113
중하류 계층(MLC): 114 ~ 123
하하류 계층(LLC): 114 ~ 133

이렇게 나눈 계층에 따라 격조사나 연결어미를 잘못 사용하거나 단어를 잘못 사용함으로써 비문법적인 문장을 구사하는 비율을 살펴본 결과 상류 계층에서 하류 계층으로 갈수록 비문법적인 문장을 구사하는 비율이 높았다. 사회 계층에 의한 차이는 〈그림 3.10〉에서와 같이 움라우트를 실현하는 비율에서도 차이를 보여 상류 계층에서 하류 계층으로 갈수록 높게 나타났다(이주행 1999: 69).

사회 계층	HC	UMC	MMC	LMC	ULC	MLC	LLC
움라우트 실현 비율	8.4	12.8	16.5	23.2	34.5	49.7	58.9

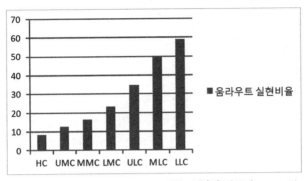

〈그림 3.10〉 사회 계층별 움라우트 실현 비율(%)(이주행 1999: 69)

위의 〈그림 3.10〉은 앞에서 보았던 연령대별 움라우트 실현 비율(〈그림 3.5〉)과 관련지어 보면 시사하는 바가 크다. 움라우트의 실현이 연령과 관련된 것인지 사회 계층과 관련된 것인지 아니면 다른 요인 때문인지를 판단하기가 쉽지 않기 때문이다. 이와 관련하여 나주 지역어의 마찰음화를 연구한 이길재(2005: 121)은 사회 계층을 구분하는 준거 중에서 '교육 정도'를 제외한 다른 준거들은 영향을 미치지 못한다고 하면서 그동안의 국어 연구에서 수행해 온 사회 계층을 구분하는 기준이 적절했었는지에 대해 재검토의 필요성을 제기하였다.[27] 왜냐하면 한국어에서 마찰음화를 연령, 계층, 교육을 기준으로 분석하여 동일 연령층의 화자 집단에서 교육 정도를 고정시키면 마찰음화의 비율이 사회 계층에 따라 차이를 보이지 않지만, 사회 계층을 고정시키면 교육 정도에 따라 확연한 차이를 보이기 때문이라는 것이다. 이길재(2005)에서는 이에 근거하여 마찰음화가 사회 계층보다 교육 정도에 영향을 받는다고 보았다. 이러한 연구 결과는 우리나라에서의 사회 계층 구분이 쉽지 않다는 것을 말해 주는 동시에 앞에서 우리나라의 사회 계층에 대한 정밀한 분류와 다양한 연구가 앞으로의 과제라고 밝힌 점을 상기하게 한다.

언어 사용 계층의 다양성과 관련지어 사회적 변수(social variable)들을 말할 때 종교도 중요한 요인 가운데 하나가 된다. 그러나 순수하게 언어의 관점에서 종교를 연구한 경우는 거의 없다고 해도 과언이 아니다. 강현석(2012: 6)에 의하면 기도문에 대한 연구는 대부분 종교적 신학적인 관점에서 접근하거나 종교적인 해석, 의미 해설과 관련된 것이고 언어학적으로 분석한 논문은 일부에 지나지 않는다.

국내에서 언어를 종교와 관련지어 논의한 사회언어학적인 연구로는 강현석(2012)와 한성일(2013) 정도를 들 수 있다. 강현석(2012)에서는 기독교와 불교 기도문에 사용된 문장들의 서법에 따라 문장 유형과 화행 유형, 그리고 청자 경어법을 다루었고, 한성일(2013)에서는 교회 안에서 특정 용어가 새로운 의미로 변하는 과정에 대하여 다루었다.

한국에서의 종교는 기복 신앙적인 성격이 강하고 일부 종교는 배타적인 면이 있어서 객관적인 시각으로 종교와 언어 사용 양상과의 관계를 조사 분석하는 접근이 쉽지 않다. 그러나 몇 가지 분야에서 종교 간의 언어 사용 양상을 비교할 수 있을 것이다. 가령, 어휘 사용과 관련하여 '장로, 집사, 성도, 구역장, 목사, 사모, 전도사, 십자가, 성전'이나 '보살, 처사, 보시, 공양, 공양주, 주지, 스님, 탁발, 목탁, 예불, 불전, 불당' 등의 사용 대상과 상황뿐만 아니라 이들 어휘와 호응하는 주체와 객체 그리고 문법 요소들을 관찰할 수 있을 것이다. 또한 각 종교에서 사용하는 호칭어와 지칭어의 종류와 개념 그리고 이들 호칭이나 지칭과 호응하는 문말 어미와 서법, 언어적 종교 행위에 대한 담화 분석 등 사회언어학 분야에서 앞으로 연구해야 할 내용이 산적해 있다. 앞으로 이쪽 영역에서도 많은 후속 연구가 이루어지기를 기대한다.

3. 요약 및 결론

이 장에서는 언어 변이의 사회적인 요인 가운데 연령과 사회 계층 그리고 종교가 언어와 어떻게 관련되는지에 대하여 살펴보았다. 각각의 사회적 요인을 논의하면서 앞부분에서는 서구 이론과 사례를 소개하고 뒷부분에서는 우리나라에서의 연구 사례에 대하여 논의하였다.

연령은 연령 단계에 의한 언어 차이와 연령 차에 의한 언어 차이로 나누어 살펴보았다. 연령 단계에 의한 언어 차이는 어떤 연령대에서 쓰이던 어형이 다른 연령대에서는 쓰이지 않고 다른 어형이 쓰여 언어 차이를 보이는 것이다. 연령 단계에 의한 언어 차이는 언어 변화와 관련이 없고 그 연령대에 걸맞은 언어 형식을 사용하는 언어 행위의 결과를 말한다. 따라서 연령 단계는 그 연령대의 언어 행위를 지배하는 요소로서의 나이를 말한다. 이에 비해 연령 차에 의한 언어 차이는 언어 사용 현상을 언어 변화와 관련지어 살펴보는 것으로, 어떤 연령대에서 쓰이는 어형이 다른 연령대에서도 쓰이기는 하지만 쓰이는 빈도에서 차이가 있어 그 차이를 언어 변화로 간주한다. 따라서 연령 차는 언어 변화가 나이, 즉 세대에 따라 점진적으로 일어난다는 관점에서의 나이를 말한다.

연령 단계별로 볼 때 유아어의 특징은 언어를 배우는 단계에서 발음하기 쉬운 음소나 음절 구조로 되어 있는 말과 유아의 행동 발달을 위한 육아 관련 말, 그리고 또래 어린아이들과 놀 때 쓰는 놀이 관련 말들이 대부분이다. 이 가운데 육아 행동 발달과 관련된 말은 서양식 장난감과 놀이 도구의 유입으로 외국어나 외래어가 그 자리를 채움으로써 새로운 용어가 그 자리를 메우고 있지만 유아 단계에서 쓰는 말이라는 점에서는 같다.

호칭도 연령 단계에 따라 달라서 유아나 청소년 단계에서 쓰던 호칭을 결혼하거나 나이가 들면 다른 호칭으로 바꾸어 써야 하거나 결혼을 하고 세월이 꽤 지나야 쓸 수 있는 호칭도 있다. 그런가 하면 '자기'와 같이 새로운 호칭이 생겨나서 자리를 잡아 가는 경우도 있고 '영감'과 같이 점차 사라지는 호칭도 보았다. 가족이 아닌 남을 부르는 호칭도 어릴 때는 이름에 조사 '-아, -야'를 붙여 부르다가 나이가 들면 조사 '-이'를 붙이거나 조사 없이 이름만 부르기도 하고 아이가 생기면 종자명 호칭을 쓰기도 한다. 2인칭의 '자네'와 '당신'은 나이가 꽤 들어야 쓸 수 있고 처음 쓰기 시작하는 연령도 점차 높아지고 있다.

유행어는 한 때 사용되다가 없어지는 것이기는 하지만 시대상을 민감하게 반영하므로 귀중한 자료가 된다. 최근에는 코미디 프로그램과 광고 방송 등에서도 유행어가 발생하고, 휴대전화와 인터넷의 발달로 페이스 북이나 카톡 등 사회적 소통망을 통해 청소년들 사이에서 품격 낮은 언어 표현들이 급속히 확산되기도 한다. 또한 과거와 달리 요즈음 청소년들은 끊임없이 새로움을 추구하여 새로운 말을 만들거나 줄임말 등 비표준형을 많이 사용함으로써 언어 변화를 선도한다. 특히 인터넷과 휴대전화 사용과 관련된 줄임말은 세대 간의 소통을 어렵게 하므로 이에 대한 연구의 필요성이 제기된다.

언어 변화는 동시에 한꺼번에 일어나는 것이 아니고 점진적으로 일어나는 것이므로 연령 차에 의한 언어 차이는 언어 변화를 초래하게 된다. 이렇게 동시대에 연령대별로 진행 중인 언어 변화는 의사 시간 방법 (apparent time method)에 의해 관찰할 수 있다.

언어와 사회 계층을 나누는 두 가지 유형이 있다. 하나는 사회 계층이 엄격하게 구분되어 있어 사회 계층이 다르면 완전히 다른 어형을 사용하는 경우고, 다른 하나는 사회 계층이 유동적이어서 통계적으로 어떤 어형이 어느 계층에서는 더 많이 쓰이고 다른 계층에서는 덜 쓰이는 모습을 보이는 경우다. 사회 계층이 엄격한 사회에서는 신분 제도가 엄격하여 계층 간의 언어 사용에서 뚜렷한 차이를 보인다. 우리나라에서는 양반 제도에 의한 반촌과 민촌 언어 간의 차이를 볼 수 있었는데 이런 경우 두 집단 간의 언어 문화적인 차이도 비교적 뚜렷하다. 사회 계층이 엄격하게 구분된 사회에 대한 연구는 전통적인 방법인 질적 연구 방법을 통해서도 소기의 성과를 거둘 수 있다.

유동적인 사회 계층에 대한 연구에서는 계층을 구분하는 기준과 언어 변수와의 관계에 대한 논의가 필요하다. 서구에서와는 달리 우리나라에서는 사회 계층을 구분하기가 쉽지 않으므로 체계적이고 정밀한 사회 계층 분류가 앞으로의 과제가 된다.

끝으로 종교와 언어 사용과의 관계를 연구한 업적이 매우 드물다는 점에서 종교 간의 어휘 사용 양상과 통사 화용론적인 연구의 가능성이 제기된다. 또한 각 종교에서 사용하는 호칭어와 지칭어의 사용과 문법 통사론적 연구와 언어적 종교 행위에 대한 담화 분석 등 사회언어학 분야에서의 후속 연구는 과제가 될 것이다.

1 국어에서 연령에 의한 언어 차이를 보이는 예에는 어떤 것들이 있는지 조사해 보고 그러한 예들이 우리 사회에 미치는 영향은 무엇이고 어떤 중요성을 가지는지에 대하여 다른 나라의 사례와 비교하여 논의해 보자.

2 국어에서 청소년들이 많이 쓰는 은어, 비속어, 줄임말 등을 조사하여 유형별로 분류하고 각각 어떤 기능과 특징이 있는지 살펴본 다음 그런 말들이 생겨나는 원인과 기원이 무엇인지에 대하여 알아보자. 아울러 청소년들이 쓰는 은어, 비속어, 줄임말이 국민의 언어생활과 국어에 어떤 영향을 미칠지에 대하여 토론해 보자.

3 우리의 주변에서 사용하는 전통적인 유아어와 새로 쓰이기 시작한 유아어는 어떤 것들이 있는지 조사해 보고 그것들의 쓰임을 화자, 청자, 사용 상황 등과 관련지어 비교해 보자.

4 국어에서 연령대에 따라 어떤 호칭들이 쓰이고 있는지에 대하여 조사한 다음 호칭 사용의 변화 가능성 여부를 판단해 보자. 아울러 호칭과 경어법이 어떻게 관련되는지에 대하여도 조사하여 토론해 보자.

5 한국 사회에서 사회 계층을 나누는 기준으로 제시되었던, 학력, 직업, 재산, 수입, 가문, 인격, 논, 문화 시설, 가옥 형태, 월수입, 세대주의 직업 등이 적절한 기준인지 검토해 보고 사회 계층을 더 합리적으로 나눌 수 있는 방안에 대해 토론해 보자. 아울러 한국 사회에서 계층과 관련지어 논의할 만한 주제가 있는지도 찾아보자.

더 읽을거리

1 이익섭(2004), ≪사회언어학≫, 민음사.

이 책은 국내에 사회언어학 개론서가 전무하던 시절 출간된 것으로 사회언어학 연구의 역사와 라보브의 연구 방법 및 외국에서의 사회언어학 연구에 대하여 친절하게 소개하고 있다. 사회적 변인에 따른 미시적인 관점에서의 사회언어학적 현상과 함께 언어 변화와 관련된 거시적인 관점에서의 사회언어학적인 주제를 다루고 있다. 언어 변이를 일으키는 주요한 사회적 요인 또는 사회적 변수로서의 연령에 대하여는 이 책의 제5장 '연령과 언어변화'에 자세히 소개되어 있다.

2 Meyerhoff, M. (2011). *Introducing Sociolinguistics* (2nd ed.). New York: Routledge.

이 책은 사회언어학에서 다루는 미시적인 관점에서의 연구와 거시적인 관점에서의 연구 내용을 장별로 기술하고 있어 사회언어학을 이해하는 데 도움이 된다. 각 장마다 핵심어를 제시하고 다룰 내용을 소개한 다음 관련 이론과 함께 핵심 주제들에 대하여 다양한 사례를 제시하여 설명하고 있다. 장의 마지막에는 논의 내용을 요약하고 더 읽을거리를 제공하여 누구나 쉽게 사회언어학에 입문할 수 있도록 한 책이다. 연령과 언어 변이 또는 언어 변화에 대하여는 제7장 실제 시간과 의사 시간(Real time and Apparent time)에 자세히 소개되어 있고, 사회 계층과 언어 사용 양상에 대하여는 제8장 사회 계층(Social class)에 자세히 소개되어 있다.

3 Mesthrie R. et al. (2012). *Introducing Sociolinguistics* (2nd ed.). Edinburgh: Edinburgh University Press.

이 책에서는 많은 부분을 거시 사회언어학 분야의 기술에 할애하고 있다. 언어학과 사회언어학에서 사용하는 용어들에 대한 개념과 기본적인 쟁점들에 대한 내용에서부터 변이와 변화, 언어 정책에 이르기까지 폭넓은 내용을 다루고 있다. 이 책의 주요 목차를 소개하면 다음과 같다.

Regional Dialectology/Social Dialectology/Language Variation and Change/

Language Choice and Code-switching/Language in Interaction/Gender and Language Use/Language Contact: Maintenance, Shift and Death, Pidgins, Creoles and New Englishes'/Critical Sociolinguistics: Approaches to Language and Power/Sociolinguistics and Education/Language Planning and Policy/The Sociolinguistics of Sign Language

이 책의 3장인 Social Dialectology에서는 흑인 영어에 대한 연구를 소개하고 변이 사회언어학의 원리와 방법론, 현장 조사 방법과 사회언어학에 대한 실험으로서 도시방언학의 적용에 대하여 기술하였다. 4장인 Language Variation and Change에서는 동일한 공동체 내에서 상이한 말투와 말하는 방법이 지역뿐만 아니라 그들의 성이나 사회경제적 계층에 의해 달라질 수 있다는 점에 대하여 설명하고 변이 이론의 한계에 대하여 기술하였다.

4 Holmes J. (2008). *An Introduction to Sociolinguistics* (3rd ed.). Pearson Education Limited: London. (Chapter 6, Regional and social dialects의 Social dialects 부분). Wardhaugh, R. (2006). *Introduction to Sociolingustics* (3rd ed.). Blackwell Publishers Inc. (Chapter 6, Language Variation).

Holmes(2008)의 6장 지역 방언과 사회 방언(Regional and social dialects) 그리고 Wardhaugh(2006)의 6장 언어 변이(Language Variation) 부분에 사회 계층과 관련된 업적이 소개되어 있어 언어와 사회 계층과 관련된 논의를 참고할 수 있다.

주석

1) 사회언어학과 구별하여 화자와 청자가 얼굴을 맞대고 상대하는 한정된 장면에서 화자의 책략(speaker-strategy)이나 화자의 능력(capacity of speaker)을 분석하는 방법은 말하기의 민족지학(ethnography of speaking) 또는 의사소통의 민족지학(ethnography of communication)이라고 한다. 말하기의 민족지학에서는 화자의 사회적 배경을 예측할 수 있는 현상을 다루지는 않는다. 대신 화자와 청자의 사회적인 조건, 사회적 배경(setting)을 분석한다. 화자와 청자의 조건은 다시 연령, 사회적 지위, 친족 관계, 성별 등의 하위 요인들로 나눌 수 있고 사회적 배경은 격식 말투와 비격식 말투, 양층어 상황(diglossia) 등에 대하여 연구한다는 점에서 사회언어학과 통한다.

2) 밀로이와 밀로이(Milroy & Milroy 1990)는 사회 계층, 연령, 성별 등이 언어 변이의 사회적인 요인이라고 보고 이와 관련지어 언어 변종을 분석하고 그것들이 언어 변화에 어떻게 영향을 미치는지에 대하여 연구하는 사회언어학의 하위 분야를 특별히 사회방언학(social dialectology)이라고 하였다. 이 분야에서는 어떤 연령대와 어떤 계층에서 어떤 언어 변종을 쓰는지에 대하여 계량적으로 분석하고 기술한다. 또한 어떤 언어적 특징이 있는지에 의해 그 사람의 사회적인 배경을 예측할 수 있는 언어 현상을 연구한다. 라보브(Labov 1966a, 1972), 트럿길(Trudgill 1974b), 밀로이(Milroy 1980) 등이 이러한 연구의 대표가 된다.

3) 연령대와 연령 차의 개념에 대한 자세한 논의는 라보브(Labov 1972: 275), 울프램과 파솔드(Wolfram & Fasold 1974: 90~93), 홈스(Holmes 2008: 173~181), 이익섭(2004: 138~139)를 참조할 것.

4) 연령대는 나이를 인위적으로 나눈 10대, 20대 … 70대 또는 10~13세, 14~16세, 17~10세 등을 가리킬 때 사용하거나 중립적인 용어로 비슷한 나이로 구분되는 집단을 가리키는 말로 사용한다.

5) 연령층(age level)은 중립적인 용어로 연령 집단(age group)과 같은 개념으로 사용하고 연령 단계(age grading)는 나이를 언어 사용 현상과 관련지어 구분할 때의 개념으로 사용한다. 따라서 연령 단계와 연령층, 연령 집단을 연령대와 구분하여 문맥에 따라 같은 개념으로 함께 사용하고자 한다.

6) ≪표준국어대사전≫에서는 '유아'를 생후 1년부터 만 6세까지의 어린이라고 설명하고 있으며 청소년(靑少年)은 '청년과 소년'을 아울러 이르는 말이라고 설명하고 있지만 나이에 대한 언급은 없다. 그런데 청소년기본법에서는 청소년을 만 9세부터 24세까지로 규정하고 있지만 일반적으로는 중학생과 고등학생의 연령대인 만 13세~19세를 가리키는 것이 보통이다. 여기에서는 청소년기본법과 일반적인 인식을 고려하여 만 13세부터 24세까지를 청소년으로 보고 25세 이상 30대를 장년, 40~50대를 중년, 60대 이상을 노년으로 보고자 한다.

7) 에듀스타(Edu-Star)와 위센터(Wee Center)는 각각 'Education Star'와 'We Emotion Education'을 이용하여 만들었다고 한다.

8) '은어'는 어떤 계층이나 부류의 사람들이 다른 사람들이 알아듣지 못하도록 자기네 구성원들끼리만 빈번하게 사용하는 말이지만 요즈음은 인터넷과 소셜 네트워크 서비스(SNS)의 발달로 세대와 계층을 가리지 않고 퍼져 쓰이기도 한다.

9) 은어 사전은 2010년 휴대전화 앱 형태로 만들어 www.jundosa.com에서 무료로 배포하였다.

10) '개드립'은 '아주, 매우, 심하게'를 뜻하는 접두사 '개-'와 '연극이나 방송에서 출연자가 대본이나

각본에 없는 말이나 연기를 즉흥적으로 하는 것'을 뜻하는 애드리브(ad lib)가 합성된 말이다.

11) 이정복(2012가)에서도 컴퓨터를 통한 인터넷 통신 언어를 넘어 스마트폰으로 사회적 소통망(SNS, 소셜 네트워크 서비스)과 카카오톡 등을 이용하여 통신 언어로 소통할 때 새말과 줄임말이 널리 쓰이고 있음을 지적하고 있다.

12) 10대의 학생 38명에게 본인이 쓰고 있는 은어·비속어가 표준어인지 아닌지 구별할 수 있는지를 물었더니 헷갈리지 않는다고 답한 학생은 6명뿐이었다는 조사 결과가 있다.

13) '빵셔틀'은 '우유셔틀, 가방셔틀, 담배셔틀' 등으로 확대되어 쓰인다.

14) 2012년 재중 동포 언어 실태를 연구하기 위한 현지 조사 과정에서 노년층 제보자들이 자주 이야기한 내용이다.

15) 연령에 의한 언어 차이를 세대 차이로 본 박경래(1984)에서는 움라우트, 단모음화 등의 음운 현상을 다루었고 연령대에 따른 언어 차이를 다룬 박경래(1989)에서는 이중모음의 단모음화가 연령층뿐만 아니라 학력, 성별 등과도 관련이 있다는 점을 언급하였다.

16) 사회언어학에서 언어 변화를 연구하는 방법에는 두 가지가 있다. 하나는 실제 시간(real time)에 의한 연구고 다른 하나는 의사 시간(apparent time)에 의한 연구다. 실제 시간에 의한 연구는 현재의 언어 자료를 조사하고 나서 일정한 기간을 기다렸다가 다시 똑같은 사람을 대상으로 동일한 언어 자료를 조사한 후 두 시점을 비교하여 그 기간 동안 어떠한 변이나 변화가 얼마나 일어났는가를 연구하는 것이다. 실제 시간에 의한 연구가 진행 중인 언어 변화를 관찰하기 위해 상당 시간을 기다려야 하고 조사 대상의 변수 등으로 처음 조사할 당시의 조건을 유지하기 어렵기 때문에 진행 중인 언어 변이나 언어 변화를 공시적인 시간 속에서 서로 다른 두 연령 집단의 시간 간격을 실제 시간으로 간주하여 두 집단 간에 보이는 언어 차이를 실제 시간 동안에 일어난 변화로 보고 연구하는 것이 의사 시간에 의한 연구다.

17) 사회언어학적인 연구는 아니지만 서울말의 모음 음가를 조사하여 서울말의 모음 체계가 연령대에 따라 변하고 있다는 사실은 이현복(1971가, 나)에서 밝혀졌다.

18) 검퍼즈(Gumperz 1958)의 연구에 대한 내용은 이익섭(1984: 185~190; 2004: 93~97)에 자세히 소개되어 있다. 여기의 내용은 이익섭(2004: 93~97)에서 가져온 것이다.

19) 홈스(Holmes 2008)는 계층 간에 구별되는 어휘들을 사회 계층 방언이라고 불렀다.

20) 예 (13)에 보인 궁중 용어들은 이익섭(2004: 92)와 김용숙(1966: 279~284), 김용숙(1974)에서 발췌한 것이다.

21) 예 (14)와 (15)의 예들은 강신항(1967, 1976), 최명옥(1982), 정종호(1990)에 제시된 예들을 일부 발췌하여 재정리한 것이다.

22) 라보브(1966a, 1972)에서는 모음 뒤 'r' 발음이 언어 변수일 때는 (r)로 표기하였으나 이 책에서는 표기 형식의 통일을 위해서 'r'로 표기한다.

23) 언어 변수는 ( ) 속에 넣어 표기하고 형태음소와 음소는 각각 { }와 / /로 구별하고 변이음은 음성기호 [ ]로 구분한다.

24) 'h' 탈락에 대하여 홈스(Holmes 2008: 143)에는 [h]로 표기되어 있으나 여기에서는 표기 형식의 통일을 위하여 'h'로 바꾸어 표기하였다.

25) 이외에도 엄격한 사회 계층을 반영하는 반촌어 민촌어를 연구한 강신항(1967, 1976), 이익섭(1976), 최명옥(1980, 1982), 정종호(1990) 등이 있고, 사회 계층이라는 용어는 사용하지 않았지만 결과적으로는 사회 계층을 고려한 연구인 박경래(1993) 등이 있다.

26) 이익섭(2004: 91)에서도 우리나라에서의 사회 계층을 어떻게 분류하는 것이 타당할지에 대하여 앞으로의 숙제인 동시에 우선적으로 이루어져야 할 과제라는 점을 지적하였다.

27) 이길재(2005)에서의 '마찰음화'는 '밭〉밧, 끝〉끗, 낱〉낫, 젖〉젓, 꽃〉꼿, 낯〉낫'과 같이 체언 말음 'ㅌ, ㅈ, ㅊ'이 마찰음 'ㅅ'으로 변하는 현상을 말한다.

제4장

언어와 성

이 세상에는 수많은 언어들이 있는 만큼 흥미로운 언어 현상도 많이 발견된다. 미국 캘리포니아 주의 야나어(Yana)에는 같은 사물에 대한 명칭을 남녀가 달리 하는 경우가 있다. 예컨대 '사슴'이나 '사람', '불'을 가리켜 여자들은 각각 'ba', 'yaa', 'ʔau'라고 하는 반면 남자들은 'ba-na', 'yaa-na', 'ʔau-na'라고 한다. 이때 형태소 '-na'의 유무는 화자의 성별을 드러내준다. 그런데 전통 일본어에서는 남성과 여성이 완전히 다른 단어를 사용하는 경우도 있었다. '아버지'나 '맛있다' 그리고 '먹다'에 해당하는 말을 여성은 'おとうさん'(otosan), 'おいしい'(oishii), 'たべる'(taberu)라고 하는 반면 남성들은 각각 'おやじ'(oyaji), 'うまい'(umai), 'くう'(kuu)라고 한다. 어디 이뿐인가? 한국어에서는 '언니'와 '누나', 그리고 '오빠'와 '형'과 같은 친척 용어가 말하는 사람뿐 아니라 호칭(/지칭)이 되는 사람의 성별까지 드러내 준다. 한편 '남녀노소(男女老少)'나 '남부여대(男負女戴)', '부창부수(夫唱婦隨)' 등의 어휘는 은연중에 성별 및 연령과 관련된 우리 사회 내의 위계를 드러내기도 한다.

무릇 언어와 성이 상호작용하는 관계는 매우 다면적이다. 우리가 통상

'언어와 성'이라는 주제에 대해 관심을 가질 때 우리는 보통 언어의 각 층위에서 어느 성별의 화자가 어떤 언어 형태나 말투(style)를 더 많이 사용하는지 혹은 각 성별에 대한 언어적 기술은 어떻게 이루어지는지에 대해 관심을 가진다.

예를 들어 여자들은 남자들보다 정말로 말이 많을까? 여성의 수다스러움 혹은 '말 많음'에 대한 생각이나 부정적인 인식은 꽤 보편적인 듯하다. 한국에는 "여자가 셋이 모이면 접시가 깨진다"라는 속담이 있듯이 코츠(Coates 1993)이 소개한 대로라면 다른 지역에서도 "여자가 있으면 고요함이란 없지"(프랑스), "여자가 할 말을 못 찾기 전에 북해의 바닷물이 더 빨리 마른다"(유틀란트 반도), "여자가 많으면 말이 많고 거위가 많으면 똥이 많다"(영국) 등의 속담이 있는데 이들은 단순히 여성이 남성보다 말을 더 많이 한다는 것뿐만 아니라 그들의 말이 별 가치가 없다는 생각까지를 드러내고 있다.

한편 우리는 서비스직 여성의 말이나 공항의 안내 방송에서 혹은 미인대회에 출전한 많은 여자들이 사회자의 질문에 답을 할 때면 평서문이면서도 문장의 중간이나 종결어미에서 말끝을 올리는 억양을 종종 듣는다. 이는 비단 한국어에만 국한된 현상은 아니고 영어를 비롯한 다른 언어에서도 종종 발견된다고 하는데 그 까닭은 무엇일까? 또한 우리가 '듬직하다', '씩씩하다', '과묵하다'라는 일군의 형용사와 '나긋나긋하다', '예쁘다', '정숙하다' 등의 또 다른 일군의 형용사가 어떤 성별을 대상으로 했을 때 더 어울리는가를 판별해보라고 한다면 아마도 많은 이들이 앞의 경우가 남성에 대한 기술, 뒤의 경우가 여성에 대한 기술로서 적합하다고 대답할 것이다.

이상의 몇 가지 사례들은 언어에서 소위 남자답다 혹은 여성스럽다고 여겨지는 언어 형태 혹은 말투, 이에 대한 가치 판단이나 언어 사용자들의 추정적 믿음 그리고 언어에 담긴 성에 대한 이미지들을 보여 준다. 이와 같이 대부분의 언어 공동체에서 남녀 구성원들의 언어는 다소간의 차이를 보이고 있다. 이는 어떤 공동체든 그 구성원들이 출생에서부터 성인이 될 때까지 사회·문화적인 영향으로 인해 자신의 사고나 언어 형태 및 행동 양식을 구축해 가는 일정한 사회화 과정을 거치기 때문이다. 성별 간의 차이는 한 개인의 생득적 정체성은 물론 자신이 속한 공동체에서의 사회적 지위나 역할, 각 성별에 대한 사회·문화적 규범이나 기대감에 언어 사용자가 반응한 결과물이다. 또한 언어는 언어 사용자의 감정과 사고의 표출인 만큼 불가피하게 각 성별에 대한 그들의 인식이 언어에 반영되기도 한다.

앞의 2~3장에서 우리는 지역적 요인, 사회 계층, 연령과 같은 다양한 요인과 언어 사용의 상관성에 대하여 살펴보았다. 본 장에서는 언어 사용과 성(gender)이 어떻게 관련되는지에 대하여 고찰한다. 구체적으로는 언어 변이에서의 성별 요인과 성별 발화어(성별어, utterable genderlect)의 특징을 주로 살펴볼 것이다. 흔히 남성이나 여성에 대한 지칭이나 기술, 관련 표현을 가리키는 성별 대상어(objective genderlect)에 대해서는 관련된 현상을 모두 다루지는 않고 언어에 나타난 성 이미지에 대해서만 간략히 개괄하도록 한다.[1]

1. 성별 언어 사용에 대한 인류언어학적 관찰

언어 사용에서의 성차(性差)에 대한 본격적인 사회언어학적 연구는 1960년대 중반에 시작되었다고 할 수 있는데 오늘날에는 크게 두 가지 전통을 가지고 있다. 그 하나는 제1장에서 이미 소개된 바와 같이 언어의 변화에 대한 설명을 궁극적인 목적으로 언어 변이를 연구하는 계량적 접근 방법이며, 두 번째 갈래는 성별 발화어(성별어, 그 중에서도 주로 여성어)에 대한 논의다. 그러나 그 이전이라고 해서 성별에 따른 언어의 차이에 대해 고찰이 전혀 없었던 것은 아닌데 이들은 대부분 인류학적 관찰이었다.

화자의 성별에 따른 언어 형태의 차이에 대한 최초의 보고서는 17세기 중반 로셰포르트(Rochefort 1665)가 레서 안틸레스(Lesser Antilles)에 거주하는 카리브(Carib) 원주민을 대상으로 한 연구다(Bonvillain 2002: 217에서 재인용). 예스페르센(Jespersen 1922)가 로셰포르트(1665)를 인용한 바에 의하면 카리브어에는 제한된 숫자지만 성별로 고유한 표현들이 존재한다고 한다. 예컨대 자신의 아버지를 가리켜 남성들은 'youmáan'이라고 하는 반면 여성들은 'noukóuchili'라고 한다든지 신체의 일부분을 가리키는 말이나 '친구', '적', '기쁨', '일', '전쟁', '집' 등을 나타내는 어휘가 성별로 달라서 상대방 성에서는 사용하지 않는 단어나 표현들 때문에 남녀가 종종 서로 전적으로 다른 언어를 구사하는 것처럼 들린다는 것이다.[2] 예스페르센은 이외에도 볼리비아에서 사용되는 남미 원주민 언어인 치퀴토어(Chiquito)에서의 성별 어휘 차이나 문법 차이, 투르크어(Turk)에서의 성별 접두사, 그리고 줄루어(Zulu)의 시부(媤父)나 시숙(媤叔)에 대한 호칭어 관련 성별 제약 등을 광범위하게 보고하고 있다.

이외에도 성별 언어 사용에 대한 보고는 무수히 많다. 예를 들면 보고라스(Bogoras 1922; Bonvillain 2002: 217에서 재인용)가 조사한 시베리아의 척치어(Chukchee)에서는 남자들이 자음 [č]와 [r] 그리고 자음군 [čh]와 [rk]를 사용하는 곳에 여자들은 공히 [š]를 사용했다고 한다((1a) 참조). 또한 여성들의 기본 발화에 나타나는 일부 [n]과 [t]가 남성의 발화에서 생략되는 현상도 존재한다((1b) 참조). 음운 기술적인 측면에서 보면 (1a)의 자료는 남성어를 기본형으로 하고 (1b)의 자료는 여성어를 기본형으로 할 때 예측이 가능하다.

(1) 남성   여성
  a. čūmnáta   ǰūmnáta   '사슴 옆에서'
     rámkɪčhin   sámkiǯǯin '사람들'

b. nɪtváqaat   nɪtváquĕnat

tíkiir   tɪrkɪ*ŧ*ir[3)]

(Bonvillain 2002: 217~218)

미국 캘리포니아 주의 야나어(Yana)에서도 성차가 발견되는데(Sapir 1929: Bonvillain 2002: 218에서 재인용) 대부분의 야나어 단어들은 각기 복잡한 과정을 거쳐 다른 형태로 나타난다고 한다. 또한 남성형 단어는 남자들끼리의 대화에서만 사용되며 여성형은 화자든 청자든 여성이 개입된 여타의 모든 경우에 사용되고 여성은 남성의 말을 인용할 때에만 남성형을 사용할 수 있다. 예를 들면 단모음 [a], [i], [u]로 끝나는 동사나 다음절(多音節) 명사의 경우 남성의 발음이 기본형이고 여성은 마지막 모음과 그 바로 앞의 자음을 무성음화하는(이미 무성음인 경우는 그대로 두는) 음운법칙을 따른다.

(2) 남성   여성

mô'i   mô'i̥   '먹다'

inamba   inampḁ   '사슴간'

mal'gu   mal'ku̥   '귀'

(Bonvillain 2002: 218)

한편 하스(Haas 1944)에 따르면 미국 동남부의 코아사티어(Koasati) 및 같은 계열에 속하는 다른 언어들의 발음에 나타나는 성차는 20세기 중반에 와서는 여성어가 뚜렷하게 쇠퇴하는 추세를 보였다고 한다. 이상의 예들은 양성의 화자가 상대방이 사용하는 어형을 절대로 쓰지 않는 절대적 성별 차이의 사례를 보여준다.

그러나 오늘날 성별 언어 사용에 대한 연구는 특정 언어 형태나 말투를 어느 쪽 성이 더 많이 사용하는지에 대한 상대적 성별 차이에 대한 연구가 관심의 주축을 이루고 있다.[4)] 예스페르센은 이러한 현상에 대해서도 언어의 각 층위를 망라하여 그의 직관적 인식을 기술한 바가 있다.

예스페르센은 그의 저서 ≪Language: Its Nature, Development and Origin≫(Jespersen 1922)의 '여성(The Woman)'이라는 장(章)에서 여성은 남성보다 성문폐쇄음 [?]을 더 자주 사용하고 'very, so, extremely'와 같은 강조부사나 'wonderful, lovely'와 같이 별 뜻이 없는 형용사를 많이 사용함으로써 과장하는 경향이 있다고 기술했다. 또한 구문 구조에서도 남자들과 달리 종속 구문보다는 병렬 구문을 좋아한다거나 감탄문을 사용할 때 여성들은 문장 중간에서 불완전하게 끝내 버리는 경우가 많다고 하였다. 예스페르센은 더 나아가 여성이 남성보다 문장을 빨리 읽거나 쓰고 말할 수 있다고 하면서 그 이유를 여성은 사색을 요하지 않는 분야에서 일함으로써 사고가 형성됨과 동시에 말을 하기 때문이라고 해석했다. 또한 여성들은 고상한 말과 간접 표현을 선호하므로 완곡어법은 여성어에서 기인한 듯하고 남성은 언어의 개신(innovation)에 주요한 공헌을 한다고 하는 등 매우 정의적이고 주관적인 해석을 내리기도 했다. 이 때문에 예스페르센은 이후 여성어에 대한 편견과 성차별적 고정관념을 불러일으켰다는 비판을 받기도 했다(Thorne & Henley 1975).

2. 언어 변이 연구

언어 사용에서의 성차(性差)에 대한 본격적인 사회언어학적 연구의 첫번째 갈래는 언어의 변화에 대한 설명을 궁극적인 목적으로 언어 변이를 연구하는 계량적 접근 방법이다.

2.1 성별 언어 변이에 대한 계량적 연구

언어 변이에 관해서는 일찍이 피셔(Fischer 1958)이 미국 뉴잉글랜드의 한 도시의 소년, 소녀 각각 12명을 대상으로 상황 맥락별 관찰 및 면담 조사를 통해 사회언어학 변수 (ing)[5]를 연구한 결과, 표준 변이형인 [ɪŋ]이 소녀들이 선호하는 발음일 뿐 아니라 격식성이나 예의 바름이라는 덕목과 관련이 있다는 의미 있는 보고를 한 바 있다. 그러나 이 연구는 연구 대상의 수가 너무 적어 본격적인 계량적 연구라고 보기는 어렵다. 앞 장에서 이미 논의되었듯이 본격적인 계량적 연구는 라보브가 미국 뉴욕 시를 대상으로 한 음운 변이 연구(Labov 1966a)에서 시작되었다고 보아야 할 것이다.

라보브의 접근 방법에서 애초 근간으로 여겨졌던 요인은 사회 계층(social class)과 격식성에 따른 말투(style)였고 성은 사실 부차적인 것이었다. 라보브 연구의 핵심 전제는 한 언어 공동체의 사회적 분화가 계층이나 성별, 인종, 연령 등과 같은 다양한 변인에 의해 이루어지는데 언어 변이도 이 사회적 분화와 체계적으로 관련되어 있다는 것이다. 즉 언어 사용자들은 자신이 속한 집단의 정체성(group identity)에 대한 표지로서 특정 어형을 선택할 뿐 아니라 그 특정 어형과 말투에 대한 태도까지도 공유하는 경향이 있다는 것이다. 우리는 이미 앞 장에서 특정 사회언어학 변수들(sociolinguistic variables)이 지역이나 사회 계층, 인종, 연령 및 상황 맥락(말투) 등과 같은 요인들과 어떻게 체계적으로 관련이 되는지에 대한 패턴을 검토해 본 바 있다.

라보브식의 연구 전통에서는 '위세(prestige)'가 중요한 개념 가운데 하나다. 예컨대 뉴욕 시 연구에서 모음 뒤의 'r' 생략6) 여부를 알아보기 위한 현장 조사원들의 질문에 답했던 직원들은 고급 백화점일수록 표준형인 [r]로 발음하는 비율도 높게 나타났다고 한다. 이에 대해 라보브는 직원들이 그들의 고용인과 고객들의 위세를 자기의 위세와 동일시한 까닭이라고 해석하였다.

〈표 4.1〉 뉴욕 시에서 성별에 따른 모음 뒤의 'r' 발음 비율(%)

	여성	남성
모든 경우에 [r] 발음	30	22
부분적으로 [r] 발음	17	22
[r] 발음 전혀 하지 않은 경우	54	57
조사된 인원	194명	70명

(Labov 1966a: 89)

모음 뒤의 'r'에 대한 변이형 선택에서의 성별 패턴은 〈표 4.1〉과 같은데, 두 번에 걸친 조사원들의 질문에 대해 [r]의 발음이 가능한 경우에7) 모두 [r]을 발음한 여성 직원의 비율이 남성 직원보다 조금 높은 것으로 드러났다.

이후 성별 요인을 고려한 많은 연구들8)에서 얻은 결론은 '모든 계층과 연령층에서 남성보다는 여성이 표준형(/위세형)을 더 많이 사용한다'는 강력한 명제였다. 울프램(Wolfram 1969)도 디트로이트의 흑인 화자들에 대한 연구에서 동일한 계층과 상황 맥락에서 여성이 남성보다 위세형을 더 선호한다는 것을 밝혀냈다.

〈표 4.2〉 디트로이트 흑인 영어에서의 치간음 'θ'의 생략과 대체, 다중 부정 사용, 모음 뒤의 'r' 생략 비율(%)

비표준 변이형 사용 비율(%)		상위 중류계층 (Upper Middle Class)	하위 중류계층 (Lower Middle Class)	상위 노동계층 (Upper Working Class)	하위 노동계층 (Lower Working Class)
치간음 'θ'의 생략·대체	남성	14.6	21.9	70.1	72.3
	여성	9.6	12.3	47.5	70.2
다중 부정 사용	남성	6.3	32.4	40.0	90.1
	여성	0.0	1.4	35.6	58.9
모음 뒤의 'r' 생략	남성	33.3	47.5	80.0	75.0
	여성	10.0	30.0	55.8	68.3

(Wolfram 1969 연구 결과의 재구성)

〈표 4.2〉에서 보듯이 어말 혹은 모음 간 치간음 'θ'을 생략하거나 [f]나 [t]로 대체하기, 다중 부정 사용, 모음 뒤의 'r' 생략 등과 같은 비표준형의 사용 비율은 전 계층에 걸쳐서 여성이 남성보다 낮게 나타났다.

성별 요인은 강력한 사회적 독립 변수로서 경우에 따라서는 계층 요인보다도 특정 변이형 사용을 더 잘 설명해 준다. 예컨대 밀로이(Milroy 1988)에 인용된 릭(L. Rigg)의 미발표 연구 자료를 보면, 영국의 뉴캐슬어폰타인(Newcastle-upon-Tyne) 지역의 'p, t, k'의 성문음화된 발음이 남자들 사이에서는 사회 계층의 영향을 거의 받고 있지 않음을 알 수 있는데 이는 전체적으로는 계층보다 성별이 더 강력한 요인임을 말해 준다.

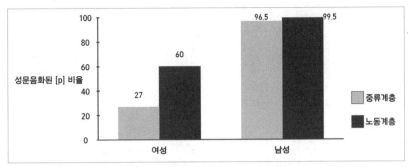

〈그림 4.1〉 뉴캐슬어폰타인에서 성별·사회 계층별로 성문음화된 [p]의 사용 비율(%)
(L. Milroy 1988: 580에 인용된 Rigg의 자료)

변이에서의 성차는 다른 형태로도 나타난다. 예컨대 샤츠(Schatz 1986)
은 네덜란드의 암스테르담 방언인 플랏 암스테르담(Platt Amsterdam)의 장
모음 'a'의 두 가지 변이형인 고모음화된 [a]와 비음화된 [a]에 주목하였
다. 사실 이 두 가지는 모두 낙인형(stigmatized variant)이면서 지역 정체성
을 드러내고 있는데 상위 신분의 화자들은 거의 사용하지 않고 하위 신
분의 화자들에게서 주로 볼 수 있다고 한다. 흥미로운 사실은 남녀의
차이가 서로 다른 변이형에 대한 선호에서 드러난다는 점이다. 즉 변이
형을 항상 사용하는 경우를 지표 15로 했을 때 남성은 여성이 전혀 사용
하지 않는 고모음화된 [a]를 8.9 정도로 사용하는 한편 여성은 비음화된
[a]를 남성들(3.2)보다 두 배 이상(7.9) 사용하는 양상을 나타냈다(Fasold
1990: 93~94에서 재인용).

여성들은 상황 맥락에 따른 스타일에 대해서도 남성보다 더 예민하게
대응하는 것으로 알려졌다. 이러한 성향은 트럿길(1972)의 연구에 잘 나
타나 있는데 〈표 4.3〉은 영국 노리치(Norwich)에서 변수 (ing)의 비표준
변이형인 [n]의 계층별, 성별, 스타일별 지표를 보여준다. 이 도표를 통
하여 우리는 여성이 표준형을 더 사용할 뿐만 아니라 상황 맥락의 격식
성이 증가할수록 그에 비례하여 표준형 사용 빈도를 현격하게 늘린다는
것을 알 수 있다.

<표 4.3> 노리치 영어에서의 비표준형 [ɪn]의 계층별, 성별, 스타일별 지표

사회 계층	성별	스타일			
		단어 읽기 (Word List S.)	글 단락 읽기 (Reading Passage S.)	격식체 (Formal S.)	비격식체 (Casual S.)
중위중류계층 (MMC)	남성	000	000	004	031
	여성	000	000	000	000
하위중류계층 (LMC)	남성	000	020	027	017
	여성	000	000	003	067
상위노동계층 (UWC)	남성	000	018	081	095
	여성	016	013	068	077
중위노동계층 (MWC)	남성	024	043	091	097
	여성	020	046	081	088
하위노동계층 (LWC)	남성	060	100	100	100
	여성	017	054	097	*100

* 표에서는 모든 경우에 [ɪn]을 사용하는 경우를 지표 100으로 한 것이므로 수치가 높을수록 비표준형의 사용 빈도가 높다는 것을 뜻한다. (Trudgill 1972: 182)

이와 더불어 트럿길(1972)는 여성의 위세형 지향성을 재미있는 방법으로 밝혀냈다. 그는 세 가지 음운 변수 (yu), (er)와 장모음 (o)에 대하여 조사 대상자들에게 그들이 표준형을 사용하는지를 묻고 동시에 그들의 실제 발음을 직접 질문으로 조사하였다. 트럿길은 전체 발음의 50%를 기준으로 정하고 실제로는 50% 미만으로 표준형을 사용하면서 자신이 표준 발음을 사용한다고 주장하면 과잉 보고로 간주하고, 표준형을 50% 이상 사용하면서 자신은 표준형을 쓰지 않는다고 대답하면 축소 보고로 간주하였다. 그리고 실제 표준형 사용 비율과 자신의 평가가 일치하는 경우는 정확한 보고라고 보았다. 그 결과 축소 보고는 남자들이 더 많이 하고 과잉 보고는 여자들이 더 많이 한 것으로 밝혀져 여성의 위세형 지향성이 분명히 드러났다. 이러한 경향은 강현석·이장희(2006)이 충남 방언과 경북 방언에서의 'w' 탈락을 알아보고자 대학생들을 대상으로 면담 조사를 진행한 결과에서도 확인되었다. 이 연구에서 자기평가 테스트 결과는 남녀의 'w' 탈락 비율은 별 차이가 없었음에도 불구하고 천안·아산과 대구 지역에서 남성이 비표준형인 'w' 탈락을 보고한 비율은(천안과 아산이 각각 32%와 33%) 여성(20%와 26%)보다 다소 높았다는 것이다. 위 두 연구 결과는 위세형에 대한 남녀의 태도에 있어서의 차이를 분명히 보여준다고 하겠다.

여성이 표준형을 선호하는 것은 대체적으로 타인으로부터의 긍정적 평가와 사회적 지위를 확보하려는 동기에서 비롯된 것으로 보인다. 라보브는 여성이 육아에서 주도적 역할을 하므로 지위에 민감한 언어 행위로 자식들의 사회적 상승 기회를 확대하고자 한다거나(Labov 1966b, 1990) "상대적으로 물질적 자산을 덜 가진 여성이 남성보다 표준어와 같은 상징적 자산에 의존하여 자신의 지위를 주장하는 것"(Labov 1990: 214)이라 피력한 바 있다(Eckert 1989; Holmes 1992도 참조). 트럿길(1972)는 남성이 비표준형을 더 많이 사용하는 사실을 라보브(1966b)의 '숨겨진 위세(covert prestige)'라는 개념을 사용하여 조금 더 구체적으로 해석했다. 비표준형은 '남성성'과 같은 특정 집단의 가치를 부각시켜서 유대감을 표현함으로써 '숨겨진 위세'가 일상어(vernaculars)의 사회학적 가치가 되는데, 남성들은 이 숨겨진 위세를 통하여 표준형 사용을 거부할 수 있다는 것이다. 반면 고든(Gordon 1997)은 여성의 표준어 선호에 대해 정반대의 해석을 시도한다. 즉 여성이 표준어를 선호하는 것은 여성이 중류 계층 규범을 소망해서라기보다는 하류 계층의 언어로써 연상되는 '부도덕함'이나 '성적 방종' 등의 이미지를 회피하고자 함이며, 남자들은 하류 계층의 이미지인 '남성다움'에 가치를 부여하기 때문이라는 것이다.[9]

이상에서 논의된 언어 변이에서 나타나는 여성의 표준형 선호 양상은 안정적 언어 변이(stable variation)이거나 현재 변화 중에 있으면서 사람들이 잘 인식하고 있는 경우에만 해당된다. 계량적 연구에서 발견한 또 하나의 패턴은 사람들이 잘 의식하지 못하는 변화에서는 오히려 여성이 남성보다 새로운 변이형을 더 사용한다는 사실이다. 예컨대 영어를 사용하는 여러 언어 공동체에서 발견되는 'l' 앞의 'i'와 'u'의 이완(laxing) 현상을 들 수 있다.[10] 이 현상은 'i'와 'u'가 이완되어 [ɪ]와 [ʊ]처럼 발음됨으로써 'steel'과 'still' 그리고 'pool'과 'pull'에서의 모음 차이가 없어지고 동일하게 들리는 것인데 이 같은 모음 합병은 젊은 남성보다 젊은 여성 사이에서 더 자주 발견된다고 한다.

영국 요크(York) 지방에서의 비표준형 'were'의 사용 역시 잘 알려지지 않은 개신형(innovations) 사용에서 여성의 주도적인 역할을 보여준다. 타글리아몬테(Tagliamonte 1998)에 따르면 'was'를 사용해야 올바른 경우에 'were'를 사용하는 비율이 전체적으로는 남성이 높았다. 그러나 이 표준형 'was'의 사용 맥락을 심층적으로 분석한 결과 50세 이하의 비교적 젊은 연령층이 집중적으로 사용하는 문장 형태는 〈그림 4.2〉가 보이는 세 가지 경우였고, 이 경우 여성의 'were' 사용 비율이 높았다. 특히 부정형 부가의문문인 'weren't it?'은 여성이 남성보다 두 배나 많이 사용하는 것으로 나타났다.

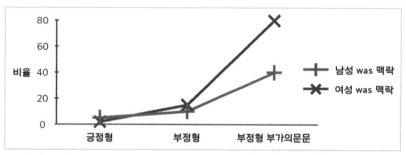

〈그림 4.2〉 요크 지역 화자의 성별과 발화의 종류에 따른 비표준형 'were'의 사용

*긍정형 예시: Everything *were* going great.
부정형 예시: It *weren't* very satisfactory. (주어가 'it'인 경우)
부정형 부가의문문 예시: Bit before our time, *weren't* it? (주어가 'it'인 경우)

(Tagliamonte 1998: 178)

이상에서 살펴본 내용을 종합해 보면 여성이 사회적으로 인정받는 위세형과 언어 공동체에서 아직 잘 인식되지 않은 비표준 개신형을 다 선호한다는 일견 모순된 결과를 읽을 수 있다. 이에 대해 변이론자들은 대체로 의식 위로부터의 변화(change from above the level of consciousness)는 여성이 위세형을 좇는 경향이 있고, 아직 인지되지 않는 변화(change from below the level of consciousness)에서는 개신형인 일상어(vernacular target)를 여성이 남성보다도 더 잘 이해하고 선도적으로 사용한다고 설명하였다

(Myerhoff 2006 참조). 그러나 서구(西歐)나 도시 지역이 아닌 언어 공동체에서도 이 같은 일반화가 적용되는지에 대한 의문도 제기되었다(Myerhoff 2006 참조). 계량주의적 연구 방법의 모순은 이뿐만이 아니어서 표준어 위세형은 중산층 남성이나 엘리트 집단과 연관되는 것으로 기술하기도 하고 다른 한편으로는 표준어가 여성과 결부되는 것이고 일상어는 남성과 결부되는 것이라고 주장하기도 한다.

계량적 연구의 방법론은 특히 여권주의(feminism) 시각에서 많은 비판이 있었다. 먼저 계량적 연구가 일부 여성들에게 해당하는 이야기를 모든 여성에게 적용되는 것으로 일반화하는 경향에 대한 지적이 있었다 (Eckert & McConnell-Ginet 1992). 계량적 연구 방법은 또한 사회적으로 인정받는 위세형을 선호하는 쪽과 아직 잘 알려지지 않은 비표준 개신형을 선호하는 쪽이 다 여성이라는 일견 모순된 일반화를 도출하지만, 언어 기술에서 변이형의 사용 비율을 성별로 평균 내어 버리면 표준형의 고수자들이 개신형에 대한 선도적 수용자(early adopter)이기도 한 것인지 아닌지를 확인할 길이 없게 되므로 이 같은 문제점은 결국 서로 매우 다른 상황에 처해 있고 성향도 다른 개인을 성별이 같다는 이유만으로 묶어놓고 설명하려 한 방법론이 문제라는 점이 지적된 것이다(Ochs 1992; Uchida 1992도 참조).

한편 남성의 언어가 규범이고 여성의 언어는 이로부터의 일탈(deviation)이라고 전제하는 기술이나 성 편견적 결과를 산출할 수밖에 없는 연구 설계의 결함(Cameron 1990), 또 여성의 사회 계층을 남편의 사회·경제적 지위에 따라 구분하는 방식(Nichols 1983) 등도 라보브식 연구들이 비판받은 이유다.

또 다른 문제점들로는 계량적 변이 연구의 결과 중에는 '안정적 변이에서는 여성이 남성보다 표준형을 더 사용하는 경향이 있다'는 명제에 대한 반례들이 발견되기도 한다는 점과 여성의 언어 사용이 여성의 지위 상승 욕구나 언어적 불안정성 이외의 요인이나 개념으로 설명이 더 잘되는 사례들이 또한 발견된다는 사실이다.

2.2 사회 연계망

라보브 식의 변이 연구가 사회 전체의 거시적 조직인 사회 계층에 주목했다면 제임스 밀로이와 레슬리 밀로이가 주축이 된 일련의 연구들11)은 "상호작용을 하는 개인 차원의 사회 조직인 사회 연계망(social network)"(L. Milroy & J. Milroy 1992: 2)에 초점을 맞추고 언어 변이를 기술하였다. 사회 연계망이란 1960~1970년대에 민족지학자들이 사용했던 개념으로 제임스 밀로이와 레슬리 밀로이가 라보브 식의 성층화된 사회계층이론의 한계를 극복해보고자 도입한 것이다(한국사회언어학회 2012: 97). 이들의 설명에 의하면 사회에는 계층과 연계망이라는 서로 다른 층위의 매우 다른 유형의 인간관계가 존재하며 계층의 구조가 '갈등', '분화' 및 '불평등'을 본질로 한다면 사회 연계망은 '합의'를 통해 결속된다고 한다(L. Milroy & J. Milroy 1992: 3). 이때 연계망은 〈그림 4.3〉에서 보듯 조밀성(density)과 다중성(multiplexity)이라는 두 가지의 개념을 핵심 축으로 하는데, 조밀한 연계망은 지리적으로 가깝고 가족 간의 유대나 일터 등을 공유함으로써 집단의 규범을 준수하도록 강한 압력을 행사하는 특성을 지니며 하류 계층의 특성이다((a) 참조). 반면 지리적 이동성이 높고 친족 관계가 약하며 교류 범위가 넓은 느슨한 연계망은 주로 중류 계층의 특징이 된다((b) 참조).

(a)   (b)

〈그림 4.3〉 *가 연계망의 중심점(focal point)일 때

(a) 높은 조밀성과 다중성을 특징으로 하는 개인적 연계망 구조
(b) 낮은 조밀성과 단일성을 특징으로 하는 개인적 연계망 구조
(L. Milroy 2001: 371의 그림 2.1과 2.2를 통합한 것)

밀로이와 마그레인의 연구들(L. Milroy 1980; L. Milroy & Margrain 1980)
이 '사회 연계망'이라는 사회학적 개념 및 통계적 기법으로 아일랜드 북
부 벨파스트(Belfast) 도심의 공동체 세 곳에서의 하위 노동 계층의 언어
행동을 기술한 바에 따르면, 그 결과가 성별 요인과 관련해서 여성이
남성보다 표준형을 더 사용하고 있다는 점에서는 이전의 발견과 궤를
같이 하는 것으로 드러난다. 하지만 이전 연구들과의 본질적 차이는 성
별 패턴에 대해 더욱 세부적인 설명이 가능하게 되었다는 점이다. 연구
대상이 된 벨파스트의 세 공동체 가운데서도 발리마카레트(Ballymacarret)
지역이 이 사실을 극명하게 보여준다. 먼저 이 지역 남성의 대부분은
지역 내의 조선소에서 근무하는 반면 여성은 다른 지역에서 일자리를
갖고 있어서 남녀의 연계망 패턴이 분명히 구분되어 있고 또한 남녀의
역할이 확연히 구분되어 있는데 이 발리마카레트 지역이 가장 확연하고
지속적인 성별 패턴을 보였다는 것이다. 이 성별 패턴은 상위 계층에서
유지되는 일반적인 언어 규범과는 구별되면서 그 지역의 공동체를 표지
하는 언어 규범들이 대체적으로 남성들에게만 강한 지역 의식을 심어준
데에서 비롯된 것으로 해석되었다.

2.3 위세형을 사용하지 않는 여성

특정 변이형이 사용되는 상황이나 연계망처럼 특정 변이형에 대한 접
근 가능성도 언어 공동체별로 성별화될 수 있다. 아랍어를 사용하는 공
동체에서 바키르(Bakir 1986)은 여러 가지의 고전 아랍어 변이형(Classical
Arabic variants)과 다양한 이라크 아랍어 변이형들(local Iraqi Arabic variants)
의 사용을 조사해 보았는데 여기서는 여성이 지역 변이형을 일관되게
더 많이 사용하는 것으로 밝혀졌다. 고전 아랍어와 여타 지역 일상 변이
어 사용은 매우 안정된 양층어 상황(diglossia)[12]임에도 불구하고 남성이
위세형을 더 많이 사용한다는 것이다. 이는 대체로 양층어 상황에서는
상층어(H variety)가 공식적인 교육을 통해 습득되는데 여성이 교육에서
배제되는 수가 많기 때문이다. 그러나 한편으로는 여성이 교육을 비교적

많이 받은 지역에서도 이러한 현상이 나타나기도 한다. 이집트 카이로에서는 여자들이 고전 아랍어가 많이 사용되는 직업이나 공적 생활을 남자들만큼 충분히 누리지 못한 까닭에 그들의 위세형 사용은 남성보다 낮다고 한다(Haeri 2003).

이외에 특정 변이형에 대한 사용 권한이 있는지 혹은 사용 권한에 대해 주장을 하는지의 여부도 언어 사용에서 성별 차이를 초래한다. 예를 들어, 토착어 중의 하나가 스페인어로 교체되어 가고 있는 멕시코의 한 공동체에서는 여성이 두 언어 모두에서 그리 넓지 않은 범위의 비표준적인 언어 형태를 사용하는데 그들은 이 온건한 행위로써 두 언어가 각기 다른 방식으로 상징하는 남성의 영역을 인정하고 정치적인 힘이나 자신의 지위를 주장하지 않는다고 한다(Hill 1987). 또한 남미 가이아나(Guyana)의 한 마을에서는 영어를 기반으로 하는 매우 고전적인 크리올어 연속체(creole continuum)가 발견되는데 남성은 이 연속체의 전 영역을 자유로이 넘나드는 데 비해 여성은 하위어(basilect)의 낙인도 피하고 상위어(acrolect)의 위세도 피할 수 있는 좁은 영역의 중위어(mesolect)만을 구사하여 공동체의 기대나 평가에 부응한다(Sidnell 1999).

2.4 매개 변인과 언어 시장

여성의 표준어 선호 경향에 대해서 생코프 외(1989)는 서구에서는 전통적으로 여성의 역할이었던 주부로서의 일이 근대 이후 유모나 가정교사 등의 직업으로 확장되면서 규범과 도덕 그리고 세련됨을 아울러 교육해야 하는 그들의 직업적 특성 때문에 여자들이 언어의 기술자(technicians of language)가 되었고 언어의 성별화가 이루어졌다고 해석한 바 있다. 실제로 많은 연구 사례들은 성별화된 언어 사용의 기저에 종종 성별화된 가치나 직업, 경제적 이득 그리고 이를 추구하는 사회적 실행이 자리 잡고 있음을 보여준다.

일찍이 갤(Gal 1978; 1979)가 헝가리어를 사용하는 오스트리아의 오버바르트(Oberwart) 지역에서 산업화의 여파로 여성이 독일어를 선호하고 독일어 사용을 주도하는 현상에 대해서 기술한 것이 그 한 예다. 여기서 독일어는 도시에서의 삶과 경제생활의 기회와 연관된 반면 헝가리어는 힘든 가사 및 노동 그리고 농촌적 가치를 상징하고 있어서 여기에서 탈출하여 도시로의 진입을 강렬히 원하는 많은 여성이 독일어 습득에 적극적이었고, 이것이 결혼의 양상을 바꾸고 독일어로의 언어 교체를 주도했다는 것이다. 또한 니콜스(Nichols 1983)에 의하면 미국 남캐롤라이나의 와카모 넥(Waccamaw Neck)이라는 한 공동체[13]에서는 흑인 여자 아이들이 열살을 넘기면 어린 숙녀로 간주되면서 친구들과 노는 일보다는 가사를 돕고 남자 아이들보다 표준형 사용이 증가한다고 한다. 왜냐하면 여성에게 가장 좋은 보수를 제공하는 교사나 간호사, 판매원 등의 직업이 표준어를 요구하기 때문이다. 이 같은 사회적 기대감과 접근 가능한 직업의 성별 분화라는 경제적 현실이 상호작용하여 여자들이 표준형을 선호하게 되었다고 한다. 한편 이 반대의 경우도 있다. 브라질 수도권의 위성도시인 브라즐란디아(Brazlandia)로 이주해 온 농촌 출신의 남자들은 이 도시의 변이형이 사용되는 연계망에서 고용의 기회를 발견하고 여성보다 더 적극적으로 도시 변이형에 적응했다는 것이다(Bortoni-Ricardo 1985).

이상의 예들은 여성 또는 남성의 화자가 특정 변이형을 사용하는 일이 단지 생득적 정체성을 드러내거나 사회적 불안정성을 극복하기 위해서가 아니라 그들이 여성 혹은 남성으로서 특정 직업시장에 진입하게 됨으로써 특정 변이형을 선호하게 된 경우다. 해당 변이형들은 이들이 표지하는 직업이나 일을 통하여 간접적으로 성별을 표지하게 된 것이다. 옥스(Ochs 1992)가 제시한 '직/간접 표지(direct/indirect indexing)'가 이 관계에 대한 이해를 돕는다. 이 개념은 어떤 언어 특질들이 사회적 정보를 직접적으로 드러내는지 간접적으로 드러내는지를 가리킨다. 가령 '언니'나 '오빠'는 발화자나 지칭자의 성별을 직접 드러내고 옥스 자신이 예로 든 일본어의 문미(文尾) 첨사(particle)인 'ze'와 'wa'는 각각 '단호함'과 '머뭇거림'이라는 정의적 태도를 표시한다. 그런데 단호함은 남성의 미덕으로, 머뭇거림은 여성의 미덕으로 간주되는 일본에서는 남성과 여성들이 각각 'ze'와 'wa'를 선호함으로써 'ze'와 'wa'가 각각 남성과 여성에 대한 간접 표지체(indirect index)가 된다. 이 경우 특정한 태도나 가치가 변이형과 성별을 이어 주는 매개 변인이 된다. 매개 변인은 이렇듯 사회적 기대감이나 성별 역할 혹은 직업이 될 수 있는 것이다. 벨파스트에서의 사회 연계망 구성에서도 고용의 문제가 핵심적 역할을 하고 있다는 것은 앞에서 살펴본 바와 같다. 앞서 2.3절에서 살펴보았듯이 특정 언어 자원이나 담화 실행에의 접근성이나 사용 권한, 권리 주장의 여부도 매개 변인이 될 수 있다.

직업이나 경제적 이득으로 중재되는 언어 사용은 또한 '언어 시장(linguistic market)'이라는 개념으로도 설명된다. 언어 자본이란 문법적으로 완벽한 표현을 생산할 수 있는 능력만이 아니라 특정한 언어 시장에 맞는 적절한 표현을 생산할 수 있는 능력까지를 포함한다. 따라서 언어 사용자는 말을 할 때 자신이 사용하는 표현을 통해 획득할 수 있는 물질적, 상징적 이윤을 극대화하려는 암묵적인 목표를 가지고 언어 자본을 투자한다. 이러한 목표에 대한 기대는 그 표현의 수용 가능성과 그로부터 나오는 이익에 대한 예상에 기초한다(한국사회언어학회 2012: 144). 언어 시장 개념은 생코프와 라베르지가 처음으로 그들의 연구(Sankoff & Laberge 1978)에 도입했는데, 이들은 넓은 의미에서의 화자의 경제적 활동과 표준어 구사 능력의 관련을 측정하기 위한 언어 시장 지표를 새로이 만들어 몬트리올 불어의 변수들을 분석한 바 있다.

언어 시장과 관련해서는 재미있는 예도 있다. 이미 뮤지컬 영화의 고전이 된 '마이 페어 레이디(My Fair Lady)'[14]에서는 흥미로운 장면이 하나 발견되는데 다름이 아니라 주인공인 히긴스 교수 집의 가정부로 일하고 있는 피어스 부인이 히긴스 교수에게 언어 교정을 받기로 결심하고 찾아온 꽃 파는 처녀 일라이자의 방문을 알리는 장면이다. 그녀는 일라이자의 언어를 한마디로 '끔찍하다'고 평가하는데, 이는 하위 계층으로 갈수록 비표준형에 대한 부정적 평가가 수그러드는 일반적 경향에 반하는 장면이다.

(3) 피어스 부인: 이 처녀는 아주 비천한 아가씨예요. 정말 비천한 신분이에

요. 그래서 그냥 돌려보내 버릴까 하다가 혹시 교수님께서 이 처녀 말을 녹음이라도 하시고 싶어할까봐서.

히긴스 교수: 왜, 억양이 독특하던가?

피어스 부인: 아주 끔찍해요, 교수님. (0 : 26 : 57 ~ 0 : 27 : 19)

(백경숙 2009: 20)

위의 장면에서 길거리에서 꽃을 파는 일라이자보다는 물론 훨씬 안정적이고 나은 처지에 있으나 여전히 노동 계층에 속하는 피어스 부인이 일라이자의 언어를 이처럼 평가하는 것은 그녀가 그간 히긴스 교수의 곁에서 그의 언어학적 작업을 통해 보고 배운 태도를 반영한 것이라고 볼 수도 있다. 그러나 이보다는 본질적으로 노동자 계층이지만 상위 계층을 상대해야 하는 표준어 시장에 그녀가 진입해 있어서 언어에 관한한 상위 계층의 태도와 위세까지 나누고 있는 것이라 보아야 할 것이다.

언어 시장에서 발화의 가치는 어떤 발화가 선택되고 주목을 받는지 또는 반복적으로 사용되는지 등의 여부에 좌우된다. 예컨대 '적절한' 변이형의 선택은 사회적 힘과 관련된 지위와 상황에의 접근을 용이하게 하지만 그 반대의 경우는 그렇지 못하다. 그러나 특정 변이형이 어느 공동체에서 적절하지 못하다고 해도 다른 언어 공동체에서는 더 큰 사회적·물리적 자원을 누리게 해 줄 수도 있어서 모든 변이형은 이들이 사용되는 공동체 안에서 나름대로 긍정적이고 상징적인 가치가 있는 것으로 간주된다 (Eckert & McConnell-Ginet 2003). 트럿길이 언급했던 노동 계층 남성의 '숨겨진 위세'도 비표준형이 상징하는 국소적 가치의 한 예에 속한다.

3. 성별 발화어 연구

언어 사용에서의 성별 차이에 대한 두 번째 연구 갈래는 성별 발화어 연구다. 언어 변이 연구의 틀이 주로 음운적 층위에서 실재하는 여러 사회언어학적 변이형에 대한 성별 선호를 밝히고자 한다면 성별 발화어 연구는 주로 각 성별의 화자들이 선호하는 어휘나 문법, 담화적 특질이 나 대화 스타일상의 차이에 관심을 가진다.

3.1 레이코프 가설

성별어 연구는 1970년대 중반 메리 키(M. Key)의 저서인 ≪Male/Female Language≫(Key 1975)와 로빈 레이코프의 ≪Language and Woman's Place≫ (R. Lakoff 1975)가 출간됨으로써 본격화되었다. 특히 레이코프의 저술은 여권운동의 역사로 볼 때 대략 1960년대 이후 남녀평등을 위한 정치적 저항을 골자로 하는 제2의 여권운동 물결과도 맞물리면서(백경숙 2007) 여권주의 언어학(feminist linguistics) 형성에도 결정적인 계기를 마련해 주 었다. 아래 (4)는 레이코프가 자신이나 주변 지인들의 언어에 대한 직관 을 기술한 것15)으로써 적어도 미국 백인 중류 계층 여성의 언어적 특질 이라고 제시한 내용이다.

(4) 가. 여성 특유의 색채어나 형용사 사용
　　나. 상스러운 어휘보다는 온건한 표현을 사용하고 농담을 잘 안 하기
　　다. 빈번한 강조어 사용
　　라. 자신의 발화를 약화시키는 언어 형태나 기제의 빈번한 사용
　　마. 빈번한 부가의문문 사용
　　바. 다양한 억양 및 평서문을 의문문의 억양으로 말하는 경향
　　사. 과도한 문법 교정
　　아. 지나치게 공손한 언어의 사용

여성 언어의 특징이라고 기술된 위의 내용에 레이코프가 스스로 여성 어(female register)라고 명명한 적은 없다. 그러나 이 특징에 대한 레이코프 의 해석은 요컨대, 남성어가 단정적이고 어른스러우며 직설적인 성격인 반면 여성은 사회적 역할이 불리하게 고정되어 있어서 자신의 의사를 단정적으로 제시하는 데 취약하고, 애매하거나 완곡한 혹은 공손한 표현

으로써 사회적으로 기대되는 다소곳한 여성으로서의 자세를 보이고 있다는 것이다. 이 같은 언어 행태를 지적한 레이코프의 의도는 다름이 아니라 바로 이러한 여성어의 특질 때문에 여자들이 독립적이고 주체적인 행위자나 효율적인 언어 사용자로서의 지위를 갖기 어렵다고 주장하고자 했던 것이다. 레이코프 가설의 의의는 기술의 진위 여부를 떠나 그녀의 기술이 이후 구미 각지에서 소위 여성어에 대한 실증적인 검증을 대거 촉발시켰다는 점에서 그 공(功)에서 찾아야 할 것이다. 경험적 연구들의 결과는 양면적이어서, 일부 연구는 레이코프의 가설을 지지했지만 일부 연구는 반례를 제시하였고 또 일부 연구는 좀 더 세밀한 기술과 해석이 필요하다는 주장을 하기도 했다.

이후 대략 1990년대 이전까지는 성별어 연구가 주로 남성과 여성의 언어적 차이를 기술하고 해석하며 일반화하는 일에 집중하였다. 그러나 우리가 이 연구 결과들을 해석할 때 주의할 점은 남녀의 언어 차이라는 것은 본질적으로는 상대적 빈도의 차이지 공통되는 부분이 훨씬 더 크다는 점이다. 그런데도 많은 연구가 성에 민감하게 반응하는 일부 언어 현상을 성 정체성과 양성 관계 전체에 대한 일반적인 특질로 간주하거나, 헨리와 크래머레이(Henley & Kramarae 1991)도 지적했듯이 서구 사회가 양성 간의 언어적, 사회적 심리 차이를 과장해 온 측면도 있다는 사실이다. 물론 일반화나 정형(stereotype)이라는 것이 실제 행위에 근거한 부분도 있지만 정형의 존재가 이에 맞추어 언어 행위를 일치시키도록 압력을 행사하는 것(Bonvillain 2002)도 사실이기 때문이다.

3.2 성별 어휘 사용과 관심어

레이코프(1975)가 남성들은 잘 사용하지 않지만 여성들이 즐겨 쓰는 어휘로 제시한 색채어와 형용사에는 'mauve(연자줏색)', 'beige(베이지색)', 'aquamarine(남록색)', 'magenta(심홍색)', 'turquoise(청록색)' 등과 'adorable, charming, divine(멋지다 혹은 매력적이다)' 등이 있다. 특히 이들 형용사는 '아주 훌륭하다'는 뜻을 전달하기 위한 'great, terrific, cool, neat' 등과 같은 중립적인 어휘 부류와 달리 사용자에게만 한정적으로 중요한 의미를 가지는 것이 보통이라고 기술하고 있다.

우리가 일상생활에서 사용하는 특정 어휘 부류들은 한쪽 성별에 의해 더 자주 사용되거나 정교하게 분화되고 다듬어져 있다는 생각이 드는 것이 사실이다. 이는 대부분의 사회에서 각 성별에 따라 언어 사용자들의 활동 영역이나 역할을 구분해 온 데서 비롯된 관심이나 호불호를 반영한다. 민현식(1995)에 의하면 한국어에서도 여자들 사이에서는 가사, 육아, 요리, 바느질, 의복 관련 어휘가, 남자들 사이에서는 정치나 스포츠, 성, 전문 직업 관련 어휘가 많이 쓰인다고 보고된 바가 있다. 그리고 남녀 초·중·고·대학생들 각 100명을 대상으로 조사해 본 결과, 여학생들은 '엄마'를 비롯하여 여러 감각어들을, 남학생들은 운동 관련 어휘들을 각각 기호어로 들고 있었으며, 여학생들은 '뚱뚱하다', '못생겼다', '성폭행' 따위를 혐오어로 들고 있었다고 한다(민현식 1995). 민현식(1997)에서도 남성은 많은 경우 직장 일이 대화의 주제여서 전문 용어가 많고 정치 이야기, 스포츠나 건강, 정력 증진, 일간지나 스포츠에 집중하는 반면 여성은 직장에서도 가사나 육아 관련 어휘를 많이 사용하고 물건 값이나 미용, 상대의 외모, 방송·연예, 드라마 중심의 이야기가 많다고 하였다. 이는 영어에서도 크게 다르지 않아 신문 뉴요커(The New Yorker)의 만화 내용을 분석한 크레이머(Kramer 1974; Wardhaugh 1986: 308에서 재인용)에 의하면 남자들은 주로 사업, 정치, 법률, 세금, 스포츠에 관한 이야기를 하고 여자들은 사회생활, 책, 음식, 생활상 등에 대한 이야기를 주로 한다고 한다.

그럼에도 불구하고 이 같은 성별 관심어는 언어 사용자들이 처한 현실이나 관심사에 따라 다를 수 있다. 예컨대 채춘옥(2009)이 조사한 연변 지역의 문학작품에 나타난 성별어를 보면 남성의 관심사가 전문 직업이나 가정, 일자리, 승진이며 이들은 사업뿐만 아니라 급격한 시대 변화에 나타나는 여성들의 모습에 대한 태도 변화도 드러낸다. 한편 여성의 관심사는 능력, 욕망, 자유분방, 성공, 홀로서기 등인데 주인공이 새로운 도전을 꿈꾸는 여성들인 까닭에 기존 연구 결과와 달리 패션, 육아, 미용 등에 대한 이야기는 상대적으로 적게 나타난다고 한다.

특정 부류에 한정하지 않는다면 일반적으로 형용사와 부사를 비롯한 감탄사의 사용은 많은 공동체에서 여성이 좀 더 많이 사용하는 것으로 보고된다. 한국어에서는 여성들이 형용사, 부사 및 감탄사와 같은 어휘 사용이 많아 감성적 어휘가 발달했다는 연구 결과들이 있다(김선희 1991; 임홍빈 1993; 민현식 1995; 최혜정 1998). 임영철(1996)에 의하면 일본어에서도 형용사와 부사의 사용은 여성 쪽이 높은데, 그중에서도 'すてき(아주 멋지다)', 'すばらしい(훌륭하다)' 등 감정적인 어감의 형용사는 여성이 많이 사용하고, 'いかす(멋지다)', 'でっかい(크다)' 등과 같은 거친 어감을 지니는 형용사는 남성이 더 많이 사용하는 경향이 있다고 한다. 나미다노간지(波多野完治 1954; 임영철 1996: 39에서 재인용)가 학생들을 대상으로 한 연구 결과는 형용사 1개에 대한 동사의 사용 횟수가 남성은 5.40인데 여성은 4.34로서 여성이 형용사를 더 많이 사용한다고 한다. 부사의 경우에는 1000자 문장 가운데 강도부사 출현 빈도가 남성은 2.8회인 데 비해 여성은 3.8회로 나타나 이 또한 여성의 사용률이 높은 것으로 나타났다(案本美典 1968; 임영철 1996: 39에서 재인용). 다만 감탄사의 사용에서도 여성은 부드러운 어감의 감탄사들을 사용하지만 사용되는 감탄사의 종류는 남성 쪽이 훨씬 다양하다는 차이점이 있다(井出祥子 1979; 임영철 1996: 38에서 재인용). 한편 이화연(2009)는 한국어와 아랍어를 비교한 결과 양 언어에서 공히 감탄적 표현에서는 (특히 긍정적인 상황에서) 여성이 남성에 비해 감탄사를 포함하는 표현이 두드러진 반면 부정적 상황에서는 남성과 다르게 욕설과 비난을 자제하고 자신의 감정을 완곡하게 표현한다는 것을 발견했다.

비속어의 사용 또한 많은 관심의 대상이었다. 가령 레이코프는 아래의 두 가지 예시 중 적어도 미국 중산층에서는 (5a)의 발화가 여성 언어의 일부이고 (5b)의 발화가 남성어일 것이라고 예측하는 것이 맞을 확률이 더 높을 것이라고 하였다.

(5) a. *Oh* dear, you've put the peanut butter in the refrigerator again.

(이런, 당신 땅콩버터를 또 냉장고에 넣어 놨어요.)

b. *Shit*, you've put the peanut butter in the refrigerator again.

(제기랄, 당신 땅콩버터를 또 냉장고에 넣어 놨어.)

(Lakoff 1975: 10, 이탤릭체는 본 저자)

레이코프는 1970년대 즈음부터는 자존감이 있는 여성들도 별 주저함 없이 표현 (5b)를 사용하는 것을 볼 수는 있으나, 대다수 미국 중산층의 경우라면 이 표현을 여성의 언어로 용인하기는 어려울 것이라고 피력하였다. 한국어에서도 여성이 이른바 거친 말이나 험한 말을 입에 담는 것은 바람직하지 않다는 사회·문화적 기대가 있는 것으로 보인다. 민현식(1995)와 채춘옥(2009)가 이 예측을 뒷받침하는데 한국어에서도 여성이 남성보다 욕설과 금기어는 덜 사용한다고 한다.

그렇다고 이와 같은 결과가 어느 공동체에 대해서나 다 일반화될 수 있는 것은 아니다. 남아프리카의 십대 청소년들에 대한 한 연구(DeKlerk 1992)를 보면, 소년 소녀들이 남성과 여성을 기술하는 데 사용한 단어들은 그 수량이나 의미론적 강도에서 의미 있는 차가 드러나지 않았다고 하며 중요한 변인은 성별이 아니라 연령이었다고 한다. 또한 휴스(Hughes 1997)은 하류 계층 여성들이 사용하는 비속어는 일상어와 더불어 여성끼리의 유대감을 반영하고 강화하는 기제임을 주장한 바 있는데 이는 우리가 앞에서 언어 시장과 관련하여 일상어의 가치를 언급했던 맥락에서 이해할 수 있겠다.

3.3 성별 대화 스타일

애매하거나 공손한 말

우리가 하는 말 중의 어떤 것들은 소신이 없어 보이거나 상대방을 배려하려는 의도를 드러내기도 한다. 다음의 예를 보자.

(6) a. 글쎄 <u>뭐랄까</u>, 그 사람은 <u>왠지</u> 믿을 만하지는 <u>않더라구요</u>.

　 b. *Well*, *I think*, you should have been *a little bit* more considerate.

　 (<u>글쎄</u>, <u>내 생각에는</u> 네가 <u>조금만</u> 더 신중했어야 했어.)

위의 (6)에서 '글쎄', '뭐랄까', '왠지', '-더라구요'나 'Well', 'I think', 'a little bit'과 같은 소위 울타리 표현(hedge)들은 화자의 확신이나 비판을 상당 부분 약화시킨다. 이 같은 표현들도 남성보다는 여성이 더 많이 사용하는 것으로 알려져 있다. 울타리 표현은 화자가 자기가 한 진술의 신빙성이 부족하다는 것을 드러내거나 우유부단하고 명시적이지 못하다는 인상을 자아낼 수 있으나 한편으로는 상대방과의 마찰을 피하고 비난이나 비판의 힘을 약화시켜 공손하고자 하는 의도를 드러낼 수도 있다. 이와 비슷하게 여자들은 자기주장을 강하게 하지 않는 표현들을 사용하기도 하는데 레이코프(1975)가 예로 든 다음의 표현도 그 중의 하나다.

(7) a. When will dinner be ready? (저녁 언제 되나?)

　 b. Oh ... around six o'clock ... ? (글쎄 ... 한 6시쯤요?)

(Lakoff 1975: 17)

여기서 대답 (7b)는 상승 어조를 통해 '당신이 편하면' 혹은 '동의하면' 등의 의미를 담고 있어서 상대방의 편익을 배려하겠다는 뜻을 전달하기도 한다(Lakoff 1975: 17).

한편 평서문의 끝을 올리는 상승 어조나 공손한 표현을 선호하는 여성들의 말투도 대략 자신의 결정에 주도권을 갖지 못하거나 자신 없음을 반영하게 된다고 한다. 민현식(1997)에 따르면 상승 어조는 상대방의 동의나 확인을 구한다는 느낌을 주어 '알겠어요?', '그렇죠?', '그렇잖아요?' 와 같은 동의 확인성 부가의문문을 붙인 부가의문문 구조로 치환 가능한데 상승조는 바로 그러한 부가의문문 구조를 생략시키고 상승조로 대치시켜 흔적만 남긴 것으로 볼 수 있다. 여성의 지위가 낮은 상태에서는 상대방의 동의를 구하거나 확인을 하는 의문문이 많을 수밖에 없다. 민현식은 또한 어릴 적에는 남아, 여아 모두 상승 어조를 사용하는 경우가 많기 때문에 이 형태를 사용하면 소아 취급을 받기도 한다고 기술하고 있다. 이와 더불어 여성은 평서문이나 접속문에서 '주로' 상승조를 쓰지만 사태를 기술하는 경우라든가 기타의 경우에는 남성처럼 자의적으로 하강조를 쓰기도 한다고 한다(민현식 1997).

여성의 애매한 화법에는 이외에도 미완성 문장을 많이 사용한다거나 (이석규·김선희 1992), '-더라구요'나 '-거 같아요'와 같은 표현의 사용이 있다. 민현식(1995)에 따르면 '-더라구요'는 회상, 경험의 보고 성격을 띠는 어법으로 남의 이야기를 하는 듯하거나, 책임 회피적 무소신의 어법으로 비칠 수도 있다. 특히 최근에 자기 느낌을 이야기할 때도 '-거 같아요'를 남발하는 경향을 볼 수 있는데 이는 한편으로는 여지를 남기는 공손어법으로 활용되기도 한다. 요즈음에는 남성도 '-거 같아요'나 '-더라구요'를 많이 사용한다고 한다(민현식 1995; 강현석 2011).

여성은 무슨 일을 요청할 때도 명령문보다는 화자와 청자가 함께 포함되는 형식인 청유문 형식으로 표현하는 경우가 많다(민현식 1995; 이창숙 2000). 이런 우회적 표현은 여성이 전통적으로 자신의 의사를 밝히는 것을 꺼렸기 때문이기도 하지만 상대방과의 충돌을 피하기 위해 완화된 표현을 사용하기 때문이기도 하다. 레이코프(1975)는 이와 같은 간접 표현에 대해 여성은 사회적인 압력으로 인해 명령문을 사용할 때도 가능하면 정중하고 화자의 의지가 담기지 않은 명령문을 사용하도록 교육을 받기 때문이라고 주장하였다.

(8) a. Close the door. (문 닫아. / 문 닫으세요.)

    b. Please close the door. (문 좀 닫으세요. / 문 좀 닫아주세요.)

    c. Will you close the door? (문 좀 닫아줄래요?)

    d. Will you please close the door? (문 좀 닫아주시겠어요?)

    e. Won't you close the door? (문 좀 닫아주시지 않겠어요?)

(Lakoff 1975: 18)

위의 (8)에서 요청은 표현이 아래로 갈수록 공손해지고 레이코프가 말한 여성적 어법에 가까워지는데 이것은 상대방이 부담 없이 의사결정을 할 수 있도록 자유를 주기 때문이다.

부가의문문

여성어법으로 주목받아 온 부가의문문은 그동안 가장 논란이 많았던 언어 형식 중의 하나다. 레이코프는 부가의문문이 자기보다는 상대방이 확실한 답을 알고 있을 것으로 가정하거나 단언적인 주장을 피하여 상대방의 동의나 협업을 원할 때, 혹은 소위 사소한 이야기(small talk)로 의도된 질문 형식으로 보았다.

(9) a. I had my glasses off. He was out at third, wasn't he?

    (제가 안경을 안 썼는데, 그 선수가 3루에서 아웃되었죠, 그렇지 않아요?)

    b. The way prices are rising is horrendous, isn't it?

    (물가 오르는 모양새가 정말 무서워요, 그렇지 않아요?)

    c. Sure is hot here, isn't it?

    (여기는 정말 덥네요, 그렇지 않아요?)

(Lakoff 1975: 16)

레이코프(1975)는 여성들이 부가의문문을 사용하는 근본적인 이유가 "단언적인 주장을 피함으로써 화자와 갈등 관계에 놓이는 것을 피하기 위함"(16~17쪽)이라고 해석했다. 이는 긍정적으로 보면 남을 배려하는 화법이지만 부정적으로 보면 자신의 의견에 확신이 없는 애매한 태도를 드러내기도 한다. 한편 버나드(Bernard 1982)는 부가의문문이 행위 중심의 표현을 하는 남성들과는 달리 자신의 감정과 정서 위주의 표현을 하는 여성에게 더 알맞은 표현이라는 주장을 하기도 하였다(이화연 2009: 116에서 재인용).

그러나 이와 같은 주장과 해석은 이내 반박을 받게 되는데, 듀보아와 크라우치(Dubois & Crouch 1975)가 학문적이고 전문적인 워크숍 도중 이루어진 대화에서 여성 참가자들은 부가의문문을 전혀 사용하지 않았으나 남성 참가자들은 33회나 사용했다는 관찰을 보고했기 때문이다. 이보다도 좀 더 내실 있고 설득력 있는 주장은 발화의 목적을 담화 기능적 차원에서 분석함으로써 부가의문문의 기능을 구별한 홈스(Holmes 1984; Bonvilain 2002: 192~193에서 재인용)가 내놓았다. 홈스(1984)는 부가의문문의 기능을 담화상에서 화자가 자신이 갖고 있지 못한 정보 획득이나 승인의 획득을 위해 쓰이는 경우는 확인적 부가문(modal tag)이라고 칭하고 화자가 청자에 대해 관심이나 흥미를 드러내는 경우는 정의적 부가문(affective tag)으로 구분하였다. 그리고 정의적 부가문의 기능은 다시 명령이나 비판의 힘을 약화시키는 완화 기제(softener)와 대화에 청자를 참여시키고자 하는 촉진 기제(facilitative)로 구별했는데, 홈스에 따르면 부가의문문 사용에서 남녀 차이는 이들 기능별 사용에 따른 차이라는 것이다. 그 예들은 다음과 같다.

(10) a. She's coming around noon, isnt' she?

(그녀는 정오경에 오지요, 그렇지 않아요?) (확인적 부가문)

b. Open the door for me, could you?

(문 좀 열어라. 그래 줄 수 있어?) (정의적 완화 기제)

c. Still working hard at your office, are you?

(아직도 사무실에서 열심히 일하고 계시죠, 그렇죠?) (정의적 촉진 기제)

(Holmes 1984; Bonvilain 2002: 192에서 재인용)

중요한 점은 다음의 〈표 4.4〉에서 보듯 남성은 확인적 부가문을 더 많이 사용하고 여성은 정의적 부가문을 더 많이 사용하는 경향이 있어서 여성이 대화에서 교류 지향성을 보인다는 사실이다.

〈표 4.4〉 부가의문문의 담화적 기능에 따른 성별 사용 양상

부가의문문의 수			
의미 유형		여성	남성
확인적		18 (35%)	24 (61%)
정의적	촉진적	30 (59%)	10 (25%)
	완화적	3 (6%)	5 (13%)
합계		51 (100%)	39 (100%)

(Holmes 1984: 54; Bonvillain 2002: 193에서 재인용)

한편 캐머런 외(Cameron, McCalinden & O'Leary 1988)은 이 같은 구분에 더하여 부가의문문 사용에서 힘(power)의 작용을 살펴보았다. 그 결과 텔레비전이나 라디오의 토크쇼 및 학습 프로그램에서 여성과 남성의 차는 크지 않았고 의학전문가나 교사, 프로그램 주관자들과 같이 힘이 있는 쪽은 정의적 부가의문문을 많이 사용하고 환자나 학생, 프로그램 참여자인 힘이 없는 쪽은 확인적 부가의문문을 더 많이 사용한다는 사실을 밝혀내어 성별보다는 힘이 더 중요한 요인임을 지적하였다. 그러나 성별 요인 역시 작용을 하지 않는 것은 아니어서 이들 연구의 결과에 대한 기술(89쪽)로부터 미루어 보면 똑같이 힘 있는 남성과 여성의 경우에는 남성이 확인적 기능을, 여성은 정의적 기능의 부가문을 더 사용하는 경향이 있었다.

한편 ICE-GB[16]라는 대규모 영어 코퍼스를 언어 자료로 연구한 김혜숙(2010)은 성별, 학력, 상황의 공식성(사적/공적)이라는 변인을 중심으로 부가의문문의 사용을 살펴보았는데, 전체적으로는 여성이 남성보다 부가의문문을 좀 더 많이 사용하기는 하지만(56.9% : 43.1%) 연령이나 학력, 상황의 공식성이라는 변인의 조합에 따라 부가문 사용이 매우 다양한 경향을 보이고 있다고 한다. 이상의 연구 결과들은 부가의문문의 성별

사용은 부가문의 다기능성이나 구체적 상황 맥락을 종합적으로 고려할 때 비로소 그 진면목을 알 수 있다는 점을 시사한다.

말 많이 하기

칠레의 아라우칸 인디언(Araucanian Indian) 공동체에서는 아내가 남편 앞에서는 아예 침묵하는 것이 원칙이고, 굳이 긴요하게 할 말이 있을 경우에는 속삭임으로 해야 한다고 한다(Wardhaugh 1986). 본 장의 서두에서도 소개된 바와 같이 여성이 말을 더 많이 한다는 추정적 믿음은 꽤 보편적인 듯하지만 실제로 언어 자료를 분석해 보면 이 믿음은 지지를 받지 못하는 경우가 더 많다.

크레이머(Kramer 1974)는 신문 뉴요커(The New Yorker)의 만화에 등장하는 인물들의 발화를 연구한 결과 남자들이 여자들보다 말을 두 배로 많이 했다고 보고하였다(Wardhaugh 1986: 308에서 재인용). 이와 비슷하게 1980년대 말 KBS가 방영한 드라마 '일출'의 대본을 분석한 임칠성 외(1997)은 한 문장당 어휘 수가 남성은 6.052개, 여성은 5.600개로서 여성이 말이 많다는 생각은 편견임을 지적하였다.

발화의 양과 관련하여서는 흥미로운 실험도 있었다. 스왜커(Swacker 1975)는 일단의 남녀 대학생에게 15세기 그림 세 개를 보여주고 시간은 원하는 만큼 주면서 이 그림에 대해 되도록 완전하게 기술해 보도록 하였다. 그 결과, 이 그림을 설명하는 데 남성은 평균 13분, 여성은 3.17분을 소요한 것으로 나타나서 여자가 말이 많다는 정형을 반박하고 있다. 한편 실험이 아닌 상황에서도 남성이 여성보다 오히려 말을 많이 한다는 사실을 관찰한 연구도 있다. 에델스키(Edelsky 1981)의 연구에 따르면 미국 대학의 교수회의 대화를 분석한 결과 남성들은 적게는 1.25배에서 많게는 4배에 이르는 말 순서를 얻었다고 한다. 좀 더 한가로운 대화에서는 말 순서가 동등하였으나 회의의 주제나 상황이 더욱 공식적이고 격식을 갖출수록 남성의 토론은 길어지고 여성의 참여는 줄었다는 것이다. 이밖에도 이와 비슷한 연구 결과들(Krupnick 1985; Sadker & Sadker 1985;

Smith-Lovin & Robinson 1992 등. Eckert & McConnell-Ginet 2003: 116~118에서 재인용)을 보면 지식과 의사결정이 개입되는 제도적 담화상황에서는 남성이 훨씬 말을 많이 했고 또 잘 받아들여졌다고 한다.

그런데도 불구하고 여성이 말이 더 많다는 정형이 유지되는 이유는 무엇일까? 그것은 부분적으로는 성별에 민감하게 반응하는 일부 의사소통 사례가 과일반화된 듯이 보이기도 하지만 더 근본적으로는 크레이머(Kramer 1975)의 설명이 가장 설득력 있다. 크레이머는 사회에서 대체적으로 남성이 더 많이 이야기할 수 있는 권리를 가진 반면 여성은 남성 대화자를 존중하도록 사회화되었기 때문에 남성들이 이 권리를 행사한다고 해서 수다스럽다고 여겨지지는 않지만 여성은 적당히 말을 해도 수다스럽다는 평가를 받게 된다는 것이다. 다시 말해서 "아마도 수다스러운 여자란 남자만큼 이야기하는 여자다"(47쪽)라는 것이다.

양성 간에 지배와 종속이 개입된 상황 맥락에서는 말을 하는 것 못지않게 침묵도 큰 의미를 가진다. 실제 언어 자료와 문학작품에서의 대화를 분석한 사텔(Sattel 1983)에 따르면 동성 간의 대화에서 여성은 감정 문제에 대해 논의하기를 좋아하고 남성은 운동이나 시사와 같은 일반적인 문제를 논하기를 좋아했다고 한다. 한편 이성 간의 대화에서 여성이 감정을 표출하면 남성은 충고를 주는 식으로 응대했는데 남자들은 감정 표현을 자제함으로써 자신의 한계를 숨기고 적어도 감정을 논의하는 것과 관련해서는 침묵을 지키는 경우가 많다는 것이다. 사텔은 그 결과로 빚어지는 이미지가 남성의 여성에 대한 힘의 행사를 돕는다고 해석하였다. 이와 관련하여서는 부부간의 대화를 연구한 드프란시스코(DeFrancisco 1998)도 비슷한 관찰과 해석을 내놓았다. 즉 남편이 응답하지 않는 경우에 부인들은 침묵하거나 주제를 바꾸려는 시도를 했다고 하는데, 남편들은 말 끼어들기나 최소한의 응답으로써 주제의 방향과 전개를 결정하기도 하지만 그들은 대개 자신의 통제력을 아내의 말에 응답하지 않는 침묵의 형태로 행사하고 있어서 전체 무응답 비율 중 2/3가 남편의 것이라고 한다.

대화의 주도권 잡기

우리는 앞에서 힘의 우열이 존재하는 권력 관계에서는 말을 많이 하는 것도 침묵하는 일도 대화를 주도하는 중요한 언어 기제가 될 수 있음을 보았다. 대화에서 주도권을 행사할 수 있는 방법에는 이외에도 남의 말을 방해하거나 끼어드는 일도 있다. 웨스트와 지머만의 일련의 연구 (Zimmerman & West 1975; West & Zimmerman 1977; West & Zimmerman 1983) 가 대표적인 초기 연구들이다. 이들은 먼저 공공장소에서 이루어진 지인들 사이의 일상 대화를 분석했고 이후에는 서로 안면이 없는 대학생들을 대상으로 실험을 하였다. 웨스트와 지머만은 발화에서 종료 경계가 될 수 있는 '추이 적정 지점'의 마지막 단어 이전에 화자의 말 속으로 끼어들어서 현 화자의 말할 권리를 침해하는 일은 '말 끼어들기(interruption)'로, 다음 말 순서로의 전이 지점에 대한 판단 오류로 인한 동시 발화는 '말 중복(overlap)'으로 정의하고 자료를 분석하였다.

〈표 4.5〉 20개의 동성 간 대화 및 11개의 이성 간 대화에서의 말 끼어들기 및 말 중복

		첫 번째 화자	두 번째 화자	합계
동성 간 대화	말 끼어들기	43% (3)	57% (4)	100% (7)
	말 중복	55% (12)	45% (10)	100% (22)
		남성	여성	
이성 간 대화	말 끼어들기	96% (46)	4% (2)	100% (48)
	말 중복	100% (9)	–	100% (9)

(Zimmerman & West 1975: 115~116에서의 결과를 통합 제시)

〈표 4.5〉에서 보는 바와 같이 동성 간의 대화에서는 말 중복이 대다수를 차지하는 동시에 말 끼어들기든 말 중복이든 화자 간에 차이가 없었으나 이성 간의 대화에서는 말 끼어들기와 말 중복이 대부분 남성에 의해 이루어졌다는 사실이 가장 두드러진다. 이와 같은 양상은 서로 안면이 없는 학생들을 대상으로 한 1983년도 연구 결과에서도 동일하게 관찰되었다. 이로써 남녀 간에 안면이 있든 없든 압도적으로 많은 말 끼어들

기를 남성 화자가 해서 여성 화자의 말을 무시하고 화제를 전환하거나 통제하는 전략을 구사하는 것으로 드러났다.

이상의 결과보다도 더 놀라운 것은 성별 요인이 지위 요인을 압도하고 있다는 것을 보여 준 두 가지 연구 사례(Woods 1988; West 1998)이다. 우즈 (1988)은 직장 내 남녀 상·하급 관리자들의 대화를 분석하고 웨스트(1998) 은 의사와 환자 간의 대화를 분석하였는데, 두 연구에서 공히 성별 요인 이 지위 요인보다도 더 큰 영향력을 보인다는 결과를 얻었던 것이다. 한편 이성희(1998)에 의하면 한국 남녀 대학생 혼성 소집단 토의에서의 의사소통 전략은 화제 도입 및 이동은 남성에 의해 이루어진 경우가 많 았으며 화제를 도입할 때도 여성은 주저하면서 제시하는 경향이 있는 반면 남성은 자신이 생각한 화제는 그 즉시 제시하는 경향이 있었다고 한다. 또한 화제의 진행 과정에서 배경지식이 대화의 주도적 진행에 미 치는 영향을 살펴본 결과 여성은 배경지식을 단지 대화의 자원으로 제공 할 뿐 대화의 주도권은 남성에게 있었다고 한다.

협력하고 공감하기

태넌(Tannen 1990)은 여러 언어 공동체에서 관찰되는 다양한 의사소통 사례의 예시를 통해 여성의 다양한 협력적 태도를 기술한 바 있다. 그 내용은 남성이 경쟁적이고 자유와 독립성을 중시하고 충고나 해결을 지 향하며 발언권을 독점하거나 주도권을 위한 말 끼어들기가 많은 반면 여성은 대등한 협력 관계를 추구하고 관계와 친교를 중시하며 충고나 해결보다는 이해나 동정 자체를 좋아하고 상대 이야기에 호응이 많다는 것이다. 여성은 또한 발언권을 고루 나누며 동시발화의 경우에도 협력적 목적을 가지는 경우가 많다고 한다.

이 같은 특질은 한국의 대학생을 대상으로 실시한 남녀 간 상호 인식 조사 결과(민현식 1997)에서도 대부분 그대로 확인되었다. 이에 대해 저자 는 이분법적인 절대화는 잘못이나 대체로 그 동안의 인류 역사에서 지속 된 남성 지배 구조 때문에 이와 같은 언어 행동상의 특성이 남녀에게 나타난다고 해석하였다.

우리는 앞에서 살펴본 홈스(1984)의 연구를 통하여 여성이 부가의문문을 사용할 때 그것은 정의적 교류 목적이 더 크다는 연구 결과를 보았는데, 이외에도 많은 연구들이 여성이 남성보다 대화 상대자에게 더 협력적이라는 결과를 제시하고 있다. 예컨대 피시먼(Fishman)은 '대화를 위한 노력(work of conversation)'이라는 개념을 제시한 자신의 연구(Fishman 1983)에서 "대화를 확보할 수도 있고 또 격려할 수도 있는 다양한 전략들"(93쪽)을 제시하였다. 그 내용은 여성들이 'This is interesting(이거 재미있네요)'이나 'D'ya know what?(있잖아요)'와 같은 주의 끌기와 질문하기 그리고 상대방의 말에 응답하고자 하는 노력을 더 많이 한다는 것이다. 또한 피시먼에 의하면 종종 'umm(음)', 'oh(아)', 'yea(네)'와 같은 최소 응답들을 남자들은 자신의 말 순서 대신에 사용하는 경향이 강하지만 여자들은 상대방의 말 도중에 사용하여 현 화자의 말에 계속 관심을 기울이고 있다는 사실을 알리고 상대방을 격려한다고 한다. 여성 화자와는 달리 남자들의 최소응답은 상대방의 말에 관심을 보이는 것도 아니고 말을 더 해 달라는 것도 아니어서 현 화자를 위축시킨다고 한다. 피시먼의 발견 중 더욱 흥미로운 점은 여성이 남성보다 거의 두 배에 가까운 양의 화제를 도입하는데 이것이 실제로 받아들여지는 비율은 1/3에 불과한 반면 남자들의 화제는 대부분 받아들여진다는 사실이다. 뿐만 아니라 여자들은 남자들의 이야기를 적극적으로 도왔으나 남자들은 대화에 비협조적이고 때로는 방해하기까지 하였다는 것이다.

이외에도 적극적 청자반응이라든지(이석규·김선희 1992), 맞장구치기(김선희 1991; 민현식 1995; 임영철 1996; 이성희 1998; 이창숙 2000; 박은하 2007; Coates 1986) 등도 협력이나 공감을 표현하는 언어 행동이다. 그런데 민현식(1995)는 여성이 '그래', '응', '정말', '참'과 같은 맞장구를 치는 경우에 적극적 지지의 표시는 아닐 수 있지만, 남성은 맞장구는 덜 쳐도 일단 사용하게 되면 적극적 지지의 뜻을 나타낸다고 하였다. 이는 아마도 이들 행위의 남녀 간 실행 빈도 차이에서 오는 효과의 차이가 아닐까한다. 특히 이성희(1998)은 여성이 일반적으로 상대방의 발언에 대한 세

심한 관찰과 적극적인 이해 활동을 통해 상대방의 발화를 촉진한다는 사실을 맞장구를 통해서도 확인한 바 있다. 전체적으로 보면 맞장구치기는 여성이 더 많이 했는데 일반적인 형태보다는 좀 더 적극적인 대화에의 참여와 관심을 나타내는 반복 및 재구성된 형태의 맞장구일수록 여성이 남성보다 더 많이 사용한다는 것이다.

공감에 대해서도 여성은 남성과 다소 차이를 보인다. 가장 널리 알려진 예는 소위 '문젯거리 이야기(troubles talk)'(Jefferson 1988)이다. 태년(1994)는 이 문젯거리 이야기에서 여성은 문제가 발생하면 동정과 재확인을 원해서 누군가 고민을 털어놓으면 자신이 가진 '대응하는 문제(matching troubles)'를 제시하면서 '나도 그런 기분 알아', '같은 느낌이야'라는 식의 반응을 보이지만, 남자들은 대개 문제를 해결하려는 성향을 보이고 지위상의 우위를 점하기 위해 독립적 성향을 보임으로써 동등한 친근 관계를 잘 유지하지 못하고 오해를 불러일으킨다는 것이다. 실제 예를 한국어 자료에서 한 번 보자.

(11) (미국에서 공부하는 유학생인 하영, 미경, 준호의 캠퍼스 대화)[17]

　1. 하영: 근데, .h 책상이 하나 있는데 이건 완전히 초등학교 삼학년이

　2.　　　쓰는 책상이//예요:,

→3. 미경: 엉:// :,

　4. 하영: 그니깐 이거 반이야 진짜 (.) 난 거짓말 안 해.

　5.　　　이거 반. (1.0) 싸이즈가 이거 반이야- 반도 //안돼 (　)

　6.　　　요거.

→7. 미경:　　　　　　　　　　　　　　그럼 매킨토시

　8. 못 놔:::, 마우스 움직여//야 되니까:

　9. 하영:　　　　　　　요것밖에 안돼.

→10. 준호: 하나 사셔야 되//겠네 (　　　)

　11. 하영:　　　　　예.

　　　　　　　　　　　　　　　　　　　　(김규현·서경희 1996: 85)

이 예는 김규현·서경희(1996)의 연구 자료 중의 일부분인데, 이 대화에서 하영이 자신의 컴퓨터 책상의 크기를 평가하는 맥락에서 책상의 크기가 너무 작다고 불평하고 있다. 이에 미경은 "엉://:", "못 놔:::,", "... 되니까:"에서 보듯 하영의 문제에 공감하고 말끝을 길게 끎으로써 정의적인 면에서도 상대방의 처지에 우호적으로 공감을 표현하지만 준호는 "(책상) 하나 사셔야 되겠네"라는 해결책 제시로 대응하고 있다. 평가와 이해 확인이라는 맥락에서 연구 자료를 분석한 김규현·서경희(1996)은 남성이 사안에 대해 평가를 내리는 경향 이외에도 정보적인 면에 중심을 두며 논리적이고 분석적인 시각에서 일반화를 시도한다거나 해결책을 제시하는 경향이 있음을 보고하였다.

3.4 성별어에 대한 설명

앞 절에서 우리는 성별 발화어와 관련한 주제와 문제들을 대표적 연구 사례들을 통해 개괄해보았다. 그 결과 언어 공동체에 따라 상충되는 결과도 있었지만 성별 차이가 분명히 드러나는 언어 현상도 있음을 알 수 있었다. 언어 사용에서의 성별적 차이에 대해서는 그간 여러 갈래의 해석과 설명이 있었다.

우선 성별 차이를 결손이라는 관점에서 설명하고자 하는 시각(deficit approach)이 있다. 예스페르센(1922)가 자신이 인식한 여러 여성어적 특징이 여성의 언어적·인지적 피상성에 기인한다고 해석한 이래 여성 언어에 대한 이와 같은 비하적 시각은 상당히 오래 유지되었다(Baron 1986; Frank & Trichler 1989도 참조). 일례로 보고라스(Bogoras 1922: Bonvillain 2002: 217에서 재인용)는 앞서 척치어(Chukchee)에 대한 연구에서 남자들이 자음 [č]와 [r], 자음군 [čh]와 [rk]를 사용하는 곳에 여자들은 공히 [š]를 사용하는 성별 패턴에 대해서 [č]와 [r]은 아주 흔한 소리여서 [š]를 계속 사용하는 여자들의 말은 이상하게 들리며 이 소리를 들어 본 경험이 없는 사람은 알아듣기가 어렵다고 하였다. 이에 대해 본빌레인(Bonvillain 2002)은 이처럼 남성의 행동을 기준으로 보고 여성의 행동을 일탈적이거나 다소 열등한 것으로 해석하는 것은 남자들이 성별 차이를 논의할 때 흔히 관찰되는 일이라고 하였다.

한편 성별어 중에서도 특히 대화 스타일에 대해서는 두 가지 설명이 서로 열띤 공방을 벌였는데 바로 지배 접근법(dominance approach)과 차이 접근법(difference approach)[18]이다. 지배 접근법은 양성 간 스타일의 차이가 기본적으로 남성 우위의 힘(power)이 존재하는 사회 구조에서 비롯되었다고 본다.[19] 지배란 통상 개인 간의 사회 계층이나 지위, 성별, 인종, 대화에서의 역할상의 관계가 불균형할 때 발생되는 힘의 행사를 일컫는데, 지배 접근법은 양성 간의 여러 언어적 특징들이 결국은 일상생활에서의 성별 위계가 언어에 반영된 결과이며 이를 전승·강화해온 문화적 정형에서 비롯된 것이라고 설명한다. 지배 접근법은 대다수의 사회가 남성 중심의 혹은 남성 우위의 특성을 보이고 있다는 사실에 비추어보면 전통적으로 그리고 현재에도 매우 설득력이 있다. 이를 단적으로 증명해 주는 연구가 바로 크로스비와 나이퀴스트(Crosby & Nyquist 1977)이다. 이들이 경찰서 대화를 포함하여 서로 다른 세 가지의 상황에서의 언어를 관찰한 결과를 보면, 여자들이 남자들보다 이른바 여성어법을 더욱 자주 구사한 것은 맞지만 경찰서 대화 같은 경우 여성어법은 '힘'이 있는 경찰서 직원보다는 '힘'이 없는 사람들(방문객)들이 더 자주 사용한 것을 볼 때, 본질적으로 이들이 여성어법으로 지목된 과정은 바로 힘이라는 매개변인의 작용이라는 것이다.

지배 접근법에 대립하는 개념으로는 차이 접근법[20]이 있다. 이 접근법은 양성의 대화 스타일의 차이가 기본적으로 언어에 깊이 뿌리박힌 대화 규범의 차이에서 비롯된 것이라고 해석한다. 대화상 규범 차이란 원래 검퍼즈(Gumperz 1982a, 1982b)가 문화 간 혹은 인종 간 의사소통에서의 오해를 분석하며 지목했던 요인인데 말츠와 보커(Maltz & Borker 1982)가 제안하고 태넌(1986, 1990)이 더욱 정교화하여 양성의 언어 사용에 대한 설명에 차용한 것이다. 그 내용은 여아들은 사회화 과정에서 또래 집단 내에서 평등하고 친근한 관계를 창출하고 유지하는 일과 타인을 완곡하게 비판하는 일 그리고 타인의 말을 정확하게 해석하는 일 등을 배우는 반면, 남아들은 자신의 지배적 입장을 주장하고 자기 말을 들어줄 청자를 모으고 유지시키며 자기를 내세우는 방법을 배운다는 것이다. 이에 태년(1990: 298)은 사람들이 "이러한 (양성의) 스타일의 차이를 모르고 상대방의 인격이나 의도에 대한 결정을 내려 버리는데 (…중략…) 상대방이 말하는 방법을 이해하는 것이 의사소통 장애를 극복하는 데 큰 도움이 된다"라고 하였다.

이 차이 가설은 이제껏 남성의 언어가 중심축(neutral)이고 여성의 언어는 이로부터의 일탈(deviation)이라는 견해에 반하여 여성의 언어뿐 아니라 남성의 언어도 아울러 기술하고자 했다는 점에서, 그리고 여성의 문화가 이전보다 훨씬 긍정적으로 기술된 점이 흥미롭기는 하다. 그러나 매코넬-지넷(1992)는 차이 가설이 기본적으로 '힘'의 행사를 염두에 두고 있지 않기 때문에 차이가 대두될 때 누구의 규범이 우세할지에 대해, 그리고 '사회화' 과정에서 그와 같은 행위 유형을 촉발하고 지속시키는 이유에 대해 논의를 하지 않는다는 사실이 문제라고 지적한다.[21]

그러나 성별어에 대한 설명을 둘러싼 문제점은 무엇보다도 너무나 다면적인 언어 사용 맥락에서 비롯된 언어 행위를 하나의 단일한 설명으로 해석하고자 하는 데서 찾아야 할 것이다. 이 시각은 성별 언어 사용에 대한 일반화에 의해 남는 예외적인 현상을 그대로 예외로만 남겨두게 되면 상황 맥락 속에서의 언어 연구라는 사회언어학적 탐구의 본령에 충실할 수 없기 때문이라는 생각에서 비롯된다. 이와 같은 자각은 또한 성별 언어 사용을 분석한 연구 결과들이 종종 상반된다는 사실에 의해서도 지지를 받는다.

우리는 이미 언어 공동체에 따라 혹은 의사소통의 매체에 따라 성별어 사용이 다르거나 추정적 믿음에 반하는 예들을 살펴보았는데 성별 언어 사용에서는 시대의 변화도 꾸준히 관찰된다. 예컨대 최근 한국의 텔레비전 광고에서는 대부분 표준어가 사용되었으나 비표준 발음은 여성이 남성보다 세 배나 많이 사용했고(박은하 2007), 연변 지역의 문학작품에 등장하는 여자들은 한국 여성에 비해 'ㄹ' 첨가나 경음화 현상이 뚜렷하지 않다는 연구 결과도 있다(채춘옥 2009). 민현식(1997)에 의하면 최근에는 젊은 남성 사이에서도 상승 어조가 발견될 뿐 아니라 남성도 '해요'체나 '-더라구요'를 많이 사용한다고 한다(강현석 2011도 참조). 1960년대의 영화 '미워도 다시 한번'의 대사와 이를 2000년대에 다시 제작한 영화 대사에서의 의문문과 대우법, 상대 높임 종결어미와 감탄사의 사용을 비교·분석한 박소라(2004)는 기존 연구에서 여성어라고 주장되었던 현상과 특징들이 많이 희석되고 성별 차이가 거의 없어졌다고 하였다.

이와 같은 연구 결과들은 우리가 성별어라고 인식하는 많은 언어 현상들이 실은 문화적 정형에 기댄 우리의 추정이 다소 과장되었다는 것을 시사하며 이에 특정 성별의 화자가 선호하는 언어 행위에 대한 일반화가 과연 타당한 노력인지에 대해 의문을 갖게 한다. 섣부른 일반화에 대한 경고는 제임스와 클라크의 연구(James & Clarke 1993)에서 가장 자세하게 논의되었다. 제임스와 클라크는 1965년도부터 1991년까지 행해진 말 끼어들기에 대한 58편의 연구들을 자세히 분석한 결과, 연구의 결과들을 연구의 내용이나 방법론과 관련된 어떤 기준으로 조명해보더라도 남성이 말 끼어들기를 더 지배적으로 한다는 증거를 찾을 수 없다고 결론지었다. 이와 같은 맥락에서 다양한 요인에 근거하는 성별 언어 행위가 어느 한 가지의 단일한 해석으로는 만족스럽게 설명될 수 없다는 회의가 대두되고 이러한 반성적 자각이 반영된 대안적 시도의 하나가 '실행공동체' 개념의 차용이다.

4. 실행공동체

언어와 성에 대한 연구는 1990년대 접어들면서 또 하나의 시각을 획득하는데 그것은 양 성 범주 내에서의 변이 현상, 즉 일반적 경향에 예외적인 사례들을 발견하면서부터다. 예컨대 에커트와 매코넬-지넷(1992)는 성에 대한 라보브 식의 결정론(determinism)적 시각을 단호히 거부했는데, 그 이유는 성별 언어 변이의 의미가 단지 서로 다른 언어 변이형을 빈번히 사용하는 사람들의 사회적 좌표(social address)나 사회 구조에서의 특질만으로는 설명될 수 없기 때문이라는 것이다. 이 주장을 실현시킬 수 있는 유용한 개념으로 채택된 것이 바로 '실행공동체(communitiy of practice)'다.

실행공동체란 원래 레이브와 웽어(Lave & Wenger 1991)에서 학습의 사회적 이론의 기초로 성립된 개념이다. 이 개념은 레이브가 수행한 리베리아 바이족(Vai)의 재단사들을 관찰한 민족지학적 연구에서 도입되었다. 이들의 관찰에 따르면 재단 학습은 단순히 개별적인 혹은 추상적인 재단 기술의 집합을 습득하는 것이 아니라 장인의 아틀리에라는 공동체 내에서 단순한 참여로부터 점진적인 통합으로 가는 과정을 뜻한다. 이 과정은 참여와 상호 개입(mutual engagement)으로 인해 구현되고 이 상호 개입과 공동 활동(joint enterprise) 및 공동 목록(shared repertoire)이라는 3가지 차원이 실행공동체의 핵심이라는 것이다(Wenger 1998: 76). 결국 실행공동체란 구성원들이 어떤 집단에 어느 정도로 소속되어 있는지를 드러내 주는 실행 내지 행위에 초점을 맞추는 개념이며 이때의 실행은 언어 구조의 전체 혹은 세부적 측면, 담화, 상호작용 패턴 등을 포함하는 언어 행위의 제 측면도 포함한다(Holmes & Myerhoff 1999).

실행공동체 개념의 타당성을 입증한 선도적 연구로는 에커트와 매코넬-지넷(1995)를 들 수 있다. 이 연구는 미국 디트로이트 교외의 한 공립 고등학교(Belten High) 학생들의 언어적, 사회적 실행을 관찰 분석한 것이다. 여기에서 에커트와 매코넬-지넷은 80건의 면담 기록을 검토하여 학생들의 음운 변이와 그들의 사회적 범주 및 자질에 초점을 맞추어 성, 계층, 힘의 관계가 특정 상황에서 어떻게 상호 구축되는지에 대한 그림을 제공하고자 언어 자료와 민족지학적 자료를 같이 분석하였다. 그 결과, 이들의 사회적 계층에 따른 출신 배경, 성별 등의 자질 모음과 이에 따른 가치관 및 성향 그리고 미래의 삶에 대한 지향점과 이에 부합하는 제반 행위의 특징들이 학교에서의 사회적 집단을 구성하는 요소가 된다는 점을 밝혀내었다.

이렇게 해서 에커트와 매코넬-지넷이 주목한 두 개의 사회 집단이 바로 'jocks'와 'burnouts'이다. 'jocks' 집단은 지역 사회에서 경제적으로 상류층인 중산층 출신의 학생들로 주로 구성되었으며 대학 진학을 염두에 두고 학업과 운동에서 두각을 나타낸다. 이들의 대척점에 있는 'burnouts' 집단은 대부분 하류 계층 출신으로서 대학 진학보다는 구직을 목표로 평등과 유대라는 노동 계층의 규범을 매우 의식적으로 강하게 포용하고 실천한다. 이와 같은 사회 범주화는 교내 연계망이나 활동에 참여하는 것으로만 가능한 일이 아니며 이외에도 여타 온갖 개인적 자질과 실행 여부가 이 같은 집단 범주화와 체계적 연관을 갖는다고 한다.

이들 집단의 언어적 실행의 의미는 무엇인가를 살펴보기 위해 에커트와 매코넬-지넷은 현재 진행 중에 있는 모음 변화인 'uh'의 후설화[22]와 이중모음 'ay'의 핵모음 상승[23]에 주목하였다. 그 결과 이들 집단의 발음 실태가 언어 사용자들의 실행과 밀접한 관계가 있다는 사실은 다음과 같이 여학생 'burnouts' 그룹을 그저 보통의 'main burnouts'와 자질과 행위에 있어서 그야말로 핵심적인 'burned-out burnouts' 집단으로 나누어 살펴보았을 때 뚜렷해졌다고 한다(〈표 4.6〉 참조).

〈표 4.6〉 'uh'의 후설화 및 'ay'의 핵모음의 극심한 상승을 실행할 성별 확률

	여학생 jocks	남학생 jocks	여학생 main burnouts	여학생 burned-out burnouts	남학생 burnouts
'uh'의 후설화	.41	.38	.53	.65	.52
'ay'의 핵모음의 극심한 상승	.42	.32	.47	.93	.54

(Eckert & McConnell-Ginet 1995: 502~503으로부터 재구성)

〈표 4.6〉에서 보는 바와 같이 당시 연구된 지역에서 발음의 혁신으로 여겨지고 있는 'uh'의 후설화와 이중모음 'ay'의 핵모음 상승은 핵심 여학생 'burnouts' 집단에서 가장 높게 나타나고 있다. 특히 핵모음 상승의 경우는 이 집단에서 거의 예외 없이 실현된다. 이에 대해 연구자들은 이들 변이형 발음의 실행이 언어 사용자의 제반 자질 및 실행과 더불어 일어나는 것이므로 이 변이형의 사회적 의미는 이들 여학생 집단이 행하는 여타 실행의 사회적 의미와 같다고 봐야 한다는 것이다. 결국 에커트와 매코넬-지넷의 결론은 변이형이라는 것이 고정된 사회적 의미를 가

지고 그저 재사용되는 것이 아니고 그 의미가 재구축될 수 있다는 것이다. 벨튼고등학교의 경우 이들 변이형의 사용은 사용자가 'burnouts'으로서의 정체성을 주장하는 많은 실행 양태 중의 하나가 되므로 언어 변이형과 정체성 구축이 분리되어 생각될 수 없음을 보여주는 사례라고 해석한다.

〈표 4.6〉에서도 드러나듯이 이처럼 실행공동체는 동성 집단 내의 변이는 물론이고 이성 집단 간 변이 중복에 대한 설명도 가능하게 해 주어 이전에는 관심의 초점을 받지 못하던 주변부 현상에 대한 기술도 가능하게 한다. 에커트와 매코넬-지넷의 연구는 이전에 발음의 변화가 중류계층의 여성에 의해 국지적으로 선도되고 점진적으로 언어 공동체로 퍼져 나간다고 보았던 견해(Labov 1994)에 대한 하나의 반증이 된다. 실행공동체 개념은 또한 언어의 특징을 통한 정체성의 수행이나 기존의 여성성에 부과된 이념의 극복을 위한 투쟁의 예들을 경험적으로 밝혀 주기도 했고(예: Bucholtz 1999에서의 여고생 'nerd' 집단 연구) 제도 내에서 제도의 이념에 저항하기 보다는 그에 동화하고 순응하는 여성의 언어가 결과적으로는 어떤 방식으로 이념 존속을 돕게 되는지도 예시하고 있다(예: Ehrlich 1999 연구).

5. 언어에 나타난 성 이미지

언어는 언어 사용자의 사고나 감정, 의식 등을 담는 그릇이다. 이 때문에 언어가 각 성별의 화자를 가리키거나 기술하는 표현에서 특정 문화에 고유한 정형이나 인식 그리고 태도 등이 표출되는 경우가 많다. 예컨대, 한국어에서 '남편'이나 '처' 등이 가치중립적인 표현이라면 '아내', '집사람', '안사람', '바깥양반' 등의 배우자 지칭어는 지칭 대상의 고유한 역할과 활동 영역에 대한 인식을 반영한다. 그러나 남편을 가리키는 '주인양반'은 여성 배우자의 종속적인 지위를 드러낸다. 이 같은 인식은 '부엌데기'나 '솥뚜껑 운전사'와 같이 여성 배우자를 비하할 때 쓰이는 표현에서도 성별 역할에 대한 태도가 그대로 드러난다.

한편 '남녀노소', '소년 소녀 합창단', '부창부수', '남부여대', '남녀공학', '자녀', '아들딸' '신사숙녀' 등 남녀가 짝을 이루는 관용적 어구에서는 대부분 남성 지칭이 여성 지칭에 선행한다.[24] 이는 한국 사회에서의 성 불평등 구조가 언어에 반영된 결과다. 지위나 나이 차, 긍정, 부정의 속성이 함께 기술될 때 부모와 자식, 연장자와 연소자, 지배자와 피지배자, 좋고 나쁜 것들처럼 의미적으로 우위에 있는 말이 대부분 앞에 제시되는 관용적 어구와 같은 구조다. 본빌레인(2002)의 설명을 빌리면 이들 표현에는 여성이 남성보다 이차적이고 열등하다는 암시가 은연중에 배이게 되어 성이 사회적·의미적 범주와 융합하게 된 것이다. 반대로 남녀가 좋지 않은 일에 연루되었을 때는 "연놈이 작당을 하여…"에서와 같이 여성 지칭 표현이 선행하는 비속한 표현이 사용됨으로써 여성에 대한 부정적 태도가 극명하게 드러난다. 관용어구가 아닌 보도문의 경우에도 "…이인제, 신국환, 김민석, 장상 후보의 4파전…"(안상수 2007: 81)이라는 호명은 가나다순도 아니고 기호나 지지도 순서도 아닌 성별에 따른 나열이다. 한국어에서 '여류 시인'이라든지 '여의사, 여성 대변인, 여검사' 등과 같이 지칭 대상이 여성임을 굳이 드러내는 예들은 이 분야에 종사하는 여성이 유표적이라는 인식을 반영하고 있다.

성차별의 정도가 심하지 않은 경우라 할지라도 성에 대한 특징적 묘사가 종종 여성의 행동을 다소 가볍고 하찮은 것으로 만드는 경우가 있다. 예컨대 남녀 모두가 '대화를 하거나', '화를 낼 수' 있지만, '수다를 떨고', '발끈하는' 사람은 여성으로 그려지는 수가 많다. 영어에서도 남녀가 공히 'talk(이야기하다)'나 'yell(고함을 지르다)'을 하지만 'chat'나 'gossip(잡담을 하다)'은 주로 여성이 하는 것으로 그려진다. 'screech'나 'shriek'(새된 소리를 내다)도 대부분 여성에 대해서만 쓰인다. 잔소리도 여자가 하면 '늙은 말'을 어원으로 하는 'nag'이지만 남자가 하면 '사냥개'를 뜻하는 'hound'가 쓰인다.

이외에 문화에 따라 언어가 특정 성과 관련된 중요한 가치를 드러내는 경우가 있다. 일례로 모호크어(Mohawk)에는 여성과 관련된 의미론적 분화가 정교하게 이루어져 있어서 주어가 3인칭 단수 대명사임을 나타내는 표지가 세 개나 있다고 한다. 그런데 20세기 초의 모호크어는 지금과 달리 접두사의 의미가 여성의 출산 능력에 초점을 둔 전통적 양상이 드러나서 접두사 'ye-'는 어린 소녀나 나이 많은 여성을 모두 지칭하고 'ka-'는 출산이 가능한 여성만을 지칭함으로써 언어가 여성의 출산 능력을 직접적으로 나타냈다고 한다(Bonvillain 2002).

언어에 나타난 성 이미지를 보면 전통적으로 대다수의 사회가 남성 중심의 문화 모형을 유지해 온 까닭에 남성형이 양성 전체를 대표하는 경우가 많다. 여성의 정체성은 주로 남성과 관련하여 부차적이거나 종속적인 것으로 파악되거나 여성을 지칭하는 단어에서 의미 손상이 일어나는 사례가 비일비재하다. 이와 같은 현상은 성 편견(sexism)을 드러내는데 영어에서 총칭 표현으로서 'he'와 'man'을 사용하는 것이 대표적 예다. 가령 "The medical advances made by man suggest that he will be able to extend average life expectancy for mankind even further(인류(인간)의 의학적 진보는 인간(인류)이 인간(인류, 자신)들의 평균 수명 기대치를 더 늘릴 수 있을 것임을 시사하고 있다)"(MacCormick 2001: 343)와 같은 예에서 'man, he, mankind'가 분명 양성을 모두 포함하는 '인류' 혹은 '인간'을 의미하는 것이 자명한데도 이들을 모두 남성형으로 총칭하고 있다. 'he'는 이렇게 총칭 대명사(generic pronoun)로 주로 쓰여 왔으나 'they'가 같은 기능을 하는 사례도 많다. 유명한 팝 음악가인 스팅(Sting)의 노래 중의 하나인 'If you love somebody, set them free(만일 그대가 누군가를 사랑한다면 그들을 자유롭게 해 주세요).'가 손쉬운 예다. 인칭은 물론 모든 사물에 문법적 성이 부여된 불어에서도 남성형이 대표성을 띤다. 불어에는 성별 3인칭 단수와 복수 형태로 'il'과 'ils'(남성형), 'elle'과 'elles'(여성형)가 있지만 남녀 혼성 집단을 지칭할 때는 남성형인 'ils'이 사용된다.

남성의 대표성이나 여성 차별적 요소는 직업 및 직책 명칭에서도 흔히 발견된다. 가령 영어의 'postman(우편배달부)', 'policeman(경찰관)', 'fireman(소방수)', 'chairman(의장)' 등이 그러하다. 그러나 이들 명칭이 원래부터 성차별적이었던 것은 아니고 전통적으로 남성의 영역이었던 이들 직업군에 사회적 변화로 여성이 진입하게 됨으로써 성차별적인 표현이 된 것이다. 이는 언어 관습이 현실을 미처 따라가지 못해서 생긴 지체 현상(lag)의 하나인데 요즈음에는 적어도 공공부문에서는 이들 명칭 대신 'mail carrier, police officer, fire fighter, chairperson' 등의 용어가 쓰인다.

영어에서 일반적인 호칭인 'Miss'와 'Mrs.'는 이에 대응하는 유일한 남성형인 'Mr.'가 결혼의 여부를 표시하지 않는 것과 달리 여성의 정체성이나 지위를 결혼여부와 관련짓는다는 점에서 불평등하다. 유명한 사회언어학자인 수잔 로메인(Suzanne Romaine)은 예전에 자기를 'Dr.(박사)'라는 직함으로 제시했다가 바로 "…but is it Miss or Mrs.?(그래서 미혼이란 말인가요, 기혼이란 말인가요?)"라는 공격적인 질문을 받은 경험이 있다고 토로한 바 있다(Romaine 2000). 이런 불평등 구조를 해소해 보고자 20세기 초에 상업과 공공 부문에서 남성에 대해서도 결혼 여부를 드러내는 직함(title)을 만들자는 제안도 있었으나, 지칭 대상자의 결혼 여부를 정확히 알 수 없는 경우가 많다는 어려움 때문에 유야무야되었다고 한다. 그러다가 1950년대의 언어 사용 지침서들에서 모든 여성에 대하여 결혼 여부와 관계없이 'Ms.'를 사용하자는 제안이 있은 후 이 제안은 1970년대 이래 많은 여권주의자들로부터 적극적인 지지를 받았다(Romaine 2000). 그러나 이후 실제 쓰임새를 보면 'Ms.'가 'Miss'만 가리키거나 혹은 여성을 부르기 위한 업무상(/공문서상)의 편지에 한정하여 쓰거나(Bonvillain 2002) 스스로 독신 상태를 감추고자 하는 함축을 드러내는 경우가 대부분이라고 한다(Romaine 2000).

여성에 대한 명칭이나 경칭은 이와 짝을 이루는 남성형 대응어와 달리 의미 손상을 입어서 하찮은 의미나 성적인 함축을 나타내는 예들도 많다. 가령 영어의 'sir/dame(준남작, 남성형 경칭/준남작부인, 귀부인, 여자(속어))', 'master/mistress(남자주인, 도련님/여주인, 마님, 情婦)', 'bachelor/spinster(총각/(노)처녀)', 'governor/governess(총독, 지배자/총독부인, 가정교사)'와 같은 짝들에서 'dame'이나 'mistress'는 성적인 함축을 드러내고 'governess'는 'governor'보다 하찮다는 암시를 준다고 한다. 또한 'bachelor'는 단순히 결혼하지 않은 남자를 가리키지만 'spinster'는 결혼하지 않은 여자라는 의미에 더하여 성적으로 부정적인 의미도 내포되어 짝으로서 바람직하지 못한 여자라는 암시를 준다고 한다. 이 때문에 급기야는 'spinster' 대신 'bachelor girl'이나 'bachelorette'라는 말까지 만들어 쓸 정도라고 한다 (Bonvillain 2002).

이러한 성차별적 언어 표현은 언어 사용자의 인식을 정형화하고 이를 재생산하는데 많은 영향을 끼치게 된다.25) 이를 입증하기 위해 매캐이 (MacKay 1983)은 미국 UCLA 남녀 대학생들에게 "When a botanist is in the field, he is usually working(식물학자 하나가 들판에 있을 때, 그 사람은 대개 일을 하고 있다)"와 같은 문장에서 식물학자(botanist) 대신 '엔지니어', '간호사' 등과 같이 전형적으로 특정 성과 관련된 어휘를 다양하게 제시했는데, 'he'라는 인칭 대명사로 인해 거의 모든 남녀 피험자들이 'he'가 지시하는 사람이 여성이라고 보기가 어렵다는 대답을 했다고 한다.

이와 같은 맥락에서 성차별적 언어 관행을 개선하려는 인식이 증가하게 되었고 오늘날에는 성차별적인 관용적 어휘나 기술을 배제하거나 성 중립적인 것으로 대체하려는 시도가 공공 기관이나 언론 매체, 연구 기관 등을 통하여 부단히 이루어지고 있다. 미국에서는 노동부와 여타 정부 기관들에서 3500여 개의 직업 명칭을 성 중립적인 명칭으로 수정했고 호주 정부 역시 정부 발행 출판물에 성차별이 있는지의 여부를 자문해 주는 언어학자를 두고 있다고 한다. 워싱턴포스트(Washington Post)사의 ≪Deskbook on Style≫(편집 관련 사내 규정집)에는 신문기사에서 남성과 여성 모두 두 번째로 언급할 때는 성(姓)만 사용해야 한다든지, 'the comely brunette(아름다운 갈색 머리를 가진 여자)',26) 'weaker sex(상대적으로 약한 성, 즉 여성)' 등의 표현은 사용을 금지하는 규정을 두고 있다고 한다 (Romaine 2000). 한국에서도 국립국어원과 한국여성정책연구원의 지원하에 성차별적 언어 표현 사례에 대한 조사와 더불어 대안 마련을 위한 연구(안상수 2007)를 수행하는 등 언어 사용에 관한 공식적 규범을 바꾸고자 하는 적극적인 노력이 활발히 진행되고 있다.

6. 요약 및 결론

언어와 사회는 끊임없이 상호작용한다. 여러 가지 사회적인 요인 중에서도 성은 언어의 사용과 선택에 가장 강력한 영향을 미치는 요인 가운데 하나다. 언어 사용에서 성별 요인의 영향은 언어의 음운, 어휘, 문법, 대화 스타일에 이르기까지 언어의 각 층위에서 발견되는데, 성별 언어 사용에 대한 연구에서 언어 변이와 성별어에 대한 연구가 이들 층위에 대한 탐구의 주축을 이룬다. 그 결과 여성이 남성에 비해 표준어를 사용하려는 경향이 우세하다든지 위세형에 대한 민감도가 더 크다는 경향을 확인하였다. 하지만 다른 한편으로는 생득적 성별이 언어 사용을 직접 규정하기보다는 해당 언어 공동체 내에서 각 성에 대한 문화적 정형이나 기대감, 사회적 역할, 직업, 특정 어형을 접할 기회, 특정 언어 형태에 대한 사용 권한이나 사용 권한에 대한 주장의 여부 등 수많은 요인들이 성과 언어 형태를 매개한다는 사실이 밝혀졌다. 이를 통해 성별 언어 사용에 대한 연구는 거시적 사회 구조는 물론 미시적 상황 맥락도 필수적으로 고려해야 한다는 점을 알 수 있다.

한편 언어는 그 형태나 의미, 사용 양상을 통해 해당 언어 공동체 문화 모형의 제 단면과 성에 대한 이미지를 드러낸다. 이제껏 대다수의 사회가 남성 중심 지배 구조를 유지해 온 까닭에 언어에도 여러 부류의 성차별적 특징이 드러나 있다.

그동안 언어와 성에 대한 연구는 성별 언어 행위에 대한 기술과 그에 대한 해석 및 설명력을 높이는 데 집중해 왔다. 이를 위해 결손 가설이나 차이 가설 그리고 지배 가설과 같이 언어 사용에서의 성차에 대한 해석을 단일화하려는 시도가 있었으며, 이후 여기에서 더 나아가 성을 생득적이고 결정론적인 요인으로 보기보다는 구체적 상황 맥락 속에서 개개인의 실행과 성취 내지는 결과로 보고자 하는 시각이 대두되기에 이르렀다. 이에 따라 언어 사용에서의 '성'이 비로소 사회 구성 요소로서의 '성(gender)'이라는 의미를 가지게 되었다. 이와 같은 인식의 확장에는 민족지학이나 사회학, 교육학 등 인접 학문 분야에서 영향을 받은 바가 컸으며 사회언어학 연구에 '사회 연계망'이나 '언어 시장' 그리고 '실행공동체' 등의 개념이 도입되기도 했다. 또한 연구 방법에서도 국지적 언어 행위를 관찰하기 위한 참여 관찰이나 담화 분석, 대화 분석의 기법 등이 큰 도움이 되었다. 최근에는 대규모의 코퍼스 활용이 가능해져서 사실에 가까운 많은 언어 자료를 활용한 성별 분석이 가능하게 되었다.

특정 성별의 화자가 특정한 언어 행위를 통하여 하고 있는 일은 무엇인지, 그것의 사회적 의미는 무엇인지에 대하여 알아보기 위해서는 상황 맥락을 매우 다면적이고 유기적으로 고찰해야 한다. 최근 대두된 '실행공동체'에 대한 관심도 이러한 노력의 산물이지만 아직도 해결해야 할 과제가 많이 남아 있다. 성별 언어 사용에 대한 더 발전된 연구 모형은 연구 경험이 지속적으로 축적되어야 가능하며 앞으로의 연구들은 더욱 더 학제적 성격을 띠게 될 것으로 전망된다.

탐구 과제

1 '얼굴마담'이나 '바지사장' 역할을 하고 '치맛바람'을 일으키는 사람들의 성별을 이들 어휘로부터 알 수 있을까? 이들 어휘에서 혹시라도 성차별적 요소가 있다고 생각하는가? 그렇게 생각한다면 성차별적 요소의 원인은 무엇인지 토론해보고 이들을 대체할 만한 적절한 표현을 찾아보자.

2 2000년대 초반 여성으로서 한국 최초로 법무부 장관을 역임했던 한 인사는 기존의 법조계 분위기와는 사뭇 다르게 화사한 색조의 옷과 큼직한 장신구들로 치장하여 여론의 관심을 받았을 뿐만 아니라, 일반 검사들에게도 일일이 격려의 이메일을 보내는 등 이른바 '부드러운 리더십'의 표본으로 주목받았다. 그녀는 여성 리더십에 관한 한 강연에서 판사 재직 시절 일터에 있는 다른 대부분의 남성들이 "-ㅂ니다", "니까?"와 같은 '하십시오'체를 사용했으나 자기는 '해요'체를 고수했다고 한다. 이때 그녀의 언어는 다른 많은 여성들의 언어와 같은 것인가? 아니면 다르다고 보아야 하는가? 그녀가 보여준 일련의 행위와 그녀의 언어적 특성과는 어떤 상통하는 사회적 의미가 있는 것일까에 대해 토론해 보자.

3 요즘 각종 사이버 공간에서 관찰되는 언어 형태 및 언어 사용에서 어떤 성차 (性差)를 발견할 수 있는지 조사해 보자. 그리고 그 결과 드러나는 성차의 유무에 대한 설명을 시도해 보자.

더 읽을거리

1 Eckert, P., and McConnell-Ginet, S. (2003). *Language and Gender*. Cambridge: Cambridge University Press.

이 책은 공저자들이 언어와 성의 문제는 궁극적으로 사회적 실행으로 수렴되는 것이라는 생각을 전제로 언어와 성에 대한 연구 결과와 해석 그리고 다양한 접근 방식들을 비평적으로 개괄하고 향후 연구 방향을 제시하고 있다. 언어와 성이라는 주제의 길라잡이가 된다.

2 Ehrlich, S. (ed.) (2008). *Language and Gender: Major Themes in English Studies*, Vol. I~IV. London: Routledge.

총 4권으로 구성된 이 시리즈는 논문 선집이다. '여성어라는 것이 실재하는가?', '언어는 성 편견적인가?', '언어와 성에 대한 사회구성주의적 접근들' 그리고 '현안들'이라는 대주제에 부합하는 논문들이 각 권 별로 여러 소주제 아래 묶여 있다. 이 책을 통하여 언어와 성 연구에서 핵심 쟁점을 야기했거나 주요 개념을 소개한 논문들과 언어 현상에 대한 의미 있는 해석과 설명을 시도했던 대표적인 연구들을 손쉽게 접할 수 있다.

주석

1) 성별 대상어 및 성별 발화어에 대한 구분은 민현식(1995) 참조.
2) 이와 같은 성별 언어 차이의 기원에 대해서는 예스페르센이 토착민들의 설명을 인용하고 있으나 이 설명의 신빙성에 대해서는 논란의 여지가 있다.
3) (1b)의 예에 대해서는 원전에 주해(gloss)가 없음.
4) 오그래디(O'Grady 1989)는 남성과 여성 언어의 차이를 절대적(sex-exclusive) 차이와 상대적(sex-preferential) 차이로 구별한 바 있다.
5) 예를 들어 'running'의 두 가지 변이형 [ɪŋ] : [ɪn].
6) 예를 들어, 'third, fourth, floor'에서의 변이형 [r] : Ø(발음 생략)
7) 현장 조사원들은 조사 대상이 된 백화점 세 곳에서 3층(third floor)이나 4층(fourth floor)에 있는 특정 가게의 위치를 미리 파악하고 이들 가게의 위치를 직원들에게 물었다가 처음 답을 잘 못 들은 척하고 다시 물어서 [r]발음을 포함하는 단어의 수를 최대한 4번까지 확보하는 방법으로 목표 변이형의 발생 빈도를 측정하였음.
8) 주요 연구는 다음과 같다. 1) 레빈과 크로켓(Levin & Crockett 1967)의 미국 북캐롤라이나 지역에서의 모음 뒤의 'r' 생략 연구, 2) 울프램(Wolfram 1969)의 미국 디트로이트 지역 아프리카계 미국인들의 모음 뒤의 'r' 생략, 어말 혹은 모음 간 치간음 'θ'(예: 'tooth')이 생략되거나 마찰음 [f]나 구개파열음 [t]로 대체되는 현상, 다중 부정 연구, 3) 트럿길(Trudgill 1972)의 영국 노리치 지역에서의 'ing' 연구, 4) 생코프(Sankoff 1974)의 캐나다 몬트리올 프랑스어에서 관사와 대명사인 'il, la, les'에서의 'l' 탈락 연구, 5) 체셔(Cheshire 1982)의 영국 레딩 지역의 사춘기 소년·소녀들의 11가지 문법적 사회언어학 변수 연구.
9) 이렇듯 성별과 계층 간의 연상 관계에 대해서는 독립적 지지 근거가 될 만한 실험 연구가 있어서 자못 흥미롭다. 에드워즈(Edwards 1979)는 아일랜드의 더블린에서 아동들의 말을 녹음한 기록을 피험자들에게 들려주고 아동들의 성별을 식별해 보도록 하였는데 피험자들이 화자의 성을 매우 정확히 식별했다는 것이다. 더욱 놀라운 것은 식별 오류의 패턴이었다. 즉 소년을 소녀로 잘못 들었을 때는 중류 계층의 소녀로, 노동 계층의 소년들처럼 발음하는 소녀는 소년으로 잘 못 들었던 것인데, 이 패턴이 시사하는 바는 피험자들이 남성다운 음성은 '노동 계층'과 여성다운 음성은 '중류 계층'과 연결 지었다는 사실이다.
10) 라보브(1994)에 인용된 디파올로(Di Paolo)의 미국 유타 지역에 대한 1988년도 연구와 텍사스 지역에서의 모음 합병에 대한 베일리 외(Bailey et al. 1993)의 연구 참조.
11) 레슬리 밀로이(L. Milroy 1980), 레슬리 밀로이와 마그레인(L. Milroy & Margrain 1980), 제임스 밀로이(J. Milroy 1981), 레슬리 밀로이와 제임스 밀로이(L. Milroy & J. Milroy 1992).
12) 양층어 상황에 대해서는 제9장 참조.
13) 이 공동체에서는 크리올어인 '걸라어(Gullah)'와 '흑인 영어' 그리고 '지역 표준 영어'라는 크리올어 연속체를 사용한다고 한다.
14) 버나드 쇼(G. B. Shaw)의 1913년도 희곡 ≪피그말리온(Pygmalion)≫을 원작으로 하여 1963년도 미국 워너브라더스社가 제작한 뮤지컬 영화. 영화 속의 언어 변이 및 언어 태도와 관련된 구체적 내용은 백경숙(2009) 참조.
15) 레이코프가 경험적 연구 자료를 사용하지 않은 것은 그녀가 생성문법의 테두리 안에서

작업을 하던 언어학자였다는 사실에 기인하므로 이에 대한 비판은 온당치 않다는 점은 이미 제시된 바 있다. 버콜츠와 홀(Bucholtz & Hall 1995) 참조.

16) ICE-GB: British component of the International Corpus of English

17) 대화 분석을 위한 전사부호에 관해서는 제6장 주석 10) 참조.

18) 결손 접근법, 지배 접근법, 차이 접근법은 각각 결손 가설, 지배 가설, 차이 가설이라고도 불린다.

19) 지배 접근접적 시각을 보이는 연구들은 예컨대 듀보아와 크라우치(Dubois & Crouch 1975), 스왜커(Swacker 1975), 베일리와 팀(Baily & Timm 1976), 크로스비와 나이퀴스트(Crosby & Nyquist 1977), 베넷과 와인버그(Bennet & Weinberg 1979), 매코넬-지넷(McConnell-Ginet 1983), 드클러크(DeKlerk 1992) 및 휴스(Hughes 1997) 등이다.

20) 차이 접근법적 시각을 드러내는 연구들로는 말츠와 보커(Maltz & Borker 1982), 태넌(Tannen 1986, 1990), 젠킨스와 체셔(Jenkins & Cheshire 1990), 체셔와 젠킨스(Cheshire & Jenkins 1991) 등이 있다.

21) 비슷한 견해에 대해서는 트뢰멜-플뢰츠(Troemel-Ploetz 1988), 헨리와 크래머레이(Henley & Kramarae 1991), 우치다(Uchida 1992), 데이비스(Davies 1996) 등도 참조.

22) 예를 들어 'fun'의 /ʌ/를 'fawn'의 [ɔ]처럼 발음하는 현상.

23) 핵모음이란 이중모음 /ay/의 앞 부분 /a/를 지칭한다. 여기서 핵모음 상승이란 /a/가 [ʌ]나 [ɔ] 등으로 상승되어 예컨대 'file'의 모음이 'foil'의 모음처럼 발음되는 현상을 지칭함.

24) 안상수(2007)이 여러 매체에서 수집한 자료를 조사한 결과에 따르면 엄마와 아빠, (외)할머니와 (외)할아버지 등의 호명 순서를 제외하면 대부분 남성형이 여성형에 선행한다고 한다.

25) 제7장의 사피어-워프 가설(Sapir-Whorf Hypothesis: 언어 상대성 가설) 참조.

26) 영어 사용권에서 머리색으로 사람을 유형화하는 것은 거의 여성만을 대상으로 한다.

제5장

호칭과 경어법

언어 사용의 여러 측면에서 대화 참여자들의 사회적 관계에 따라 변이가 나타나지만 호칭과 경어법의 경우 대화 참여자들의 사회적 관계에서 절대적 영향을 받는다. 호칭과 경어법 사용에서 화자는 청자와의 다양한 관계를 고려하여 적절한 언어 형식을 선택하게 된다. 화자와 청자의 나이, 지위, 친밀도 등의 요인과 대화 상황의 격식성에 따라 사용하는 형식이 달라진다. 이러한 요인에 따라 이루어지는 '규범적 용법'과는 별도로 화자의 의도와 목적에 따라 '전략적 용법'이 나타나기도 한다. 그만큼 호칭과 경어법 사용은 여러 가지 요인이 개입되는 복잡한 과정이다.

(1) 휴대폰 문자 대화 속의 호칭과 경어법

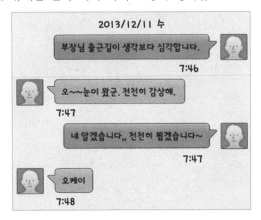

2013/12/11 수

부장님 출근길이 생각보다 심각합니다.
7:46

오~~눈이 왔군. 천천이 감상해.
7:47

네 알겠습니다,, 천천이 뵙겠습니다~
7:47

오케이
7:48

보기 (1)의 휴대폰 문자 대화를 보면, 대화 참여자들의 직장 안 지위가 같지 않음을 알 수 있다. 첫 번째 화자는 상대방에게 '부장님'이라는 호칭을 쓰면서 높임 정도가 가장 강한 하십시오체 청자 경어법 형식을 썼다. 더욱이 '알겠습니다', '뵙겠습니다'와 같이 공손함을 표현하는 선어말어미 '-겠-'을 쓴 점도 눈에 띈다. 반면 두 번째 화자는 상대방에 대한 호칭을 사용하지 않고, 높임 기능이 아주 약한 해체의 청자 경어법 형식을 쓰고 있다. 이런 대화를 통해 어떤 회사의 부장과 그 하급자가 대화를 나누고 있으며, 두 사람의 지위 차이가 호칭 및 경어법의 비대칭적 사용으로 잘 드러남을 알게 된다.

(2) 외국인 여성에 대한 차별적 언어 사용[1]
"그럼 240짜리 구두 보여주세요."
"아니! 나 235 신어요."
그분이 어색하게 손사래를 치며 말했다.
"굽 좀 있는 걸로 보여주세요. 저렇게 납작한 거 말고."
"저짝 사람 같은데, 학생하고 많이 닮았네."
주인아주머니는 그분을 저짝 사람이라고 했다.
나는 반짝거리는 작은 리본이 달린 검정 구두를 집었다. 굽도 7센티미터는 될 거 같다.

"신어보세요"

그분은 머뭇거렸다.

"사준다고 할 때 신어. 좋은 걸로 골랐네. 근데 둘이 무슨 사이야?"

(김려령, ≪완득이≫, 131~132쪽)

(2)는 영화로도 제작되었던 소설 ≪완득이≫에서 가져 온 것으로, 결혼 이주 여성에 대한 차별적 호칭 및 경어법 사용이 눈에 띈다. 신발 가게 주인은 처음 보는 동남아 출신의 성인 여성에게 '우리'와 구별 지어 '저짝 사람'이라는 가리킴말을 썼다. 또 청자 경어법 면에서 일관되게 반말인 해체를 쓰고 있다. 한국 언어공동체에서 처음 보는 성인들이라면 나이 등의 차이가 있더라도 해요체, 하십시오체 등의 높임 형식을 쓰는 것이 일반적 언어 사용 규범이지만 여기서는 그것이 지켜지지 않았다. '외국인', '동남아인', '여성'이라는 3중 차별 구조가 복합적으로 작용한 결과다.

이 장에서는 대화 참여자들의 '사회적 관계'에 따라 달라지는 호칭 및 경어법 사용에 대해 살펴보기로 한다. 사회적 관계는 달리 '사회적 요인(social factors)'으로 표현할 수 있는데, 호칭과 경어법 사용에 작용하는 사회적 요인에는 어떤 것이 있는지를 먼저 정리하고, 이어서 호칭과 경어법의 주요 특성에 대해 중점적으로 기술한다. 한편, 경어법과 관련되는 범언어적 현상으로 '공손(politeness)' 현상이 있는데 둘의 관련성에 대해서도 간단히 다루고자 한다.

1. 사회적 요인

호칭이나 경어법 사용 과정에서 화자들이 고려하는 사회적 요인은 크게 '참여자 요인'과 '상황 요인'으로 나눌 수 있다. 참여자 요인은 다시 '힘(power)'과 '거리(distance)'로 나눌 수 있고, 힘 요인에는 계층, 나이, 지위 등이 들어간다. 여기서 '지위'는 '직위나 직급, 임관·입사·입학·입회 서열, 항렬' 등을 두루 가리키는 개념이다. 무엇인가를 주는 사람과 받는 사람 사이에 형성되는 '수혜자 관계'도 경어법 사용에서 작용하는 힘 요인의 하나로 파악된다. 거리 요인에는 '성별'과 '친소 관계'가 있는데, 친소 관계는 다시 물리적 거리와 심리적 거리로 나뉜다. 상황 요인에는 '격식성'과 '제3자 인물의 현장성'이 들어간다. 격식성은 대화가 이루어지는 상황의 특성을 가리키는 것으로 회의, 수업, 연설 등 격식성과 공식성이 강한 말하기 상황도 있고 개인적 대화를 나누는 것과 같이 격식성이 낮은 비공식 말하기 상황도 있다. 제3자 인물의 현장성이란 화자와 청자 밖의 제3자가 대화 현장에 존재하는지의 여부가 경어법 사용에 영향을 끼치는 것을 가리킨다. 대화 내용에 등장하는 제3자가 대화 현장에 있으면 화자는 경어법 사용을 더 신중하게 한다.[2] 이러한 사회적 요인들을 정리하면 (3)과 같다.

(3) 경어법 사용의 사회적 요인(이정복 2012나: 37)

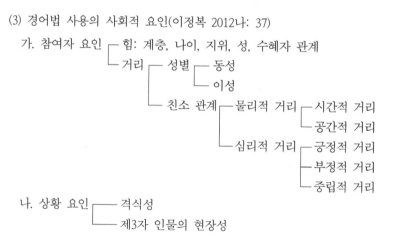

참여자 요인과 상황 요인 가운데서 대화 참여자들의 사회적 관계와 직접적으로 관련되는 것은 참여자 요인이다. 호칭이나 경어법 사용에서 화자는 대화 참여자들 사이의 힘과 거리 관계를 고려하여 적절한 언어 형식을 선택함으로써 청자나 제3자를 대우하게 된다. 상대방이 화자 자

신보다 몇 살이나 나이가 많은지, 같은 직장 구성원이라면 입사 서열이 어떻게 되고 직장 안에서의 직위 차이가 얼마나 있는지, 상대방에게 얼마나 부탁해야 할 일이 많은지 등의 여러 가지 '힘' 관계를 언어 형식 선택의 우선적 요인으로 삼는다. 동시에 한국어 화자들은 상대방이 자신과 얼마나 심리적으로 가깝고 친밀한 사이인지도 따져 보게 된다. 같은 학교를 졸업한 선후배 관계거나 출신 지역이 같다면 같은 조건의 다른 사람에 비해 높임의 정도를 상대적으로 낮추는 것이 가능하다.

거리 요인의 '성별'과 별도로 '성(性)'이 힘 요인의 하나로 들어 있는데, 남성과 여성의 관계가 힘 차이로 해석되는 경우와 관련이 있다. 힘 요인으로서 '성'이 작용하는 한 보기로, 부부 사이의 비대칭적 경어법 사용을 들 수 있다. 나이든 세대에서 남편은 아내에게 하게체나 해체를 사용하는 반면 아내는 남편에게 하오체나 해요체를 쓰는 용법이 쉽게 관찰된다. 젊은 세대의 부부 사이에서도 비대칭적으로 남편은 해체를, 아내는 해요체를 기본 형식으로 쓰는 일이 많다. 이러한 남녀 간의 경어법 사용은 남편이 아내의 윗사람처럼 군림하던 남존여비의 봉건적 사고방식이 경어법 사용에 반영된 결과이면서 동시에 한국의 결혼 문화에서 '남편 연상, 아내 연하'라는 보편적인 나이 차이가 반영된 것이다. 그러나 최근 '아내 연상, 남편 연하'의 경우가 늘어나면서 남편이 아내보다 어린 관계임에도 남편은 해체를, 아내는 해요체를 쓰는 용법, 곧 나이 차이와 무관하게 남성에게 유리한 방향의 비대칭적 용법을 쓰는 부부도 관찰된다. 여성이 나이가 많더라도 여성에게 유리한 비대칭적 용법이 거의 일어나지 않기 때문에 부부 사이의 이러한 경어법 사용은 오래된 한국 사회의 남성 중심 문화의 잔재라고 해야 한다. 남성 중심적이며 여성 차별적인 이러한 용법이 일반화되어 외국의 소설이나 영화 대사를 한국어로 번역할 때에도 그대로 반복되어 나타난다.

(4) '성'이 힘 요인으로 작용한 경어법 사용
　　남편: 그만 왔다갔다하고 앉아. 정신없어.
　　아내: 알았어요. 당신 정말 남자다워졌군요.

남편: 크림은 이게 전부야?

아내: 네.

남편: 집에 와도 먹을 게 별로 없군.

(미국 영화 〈우리 생애 최고의 해〉, 1946)

위 대화는 윌리엄 와일러 감독의 영화 〈우리 생애 최고의 해〉 번역 대사인데, 남편은 반말인 해체를 쓰는 반면 아내는 높임의 해요체로 대화를 나눈다. 'Will you please stop fussing around? Sit down and talk to me'(남편의 첫 대사)와 'All right, Sergeant. Gosh, you've got tough'(아내의 첫 대사)처럼 원어인 영어 대사에서는 경어법 사용의 성별 차이가 없음에도 한국어로 옮겨지면서 남녀의 지위 관계와 그에 따른 경어법 사용이 한국어 언어공동체의 모습으로 바뀐 것이다. 이 영화에서 다른 부부들도 많이 나오지만 남녀 간의 비대칭적 용법이 유지되는 것은 마찬가지다. 그런데 요즘 한국의 젊은 부부들은 나이 차이를 떠나서 해체를 대칭적으로 쓰는 일이 많은 편이다. 부부 사이의 호칭에서도 서로 '자기'를 쓰는 일이 늘어났다. 앞으로 대등한 부부 관계를 반영하여 나이 요인을 배제하고 대칭적 용법을 쓰는 방향으로 정착되면 경어법 사용에서 '성' 또는 '성별'은 힘 요인에서는 제외하고 거리 요인에만 넣어도 좋을 것이다.

경어법 사용 과정에서 이러한 사회적 요인들은 몇 가지가 동시에 작용하는 일이 많다. 여러 가지 힘 요인들 사이에서 어느 것을 우선적으로 적용할지가 문제가 되어 대화 참여자들이 심리적 대립을 이루고, 심하면 물리적 충돌과 대화 단절로 이어지기도 한다. 이정복(1998, 2001가)에서 자세히 살펴본 바와 같이 대화 참여자 가운데 〈화자 1〉이 〈화자 2〉보다 나이는 많지만 계급이 낮은 경우처럼 나이와 계급 등의 힘 요인에서 대화 참여자들의 지위가 일치하지 않을 때에는 '대립적 지위 관계'를 해소하려는 과정에서 적지 않은 갈등을 겪게 된다. 대립적 지위 관계가 절충 등의 방식으로 적절히 해소되지 못하면 서로 말하는 것이 계속해서 불편하기 때문에 만남이나 대화 자체를 피하는 '대화 회피 전략'이 동원되기도 한다.

사회적 요인들의 적용 우선순위는 시대에 따라서 뚜렷한 차이를 보여 준다. 신분 질서가 엄격했던 조선 시대에는 '신분 계층', '관직 위계', '가족 지위'가 가장 중요한 사회적 요인이었던 것으로 보고되지만 현대 한국 사회의 경어법 사용에서는 나이 요인이 큰 역할을 차지한다. 엄격한 신분 체계가 무너지고 가족 질서가 약해진 상황에서 나이가 가장 핵심적인 힘 요인으로 등장한 셈이다. 신분 및 가족 지위의 경우 개인적으로 바꾸기 어려운 고정된 값을 지니기 때문에 불평등의 문제가 컸지만 나이는 누구에게나 공평한 것인 점에서 현대 민주주의 사회에서도 큰 거부감 없이 중요한 경어법 사용 요인으로 작용할 수 있다고 하겠다.

현대 한국어 사용에서도 대화 참여자가 소속된 언어공동체의 특성에 따라서 사회적 요인의 적용 우선순위에서 차이가 생긴다. 경찰, 군대와 같이 계급 질서가 조직의 핵심적 운영 원리이자 언어 사용의 규범이 되는 언어공동체에서는 힘 요인 가운데서 '지위', 특히 계급이 호칭 및 경어법 사용에서 일차적 고려 요인으로 작용한다. 가족이나 친족 집단에서는 항렬 등의 가족 지위가 우선적으로 적용되지만 나이와 가족 지위가 불일치하는 관계에서는 절충적 용법이 허용되는 분위기가 사회적으로 확산되고 있다. 조카와 삼촌, 형수와 시동생, 윗동서와 아랫동서 등의 사이에서 나이와 가족 지위가 일치하지 않는 경우 경어법 사용의 어려움과 갈등이 생긴다. 윗동서가 아랫동서보다 나이가 어린 경우 호칭 사용에서는 '형님'과 '동서'를 통해 서로의 비대칭적 지위를 인정하면서도 청자 경어법에서는 반말을 대칭적으로 쓰는 식으로 갈등을 풀어 나간다. 사회적으로 힘 요인의 영향력이 전반적으로 약화되면서 나이나 계급 차이가 크지 않은 '약한 수준의 지위 불일치 관계'에서는 두 가지 요인을 대등하게 적용하는 절충적 용법이 필요하다고 생각하는 화자들이 많아지고 있는데, 이런 경향은 심지어 군대에서도 관찰된다. 일상적으로 접하게 되는 같은 중대 소속이 아니면 계급 차이가 있는 병들이 '아저씨'를 호칭으로 쓰면서 서로 해요체 또는 하십시오체를 대칭적으로 쓰는 식이다.

한편, 대화 참여자 사이의 친밀성 정도를 가리키는 '거리' 요인은 '유대감(solidarity)' 또는 '연대감'으로 부르기도 한다. 브라운과 길먼(Brown

& Gilman 1960)에서는 독일어, 프랑스어, 이탈리아어 등 유럽어의 2인칭 대명사 사용을 힘과 유대감의 관점에서 분석했다. 이런 언어들에는 '친밀형 T'(프랑스어 'tu', 독일어 'du')와 '공손형 V'(프랑스어 'vous', 독일어 'Sie') 형식이 있는데, 화자들의 힘이 서로 같지 않을 때는 두 가지를 비대칭적으로 쓴다고 보고했다. 윗사람은 친밀형을 쓰는 반면 아랫사람은 공손형을 쓰는 식이다. 반면 대화 참여자들이 대등한 힘과 상호 유대감을 갖고 있으면 대칭적으로 'T형'을 쓰고, 대등한 힘을 갖고 있지만 유대감이 없으면 서로 'V형'을 쓴다. 20세기 중반을 전후하여 힘보다는 유대감이 대명사 선택의 중요한 요인이 됨으로써 부모와 아이가 가정에서 서로 'T형'을 쓰는 사실도 지적했는데, 20세기 후반에 들어 한국어 경어법 사용에서도 마찬가지 현상이 뚜렷하게 나타났다. 집에서 아이가 부모에게 부탁하거나 부모가 아이를 훈계하는 등의 특별한 상황이 아니면 아이들과 부모가 반말을 대칭적으로 쓰는 것이 일상 용법이 되었다. 힘 요인이 여전히 중요하지만 사회 전반적으로 거리 요인의 중요성도 높아지고 있음을 보여 준다.

2. 호칭

'호칭' 또는 '호칭어'(address terms)는 화자가 대화 상대방인 청자 또는 대화 현장에 없는 제3자를 부르거나 가리킬 때 쓰는 표현들을 뜻한다. '할머니, 사랑합니다. 오래오래 건강하세요', '김 과장님은 은행에 가셨어요'에서 '할머니', '김 과장님'이 전형적인 호칭어에 해당한다. 좀 더 구체적으로 표현하면, '할머니'는 '호칭어(呼稱語)'에 해당하고, '김 과장님'은 '지칭어(指稱語)'에 해당한다.

한국어에서 호칭어는 '지칭어'와 짝이 되는 말이면서 그것을 포괄하는 상위어이기도 한데, 호칭어와 지칭어가 대응 관계를 이룰 때 각각을 '부름말'과 '가리킴말'로 일컫는 경우가 많다. '동호 형, 어제 오후에 형과 민준 선배 같이 계셨어요?'에서 '동호 형'은 청자 부름말, '형'은 청자 가리킴말, '민준 선배'는 제3자 가리킴말이다. 상위어로서의 호칭어는 대화 상대방인 청자에 대한 부름말, 가리킴말과 함께 대화 현장에 없는 제3자에 대한 가리킴말까지 포괄하는 용어로 이해할 수 있다. 또 호칭어는 '여기요, 따뜻한 물 좀 주세요'의 '여기요'처럼 상대방의 주목을 끌기 위해 쓰는 '호출어(summons)'와는 구별된다.

호칭어의 유형에는 이름 호칭어, 직함 호칭어, 친족 호칭어, 대명사 호칭어, 통칭 호칭어 등이 있다(이익섭 1994; 박정운 1997).

(5) 호칭어의 유형
　가. 이름 호칭어: 박성희, 성희, 성희야, 박성희 씨, 박성희 님
　나. 직함 호칭어: 회장님, 원장님, 김용준 이사관, 이 대령님, 정 박사
　다. 친족 호칭어: 할머니, 어머님, 아빠, 삼촌, 영호 할머니
　라. 대명사 호칭어: 너, 자네, 자기, 당신, 그분
　마. 통칭 호칭어: 선생님, 사장님, 사모님, 아주머니, 학생
　바. 기타 호칭어: 곰돌이, 일석, 나주댁

이름 호칭어는 가장 기본적이고 보편적인 호칭 형식으로 '박성희'와 같이 '성+이름'(온이름)이 주로 쓰이고, 사적 대화에서 성을 뺀 이름만으로도 종종 쓰인다. 이름 또는 온이름 뒤에 호격조사 '-아', 의존명사 '씨', '님' 등의 추가적 가리킴말 형식을 덧붙여 호칭어로 쓰는 일도 많다.

직함 호칭어로는 '회장님', '원장님'처럼 조직 안에서의 직위를 나타내는 말과 '김용준 이사관', '이 대령님'과 같이 직급 또는 계급을 나타내는 말이 대표적이다. '정 박사'라고 할 때는 학위 이름이 호칭어로 쓰이는 것인데, 이것도 일종의 직함 호칭어라고 할 만하다. 한국 사회에서는 대상자를 높여 대우하기 위해 '총리님', '장관님', '차관님', '청장님' 등 직위에 '님'을 붙인 호칭어를 자주 쓰고, 특히 고위직에 있는 사람에게는 직위를 이용하여 부르거나 가리키는 것이 마땅한 예의라고 생각한다. 대학에서도 교수들에게 '선생님'이라고 하기보다는 '교수님'으로 부르는 용법이 널리 확산된 상태이며, 행정 보직을 맡은 교수에게는 '교수님' 대신

'처장님', '원장님'처럼 보직 이름을 이용해서 호칭하는 것이 관례처럼 되었다. 그러다 보니 다음과 같은 흥미로운 호칭어의 쓰임이 관찰되는 일이 있다.

(6) 직함 호칭어의 독특한 쓰임
　　직원: 이호영 학과장님, 안녕하십니까? 기획팀 박민준입니다.
　　교수: 네, 안녕하세요?
　　직원: 교내 메일로 자료 보내드렸습니다. 살펴보시고 연락 주십시오.
　　교수: 고맙습니다. 곧 연락드릴게요.

　　교수와 직원의 대화인데, 보통은 직원이 교수에게 '○○○ 교수님'을 호칭어로 쓰지만 이 직원은 '학과장님'을 호칭어로 써서 눈에 띈다. 학과장으로서의 일이 아니라 교수 개인적인 일로 통화를 한 것인데 상대방은 '교수님' 대신 '학과장님'으로 가리키면서 상대방을 더 정중히 대우하려는 의도를 드러냈다. 평소 '처장님', '실장님' 등 보직명을 이용하여 교수들을 부르던 데 익숙한 젊은 직원이 해당 교수의 보직인 '학과장'을 호칭어로 이용한 것이다. 그러나 교수들 사이에는 평소 이런 표현을 호칭어로 쓰지 않고 듣기도 힘든 면에서 해당 교수는 당황스러웠다고 한다. 한국어 화자들이 직위를 호칭으로 쓰는 데 얼마나 적극적인지를 보여 주는 한 보기다.

　　한국어에는 친족 호칭어가 아주 발달해 있다. 자신의 부모와 조부모에 대해서는 '아버지', '할머니'와 같이 부르고 시부모 또는 처부모에 대해서는 '아버님', '장모님'처럼 부르는 차이와 차별이 있지만 최근에는 이런 차별을 두지 않고 '님'을 뺀 형식을 두루 쓰는 경향이다. 요즘은 '아버지', '어머니'의 친밀형인 '아빠', '엄마'를 유아나 청소년층은 물론이고 30~40대 장년층 화자들도 자연스럽게 쓴다. 친족 호칭어 가운데는 '매개 친족 호칭어(teknonymy)'가 있는데, 자식을 매개로 하여 시동생을 '삼촌'으로, 친구 아버지를 '아버님'으로 부르는 용법과 '영주'라는 딸이 있는 여성을 '영주 어머니'라고 하는 용법을 모두 가리킨다. 후자를 특히 '자녀 이름에 기댄 호칭어'라고 한다.

대명사 호칭어는 2인칭 형식들이 주로 쓰이고, 3인칭 형식의 쓰임은 한국어에서 극히 제약을 받는다. 2인칭 안높임 대명사 '너'의 쓰임이 많은 반면 높임 형식 '당신'은 쓰임이 적을 뿐만 아니라 사용 대상도 부부 사이로 한정되는 것이 특징이다. 젊은 층의 연인이나 부부 사이에서는 '당신'보다는 3인칭 재귀대명사에서 발달한 '자기'가 더 선호된다. '당신이 뭔데 간섭이오?'와 같이 '당신'이 하오체와 잘 어울려 쓰이는 형식이고, 현대 일상 한국어에서 하오체의 쓰임이 거의 없는 점 때문에 낯선 성인에게 '당신'을 쓰기가 어렵다. 다만, '할아버지는 언제나 당신 스스로 일을 처리하셨다'의 경우처럼 높임의 3인칭 재귀대명사로서 '당신'은 여전히 활발한 쓰임을 보여 준다.

통칭(通稱) 호칭어는 처음 보는 성인들 사이에서 널리 쓰이며, 대부분이 높임 기능을 갖는 점에서 '두루 높임 호칭어'라고도 부른다. 자동차 정비소를 방문한 처음 보는 남성을 '사장님'이라고 부르고 여성을 '사모님'으로 부르는 것이 통칭 호칭어의 한 쓰임이다. '사장님' 대신 최근에는 '선생님'을 두루 높임 호칭어로 쓰는 일이 늘어나고 있다. '선생님'은 그동안 '남성 대상 호칭어'라는 차별적 쓰임을 보여 주었는데, 관공서를 중심으로 여성들에 대한 쓰임이 확산되는 추세에 있다. 길거리에서 친족 호칭어를 이용하여 처음 보는 중년 여성을 '아주머니'나 '언니'로, 중년 남성을 '아저씨'로 부르고 노년 여성을 '할머니'로, 노년 남성을 '할아버지'로 부르는 것도 통칭 호칭어의 전형적 쓰임이다. 모두 가족 중심적인 한국 사회에서 나온 독특한 용법으로 이해할 수 있다.

통칭 호칭어 또는 두루 높임 호칭어는 인터넷 통신 공간에서 그 기능을 아주 효과적으로 발휘한다. 통신 언어에서 '님'은 통신 공간의 익명성과 평등성, 경제성 요구에 잘 들어맞는 '두루 높임' 형식으로 활발히 쓰이고 있다. 접미사('방장님', '운영자님'), 의존명사('아리랑 님', '6017 님')로서의 쓰임에 그치지 않고 일상어 사용에서는 나타나지 않던 대명사('에구 미안해요 제가 님이 올린 줄 모르고…')로서의 용법까지 자연스럽게 관찰된다. 통신 공간은 기본적으로 이용자 정보가 노출되지 않는 익명성과 실제 사회에서의 지위와는 관계없이 누구나 대등한 자격으로 참여할 수 있는 평등성을 바탕으로 관계가 형성·유지되기 때문에 '님'과 같은 두루 높임 호칭 형식의 필요성이 강하다. 또한 '님'은 1음절로 된 간결함 때문에 언어 경제성을 갖추고 있으며, 의미 면에서 '사장님', '사모님', '선생님' 등에 비해 거부감이 없는 형식인 점에서 통신 언어로 적합하다. 이런 다양한 배경에서 누리꾼들은 상대방에 대한 인적 정보를 모르는 경우는 물론이고 화자 자신보다 나이가 많든 적든, 실제 세계에서의 지위가 높든 낮든 상대방을 인격적으로 혹은 높여 대우하고자 하는 의지만 있으면 '님' 형식을 호칭어로 사용한다. 최근 이정복·판영(2013) 연구를 보면, 중국어 통신 언어에서도 '님'과 의미와 기능이 아주 유사한 두루 높임 호칭어 '亲(친)'이 쓰이는 것으로 확인되었다.

(7) 인터넷에서 관찰되는 두루 높임 호칭어 '님'의 쓰임

> 차사랑**님**께 나눔 받은 45 큐브 어제 세팅 완료하고 물잡고 있습니다.
>
> 저에게 이런 행운을 주셔서 감사드립니다.
>
> 수조 사이즈 늘리고 싶어도 금전적으로 부담 스러워서 망설이고 있었거든요.
>
> 주말에 강가에 가서 돌도 주어오고. 에이쁠**님** 물방에가서 이것저것 사왔네요.
>
> 그리고 에이쁠**님**!! 피시덴에 crs치비 하나 딸려왔네요.
> ㅜㅜ 전 자신없는데 암튼 고맙습니다.
>
> 급하게 하느라 아직 정리가 덜 되었지만 차사랑**님**께 감사인사 드리려고 글 남겨 봅니다. ^^

그 밖의 호칭어로는 '별명'(곰돌이, 예쁜이)이나 '호'(일석, 모산), '나주댁', '덕실댁'처럼 출신 지역 이름을 붙여 부르는 '택호(宅號)' 등이 있다. 호나 택호의 사용은 21세기 현재에는 쓰임이 거의 사라져 가고 있다. 그 대신 인터넷 통신 공간에서 '통신 별명'이나 '대화명'의 쓰임이 늘어났다. 통신 별명은 "인터넷 통신을 이용할 때 통신 화자를 나타내기 위하여 통신 이름과는 다르게 만들어 쓰는 임시적인 이름"으로, 대화명은 "인터

넷 통신 대화방을 이용할 때 통신 화자를 나타내기 위하여 통신 이름과 다르게 만들어 쓰는 임시적인 이름"(이정복 2009: 181)으로 정의된다. '통신 이름'은 통신 공간에서 지속적으로 쓰는 개인 식별 기호(ID)를 가리키는 데 비해 통신 별명(커피한잔, 동양어문, 친구구해여)이나 대화명(안개꽃, 95모여라, 피파3)은 상대적으로 쉽게 바꾸어 쓸 수 있고, 형식이 자유로운 점에서 차이가 있다. 이런 이름들은 인터넷 통신 공간에서 만들어져 쓰이는 새로운 호칭어로서 뚜렷한 기능과 의의를 갖는다.

호칭어는 그 자체로 또는 추가적 형식을 통하여 청자에 대한 일정한 언어적 대우를 포함하게 된다. 따라서 호칭어는 청자 경어법과 밀접한 관련이 있다. 예를 들면, 한국어에서 호칭으로 '자네'를 쓰면 청자 경어법에서는 전형적으로 하게체를 쓰고, '어르신'을 쓰면 하십시오체를 쓰는 식이다. 한국어, 일본어 등 문법적 경어법이 발달한 언어에서 호칭어는 청자 경어법을 실현하는 한 구성 요소로서의 성격이 강한 반면 문법적 경어법이 없는 영어 등의 서양 언어에서는 호칭어 자체가 상대방에 대한 언어적 대우의 핵심적 역할을 맡고 있다.

앞서 기술한 바와 같이 독일어, 프랑스어 등 유럽 여러 언어에서는 친밀형 T형과 공손형 V형의 2인칭 대명사가 쓰인다. 이들은 각각 안높임의 T형과 높임의 V형으로 부를 수 있다. 1950년대를 전후하여 이들 언어에서 호칭어 쓰임을 결정하는 요인의 무게 중심이 힘에서 거리로 이동하였고, 서로 같은 형식을 주고받는 대칭적 용법이 늘어나게 되었다(Brown & Gilman 1960).[3] 한국 사회에서도 낯선 성인들이 나이 차이를 무시하고 '선생님', '사장님', '사모님' 등의 호칭어를 대칭적으로 쓰는 일이 많아지고 있고, 나이가 마흔이 훨씬 넘어서까지 부모를 '아빠', '엄마'라는 아기말로 부르는 것은 힘보다는 거리 요인이 더 중요하게 작용하기 때문이다. 특히 익명성과 평등성을 바탕으로 하는 인터넷 통신 언어 사용에서도 거리 요인이 중요하게 작용함으로써 두루 높임 호칭어 '님'이 대칭적으로 잘 쓰이게 된 것이다.

3. 경어법

3.1 경어법의 개념과 하위 유형

경어법(敬語法, honorifics)은 다른 사람을 높여 대우하기 위한 언어 형식들의 사용 방식이다. '높임법', '대우법', '존대법', '높임말', '존댓말', '높이기(honorification)'라고도 한다. 높임 기능을 가진 '경어법 형식' 또는 '높임 형식'에는 여러 가지 어휘와 문법 형태소들이 있다. 한국어의 경우 '댁, 성함, 연세'와 같은 명사, '드리다, 뵙다, 주무시다'와 같은 동사가 대표적 높임 형식들이다. 조사 '께, 께서', 의존명사 또는 접미사로 쓰이는 '님, 분, 씨', 대명사 '자네, 당신, 어르신' 등도 높임 형식으로 쓰인다. 높임의 문법 형태소로는 선어말어미 '-시-', 청자 경어법 기능을 함께 갖는 종결어미 '-게', '-어요', '-십시오' 등이 있다. 이러한 '높임' 형식은 '안높임' 형식과 대응되며, 개별 형식 단독으로 쓰이기도 하지만 둘 이상이 함께 쓰여 높임 기능을 더 강하게 발휘하는 일이 많다.

(8) 경어법 형식의 쓰임 보기
    가. 부장님께서 아이들 졸업선물로 예쁜 꽃을 만들어 주셨답니다~ ♥
    나. 이렇게 아이가 잘 클 수 있도록 지도해주신 선생님께 감사드린다...
    다. 저번 주말이 뽀꼬 할아버지 생신이셨어요.

(8가)의 문장에는 '부장님께서'의 '-님', '께서', '주셨답니다'의 '-시-', '-읍니다' 등 네 가지 경어법 형식이 쓰였다. 앞의 세 개는 행위 주체인 '부장'을 높여 대우하기 위한 것이고, 하십시오체 종결어미 '-읍니다'는 글을 읽는 독자를 높이기 위한 것이다. (8나) '지도해주신'의 '-시-', '선생님께'의 '-님', '께', '감사드린다'의 '감사드리다'는 모두 '선생님(교사)'을 높이기 위해 쓴 것이다. (8다)에서는 '할아버지'를 높여 대우하기 위해 '생신이셨어요'의 '생신'과 '-시-'를 썼고, 독자를 높이기 위해 해요체 종결어미 '-어요'를 썼다. 한 문장 안에서도 특정 인물을 높이기 위해 여러

가지 경어법 형식들을 결합하여 쓰고 있음이 확인된다.

한국어는 다른 사람을 높여 대우하기 위한 언어 형식들의 사용 방식인 경어법이 체계적이면서 정밀하게 발달해 있다. 경어법은 기본적으로 사람들 사이의 실제 지위 관계를 언어 형식으로 표현하는 것이지만 예외가 많다. 나이, 계급, 직급, 항렬 등의 힘 요인뿐만 아니라 화자와 청자가 얼마나 가까운 사이인지, 언제부터 아는 사이인지, 서로에게 어떤 태도를 갖고 있는지, 함께 소속된 집단의 성격이나 대화 상황이 어떤지 등 거리 및 상황 요인을 함께 고려하여 경어법을 사용한다.

경어법은 높임 대상이 누구인지에 따라 '주체 경어법', '객체 경어법', '청자 경어법'으로 나뉜다. 주체 경어법은 동작·상태·상황의 주체를 높이는 말하기 방식이고(이정복, 2010), 객체 경어법은 동작의 객체를 높이는 것이며, 청자 경어법은 대화에 참여하고 있는 상대방, 곧 청자(글에서는 독자)를 높이는 것이다. 경어법에서 차지하는 청자의 중요성을 고려할 때 이 세 가지를 (9)와 같이 먼저 청자 경어법과 제3자 경어법으로 크게 나누고, 주체 경어법과 객체 경어법은 제3자 경어법 아래에 두는 체계가 적절하다.

(9) 높임 대상에 따른 한국어 경어법의 유형
   가. 청자 경어법
   나. 제3자 경어법 ┌ 주체 경어법
                    └ 객체 경어법

높임 형식 면에서는 '문법적 경어법', '어휘적 경어법'이 있다. 문법적 경어법은 문법 형태소인 선어말어미와 종결어미의 사용을 통하여 표현된다. 현대 한국어에서는 주체 높임 선어말어미 '-시-'와 청자 높임의 종결어미들이 문법적 경어법의 대표적 표현 수단으로 쓰인다. 어휘적 경어법은 명사, 대명사, 동사, 조사 등의 특정 어휘 요소를 통하여 표현된다.

(10) 높임 형식에 따른 한국어 경어법의 유형

　가. 문법적 경어법: 선어말어미, 종결어미

　나. 어휘적 경어법: 명사, 대명사, 동사, 조사

　한편, 경어법을 사용 방식에 따라 분류할 때에는 '절대적 경어법'과 '상대적 경어법'이 있다. 절대적 경어법은 대상 인물과 화자 자신의 관계에 따라 높임의 정도를 결정하여 대우하는 것을 말한다. 넓은 쓰임 영역을 갖는 경어법 사용의 기본 방식이다. 이와 달리 상대적 경어법은 화자가 '자신과 제3자' 또는 '대상 인물과 제3자'의 관계를 함께 고려하여 대상 인물에 대한 규범적 대우 수준보다 높임 정도를 더 낮추거나 더 높이는 경우를 말한다. 과장 앞에서 '과장님 어디 가세요?'라고 하고 부장 앞에서도 '과장님이 지시하셨습니다'라고 하는 것이 절대적 경어법이다. 상황 또는 대화 참여자 관계를 따지지 않고 특정 대상에 대한 높임을 일정하게 유지하는 것을 뜻한다. 이와 달리 최상위자인 부장을 고려하여 '과장이 지시했습니다'라고 한다면 이것은 참여자 관계를 고려하여 과장을 기준보다 낮추어 대우한, 결과적으로 전혀 높이지 않은 상대적 경어법이다. '부장님 따님 돌잔치가 언제죠?'라고 하여 어린아이에게 높임 명사 '따님'을 쓴 것도 상대적 경어법의 한 보기다. 일본어의 경우 아직도 상대적 경어법이 강한 규범으로 남아 있는 것과 달리 한국어의 경우는 상대적 경어법의 특징도 일부 보이지만 절대적 경어법에 더 가깝다.

3.2 경어법의 기능과 특성

　언어를 통하여 사람들 사이의 차이와 질서를 드러내는 것이 경어법이다. 실제 관계에서의 지위 차이를 특정한 언어 형식을 통하여 표시하고, 대화 참여자 서로의 지위 관계를 확인하는 절차가 경어법 사용이다. 아랫사람이 윗사람을 높여 대우할 때 윗사람은 상대방을 높이지 않음으로써 아랫사람의 높임을 받아들이게 된다. 또한 윗사람은 상황에 따라 아랫사람의 절대적 지위를 고려하여 높임 형식을 씀으로써 인격적 배려를 언어적으로 표현하기도 한다. 경어법이 발달한 사회에서는 사람들의 높낮이 관계가 모든 행위 방식을 규정하는 강력한 규범으로 자리 잡게 되고, 사회 질서를 유지해 나가는 기틀로 작용한다. 언어에서 경어법이라는 범주가 생겨난 것은 사람들 사이의 이러한 실제 관계를 반영하고, 나아가 언어 사용을 통해 실제 관계를 유지·강화하려는 뜻과 관련이 있다고 하겠다. 나이나 지위에 따라 자리와 차례를 정하고, 입을 것과 먹을 것을 달리하는 것처럼 언어에서도 그것에 대응되는 차별적 장치가 마련된 것이다. 경어법은 본질적으로 언어가 쓰이는 사회적 환경을 직접 반영하며, 사람들 사이의 차이와 차별이 언어 표현으로 구조화된 것으로 이해할 수 있다. 바로 이런 점 때문에 사회 구조의 변화는 경어법 체계의 변화에 중요한 영향을 끼친다. 또 경어법 체계와 기능은 고정된 것이 아니라 사회 구조와 사람들의 생각 및 관계 변화에 따라 꾸준히 바뀌어 나간다.

한국어 경어법의 가장 본질적 기능 세 가지는 (11)과 같이 '지위 관계에 맞게 대우하기', '공손한 태도 드러내기', '대인 관계 조정하기'다(이정복, 2011나). 지위 관계에서 아랫사람이 윗사람에게 높임 형식을 씀으로써 상대방의 높은 지위를 인정하는 동시에 공손한 태도를 취하며 높여 대우한다. 윗사람은 아랫사람에게 지위 관계를 따지지 않고 높임 형식을 씀으로써 공손함을 드러낼 수 있다. 경어법 형식의 사용을 통하여 화자와 청자 사이의 심리적 거리를 조절하기도 한다. 경어법의 주요 기능 가운데서 (11가)의 '지위 관계에 맞게 대우하기'가 가장 기본적이고 중요한 것임은 과거나 현재나 변함이 없다. 다만 사회적 신분 제도가 없어지고 모두 평등한 인간으로 살아가는 현대 사회에서는 대인 관계를 부드럽게 해 주는 (11나)의 '공손한 태도 드러내기'로서의 경어법 사용이 점차 중요성과 활용도가 더욱 높아지고 있다.

(11) 한국어 경어법의 본질적 기능

　　가. 지위 관계에 맞게 대우하기

　　나. 공손한 태도 드러내기

다. 대인 관계 조정하기

한국어 경어법은 긍정적 특성과 부정적 특성을 함께 가졌다. 다른 사람에 대한 공손함과 예의를 표현하는 가장 효과적 도구이며, 상황과 사람에 따른 적절한 의사 표현의 수단이 되고, 다양한 말투와 문체를 제공함으로써 한국어 표현력을 높여 주는 점은 긍정적인 면이다. 부정적 특성으로는 한국어 학습과 사용에서 상당한 부담이 되고, 언어 경제성 면에서 불리하며, 대화 참여자 사이의 대립과 갈등을 일으킬 수 있는 점이다. 한국어 경어법의 긍정적, 부정적 특성을 간략하게 설명하면 (12)와 같다.

(12) 한국어 경어법의 긍정적·부정적 특성(이정복 2012나: 193~231)
  가. 한국어 경어법은 기본적으로 화자들 사이에서 필요한 공손함과 예의를 효과적으로 표현하는 도구이다.
  나. 한국어의 풍부한 경어법 요소들은 화자들이 상황 및 대화 상대의 변화에 따라 적절하게 말할 수 있도록 도와준다.
  다. 청자 경어법 각 형식들은 청자에 대한 높임의 정도를 조절하는 기본적 기능뿐만 아니라 여러 가지 말하기 상황에 따른 적절한 말투와 문체를 제공하는 부수적 기능을 함께 갖고 있다.
  라. 경어법의 복잡한 체계와 용법 때문에 한국어 학습과 사용에서 상당한 부담이 되고 있다.
  마. 경어법은 기본 문장에 추가적 형식의 사용으로 그 기능이 표현되는 것이기 때문에 문장의 길이를 늘어나게 하고, 결과적으로 언어 경제성 면에서 불리한 요소로 작용한다.
  바. 경어법은 서로 예의를 지키고 존중하게 하는 수단이 되면서도 사람들 사이에서 갈등을 일으키고 행동의 자유를 제약하는 원인으로 작용할 수 있다.

이러한 한국어 경어법은 한국인들의 삶과 오랜 기간을 함께 해 온 중요한 언어 전통으로서 부분적인 변화는 있어 왔지만 지금도 본질은 그대로 유지되고 있다. 경어법이 가진 긍정적 기능과 사회문화적 효용을 잘 살펴 바람직한 방향에서 경어법을 적극 활용한다면 한국어 화자들의 원만한 상호 관계에 도움이 될 뿐만 아니라 전체 한국어 사회의 융합과 발전에도 크게 기여할 수 있을 것이다.

3.3 규범적 용법과 전략적 용법

경어법 사용은 언어공동체 구성원들 사이에서 공유되고 있는 '규범'과 개인적인 목적 및 의도에 따라 나오는 '전략'의 두 가지 방향에서 이루어지는데, 이를 각각 경어법의 '규범적 용법'과 '전략적 용법'으로 부른다. 대화 참여자 사이의 힘과 거리 관계나 대화 상황에 비추어 적절하다고 판단되는 방식으로 경어법을 쓰는 것이 규범적 용법이고, 화자가 구체적인 발화 목적 또는 의도에 따라 유표적 방식으로 경어법을 쓰는 것이 전략적 용법이다. 두 가지 개념을 명시적으로 구분한 연구로는 이정복(1998, 1999, 2001가)이 있으며, 이정복(1999: 92)에서는 규범적 용법의 개념을 "상대방에게 적절하다고 생각되는 경어법 형식을 사용함으로써 상하관계, 친소 관계 등의 대인 관계를 언어적으로 표현하고 인정하는 경어법 사용."으로 정의하였다. 루코프(Lukoff 1978)은 한국어 청자 경어법의 형식을 격식체와 비격식체로 나누고, 사회적 규범과 관련되는 'ceremonial use'(의례적 용법)와 청자에 대한 태도 등을 표현하기 위한 'expressive use'(표현적 용법)로 구분하였다. 이것은 규범적 용법과 전략적 용법의 구분과 통하는 것이다.

앞서 (3)으로 제시한 것과 같이 경어법 사용에 작용하는 요인은 '참여자 요인'과 '상황 요인'으로 크게 나뉘는데, 이러한 요인들에 따라 상대방이 기대하는 수준으로 적절하게 경어법을 쓰는 것이 규범적 용법이다. 함께 고려하는 요인들의 적용 우선순위나 경어법 형식의 선택에 작용하는 힘의 크기 등은 일괄적으로 판단하기 어려우며, 규범적 용법의 구체적 모습도 언어공동체마다 다르게 나타난다. 어떤 요인이 우선적으로 적용되어야 하는지, 요인들이 대립적 관계를 이룰 때 무엇이 더 강한 힘을 발휘하는지 등이 언어공동체에 따라 다르기 때문이다. 어떤 언어공동체에서는 '나이'가 경어법 사용의 가장 우선적 요인으로 작용할 수 있고, 다른 언어공동체에서는 '계급'이나 '직위'가 가장 큰 힘을 발휘할 수도 있다. 규범적 용법의 세부적인 모습은 언어공동체의 최상위 가치 체계나 행위 규범에 의해 대체로 정해지게 된다. 명시적이지는 않더라도 공동체마다 대화 참여자의 지위, 나이, 성별의 차이와 대화 상황의 특성 등 여러 가지 요인에 따라 경어법 사용이 어떻게 이루어져야 하는지에 대한 대체적, 암묵적 합의에 따른 일정한 기준이 있다. 구성원들은 이러한 말하기 규범을 따를 것이 기대되고, 일상적 상황에서는 대부분의 화자들이 그것에 맞추어 경어법을 쓴다.

(13) 힘 요인을 바탕으로 한 경어법 사용의 규범적 용법
　　　 김선화: 선배님~~

　　　　　　　 잘지내고계시죠^^??

　　　　　　　 월요일날 학교에 수업 하나있어서 갔다는 ㅠ

　　　　　　　 너무 슬픈현실이예요 ㅠㅋ

　　　　　　　 학술 아쉽네요 ㅠ

　　　　　　　 시험 ㅠㅠ

　　　　　　　 선배님 추석 잘 쉬시고~

　　　　　　　 월요일날뵈요^^ㅋ

　　　 최미영: 응;; 선배님은 잘 지낸다;;ㅋㅋㅋ

　　　　　　　　　　　　　　　 (싸이월드/미니홈피/방명록, 2006.10.05)

　(13)의 보기는 대학생 선후배가 인터넷 게시판에서 대화를 나누며 비대칭적으로 경어법을 쓴 보기다. 대화 참여자는 학번과 나이가 다르고, 이 두 가지 요인은 평행 관계에 있다. 이런 경우 대화 참여자들은 선배가 안높임말, 후배는 높임말을 쓰는 것이 옳다고 생각하며, 대부분은 그렇게 말을 한다. 이 대화는 대화 참여자들이 학번과 나이라는 서로의 힘

차이를 경어법 사용의 기본적 요인으로 적용한 규범적 용법에 해당한다.

화자의 특정한 목적이나 의도에 따라 일시적으로 동원되는 경어법 사용 방식인 전략적 용법은 규범적 용법에 비해 높임의 정도가 더 높아지거나 낮아지는 변동을 통하여 표현된다. 화자의 발화 목적이나 의도가 달성되면 본래의 규범적 용법으로 자연스럽게 되돌아가는 것이 보통이다. 그러나 대화 참여자들의 지위 관계가 강한 대립을 이루는 경우나 상업적 맥락에서는 전략적 용법이 지속적으로 동원되기도 한다. 루코프(Lukoff 1978), 왕한석(1986), 김주관(1989)에서는 명시적 개념 정의를 내리지는 않았지만 전략적 용법을 다루었고, 이정복(1998, 1999, 2001가)에서 전략적 용법의 개념과 하위 유형을 구체적으로 기술하였다. 이정복(1999: 95)는 전략적 용법의 개념을 "화자가 특정한 목적을 이루기 위해 언어공동체의 규범과 다르거나 그것으로부터 예측되지 않는 방향에서 경어법 사용 방식을 의도적으로 조정하는 유표적이고 보다 의식적인 경어법 사용"으로 정의하였다.

경어법 사용의 전략적 용법에는 구체적으로 '수혜자 공손 전략, 지위 불일치 해소 전략, 지위 드러내기 전략, 정체성 바꾸기 전략, 거리 조정하기 전략'이 있다. 각각의 개념을 소개하면 다음과 같다.

(14) 전략적 용법의 유형과 개념 정의(이정복 2001가: 449)

　　가. 수혜자 공손 전략: 화자가 청자에 대한 대우 수준을 높임으로써 청자로부터 입은 물질적, 정신적 이익에 대해 고마움을 나타내거나, 그러한 이익을 새롭게 얻으려고 시도하는 의도나 행위

　　나. 지위 불일치 해소 전략: 대립적 지위 관계에 있는 화자와 청자가 상대방에 대한 대우 수준을 변화시킴으로써 관계를 안정적인 상태로 바꾸려고 시도하는 의도나 행위

　　다. 지위 드러내기 전략: 상위자인 화자가 청자에 대한 대우 수준을 낮춤으로써 자신의 높은 지위를 드러내거나 강조하고, 결과적으로 청자의 태도 또는 행위의 변화를 유도하려고 시도하는 의도나 행위

　　라. 정체성 바꾸기 전략: 둘 이상의 신분 질서에 소속된 화자가 청자에 대

한 대우 수준을 변화시킴으로써 새로 바뀐 대화 상황에 유리한 정체성
을 나타내려고 시도하는 의도나 행위

마. 거리 조정하기 전략: 화자가 청자에 대한 대우 수준을 변화시키거나
유표적인 경어법 형식을 사용함으로써 청자와의 심리적 거리를 조정하
려고 시도하는 의도나 행위

수혜자 공손 전략은 한국어 화자라면 어린아이도 본능적으로 사용할
정도로 가장 기본적이면서 자주 동원되는 일반적인 용법이다. 대학, 직
장, 가족 등의 집단에서는 지위가 일치하지 않는 대화 참여자 관계가
많아서 지위 불일치 해소 전략이 많이 동원되며, 지위 드러내기 전략도
자주 관찰된다. 여러 가지 복잡한 대인 관계로 얽혀 있는 현대 한국어
화자들에게 정체성 바꾸기 전략도 종종 필요하다. 다른 사람과의 만남에
서 힘보다는 거리 관계가 중요해지면서 거리 조정하기 전략이 많이 쓰이
기도 한다. 경어법 사용에서 규범적 용법과 전략적 용법은 분명하게 구
분되거나 동떨어져 있는 것이 아니라 서로 넘나들고 겹친다. 규범적 용
법을 쓰는 도중에 전략적 용법이 순간적으로 나타나기도 하고, 전략적
용법을 쓰면서도 규범적 용법을 기본적으로 의식한다. 전략적 용법 가운
데서 수혜자 공손 전략과 지위 불일치 해소 전략의 보기를 살펴보기로
하겠다.

(15) 수혜자 공손 전략의 대화 사례(이정복 2001가: 375~376)

  화자 1: (연구실에 들어서며) 아, 강 소위, 있었네?

  화자 2: 어서 오세요.

  화자 1: 강 소위, 부탁 좀 해도 돼요?

  화자 2: 무슨 일인데요?

  화자 1: 다음 월요일 내가 휴간데, 당직이 나와서 강 소위하고 좀 바꿨으면
        좋겠는데.

  화자 2: 화요일 아침부터 수업이 네 시간이나 있어서 좀 어렵겠는데요.

  화자 1: 아, 미안해요, 무리한 부탁을 해서.

화자 2: 다른 사람한테는 좀 알아 봤습니까?

화자 1: 다 일이 있다 그러는데...

화자 2: 예...

사관학교 교수로 근무 중인 장교들의 대화 사례다. 〈화자 1〉은 군 입대 후배이자 하급자인 〈화자 2〉에게 평소에 해체를 사용하였다. 그러나 하급자에게 '부탁'을 하는 위 상황에서 말 단계를 해요체로 높이고 있다. 여기에다 다른 때보다 말투가 정중하고 부드러워진 것은 물론이며, 청자에 대한 공손함을 더하는 부사 '좀'을 사용했고, 말을 완전히 끝맺지 않고 어미를 흐리는 등의 다른 특성도 함께 나타내었다. 상급자의 발화에서 보이는 이러한 특성들은 규범적 용법으로는 설명하기 어렵다. 군대에서는 보통 엄격한 상하 계급 질서를 바탕으로 경어법 사용이 이루어지기 때문에 상급자가 하급자에게 높임말을 쓰는 것은 일상적 상황에서는 쉽게 관찰할 수 없는 용법이다. 〈화자 1〉의 경어법 사용은 해당 언어공동체의 규범적 용법을 벗어난 것으로, 하급자에게서 '부탁의 수용'이라는 결과를 이끌어 내기 위한 의도적이고 목적 지향적인 언어 행위임을 알 수 있다.

(16) 지위 불일치 해소 전략 대화 사례(이정복 2012나: 355)

저는 회사에 입사한지 1년조금 넘었고 우리 회사에 4개월정도 아르바이트를 하는 언니가 있는데,,

갑자기 저한테 요새 들어서 반말을 하네요. 한살이 많은데,, 그래도 사회생활인데 그러면안되겠죠? 불쾌하던데,,

첨엔 말만 놓고 ..○○씨~ 하더니 이제는 ○○야~ 하고 하네요~

그렇다고 서로 합의하에.. 내가 말을 놓으라고 한것도 아닌데...

어떻게 생각하시나요?

(갑자기 반말하는사람.., 다음 카페/짠돌이/직장인방, 2005.06.23)

(16)은 회사에서 일어난 지위 불일치 해소 전략에 따른 경어법 사용

보기다. 입사 서열과 나이 요인이 대립하는 관계에서 입사 후배가 자신의 나이가 한 살 많은 점을 경어법 사용의 우선적 요인으로 적용하여 선배의 이름을 부르고 반말을 쓰는 상황이다. 이런 경우 입사 선배가 대칭적 높임말 사용으로 되돌리기 위해 직접적으로 상대방에게 높임말 사용을 요구할 수도 있고, 나이와 입사 서열을 절충하여 대칭적으로 반말을 쓰려는 시도를 할 수도 있다. 그러나 나이 많은 후배가 먼저 자신에게 유리한 나이 요인 중심의 경어법 사용을 전략적으로 밀고 나갔기 때문에 선배는 1년 정도의 작은 입사 서열 차이를 내세워 대칭적 용법으로 되돌리기가 쉽지 않은 상황이다.

한국어 경어법 연구는 오랜 기간 동안 규범적 용법에 치중했기 때문에 이러한 전략적 용법에 대해서는 큰 관심을 기울이지 못했다. 김주관 (1989)와 이정복(1998, 1999) 등 일련의 연구 외에 규범적 용법과 전략적 용법의 관계, 전략적 용법의 구체적인 분석에 초점을 둔 연구로는 손춘섭·이건환·조경순(2003), 양영희(2005) 등 몇 편이 있을 뿐이다. 언어 형식 중심의 한국어 연구 분위기에서 경어법에 대한 다양한 관점에서의 연구가 부족했던 탓이기도 하고, 전략적 용법의 존재에 대한 연구자들의 분명한 인식이 없었던 탓이기도 하다. 나아가 화자의 의도와 목적에 따라 달라지는 전략적 용법 자체를 '정당하지 못한 책략' 정도로 보는 부정적 시각도 없지 않다. 그렇지만 경쟁이 치열하고 대인 관계가 중요하고 복잡한 현대 사회에서는 전략적 경어법 사용이 점점 늘어나고 있으며, 경어법 사용에서 차지하는 전략적 용법의 중요성도 갈수록 높아지고 있다.

3.4 한국어 경어법의 특별한 쓰임

한국어 경어법 사용과 관련해서 특별히 주목해야 할 용법을 몇 가지더 소개하면, '복수 인물 경어법'과 '백화점 높임말'이 있다. 먼저, 복수(複數) 인물 경어법은 대우 대상이 둘 이상일 때 나타나는 특징적인 경어법의 쓰임을 가리킨다. 이정복(1996ㄴ)에서 이 현상을 지적했고, 이정복(2001ㄴ)에서 자세히 다루었다. 주체, 객체, 청자와 관련하여 복수 인물이 모두 나타날 수 있는데, 주체 경어법의 예를 들면 '어머니와 동생은 시골에 계십니다'에서 주체가 '어머니'와 '동생'이라는 지위 차이가 큰 복수 인물들이기 때문에 '계시다'라는 단일한 서술어 사용에 문제가 생긴다. '어머니'를 기준으로 '계시다'를 쓰는 것은 적절하지만 의도와 달리 '동생'에게도 높임 서술어를 쓰게 되어 문제다. 객체 인물이 둘 이상일 때에도 화자는 높임의 명사, 동사, 조사 사용에서 혼란을 겪는다. '결혼을 전제로 저희 부모님과 형제에게도 소개해 드리고'에서 '부모님'을 기준으로 '드리다'를 썼지만 결과적으로 의도와 달리 '형제', 특히 '동생'에게도 높임 동사를 쓰게 되었다. 주체나 객체뿐만 아니라 복수의 청자에 대한 경어법 사용에서도 이런 문제가 나타난다. 선배와 후배에게 동시에 말하면서 '오늘 즐거웠습니다'라고 하십시오체를 쓰는 경우 의도와는 달리 평소 반말로 대해 왔던 후배에게도 높임말을 쓴 것이 된다.

이러한 복잡하고 '문제성 있는' 상황을 근본적으로 해결할 수 있는 방법은, 복수 인물을 지위에 따라 분리하여 각각 대우하는 것이다. "이 책을 부모님께와 학생들에게 바치는 것은 이 때문이다"(김진우 1985: 머리말)와 같이 '부모님'에게는 높임의 '께'를, '학생들'에게는 안높임의 '에게'를 붙이면 경어법 사용의 혼란이나 문제가 없다. 그러나 화자들의 말들을 분석해 보면, 복수 인물을 묶어서 한꺼번에 하나의 서술어를 통해 대우하는 경우가 많이 나타나면서 문제가 생긴다. 고도의 의식적 노력을 통해 복수의 대상을 따로 나누어 대우하는 것은 아주 번거롭기도 하고 언어 경제성에서 불리하기 때문에 선호되지 않는다.

화자들은 복수의 인물들에게 경어법을 쓸 때 '근접 원리'와 '초점 원리'를 따른다. 근접 원리는 복수 인물들의 텍스트 안 배열 위치와 관련되는 것이고, 초점 원리는 특정 상황 또는 텍스트 안에서 화자의 주된 관심이 누구에게 놓이는지와 관련되는 것이다.

(17) 복수 인물 경어법의 근접 원리와 초점 원리
　　가. 전 아버지 돌아가신 후, 출가 후에도 동생과 어머니를 모시고 살았습니다.
　　나. 여자 친구 어머니와 동생이 서울에 오셨습니다.

(17가)의 '동생과 어머니'는 모두 '모시다'의 높임 대상이고, (17나)의 '여자 친구(의) 어머니와 동생' 모두 '-시-'의 높임 대상이 된다. 지위 차이가 있는 복수 인물 가운데서 경어법 요소가 쓰이는 위치에 누가 더 가까이 놓이는지에 따라 경어법 요소의 선택이 영향을 받는 것을 복수 인물 경어법 사용의 '근접 원리'라고 한다. (17가)에서 높임 동사 '모시다'가 쓰인 것이 바로 이 원리에 따른 결과이다. '어머니'가 동사 가까이 놓였기 때문에 높임 동사가 쓰였다. 이와 달리 말이나 글 등의 텍스트 생산 과정에서 복수 인물들의 배열순서와 관계없이 화자가 특정 인물에게 초점을 맞추어 경어법을 사용하는 것이 '초점 원리'다. (17나)의 '-시-'가 초점 원리에 따라 쓰인 것이다. 화자는 여자 친구의 동생이 아니라 어머니에게 더 관심의 초점을 둠으로써 이러한 용법이 나왔다. 복수 인물에 대한 이러한 경어법 사용은 규범적 관점에서 엄격하게 따지면 화자들의 잘못된 언어 사용인 것으로 여겨지지만 실제로는 문맥적 특성이나 언어 경제성 등의 상황적 요구를 반영한 화자들의 의미 있는 언어 사용 결과로 평가된다.

백화점 높임말[4]은 백화점 등 고객을 일상적으로 대하는 곳에서 잘 쓰는 특이한 높임말 표현을 가리킨다. '고객님, 배송은 내일 가능하십니다', '이 색상은 품절이세요'와 같이 주어 명사가 사람이 아닌데도 주체 높임의 '-시-'가 쓰인 표현들이 기본적으로 해당된다. '주문 도와 드릴게요', '의자에 앉으실게요', '제가 아시는'도 백화점 높임말의 한 유형들이다. 본래 '-시-'는 동작이나 상태의 주체를 높이는 기능을 갖는다고 알려졌지만 대화 상황에서 화자가 주목하고 있는, 높여 대우하고자 하는 청자이자 '상황 주체'를 위해서도 잘 쓰인다. 이러한 '-시-'의 쓰임을 이정복 (2006, 2010)에서는 '상황 주체 높임'이라고 불렀다. 상황 주체는 청자인 경우가 많기 때문에 '-시-'의 기능이 청자를 높이는 기능으로 확대된 결과로 이해할 수도 있다.

(18) 백화점 높임말을 다룬 기사(국민일보, 2010.10.07)

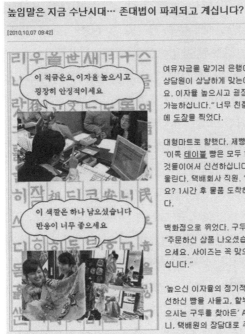

　이러한 백화점 높임말은 백화점, 할인점, 편의점, 휴대전화 대리점, 커피 전문점 등 소비자를 직접 대면하는 상업적 맥락에서 젊은 종업원들이 많이 쓰고 있다. 수혜자 공손 전략의 면에서 '고객이 왕'인 시대에 '귀하신' 고객을 최대한 공손하게 대우하기 위해 상황 주체 높임의 '-시-'를 적극적으로 쓰는 것이다. 언어 구조적인 면에서 보면, '아동복은 위층에 있어요'라는 문장에 '-시-'가 들어갈 수 없는 것처럼 사물이 주어인 문장에서 생기는 '-시-'의 구조적 빈칸을 청자에 대한 결례로 잘못 인식하고 '아동복은 위층에 있으세요'처럼 말함으로써 '-시-'를 과용한 것으로 해석된다. 또 해요체의 쓰임이 크게 늘어나면서 '-시-'가 들어간 '하세요' 형식을 모든 종결형에서 일관되게 쓰려고 하다 보니 사물이 주어인 해요체 문장에도 '-시-'가 '잘못' 들어가게 된 것이다(이정복 2010: 239~243).
　한길(2000: 57~58)은 "월의 임자말에 관계없이 들을이가 높임의 대상이면 '-시-'가 쓰이는 일이 흔하다. 이와 같은 '-시-'의 쓰임이 점차 세력을 넓혀 가고 있어 일부 논저에서는 이를 '-시-'의 또 하나의 쓰임으로 자리 매김하는 일이 있으나, 현재로는 '-시-'의 잘못 쓰임으로 간주된다"고 하여 백화점 높임말을 잘못된 용법으로 보았다. 국립국어원(2011: 159)에 서도 '선생님, 넥타이가 멋있으시네요'의 간접 높임과 달리 '주문하신 커 피 나오셨습니다', '문의하신 상품은 품절이십니다'와 같은 상황 주체 높 임은 바른 표현이 아니라고 풀이하였다.5) 일반 한국어 화자들도 그것에 대해 기존의 한국어 규범을 어기는 것이라는 판단에서 전반적으로 부정 적 태도를 갖고 있다.

그러나 현재 진행되고 있는 '-시-'의 기능 확장은 일시적으로 나타났 다가 사라질 현상은 아닌 것으로 보인다. 사용자 수가 적지 않고 사용 맥락도 서비스 산업과 관련된 상업적 맥락의 언어 사용을 넘어 사회적으 로 아주 넓게 퍼진 상태다. 청자 겸 상황 주체를 높이는 '-시-'의 쓰임은 청자에 대한 공손한 언어 사용이 경쟁력의 한 중요한 요소가 되는 상업 적 맥락에서 시작되었지만 이제 그것은 일반 화자들에게서도 널리 나타 난다. 사회적으로 권위주의가 약화되고 평등주의가 확산된 상태에서 계 급, 직위, 나이와 같은 힘 요인의 작용이 줄어든 반면 치열한 경쟁 사회에 서 이익을 얻기 위한 전략적 언어 사용은 늘어났기 때문이다. 개인 화자 든 이익 집단 소속이든 원만한 대인관계와 성공적인 의사소통을 위해 의도적으로 '-시-'를 '과용'하고 있는 상황이며, 백화점 높임말은 이러한 한국 사회 언어공동체 상황을 반영하는 용법이라고 하겠다.

3.5 외국말의 경어법

경어법은 일종의 언어 보편적 현상인데, 다만 그 표현 방법에서 차이 가 있다. 한국어, 일본어, 자바어 등에서는 높임 기능의 문법 형식이 체계 적으로 발달해 있는 반면 서양의 여러 언어나 중국어에서는 주로 명사나 대명사를 통하여 다른 사람에 대한 높임 기능이 표현된다. 김우진(2006) 에 따르면 카자흐어, 와와메인(2011)에 따르면 미얀마어에서도 문법 형식을 통한 경어법이 발달한 것으로 나타났다. 다른 언어에서 쓰이는 문법적 경어법에 대해 간단히 설명한다.

(19) 일본어 경어법의 보기와 하위분류(백동선 2003: 18~30)

　가. 山本專務が吉田社長におみやげを差し上げ られ ました。

　　　(야마모토 전무님이 요시다 사장님께 선물을 드리셨습니다)

　나. 소재경어(素材敬語), 대자경어(對者敬語)

　다. 존경어(尊敬語), 겸양어(謙讓語), 미화어(美化語), 정중어(丁重語), 정녕어(丁寧語)

(19가)의 일본어 문장에서 경어법 관련 요소는 'おみやげ(선물)', '差し上げ(드리다)', 'られ'(높임 조동사), 'ました'(높임 조동사) 네 개다. 'おみやげ'는 'おみや'의 공손한 표현으로 접두사 'お'가 결합된 말을 '미화어'라고 한다. '差し上げ'의 기본형 '差し上げる'는 '드리다'의 뜻이며, 'やる'의 '겸양어'다. 'られ'는 'られる'의 활용형으로 주체 높임의 조동사로 '존경어'다. 'ました'의 기본형 'ます'는 청자를 높이는 '정녕어'라고 부른다. 한편, 한국어 번역에는 '야마모토 전무님'이라고 하여 높임의 접미사 '-님'을 붙였지만 원문에는 '山本專務(야마모토 전무)'로 나온다. 일본에서는 '사장', '전무'와 같은 직위 자체가 높임말이기 때문에 한국어와 달리 뒤에 높임 접미사 'さん(-씨/님)' 또는 'さま(-님)'를 붙이지 않는 것이 오히려 바른 표현이다.

일본어 경어법은 높임 대상이 누구인지에 따라 (19나)와 같이 '소재경어'와 '대자경어'로 나뉜다. '소재경어'는 문장에 등장하는 주체와 객체를 대상으로 한 것이고, '대자경어'는 대화 상대방, 곧 청자를 대상으로 한 것이다. 형식을 중심으로 하위분류를 하면 (19다)와 같이 5개로 나뉜다. '존경어'는 한국어 경어법의 주체 경어법에 해당하고, '정중어'와 '정녕어'는 청자 경어법에 해당한다. '겸양어'는 객체 경어법에 대응되면서 청자 경어법과 연결되기도 한다. '미화어'는 청자나 제3자를 모두 높이는 기능이 있으며, 일본어에 특징적으로 발달한 경어법 요소다.

(20) 자바어 경어법의 보기와 하위분류(김형준 2001: 52~54)

가. 말 단계별 쓰임6)

영어	Do	you	study	language	Javanese	in	the house
끄로모	Menápá	sampéyan	sinau	básá	Jawi	wonten	nggriya
옹오꼬	Apá	kowé	sinau	básá	Jáwá	neng	ngomah
마디오	Nápá						
끄로모 잉길		penjenengan					nedalem

나. 'sinau'(공부하다); 'básá'(언어)의 활용 방식

	접두사	접미사	활용 예(sinau; básá)
끄로모	dipun-	-aken, -ipun	dipun-sinau-aken; básá-(n)ipun
옹오꼬	di-	-(a)ké, -é	di-sinau-ké; básá-(n)é

(20가)는 인도네시아 자바어의 경어법 말 단계 체계를 보여 준다. 화자들의 인식에 따르면 '끄로모'와 '옹오꼬'가 기본적인 말 단계이고, 여기에 '마디오', '끄로모 잉길'이 부차적인 말 단계로 쓰인다. 이러한 말 단계는 어휘를 중심으로 한 것이고, (20나)와 같이 접두사와 접미사를 기준으로 할 때는 '끄로모'와 '옹오꼬' 두 말 단계만 존재한다. '끄로모'는 한국어의 높임말에 대응하며, 세련되고 정중한 언어로 불리는 반면 '옹오꼬'는 안 높임말에 대응하며 거친 언어로 불린다. 공식적인 자리에서 말할 때, 처음 보거나 잘 모르는 사람, 안면이 있지만 친하지 않은 사람과 대화할 때는 대화 참여자 모두 '끄로모'를 사용한다. 지위 차이가 나는 사람들 사이에서 '끄로모'와 '옹오꼬'가 비대칭적으로 쓰이기도 한다. 그러나 최근 자바어 사용자들 사이에서 '쁘리야이'로 불리는 특권 세력의 약화, 평등성이 강조되는 사회 분위기 정착 등으로 비대칭적 말 단계 형식의 사용이 줄어드는 것으로 보고되고 있다.

(21) 카자흐어 경어법의 보기와 하위분류(김우진 2006: 11~22)

가. Sen üyiŋe barasïŋ ba?

(너 너의 집에 가느냐?)

평칭대명사 – 평칭소유접미사 – 평칭술어접미사

나. Siz üyiŋizge barasïz ba?

　(당신은 당신의 집에 가십니까?)

　존칭대명사 – 존칭소유접미사 – 존칭술어접미사

카자흐의 2인칭 '평칭대명사'는 'sen(너)'이고 '존칭대명사'는 'siz(당신)'이고, 이것과 각각 공기(共起)하는 '소유접미사', '술어접미사'가 있다. (21가)와 (21나)의 소유접미사를 비교하면 'üyiŋe(너의)'의 '-iŋ'(평칭)과 'üyiŋizge(당신의)'의 '-iŋiz'(존칭) 차이가 보이고, 술어접미사의 경우 'barasïŋ(가다)'의 '-sïŋ'(평칭)과 'barasïz(가시다)'의 '-sïz'(존칭)의 차이가 보인다. 여기에 호칭어 사용까지 합치면 한 문장 안에서 청자에 대한 높임과 안높임의 구별은 네 가지 경어법 관련 요소의 선택 여부에 달려 있는 셈이다. 대명사, 소유접미사, 술어접미사가 한 문장에 모두 사용되는 경우는 드물지만 두 가지 이상이 공기할 때는 반드시 인칭, 수, 높임 여부가 일치해야 한다(김우진 2006: 22). 카자흐어에서도 한국어나 일본어 못지않게 다양한 경어법 요소가 함께 어울려 쓰임을 알게 된다.

4. 공손과 경어법

4.1 공손의 개념과 특징

'공손(politeness)'은 대화 상대방에 대한 배려와 긍정의 태도를 표출하는 언어 행위로 이해할 수 있다. 구체적으로 상대방의 '체면(face)'을 세워주고 화자 자신의 체면을 보호하는 언어 행위가 공손이다. 공손 이론은 레이코프(Lakoff 1973), 그라이스(Grice 1975), 리치(Leech 1983) 등을 거쳐 브라운과 레빈슨(Brown & Levinson 1987)에서 완성되었다.[7]

레이코프(1973: 296~298)은 화용 능력의 하나로 '공손 규칙(rule of politeness)'을 제안했는데, '강요하지 말라(Don't impose)', '선택권을 주라

(Allow the addressee his options)', '청자를 기분 좋게 하라(Make the listener feel good)'의 세 가지를 들었다. 대화 상대방에 대한 존중과 배려를 공손의 일차적 조건으로 삼았다고 하겠다. 이러한 공손 규칙은 문화마다 구체적 표현 방식이나 규칙의 순서가 일정하지 않은 것이 특징이다.

그라이스(1975)는 화자와 청자가 대화의 목적이나 방향에 맞게 서로 협력해야 한다는 말하기의 보편적인 원칙을 '협력 원칙(cooperative principle)'으로 부르고, 그 구체적 격률로 '양의 격률(quantity maxim)', '질의 격률(quality maxim)', '관련성 격률(relevance maxim)', '방법의 격률(manner maxim)'을 설정했다. 효과적이고 협력적인 대화가 되기 위해서는 대화 진행에 적절한 양의 정보를 제공하고, 진실하면서도 관련성 있는 것을 말하며, 간단명료한 정보를 체계적으로 전달해야 한다는 것이다.[8]

리치(1983: 132)는 그라이스(1975)의 대화 격률을 좀 더 세분화하여 여러 가지 '공손 격률(maxims of politeness)'을 기술했다. 그것은 '요령 격률', '관용 격률', '찬성 격률', '겸손 격률', '일치 격률', '공감 격률'이다. 각 격률의 구체적 내용을 보면 (22)와 같다.

(22) 공손 격률의 유형

　가. 요령 격률(tact maxim)

　　ㄱ. 상대방에게 손해를 최소화하라.

　　ㄴ. 상대방에게 이익을 최대화하라.

　나. 관용 격률(generosity maxim)

　　ㄱ. 자신에게 이익을 최소화하라.

　　ㄴ. 자신에게 손해를 최대화하라.

　다. 찬성 격률(approbation maxim)

　　ㄱ. 상대방의 비난을 최소화하라.

　　ㄴ. 상대방의 칭찬을 최대화하라.

　라. 겸손 격률(modest maxim)

　　ㄱ. 자신의 칭찬을 최소화하라.

　　ㄴ. 자신의 비난을 최대화하라.

마. 일치 격률(agreement maxim)

　ㄱ. 자신과 상대방 사이의 불일치를 최소화하라.

　ㄴ. 자신과 상대방 사이의 일치를 최대화하라.

바. 공감 격률(sympathy maxim)

　ㄱ. 자신과 상대방 사이의 반감을 최소화하라.

　ㄴ. 자신과 상대방 사이의 공감을 최대화하라.

　요령 격률은 상대방의 손해를 최소화하고 이익을 최대화하는 것이며, 관용 격률은 반대로 화자 자신의 이익은 최소화하고 손해를 최대화하는 것이다. 찬성 격률은 상대방의 비난은 최소화, 칭찬은 최대화하는 것이고, 겸손 격률은 자신의 칭찬은 최소화, 비난은 최대화하여 말하는 것이다. 일치 격률은 상대방과의 불일치를 최소화하고 일치를 최대화하는 것이며, 공감 격률은 반감을 최소화, 공감은 최대화하는 것이다.

　한편, 리치(2002)는 공손을 목적 지향적 행위의 한 측면으로 보면서 이러한 복잡한 공손 격률들을 하나로 묶어 '공손 대전략(grand strategy of politeness)'9)을 제시했다. 공손하게 말하기 위해서 화자는 '다른 사람과 관련된 것에 최대의 가치를 두고, 화자에 관련된 것에는 최소의 가치를 두라('Place a high value on what relates to other persons', 'Place a low value on what relates to self')'는 것이다. (22)의 격률들은 이러한 공손 대전략이라는 상위 원칙이 구체적으로 실현된 예들이라고 보았다.

　브라운과 레빈슨(1987)은 공손 행위를 대화 참여자들의 체면 유지의 관점에서 기술했다. 화자와 청자는 기본적으로 의사소통 과정에서 자신 또는 상대방의 체면을 유지하려는 욕구를 가진다. 그런데 비판이나 요구, 명령과 같은 말하기는 본질적으로 상대방의 체면을 위협할 수 있다. 그러한 '체면 위협 행위(face-threatening act: FTA)'를 예방하거나 완화하려는 목적에서 '공손 전략(politeness strategy)'을 쓰는 것으로 보았다. 화자들이 유지하려는 체면은 '소극적 체면(negative face)'과 '적극적 체면(positive face)'이 있는데, 소극적 체면은 자유롭게 행동하고 다른 사람이 주는 부담에서 벗어나고자 하는 것을 뜻하고 적극적 체면은 다른 사람으로부터 인정받고자 하는 욕구를 뜻한다. 브라운과 레빈슨(1987: 69)에서 제시한 체면 위협 행위와 그에 따른 공손 전략을 제시하면 다음과 같다.10)

(23) 체면 위협 행위와 그것을 완화하는 공손 전략

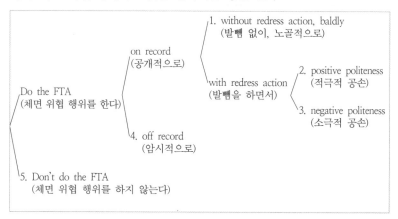

(23)에서 다섯 개의 완화 전략이 나와 있지만 실질적 공손 전략과 관련되는 것은 'positive politeness', 'negative politeness', 'off record' 세 가지다.11) 'positive politeness'는 '적극적 체면'을 유지하기 위한 것으로 '적극적 공손'이라고 한다. '너 글쓰기 실력 좋던데 내 글 한번 읽어 주면 고맙겠다'와 같이 말하는 방식이다. 상대방의 능력을 인정하거나 칭찬하며 화자의 희망 사항을 간접적으로 표시함으로써 상대방의 심리적 부담을 줄이는 전략이다. 'negative politeness'는 '소극적 체면'과 관련되며 '소극적 공손'을 뜻한다. '혹시 창문 좀 닫아 줄 수 있겠니?'와 같이 말함으로써 청자가 자유롭게 행위 여부를 결정할 수 있도록 상대방의 선택권을 넓혀 주고 부담은 줄여 주는 말하기 전략이다. 'off record'는 '암시적 공손'으로 불리며, '이제 잘 시간 다 되었네'라고 암시적, 함축적으로 표현함으로써 상대방의 행위를 간접 요청하는 말하기 전략이다. 이것은 청자의 행위 선택권을 최고로 열어 두는 점에서 셋 가운데 공손성이 가장 강하다.

적극적 공손을 실현하는 데 도움이 되는 구체적 전략에는 화자와 청자가 포함되는 1인칭 복수 대명사 사용, 상대방 칭찬하기, 소속감을 높이는 표지 사용, 상대방 의견에 동의하기 등이 있고, 소극적 공손의 구체적 실현 방법에는 간접 화행 사용, 울타리 표현(hedge) 사용, 강요 회피 등이 있다. 적극적 공손과 소극적 공손 전략이 동원된 영어의 보기를 들면 다음과 같다.

(24) 적극적 공손과 소극적 공손의 보기

    가. Let's take our pill now, shall we?

       (자, 이제 우리 약을 먹을까요?)

    나. I hate to impose, but would you do something for me?

       (억지로 부탁하기는 싫지만, 나에게 뭣 좀 해주겠어?)

    다. Couldn't you make us a cup of tea, could you?

       (차라도 한 잔 같이 마시는 게 어떨까요?)

(24가, 나)는 적극적 공손 전략이 동원된 보기다(Fasold, 황적륜 외 옮김 1994: 234~235). (24가)에서는 간호사가 환자에게 1인칭 복수 대명사 'our', 'we'를 사용하여 화자와 청자를 한 활동 안에 포함시킴으로써 청자에 대한 요청 또는 명령에서 나오는 체면 위협을 약화시키고 있다. (24나)에서는 '억지로 부탁하기는 싫지만'과 같이 울타리 표현 사용을 통해 상대방의 선택권과 행동의 자유를 보장하게 된다. (24다)는 《해리포터》에 나오는 것으로 마법사 학교의 해그리드(Hagrid)가 해리를 키운 삼촌 버몬(Vermon)에게 한 말로서 다양한 공손 표현들이 쓰였다(정호정 2001: 181~182에서 재인용). 화자와 청자를 포함하는 대명사 'us' 사용, 가능성을 부정하는 표현 사용, 부가 의문문 및 간접 화행의 사용을 통해 초면의 상대방에 대한 체면 위협을 최대한 완화하려 했다.

다른 언어와 마찬가지로 한국어의 경우도 공손을 표현하는 여러 가지 형식들이 활용된다. '연세, 말씀, 생신' 등의 높임 명사, '계시다, 잡수시다, 주무시다' 등의 높임 동사, '선생님, 사장님, 어르신' 등의 높임 호칭어, '-십시오, -세요' 등의 청자 높임 어미와 같은 경어법 관련 요소들은 전반적으로 공손한 표현의 기능을 갖고 있다. 이와 함께 공손을 표현하는 특별한 어휘적, 통사적 장치도 있다. 대표적인 몇 가지를 들면 (25)와 같다.

(25) 한국어의 공손 표현 형식들

　가. 결혼식 복장 **좀** 봐 주세요.

　가-1. **제발 절 한번**만이라도 도와주실 분을 찾습니다.

　나. 무슨 뜻인지 알**겠**습니다.

　다. 영화 상영 10분전에 자리에 앉**아 주**세요.

　라. 우리의 목적은 하나라고 생각**됩**니다.

　마. 너도 이 점을 고려하면 좋을 것 **같다**.

　바. 같이 산책하지 **않**을래요?

　(25가, 가-1)의 부사 '좀, 제발, 한번'은 상대방의 부담을 약화시키는 공손 표현이다. (25나) '알겠습니다'는 '알았습니다' 또는 '압니다'와 비교할 때 선어말어미 '-겠-'이 쓰여 공손함을 표현하는 점이 드러난다. (25다)의 '-어 주다'도 직접적 명령을 부드러운 요청으로 바꾸어 주는 점에서 공손 표현으로 볼 수 있다. (25라)의 피동형, (25마)의 추정 표현, (25바)의 부정 표현도 화자의 주장이나 의지를 약화시킴으로써 상대방의 체면을 보호하고 행위 선택권을 넓혀 준다.

4.2 공손과 경어법의 관련성

　서양말과 달리 한국어는 언어생활에서 경어법이 아주 중요한 역할을 하기 때문에 경어법 형식과 직접 관련이 없는 공손함의 표현 요소들은 경어법 실현을 위한 보충적 역할에 머무는 경우가 많다. 특히 윗사람에 대한 공손함은 경어법과 분리되어 별개로 나타나기 어렵다. 이런 점에서 한국말, 일본말과 같이 경어법이 중요한 범주로 기능하는 언어를 '경어법 지배적 언어'로, 영어나 독일어와 같이 경어법이 범주로 존재하지 않는 언어를 '공손성 지배적 언어'로 부를 수 있다. 따라서 경어법을 문법 범주로, 공손을 화용 범주로 대등하게 나누어 보는 시각은 한국어에서 차지하는 경어법의 중요성과 실제 역할을 간과한 것이다. 경어법은 문법 범주이자 화용 범주, 곧 '화용문법 범주'인 것으로 봐야 한다.

오랫동안 공손 현상을 다룬 연구들에서 한국어의 공손은 경어법과 관련이 약하다거나 경어법과 무관하게 봐야 한다는 주장이 많았다. 상대방에게 가장 높은 청자 경어법의 말 단계 형식인 하십시오체를 쓴다고 하여 언제나 공손함이 드러나는 것은 아니기 때문에 공손과 경어법을 다른 영역으로 구별해야 한다는 논리다. 이와 관련한 최근의 논의를 제시하면 다음과 같다.

(26) '공손'과 관련이 없다고 본 경어법의 쓰임

　가. 실장님의 그 얄팍한 자존심 때문에 가족의 생계를 포기하실 겁니까? 또 부인한텐 뭐라고 하실 겁니까? 자존심도 세울 때 세우십시오. (드라마 '슬픈 유혹' 2회, 김명운 2009: 54)

　가-1. 경어법의 등급 면에서 최상급인 '합쇼체'를 쓰고 있지만, (…중략…) 공손성의 측면에서 보면 극단적으로 무례하게 보이는 것이다. (…중략…) 경어법과 공손성은 전자가 언어 체계 속의 문법이라면, 후자는 언어 사용에 보이는 현상이라는 점에서 서로 다른 영역에 있지만, 그것이 지향하는 바가 조화로운 의사소통에 있다는 점에서 서로 밀접하게 얽혀 있다. (김명운 2009: 54~55)

　나. 오달현 씨! 일하러 가는데 아이를 데려오면 어떡합니까? (드라마 '미우나 고우나' 7회, 허상희 2010: 2)

　나-1. 이 때 사장은 하십시오체를 사용하는데 공손하게 느껴지지 않는다. 오히려 불쾌하게 여겨지기도 한다. (…중략…) 이처럼 높임어미를 실현하였다고 해서 공손한 표현이 되는 것은 아님을 알 수 있다. (허상희 2010: 2)

　나-2. 하십시오체의 어미가 사용되었지만 화자의 청자에 대한 '높임(존대)'

의 의도를 느끼기 힘들다. (허상희 2010: 28)

(26가)의 보기와 관련하여 (26가-1)에서는 가장 높은 하십시오체를 써도 공손함이 나타나지 않고 극단적으로 무례하게 보이기 때문에 경어법과 공손은 다른 영역에 있는 것으로 보았다. 그러나 이 발화의 목적은 윗사람에게 공손 또는 정중함을 최대로 표현하려는 것이 아니며, 따라서 상대방을 비난하고 명령하는 상황에서 아랫사람의 정중함이나 공손성이 제대로 나타나기도 어렵다. 하십시오체를 통하여 표현할 수 있는 공손함의 정도가 화자의 의미 및 상황적 요인에 의해 일시적으로 약해진 것이다.

물론 이 경우에도 해요체나 반말을 쓰지 않고 하십시오체를 씀으로써 동일한 상황에서 윗사람에게 최대의 상대적 공손함을 표현한 것으로 보아야 한다. 하십시오체를 써도 공손함이 드러나지 않는 것이 아니라 화자가 공손함을 드러내고자 하는 뜻이 없기 때문에 그러한 것으로 해석해야 한다. (26나)의 보기에 대한 해석도 마찬가지다. 같은 상황에서 해체를 썼다면 청자에 대한 '비공손' 정도는 훨씬 심해진다. 청자의 객관적 지위를 고려하여 하십시오체를 쓰면서 비난했기 때문에 어느 정도의 공손함과 높임 의도는 표현되었다고 봐야 한다. 이와 같은 상당히 극단적인 보기들을 통해서도 경어법은 공손 표현과 별개일 수 없음이 확인된다.

한편, 한국 사회에서 힘의 질서가 약해지고 친밀함을 강조하는 문화가 널리 퍼지다 보니 이제는 집에서 부모에게 높임말을 제대로 쓰는 자녀들이 많지 않은 상황이다. 하십시오체나 해요체를 쓰는 대신 부모와의 심리적 거리를 줄이려는 본능적 언어 사용 욕구에서 해체를 지속적으로 쓰는 아이들이 많고, 일부는 해체를 쓰면서 의문문이나 명령문에서 해요체 등을 부분적으로 함께 쓰기도 한다. 부모에게 높임말을 써야 한다는 것을 배우지 못한 어린아이들은 말할 것도 없고, 그것을 배웠을 뿐만 아니라 부모로부터 높임말 사용 요구를 직·간접적으로 받는 중고생 자녀들도 가능하면 반말을 쓰려고 시도한다. 해체가 언어 경제성 면에서 유리하고 부드러운 어감을 갖고 있기 때문에 하십시오체나 해요체보다는 해체 사용이 언어 본능에 가깝다. 그럼에도 의문문이나 명령문 등에서 해요체 또는 하십시오체를 쓰는 것은 발화 수반력이 세고, 청자와의 관여도가 높은 문장에서 반말 사용이 심리적 부담이 되기 때문이다.

의문문 등은 청자에게 정보나 행동을 요구하고 부탁하는 형식인 점에서 반말을 쓰던 아이들도 이런 문장에서는 높임 형식을 자연스럽게 쓴다. 일종의 수혜자 공손 전략이 적용되는 경우다. 다른 조건이 같다면 청자 경어법의 말 단계가 높을수록 상대방에 대한 공손 정도가 높아지는 것이 보통이다. 동생이 오빠나 형에게, 아이들이 부모에게 용돈이나 선물을 달라 하고, 함께 놀아줄 것을 부탁하는 경우에는 더욱 분명하게 경어법 형식에서 변화가 나타난다. 여러 가지 경어법 형식의 중복 사용을 통해 공손함의 정도를 강화하고, 결과적으로 화자의 현실적 발화 목적을 쉽게 이루어 낸다. 경어법이 체계적으로 발달해 있는 한국어에서 경어법 사용은 공손과 사람들 사이의 상호 예의를 표현하는 핵심적이고 효과적인 수단이다. 화자들은 경어법을 이용하여 보통 때보다 공손함을 더 강하게 드러냄으로써 현실적 발화 목적을 이루는 전략적 효과까지 얻게 된다.

5. 요약 및 결론

지금까지 이 장에서는 대화 참여자들의 '사회적 관계'에 따라 달라지는 호칭 및 경어법 사용에 대해 살펴보았다. 호칭 및 경어법 사용에 작용하는 '사회적 요인'에는 어떤 것이 있는지를 먼저 정리하고, 이어서 '호칭'과 '경어법'의 주요 특성에 대해 기술했다. 경어법과 관련되는 범언어적 현상인 '공손' 현상에 대해서도 소개하고, 경어법과 공손의 관련성을 생각해 보았다.

사회적 요인은 크게 '참여자 요인'과 '상황 요인'으로 나눌 수 있고, 참여자 요인은 '힘'과 '거리' 요인으로 다시 나뉜다. 힘 요인에는 나이,

지위, 성 등이 있고, 거리 요인에는 성별과 친소 관계가 있다. 상황 요인은 격식성과 제3자 인물의 현장성이 하위 요인이다. 경어법 사용에서 여러 가지 요인들은 몇 가지가 동시에 작용하는 일이 많다. 그 과정에서 적용 우선순위를 두고 대립과 충돌이 일어나는데, 사회적 요인은 시대 상황과 언어공동체의 특성 등에 따라 적용 우선순위가 차이를 보인다. 한국이나 서양 사회 모두 20세기 중후반 이후 호칭 사용에서 힘보다는 거리 요인의 중요성이 높아진 공통점이 있다.

화자가 대화 상대방인 청자 또는 대화 현장에 없는 제3자를 부르거나 가리킬 때 쓰는 호칭 또는 호칭어는 부름말과 가리킴말을 포괄하며, 호출어와는 구별된다. 호칭어는 '이름 호칭어, 직함 호칭어, 친족 호칭어, 대명사 호칭어, 통칭 호칭어, 기타 호칭어'의 하위 유형으로 나뉜다. 한국 사회에서는 직함 호칭어와 친족 호칭어가 특히 발달했다. 친족 호칭어가 통칭 호칭어로 널리 쓰이는데, 이것은 한국 사회가 가족 중심주의 전통이 강하기 때문으로 해석할 수 있다. 한국어, 일본어 등 경어법이 발달한 언어에서 호칭어는 청자 경어법 실현의 한 구성 요소로서의 성격이 강하지만 경어법 범주가 없는 영어 등 서양 언어에서는 호칭어가 상대방에 대한 언어적 대우의 핵심적 역할을 맡는다.

경어법은 다른 사람을 높여 대우하기 위한 언어 형식들의 사용 방식을 가리키며, 높임말, 존댓말, 대우법 등으로도 부른다. 경어법 형식에는 높임 어휘, 높임 형태소 등이 있고, 높임의 정도를 조절하기 위한 여러 가지 형식을 함께 쓰는 일이 많다. 경어법은 높임 대상에 따라 '청자 경어법'과 '비청자 경어법'으로 나뉘며, 비청자 경어법은 다시 '주체 경어법'과 '객체 경어법'으로 나뉜다. 경어법은 언어를 통하여 사람들 사이의 차이와 질서를 드러내는 것인데, 그 본질적 기능은 '지위 관계에 맞게 대우하기, 공손한 태도 드러내기, 대인 관계 조정하기'다. 경어법은 여러 가지 긍정적 특성과 부정적 특성을 함께 갖는다. 다른 사람에 대한 공손함과 예의를 표현하는 효과적 도구지만 한국어 학습에서 상당한 부담이 되는 식이다.

경어법 사용은 언어공동체 구성원들 사이에서 공유되는 '규범'과 개인적 목적 및 의도에 따른 '전략'과 관련되어 이루어지는데, 각각 '규범적 용법', '전략적 용법'이라고 한다. 전략적 용법에는 '수혜자 공손 전략, 지위 불일치 해소 전략, 지위 드러내기 전략, 정체성 바꾸기 전략, 거리 조정하기 전략'이 있다. '복수 인물 경어법'과 '백화점 높임말'을 살펴보았는데, 백화점 높임말은 상업적 맥락에서 수혜자 공손 전략의 면에서 나왔고, 지금은 일반 화자들 사이에서도 널리 파급된 상황이다.

　대화 상대방에 대한 배려와 긍정의 태도를 표출하는 언어 행위인 '공손' 현상에 대한 관심은 서양 언어 연구에서 시작되어 한국어 연구에서도 논의가 활발하다. 공손은 경어법이 범주로 존재하지 않는 영어, 독일어 등 언어에서는 아주 중요한 역할을 하지만 경어법이 발달한 한국어 등에서는 경어법 실현의 보충적 역할에 머무는 경우가 많다. 이런 점에서 한국어 등은 '경어법 지배적 언어', 영어 등은 '공손성 지배적 언어'로 부를 수 있다. 다만, 공손은 경어법 형식뿐만 아니라 특수한 어휘 요소, 피동법, 간접 화행, 부정 의문문 등의 문법 요소로도 표현되고 거의 모든 언어에서 나타나는 점에서 경어법보다는 더 보편적 범주다.

　호칭과 경어법은 여러 가지 언어 범주 가운데서 가장 사회적인 것이고, 사람들의 삶과 상호관계에 밀착된 것이다. 그 사용에서 사회적 요인의 개입이 필수적인 범주다. 그렇기 때문에 그것들의 용법은 한 사회 안에서도 하위 언어공동체에 따라서 세부적인 다양한 차이를 보여 준다. 또 시대의 흐름에 따라, 사회 구조의 변화에 따라서도 호칭과 경어법은 형식 및 기능 면에서 지속적으로 변화를 겪는다. 호칭과 경어법에 대한 정확하고 깊이 있는 이해를 위해서는 언어 형식 자체에 머물러서는 안 되고 그것이 쓰이는 사회 또는 언어공동체에 대한 충분한 이해가 선행되어야 한다.

　언어 자체가 지속적인 변화를 겪는 것이기도 하지만 호칭과 경어법의 쓰임이 사회의 변화에서 직접적인 영향을 받는 것이라면 그 쓰임을 접하고 이해하는 과정에서 유연한 태도를 갖는 것이 필요하다. 새로운 용법의 등장에 너무 과민 반응을 보이거나 거부 일변도의 태도를 보이는 것은 옳지 않다고 하겠다. 최근 한국어 호칭 및 경어법에서 보이는 새로운 용법들, 예를 들어 '님'의 과용과 통신 언어 두루 높임 호칭어 '님'의 확산, 백화점 높임말, '드리다'의 문법화 등에 대해 기존의 오래된 용법을 기준으로 잘못된 것이라고 무조건 몰아붙일 것이라 아니라 그런 용법들이 어떤 의도와 전략에서 나온 것인지를 먼저 자세히 이해하려는 노력이 있어야 하겠다.

탐구 과제

1 한국어 경어법은 여러 가지 긍정적 특성과 부정적 특성을 함께 갖고 있다. 일상생활에서의 경어법 사용 경험을 바탕으로 그것이 가진 긍정적 특성과 부정적 특성 가운데 어떤 점이 더 강하게 느껴졌는지를 말하고, 앞으로 한국어 경어법이 어떤 방향으로 바뀌어야 하는지를 생각해 보자.

2 한국 사회에서 '아저씨, 아주머니, 이모, 삼촌, 언니' 등 가족 관계를 바탕으로 만들어진 호칭어가 가족이 아닌 다른 사람을 두루 가리키는 통칭 호칭어로 쓰이는 일이 많다. 복잡한 도시에서 낯선 사람들과의 만남이 일상적인 현대 사회에서도 이러한 통칭 호칭어의 쓰임이 늘어나는 이유가 무엇인지를 한국 사회 및 한국인들의 특성과 관련지어 파악해 보자.

메론수박	이모 솔직히 부르기엔 너무 손발이 오글거린다...ㅋㅋㅋ어떤넘은 식당가서 엄마라고 부르는 미친게이도 있던데...본인은 친근함의 표시일지 몰라도~이모까지는 그릴다치자...엄마는 오바다..ㅋㅋㅋ 14.06.07	👍 9
학개이장	선생님! 14.06.07	👍 1
aldl	처음에 이모라는 소리 들었을때 손발이 오그라들었던 기억이...... 이모는..아닌거 같아... 그냥 여기요... 아줌마~ 그냥 그러는게 나은듯 ㅋ 이모는 집에서나 부르세요 아니면 완전 친한 단골집에서나 부르던가 14.06.07	👍 6
올리브	무식하면 용감하다더니... 가만히 있으면 중간이라도 간다던데... 여사님..이라고 부르면 되고 그게 불편하면 여기요~ 라고 하면 됩니다 14.06.07	👍 5
김정수	본인이 싫으면 싫은거죠 머 이유가 있을 이유가 없죠 14.06.07	👍 10
↳ 젠틀하게	맞습니다..글쓴분이 좀 문제가 있는듯~ 자기가 좋다고 해서 남들도 좋아해야 합니까? 14.06.07	
본어외	그 친근한 호칭 그리 좋고 쓰고싶은데 왜 식당에서만 쓰세요.여의사에게도 이모 이모님 간호사에게도 이모님 백화점가서도 이노 언니 어머님 하고 친근함 마구 표현허세요. 14.06.07	👍 13
메리 포핀스	언니고 이모고 다 잘못쓰고 있는겁니다.. 난 나보다 훨씬 나이 많아보이시는분이 언니라고 불러서 아연실색하기도있어요. 전 절대로 이모 언니 호칭 안씁니다.. 절대 잘못된 호칭이고 쓰면 안된다고 생각합니다.. 친근하게 들리는건 부르는사람생각이고 불리는 사람은 불쾌하기도하고 호칭이 중요한 대한민국에선 절대 있을수 없는일입니다.. 14.06.07	👍 9
김홍주	식당이나 기타 가정방문 보험설계사.요양보호사등 서비스직 종사자를 이모라는 표현은 못마땅합니다..이모가 아닌데 다들 이모라 부른 거짓말하는 사람아닙니까/ 중국처럼 그냥 통일해서 무우웬...복무원이라고 부릅니다..그게 맞는 말이요..복무하는사람..급료를 받고 일하는 종사원을 그게 정답이에요 14.06.07	👍 5

3 경어법 및 호칭 사용은 대화 참여자의 나이, 성, 지위, 수혜자 관계, 친소 관계 등의 다양한 요인의 작용으로 이루어진다. 아래 표와 같이 대화 참여자들이 나이와 다른 힘 요인 면에서 대립적 관계를 이루는 경우가 많다. 이때 어떤 요인이 우선적으로 적용되어야 한다고 생각하는지, 그 이유가 무엇인지를 다양한 대화 참여자 관계를 가정하여 토론해 보자.

언어공동체	사회적 요인	대화 참여자	
		가	나
회사	직위	부장	과장
	나이	45	50
대학	학번	선배	후배
	나이	21	25
군대	계급	상병	일병
	나이	22	25
가정	가족 서열	윗동서	아랫동서
	나이	33	35

더 읽을거리

1 왕한석 외 6인(2005), ≪한국 사회와 호칭어≫, 역락.

한국 사회에서 나타나는 다양한 호칭어의 쓰임을 다룬 연구들을 모아서 펴낸 책이다. 호칭어의 주요 이론과 연구 시각(왕한석), 한국어 호칭어 체계(박정운), 보조 친족 호칭어(김성철), 친족 호칭어의 확대 사용(김희숙), 영어 두문자 약칭(채서영), 부부 사이의 호칭어 변화(김혜숙), 인터넷 통신 언어 호칭어(이정복) 등의 내용이 들어 있다. 한국어 호칭어의 여러 가지 유형 및 쓰임 실태에 대한 종합적 이해에 도움이 된다.

2 최봉영(2005), ≪한국 사회의 차별과 억압: 존비어체계와 형식적 권위주의≫, 지식산업사.

한국어 경어법을 형식적 권위주의의 대표적 사례로 보고 신랄하게 비판했다. 한국인이 대등한 인격체로 살아가려고 할 때 근원적 걸림돌로 작용하는 것이 한국어 경어법이며, 그것은 사람들 사이의 차별과 억압을 낳고 사회 갈등을 부추기는 핵심 요인으로 작용한다고 기술했다. 경어법의 실체에 대한 깊이 있는 이해와 종합적 기술은 부족하지만 경어법이 가진 문제점 또는 부정적 측면에 대한 이해에는 도움이 되는 책이다.

3 국립국어원(2011), ≪표준 언어 예절≫, 국립국어원.

가정 및 사회에서의 경어법과 호칭어 사용에 대한 규범적 방향을 제시한 책으로, 1992년에 펴낸 ≪표준화법해설≫을 보완한 것이다. 일상생활의 인사말, 특정한 때의 인사말, 각종 문장 서식 등을 함께 다루고 있다. 언어의 표준과 규범에 관심이 많고, 일상 언어 사용에서도 '바른' 용법을 지나칠 정도로 중요시하는 한국어 화자들에게 도움이 되는 반면 자유로운 언어생활과 창의적인 생각의 폭을 크게 제약할 위험도 동시에 안고 있다.

주석

1) 이 장에서 인용하는 자료의 맞춤법, 띄어쓰기 등은 대부분 원문 그대로임을 밝힌다.
2) 제3자 인물의 현장성에 따른 경어법 사용 차이 및 참여자 효과에 대해서는 이정복(1994, 1996가)를 참조할 수 있다.
3) 세계 여러 언어의 호칭어에 대한 연구 경향과 이론에 대해서는 이익섭(1994)의 6장과 왕한석(2005)를 참조할 수 있다.
4) 이를 '사물 높임말', '사물 존칭'으로 부르기도 한다.
5) '커피'나 '상품'이 "청자의 소유물 혹은 밀접한 관계를 맺고 있는 대상이 아니므로" '-시-'를 남용해서는 안 된다는 논리인데 설득력이 약하다. 손님이 '주문한 커피'는 그 상황에서 밀접한 관계가 있기 때문이다. 상황 주체 높임에 대한 국립국어원(2011)의 기술과 태도는 그것을 전면적으로 '표준 화법'이라는 규범적 테두리에 넣기 어려운 현실적 고민을 드러낸 것으로 이해된다.
6) '마디오'와 '끄로모 잉길'의 비어 있는 부분에는 '끄로모'와 동일한 어휘가 쓰인다.
7) 공손 현상 및 그 연구에 대한 최근의 종합적 검토는 와츠(Watts 2003)에서 이루어졌다.
8) 그라이스(1975)의 '협력 원칙'에 대한 자세한 내용은 이 책의 6장을 참조하면 된다.
9) 이 논문의 한국어 요약문에는 'politeness'를 '정중함', 'grand strategy of politeness'를 '정중함의 대전략'으로 적고 있다.
10) 브라운과 레빈슨(1987)의 공손 이론에 대한 비판이 많이 나왔으며, 종합적인 것은 구자숙(Koo 1995)를 참조할 수 있다. 공손을 체면 유지의 관점에서 해석하는 것은 영어 등 서구어의 경우는 설득력이 있지만 한국어, 일본어, 자바어 등 경어법이 발달한 언어에는 그것으로 설명되지 않는 많은 공손 행위가 있다는 것이 비판의 핵심 요지다.
11) '발뺌 없이, 노골적으로(without redress action, baldly)' 체면 위협 행위를 한다는 것은 '빨리 뛰어!'와 같이 직접적으로 명령을 내리는 말하기를 가리키고, '체면 위협 행위를 하지 말라(Don't do the FTA)'는 것은 체면 위협 행위 자체를 하지 않는 것을 가리킨다.

제6장

화용론과 대화 분석

화용론(pragmatics)은 언어와 의사소통에 대하여 인지적, 사회적, 문화적으로 연구하는 언어학의 한 분야라고 정의할 수 있다. 즉, 우리가 의사소통을 할 때 메시지를 전달하기 위해 언어를 어떻게 사용하며 또한 그렇게 전달된 메시지의 의미를 어떻게 이해하고 해석하는지에 대해서 맥락(context)과 관련지어서 분석하고 설명하는 언어학의 한 분야다.

의사소통 행위로서 말을 할 때 우리는 의식적이든 무의식적이든 끊임없이 언어 선택을 하고 있고 이러한 언어 선택은 음운, 형태, 구조, 의미 영역에서 이루어질 뿐만 아니라 지역이나 사회 혹은 기능적인 변이를 고려한다. 화용론은 의사소통 행위로서의 말하기에서 화자가 적절한 선택을 해야 할 때, 대화 상대나 발화 맥락 등을 고려해서 어떻게 선택하는지, 즉 언어를 사용하는 방식에서 발견되는 특성이나 규칙 등이 무엇인지를 연구하는 학문이라고 할 수 있다.

창문을 열어 달라는 요청을 해야 할 때, 화자는 청자와의 관계 또는 상황 맥락을 고려하여 여러 가지 가능한 언어적 혹은 비언어적 표현을 하게 된다. 예를 들면 정중한 표현인 '문 좀 열어주실 수 있어요?'라고 할 수도 있고 강한 명령어조로 '문 열어요'라고 할 수도 있다. 또는 '여기 덥네요'와 같이 암시하는 말로 할 수도 있다.

또한 화자로부터 전달받은 메시지를 청자가 해석할 때도 맥락에 따라 다양한 해석이 가능하다. 앞에서 예로 든 '여기 덥네요'는 화자와 청자가 누구인지, 두 사람의 관계가 어떠한지 그리고 어떤 맥락에서 발화했는지에 따라 창문을 열어달라는 요청일 수도 있지만 난방비를 너무 쓰고 있다는 불평일 수도 있다.

이 장에서는 화용론의 요체라고 할 수 있는 두 개의 이론인 화행 이론 (speech act)과 협력 원칙(cooperative principle)을 소개하고 이어서 문화 간의 화행을 비교하는 대조 화용 분석(cross-cultural pragmatics) 이론을 소개한다. 또한 민족 방법론(ethnomethodology)의 전통에서 비롯된 대화 분석 (conversation analysis) 이론을 중심으로 의사소통 행위가 이루어질 때 어떤 원리와 규칙이 적용되는지 살펴본다.

먼저, 오늘날 화용론의 근간이 되는 화행이론과 협력 원칙에 대하여 소개한다. 화행이론은 영국 옥스퍼드의 일상 언어 철학자인 오스틴 (Austin)에 의해 제창되었고 그의 제자인 설(Searle)에 의해 계승 발전된 분야이고 협력 원칙은 그라이스(Grice 1975)가 주창한 대화의 논리(logic of conversation)에 바탕을 두고 있다. 그리고 이어 사회학에 근간을 두고 있는 대화 분석에 대하여 소개한다(Sacks, Schegloff & Jefferson 1974; Atkinson & Heritage 1984).

1. 화행

사람들이 의사소통을 할 때, 화자는 어떤 의도를 가지고 말을 하는 동시에 상대방이 그 의도를 알아차릴 것을 기대한다. 예를 들면 수업 시간에 선생님이 '여기 덥네!'라고 말했다면 단순히 교실이 덥다는 사실을 지적할 수도 있지만 '창문을 열었으면 좋겠다' 혹은 '에어컨을 켰으면 좋겠다'는 의도의 표현으로 볼 수도 있고, 나아가 이 말을 듣는 청자에게 어떤 반응(예를 들면 학생이 창문을 여는 것)을 기대한다고 할 수도 있다. 이처럼 우리가 쓰는 말은 단순히 어떤 상황에 대한 진술뿐만 아니라 어떤 행위의 수행을 위해서도 쓰이는데 이를 '화행'이라고 한다.

화행이론은 1960년대 일군의 언어철학자들(Austin 1962; Searle 1969, 1975, 1979; Grice 1975)로부터 시작된 이론으로 우리가 언어를 사용하는 것은 단순히 어떤 말을 하려는 것을 넘어서 어떤 행위를 수행하기 위한 것이라는 주장에 근거하고 있다. 다시 말하면 인간의 의사 표현의 기본 목적이 언어 표현 자체가 아니라 진술하거나 질문하거나 감사하는 등 어떤 행위를 수행하려 한다는 것이다. 이처럼 화행은 의사소통에서 기능적인 기본 단위가 된다. 오스틴(1962)에 따르면 발화할 때 수행되는 행동은 세 개의 서로 연관된 행위, 즉 발화 행위(locutionary act), 발화 수반 행위(illocutionary act) 그리고 발화 효과 행위(perlocutionary act)로 구성된다.

앞에서 제시한 '여기 덥네!'를 예로 들어 설명해 보자. 이 경우 발화 행위는 소리, 단어, 문장을 사용해서 말하는 발화 현상 자체를 의미하는 것으로 방의 높은 온도를 지적하고 진술하는 것이 된다. 하지만 대부분의 사람들은 아무런 의도 없이 발화하는 일은 없기 때문에 발화 행위에 수반되는 의도를 파악하는 일이 중요한데 이를 발화 수반 행위라고 한다. 발화 수반 행위는 그 상황에서 화자가 소통하려는 목적이므로 화자의 의도를 파악하기 위해서는 발화 맥락을 고려해야 한다. 즉 '여기 덥네!'가 어느 더운 여름날 수업 시간에 선생님이 발화한 것이라면 '학생 중 누군가가 창문을 열었으면 좋겠다'나 '에어컨을 더 강하게 작동시키는 게 어떻겠느냐'는 요청 화행일 수도 있다. 또 시원한 장소를 찾다가 발화된 경우라면 현재 있는 곳이 더우니까 더 시원한 곳으로 옮기자는 제안 화행이라고 할 수도 있고 이러한 발화를 반복한다거나 짜증스러운 어투로 말한다면 불평이라는 화행을 수행하고 있다고 할 수도 있다. 이와 같이 우리가 어떤 의도를 가지고 발화를 할 때는 자연스럽게 그에 따른 어떤 결과나 효과가 발생하기를 기대하는데 이것을 화행의 세 번째 구성 요소인 발화 효과 행위라고 한다. 화자의 의도를 알아채고 창문을 열어주는 행위를 발화 효과 행위라고 할 수 있다. 즉 화자가 말소리를 사용해서 발화 행위를 하면 이것이 발화 수반력을 지니는 발화 수반 행위가 되며, 이 행위는 또한 상대방에게 어떤 효과를 가져 오는 발화 효과 행위가 되어 화행이 성립하는 것이다.

이상의 세 가지의 행위 중에서 화행의 요체가 되는 것은 발화 수반 행위다. 앞에서 언급한 바와 같이 같은 발화라도 상황 맥락에 따라 상이한 발화 수반력(illocutionary force)을 갖는다. '자동차 타이어 펑크 났어요'라는 발화 행위를 예로 들어 보자. 화자가 이 발화를 자동차 수리 센터 직원에게 했다면 그에 따르는 발화 수반 행위는 타이어를 고쳐달라는 요청 행위가 될 것이다. 하지만 약속 시간에 늦게 된 상황에서 선배에게 전화로 이와 같은 발화를 했다면 그에 따른 수반 행위는 약속에 늦거나 못 가서 미안하다는 사과 행위가 될 것이다. 따라서 화행의 의미를 이해하기 위해서는 화자와 청자가 누구인지 그리고 어떤 상황에서 발화된 말인지를 이해해야 한다는 점에서 화행이론은 맥락을 중시하는 화용론의 중요한 모형이 된다.

1.1 화행이론의 역사적 배경

먼저 화행이론이 발생하게 된 배경을 살펴보자. 1960년대와 1970년대 초까지의 언어학, 특히 의미론은 그 당시 학문적 주류를 이루었던 논리 실증주의 학파의 영향을 받아서 소위 진리 조건 의미론(truth-conditional semantics)에 기반을 둔 형식의미론이 지배적이었다. 즉 어떤 문장이 참인지 거짓인지 실증적으로 검증할 수 없으면 의미가 없다는 주장이다. 예를 들면 '이 문장에는 일곱 개의 단어가 있다'가 참인지 거짓인지는 실제로 증명할 수 있으므로 (1)의 문장은 의미가 있다는 것이다.

(1) There are seven words in this sentence.

하지만 우리가 일상생활에서 흔히 사용하는 많은 발화는 참과 거짓을 증명해 보일 수 없지만 의미가 통하는 경우가 많다.

(2) Open the door, please. (문 좀 열어주세요.)

(3) How are you? (안녕하세요?)

위의 발화는 진리 조건에 따른 분석 방법이 적용되지 않을 뿐 아니라 단순히 진술하는 것을 넘어서 각각 명령과 인사라는 행위를 수행하고 있다. 이와 같이 우리가 언어를 통해 어떤 행위를 수행하는 것을 화행이라고 한다. 이는 오스틴이나 설과 같이 일상 언어를 중요시하는 언어학자들에 의해 시작된 것으로 논리 실증주의 학파의 영향을 받은 진리 조건 의미론을 보완하는 태도를 취한다. 오스틴은 우리가 언어를 사용하는 것은 단순히 어떤 진술을 하려는 것이 아니라 어떤 행위를 수행하려 한다고 믿었다. 그러한 관점에서 그의 저서 ≪How to do things with words≫ (1962)에서 화행이론 분야를 개척했으며 언어학계에도 새로운 바람을 불러일으켰다. 오스틴의 제자 설은 그의 저서 ≪Speech Acts≫(1969)에서 언어 철학 분야의 화행이론을 더욱 발전시켰다.

1.2 수행 가설

오스틴은 초기의 화행이론에서 모든 발화에는 표면적으로 나타나 있지 않더라도 수행 동사(performative verb)가 내재한다는 수행 가설(performative hypothesis)을 주장하였다. 여기서 수행 동사란 무엇인가를 명령(order)하고 약속(promise)하고 요청(request)하고 경고(warning)할 때 쓰여 발화 수반력을 확고하게 표현해주는 동사들을 말한다. 즉, 다음의 예문 (4~6)에서 보는 바와 같이 각각 (4a), (5a), (6a)에는 (4b), (5b), (6b)에서 명시적으로 표현된 수행 동사(order, promise, warn)가 내재되어 있어 해당 행위를 수행한다는 것이다.

(4) (Yule 1996: 51)

    a. Clean up this mess. (이 어질러진 것 좀 치워라.)

    b. I (hereby) *order* you to clean up this mess.

(나는 어질러진 것을 치우라고 너에게 명령한다.)

(5) a. I will be there by noon. (정오까지 거기에 갈게.)

b. I (hereby) *promise* you to be there by noon.

(나는 정오까지 거기에 갈 거라고 너에게 약속한다.)

(6) a. Don't touch that. (그것 만지지 마라.)

b. I (hereby) *warn* you not to touch that.

(나는 그것을 만지지 말라고 너에게 경고한다.)

또한 수행 동사가 발화에 명시적으로 드러나 있는지의 여부에 따라서 명시적 수행문(explicit performative)과 암시적 수행문(implicit performative)으로 구분한다. 위의 예문에서 (4a), (5a), (6a)는 수행 동사가 표면에 나타나 있지 않으므로 암시적 수행문이고 (4b), (5b), (6b)는 수행 동사가 표면에 나타나 어떤 화행을 수행하는지를 보여 주는 명시적 수행문이다. 일상 언어에서는 수행 동사가 생략된 발화가 자주 쓰이지만 수행 동사를 생략할 수 없는 경우도 있다. 수행 동사를 생략할 수 없는 경우는 주로 제도적으로 혹은 관습적으로 쓰일 때인데 이러한 경우 수행 동사의 역할은 절대적이다.

(7) I now *pronounce* you husband and wife.

(나는 이제 당신들이 남편과 아내가 되었음을 선언합니다.)

(8) I *sentence* you to five years in prison.

(나는 당신에게 5년 형을 선고합니다.)

(9) I *name* this ship Titanic.

(나는 이 배를 타이타닉이라고 명명합니다.)

위의 예문에서 보는 바와 같이 결혼 선언을 할 때는 'pronounce(선언하다)'를 쓰고 법정에서 형을 선고할 때는 'sentence(선고하다)'를 쓰는 데 비해 배의 명명식을 할 때는 'name(명명하다)'이라는 수행 동사를 사용하는 것이 필수적이다.

오스틴은 초기에 화행이론을 설명하면서 명시적이든 암시적이든 수행 동사의 존재가 필수적이라고 주장하였으나 나중에는 다음과 같은 이유로 수행 가설을 수정하였다(Thomas 1995). 첫째, 수행 동사 여부를 문법적으로 구분할 방법이 없고 둘째, 어떤 수행 동사의 경우 그 수행 동사가 지칭하는 수행이 이루어지지 않고 오히려 수행 동사를 씀으로써 어색한 발화가 생성되며 셋째, 수행 동사를 이용하지 않고도 행위를 수행하는 다른 표현이 많다는 것이다.

(10) (Yule 1996: 52)

   a. You are dumber than a rock.(너는 바위보다 더 멍청하다.)

   b. ? I hereby *insult* you that you're dumber than a rock.
      (나는 네가 바위보다 멍청하다고 너를 모욕한다.)

(11) (중고가게 문에 쓰인 문구)(Thomas 1995: 46)

   a. Pine Trade Shop (파인 중고 물품점)

   b. Service Inquires Only (용건이 있을 경우에만)

   c. Please ring the bell for service! (용건이 있으면 벨을 누르세요!)

   d. *No Moochers*! (먹튀 사절)

(10a)는 모욕 행위로 이해되지만 명시적 수행 동사인 'insult(모욕하다)'를 포함한 (10b)의 발화는 자연스럽지 않다. 또한 (11d)의 'No Moochers'는 명사구여서 수행 동사가 없지만 지나가는 행인들이 특별한 용건 없이 그냥 가게에 들르는 것을 금지하거나 경고하는 화행이라는 것을 알 수 있다.

1.3 적정 조건

진리 조건 의미론에서는 참과 거짓을 가리기 위한 진리조건이 필요하고 화행에서는 화자가 의도한 대로 화자의 발화가 청자에게 전달되고 이해되기 위한 조건이 필요한데 오스틴은 이것을 적정 조건(felicity conditions)이라고 하였다.

(12) I sentence you to five years in prison.
     (나는 당신에게 5년 형을 선고합니다.)

(13) I name this ship Titanic.
     (나는 이 배를 타이타닉이라고 명명합니다.)

(12)의 발화가 5년형을 선고하는 화행을 수행할 수 있기 위해서는 법정에서 해당 사건을 맡은 판사의 발화와 같이 특정한 상황에서 특정한 화자의 발화이어야 한다는 조건을 충족시켜야 된다. (13)과 같이 배를 명명하는 화행이 성립하기 위해서는 그 배의 선주가 배의 말미에 샴페인을 터뜨리면서 발화할 경우에 배의 명명이 수행되는 것이다.

위와 같은 관례적 상황에서의 화행뿐만 아니라 일상생활에서 수행하는 화행의 경우에도 그 해당 화행이 성립하기 위한 적정 조건이 필요하다. 오스틴은 수행문에 대한 적정 조건들을 다음과 같이 세 가지로 구분하였다.

오스틴의 적성 조건(Austin's Felicity Conditions)
1. (ⅰ) 관례적 효과를 지니는 관례적 절차가 있어야 한다.
   (ⅱ) 상황과 인물이 절차에 명시된 바와 같이 적절해야 한다.
2. 절차는 (ⅰ) 정확하고 (ⅱ) 완전하게 실행되어야 한다.
3. (ⅰ) 관련되는 인물들은 절차에 명시된, 필수적인 사고, 감정, 의향을 지녀야 한다. 그리고 (ⅱ) 만약 그 결과로서 일어나는 행위가 명시되면 해당하

는 사람들은 명시된 대로 따라야 한다.

따라서 어떤 발화가 이와 같은 오스틴의 적정 조건을 충족하지 못했을 때 그 발화는 부적절(infelicitous)하다고 한다. 위에 나열한 오스틴의 적정 조건을 발전시킨 설(Searle 1969)은 (i) 명제 내용 조건(propositional content conditions), (ii) 준비 조건(preparatory conditions), (iii) 성실성 조건(sincerity conditions), (iv) 본질 조건(essential conditions) 등 네 개의 화행 적정 조건을 제시하였다.

설의 적정 조건에 대한 이해를 위해서 선생님이 학생한테 과제를 월요일까지 제출하라고 요청하는 경우를 예로 들어보자.

(14) '월요일까지 숙제를 제출하도록 해요.'
  (ⅰ) 명제 내용 조건: 선생님의 말은 학생이 미래에 할 행위(숙제를 월요일까지 제출하는 것)를 표현한다.
  (ⅱ) 준비 조건: 학생은 요청받은 행위를 수행할 수 있으며, 선생님은 학생이 그 행위를 할 수 있다고 믿는다.
  (ⅲ) 성실성 조건: 선생님은 학생이 요청받은 행위의 수행을 진실로 원한다.
  (ⅳ) 본질 조건: 이 요청하는 말은 학생이 숙제를 월요일까지 제출하도록 하기 위한 시도로 간주된다.

1.4 직접 화행과 간접 화행

우리가 화행을 행할 때 직접 표현하는 경우도 있지만 간접 표현이나 암시로 표현할 수도 있다. 예를 들면 창문을 열어 달라고 할 때 명령문을 써서 '문 열어줘요'라고 할 수도 있고 의문문을 써서 상대방의 의사를 타진하는 방식으로 '문 좀 열어 줄 수 있어요?'라고 할 수도 있다. 또한 '여기 덥네요'와 같이 암시 표현으로 할 수도 있다. 직접 화행과 간접 화행을 이해하기 위해서는 우선 평서문, 의문문, 명령문에서 수행하는 기본적인 발화 수반 행위를 알아볼 필요가 있다.

문장유형	발화 수반력
평서문 ◀┈┈┈┈┈▶	진술하기
의문문 ◀┈┈┈┈┈▶	질문하기
명령문 ◀┈┈┈┈┈▶	요청하기

이와 같이 각 문장 유형과 발화 수반력 사이에 직접적인 대응 관계가 존재할 경우에는 직접 화행이라고 한다. 위에서 살펴본 바와 같이 우리가 요청 행위를 할 경우 명령문을 사용하여 직접 화행을 수행할 수도 있으나 의문문이나 평서문을 사용하여 간접 화행을 수행할 수도 있다. 수업 시간에 옆자리 앉은 학생에게 펜을 빌려 달라는 요청을 할 경우를 보자.

(15) 가. 펜 좀 줘.

　　　나. 펜 좀 빌려 줄 수 있니?

　　　다. 펜 가져오는 걸 깜빡했네.

(15가)와 같이 명령이나 요청하기라는 발화 수반력을 기본으로 하는 명령문을 사용할 경우 요청이라는 직접 화행으로 하지만 나머지 두 문장은 각각 질문하기와 진술하기라는 발화 수반력을 가진 문장을 요청 발화에 사용하고 있으므로 간접 화행이라고 할 수 있다. 대개 간접 화행은 직접 화행에 비해서 더 정중하게 여겨지나 특정 문화나 특정 맥락에서는 그렇지 않을 수 있기 때문에 어떤 발화를 이해하기 위해서는 맥락의 특성을 고려하는 것이 필요하다.

2. 협력 원칙과 대화 격률

우리는 앞서 화행이론을 설명하면서 화자의 발화에서 문자 그대로의 의미인 발화 행위와 발화 수반 행위에 해당하는 화자의 의도를 구분하고 의사소통을 할 때 해당 상황 맥락에서 화자가 의도하는 것이 무엇인지 파악하는 것이 중요하다고 하였다. 이와 관련하여 그라이스(1975)에 소개된 다음의 예문을 보자.

(16) Jones dresses well and writes grammatical English.
   (존스는 옷을 잘 차려입고 문법에 맞는 영어 문장을 씁니다.)

위의 발화가 물리학 교수를 뽑는 데 필요한 추천서에 쓰였다면 '존스는 물리학을 잘하지는 못한다'는 의미가 될 것이다. 왜냐하면 옷을 잘 입는 것과 문법에 맞는 영어문장을 쓰는 것은 물리학 교수가 되기 위한 요건과는 거리가 멀기 때문이다. 이 추천서를 읽은 학교 측이 존스를 교수로 채용할 가능성은 적을 것이다. 그러나 같은 발화가 개인 비서를 채용하는 데 쓰였다면(Horn 2004) 의미가 달라질 것이다. 개인 비서의 요건으로 깔끔한 차림과 정확한 문서 작성 능력이 요구된다면 이 추천서는 채용에 긍정적으로 작용할 것이다. 이와 같이 문자 그대로의 의미와는 별도로 화자가 암시하거나 전달하고자 하는 의미를 함축(implicature)(Grice 1975)이라고 한다. 대화에서 암시되는 함축을 특히 대화상의 함축(conversational implicature)이라고 하는데 이는 특정 대화 맥락에서 추론되는 함축이다. 이와 같이 청자가 어떻게 화자의 발화에서 화자의 의도, 즉 표현된 의미로부터 함축에 도달하는지를 설명해 주는 대화 함축 이론의 대전제가 되는 기본이 그라이스의 협력 원칙이다.

   협력 원칙(Cooperative Principle): 대화의 매 단계마다 그 대화의 목적이나 방향에 부합되도록 필요한 만큼 대화에 기여하라(Grice 1975: 45).

율(Yule, 1996)에서 소개된 다음과 같은 대화는 대화자 간에 협력 원칙을 어겼을 때, 특히 필요한 만큼의 정보가 교환되지 않았을 때 일어날 수 있는 상황을 그리고 있다. 예문 (17)은 공원 의자에 앉아 있는 여자와 그 의자 아래에 누워 있는 개 앞을 지나가던 남자가 그 의자에 앉으면서 일어나는 대화다.

(17) (Yule 1996: 36)

Man: Does your dog bite? (당신 개는 물어요?)

Woman: No. (아니요)

(남자가 개를 쓰다듬기 위해 손을 뻗친다. 그런데 이 개가 남자의 손을 문다.)

Man: Ouch! Hey! You said your dog doesn't bite.

(이얏! 여보세요! 당신 개는 물지 않는다면서요.)

Woman: He doesn't. But that's not my dog.

(내 개는 안 물어요. 하지만 저건 내 개가 아니거든요.)

이 대화에서 여자가 거짓말을 했다고는 할 수 없지만 남자의 질문에서 'your dog'은 바로 앞에 누워 있는 개를 지칭하는 것으로 가정할 수 있고 아마 여자도 그렇게 이해하고 있었다고 할 수 있다. 하지만 남자의 처지에서 볼 때 여자가 'no'라고 한 대답은 그 상황에서 충분한 정보를 제공하지 못한다. 여자 앞에 있는 개가 자기의 개가 아니라면 그 점을 확실히 해주는 것이 대화에서 협조적이라고 기대를 했을 것이고 그랬다면 남자는 개를 쓰다듬으려 하지 않았을 것이다. 이처럼 대화의 현재 목적에 부합되는 만큼의 정보를 제공하지 않았을 때 협력 원칙을 위배했다고 할 수 있다. 한편 여자가 일부러 필요한 만큼의 정보를 제공하지 않았을 경우 청자는 왜 그랬는지에 대해서 생각해 볼 수 있다. 즉 혼자 앉아서 쉬고 있던 여자가 낯선 남자와의 대화를 원하지 않는다는 것을 함축할 수도 있다. 이것을 '공공연한 규범 위반(flouting)'이라고 할 수 있는데 이에 대하여는 다음 절에서 자세히 살펴볼 것이다.

그라이스(1975)에 따르면 합리적인 사람들은 서로 묵시적으로 알고 있거나 가정하고 있는 대화의 목적을 고려하여 적절한 방식으로 의사소통을 하려고 한다는 것이다. 화자는 이러한 기대를 염두에 두고 발화하고 청자는 화자의 발화를 해석하는 하나의 기준으로 삼는다. 이와 같이 대화의 근간이 되는 협력 원칙은 다음의 네 가지 하위 규범으로 나뉜다.

대화의 격률(Conversational Maxims)

1. 양의 격률(Maxim of Quantity)
   대화의 현재 목적에 요구되는 만큼의 정보를 제공하라.
   필요 이상의 정보를 제공하지 말라.

2. 질의 격률(Maxim of Quality)
   거짓이라고 믿는 것을 말하지 말라.
   증거가 충분치 않은 것은 말하지 말라.

3. 관련성의 격률(Maxim of Relevance)
   관련되는 말을 하라.

4. 태도의 격률(Maxim of Manner)
   불분명한 표현을 피하라.
   애매하게 말하지 말라.
   간결하게 말하라.
   순서대로 말하라.

협력 원칙이 의사소통을 위한 명시적인 규범이 아니라 암시적인 전제라면 사람들이 이러한 협력 원칙을 준수하고 있다는 것을 어떻게 알 수 있을까? 대화할 때 자주 쓰는 울타리 표현들을 살펴보면 우리가 협력 원칙을 지키려고 노력하고 있음을 알 수 있다. 예를 들면 '내가 아는 한', '내말이 틀릴 수도 있지만'과 같은 표현들은 질의 격률을 보여 주고, '아마 이미 알고 있는지는 모르겠지만', '거두절미하면' 등의 표현은 양의 격률을 보여준다. '이것이 중요한지는 모르겠지만', '주제에서 조금 어긋나는지는 모르겠지만' 등의 표현은 관련성의 격률을 보여 주고 '좀 혼동될는지 모르겠지만', '이해가 잘 될는지 모르겠지만' 등은 태도의 격률에 흔히 사용되는 울타리 표현이다. 화자들이 울타리 표현을 사용한다는 것은 대화자들이 이러한 격률을 인식하고 있을 뿐만 아니라 격률을 준수하려고 노력하고 있다는 것을 증명하는 것이다.

앞서 언급한 네 가지 격률이 늘 지켜지는 것은 아니다. 사람들이 의사소통하는 것을 관찰해 보면 일부러 격률을 어기는 수가 있는데 이때도 사람들은 대화의 매 단계마다 그 대화의 목적이나 방향에 부합되도록 필요한 만큼의 협력 원칙을 준수하여 대화에 기여하고 있다는 것을 알 수 있다.

다음의 대화를 통해 어떤 격률이 '공공연하게 위반(flouting)'되었는지와 화자가 그러한 격률을 위반하면서 전달하고자 하는 대화의 함축적 의미는 무엇인지 생각해 보자.

(18) (Yule 1996: 35)

A hamburger is a hamburger.

(햄버거는 햄버거지.)

예문 (18)은 동어 반복으로서 양의 격률을 어기고 있는 것처럼 보인다. 그럼에도 화자들이 협조적으로 대화하고 있다고 전제한다면 외견상으로는 화자가 양의 격률을 위반하고 있지만 청자는 이를 통해 화자가 전달하려는 함축적 의미가 있을 것이라고 가정한다. 청자는 이 말을 통해 전달하려는 함축적 의미가 무엇인지를 현재의 대화 맥락과 세상 지식을 동원하여 추론하려고 할 것이다. 예를 들면 예문 (18)이 바빠서 즉석식 가게에 가서 점심을 해결한 친구에게 햄버거 어땠냐고 물어보는 질문에 대한 답이라면 '햄버거 맛이 뻔하지, 뭐 크게 기대할 것 있겠느냐'는 의미를 함축할 수도 있다.

(19) (Yule 1996: 35)

A: Teheran's in Turkey, isn't it, teacher?

(테헤란은 터키에 있어요. 그렇지 않아요, 선생님?)

B: And London's in Armenia, I suppose.

(그럼 런던은 아르메니아에 있겠네.)

마찬가지로 예문 (19)는 질의 격률을 공공연하게 위배한 사례다. 테헤란이 터키에 있다는 학생의 발화에 '그럼 런던은 아르메니아에 있겠네'라고 잘못된 정보로 답을 한 선생님의 답변에 함축된 의미는 학생이 완전히 틀렸다는 것을 지적해 주는 것이라고 추론할 수 있다.

(20) (Levinson 1983: 102)

   A: Where is Bill? (빌은 어디 있지?)

   B: There is a yellow VW outside Sue's house.

     (수의 집 바깥에 노란색 폭스바겐이 세워져 있는데.)

(20B)의 예문도 외형상으로는 (20A)의 질문에 제대로 답변을 해 주지 못하고 있으므로 관련성 격률(양의 격률 포함)을 위반하고 있다. 하지만 대화자들이 협조적으로 대화에 임하고 있을 것이라는 전제하에 (A)는 해당 대화 맥락에서 빌의 행방과 노란색 폭스바겐의 행방 사이에 관련성을 이끌어 내려 하고 결국 빌이 노란색 폭스바겐을 운전하므로 빌이 수의 집을 방문하고 있다는 함축적 의미를 얻어낼 수 있다.

(21) (Levinson 1983: 104)

   A: Let's get the kids something.

     (애들한테 뭐 좀 사다 줍시다.)

   B: Okay, but I veto I-C-E-C-R-E-A-M-S.

     (좋아요, 하지만 난 I-C-E-C-R-E-A-M-S은 반대예요.)

(21)의 경우는 태도 격률을 위반한 예다. 애매하지 않고 분명하게 표현하라는 격률이 어떻게 위반되고 있는지 그리고 이러한 위반을 통해서 전달하고자 하는 함축적 의미는 무엇인지 살펴보자. (21)의 상황 맥락은

어린아이들을 데리고 외출하려는 젊은 부부 사이의 대화인데 아이들에게 뭔가 먹을 것을 사주자는 A의 제안에 대해 B가 'Okay, but not ice cream'이라고 말하면 될 것을 굳이 'veto(거부하다)'라는 어려운 단어를 썼는데다가 아이스크림이라고 발음하는 대신 철자를 하나씩 표현하는 등 일부러 모호하게 표현하고 있다. 두 대화자들 사이에 협력 원칙이 준수되고 있다고 전제하므로 위의 대화에서 추론되는 함축 의미는 아이들이 아이스크림이라는 말을 알아듣게 되면 사 달라고 졸라댈 것이므로 일부러 모호하게 표현한 것이라고 할 수 있다.

이와 같이 의사소통을 위해서 화자가 일부러 격률을 어기고 청자는 여전히 상대방이 협조적으로 대화에 임할 것이라는 전제 하에 무슨 의미가 숨어 있는지 찾아내게 되는데 이것이 곧 대화 함축이다.

3. 대조 화용 분석

초기의 화행이론에서는 언어 보편적인 화용 원칙에 따라 화행이 실현된다고 보았으나(Austin 1962; Searle 1969, 1975) 일부 학자들은 화행이론의 개념화와 언어화(verbalization)가 문화와 언어에 따라 다양하게 실현된다고 주장하였다(Wierzbicka 1991). 문화권마다 사회언어학적 규범과 상호작용하는 스타일이 다르므로 화행 수행 방식이나 선호 방식도 다를 것이라는 것이다. 이와 같이 서로 다른 문화 간에 존재하는 차이점 때문에 문화 간 오해(intercultural misunderstanding)나 문화 소통 단절 현상이 일어난다.

화행의 표현은 나라마다 문화마다 다르게 나타날 수 있기 때문에 화행을 이해하기 위해서는 각 문화의 특성을 고려하는 것이 필요하다. 각 문화권에 따라 화행이 어떻게 다른지를 비교하는 문화 간 대조 화용론(cross-cultural pragmatics)에서는 각 나라의 의사소통 양태가 어떻게 다른지를 연구한다. 예를 들면 동일한 상황에서 의사소통하는 방식이 문화나 언어에 따라 어떻게 다른지를 살펴보는 것이다.

1960년대 이후 화행이론의 개념을 정의하고 규명하는 작업이 이루어져 왔다. 지난 40여 년 동안의 화행 연구는 실제 문맥과 유리된 발화를 연구자의 직관에 의존하여 기술하고 분석하는 방법에서 벗어나 실제 자료에 바탕을 두고 경험적으로 접근하려는 시도가 있었다. 경험적인 자료에 토대를 둔 연구는 양적 분석과 질적 분석에 의해 이루어졌다. 서로 다른 언어나 문화권에서는 화행이 어떻게 실현되는지에 대한 대조 분석뿐만 아니라 외국어 학습자들이 해당 언어의 화행을 어떻게 인식하고 사용하는지에 대한 연구에 관심이 집중되었다. 이러한 연구를 통하여 서로 다른 상호작용 스타일 때문에 문화 간 오해가 어떻게 초래되는지 좀 더 깊이 이해할 수 있다.

미국 사람들의 칭찬 화행에 대한 연구에서 울프슨(1989: 22)는 미국인들이 하는 어떤 칭찬 화행이 다른 문화권에서는 부적절한 것으로 평가되거나 너무 "헤프고 진실성이 결여되어 있으며 아마도 다른 목적에서 유발되는" 것으로 인식될 수도 있다고 지적하였다. 이처럼 어떤 화행의 사용 빈도수뿐만 아니라 그러한 화행이 실현되는 데에 어떤 책략이 선택되는가 하는 문제도 문화 간 오해를 야기하는 요소라고 할 수 있다.

각 문화 공동체 또는 언어 공동체마다 의사소통 방식이 다르다는 주장은 외국어 학습자가 외국어로 말할 때 모국어의 의사소통 방식이 전이될 수 있다는 화용 전이(pragmatic transfer)의 가능성을 뒷받침한다. 즉, 전통적인 언어 대조 분석 영역이었던 음운론, 통사론, 의미론의 분야를 넘어서 문화 간 화용 실현 유형의 차이를 연구하는 대조 화용 분석 연구는 1980년대 이후 활발하게 진행되고 있다. 특히 블룸-컬카(Blum-Kulka)와 올슈테인(Olshtain) 등을 주축으로 하는 화행 실현 유형에 대한 비교 문화 연구 (Cross-Cultural Study of Speech Act Realization Patterns)에서는 요청 화행과 사과 화행이 그 실현 유형 면에서 언어에 따라 어떤 차이를 보이는지를 연구하고 모국어 화자와 외국어 학습자 사이에 유사점과 차이점을 기술하는 데 중점을 둔다. 그리고 그 결과를 외국어 교수 상황에 적용하고 원활한 문화 간 의사소통을 증진시키는 데 기여할 것을 목적으로 한다.

칭찬하기

칭찬이라는 화행은 상대방이 지닌 좋은 점들에 대한 긍정적 평가나 호감 등을 표시함으로써 상대방의 공(credit)을 인정하는 행위로 브라운과 레빈슨(Brown & Levinson 1987: 102)가 주장한 적극적 공손(positive politeness) 전략에 해당한다. 칭찬 화행에 대한 연구는 주로 칭찬의 대상이나 주제 그리고 칭찬에 사용되는 표현과 칭찬에 대한 응답 전략 등을 중심으로 서로 다른 문화 공동체 간에 어떤 차이를 보이는지에 관심을 가져왔다.1) 칭찬의 주제로는 외모, 능력, 소유물, 성격 등을 들 수 있는데 한 문화권에서는 칭찬의 대상이 되지만 다른 문화권에서는 그렇지 않을 수도 있다. 예컨대 인도네시아에서는 은행에 저축을 많이 했다는 칭찬이 가능하고 일본에서는 순금 귀고리를 했다는 칭찬이 가능하지만 미국인의 관점에서 보면 칭찬에 해당되지 않을 수 있다.2) 반면에 '머리 모양을 바꾸니까 더 예뻐 보인다'는 칭찬이 미국인이 아닌 다른 문화권의 사람들에게는 칭찬으로 여겨지지 않을 수 있다는 것이다. 이 같은 현상은 각 문화권이 가진 가치관의 차이에서 비롯된다. 예를 들면 '영화배우 같다'나 '모델 같다'와 같은 비유에 의한 간접 칭찬이 가능한 것은 많은 문화권에서 영화배우나 모델에 대해 긍정적 가치를 부여하기 때문으로 보인다. 그러나 '장군 같다'나 '이제 시집가도 되겠다'와 같은 표현은 상황 맥락이나 문화권에 따라 큰 의미 차이를 보일 수 있다.

또한 칭찬이라는 발화 행위뿐만 아니라 그 칭찬에 대해 반응하는 양식도 문화권에 따라 차이를 보인다. (22)에서 보는 바와 같이 사모아에서는 소유물에 대한 칭찬을 들었을 때 칭찬을 한 사람에게 그 물건을 가지라고 권하는 것이 규범화된 반응 양식이라고 한다.

(22) C: What an unusual necklace! It's beautiful.
   (무척 독특한 목걸이네요! 아름다워요.)

   R: Please take it.
   (가져가세요.)

일반적으로 미국 영어에서 칭찬 빈도가 높고 그 칭찬을 수용하는 빈도도 다른 문화권에 비하여 높은 것으로 나타났다(Herbert 1989). 미국에서는 칭찬이 상당히 다양한 상황에서 유대감을 강화하는 수단으로 사용된다는 점을 고려해야 한다. 즉 칭찬 행위가 인사나 감사 표현으로 또는 대화를 부드럽게 시작하는 일종의 결속 장치(bonding device)로도 쓰이기 때문이다. 이와는 대조적으로 한국어에서는 칭찬 화행이 낯선 사람에게 쓰이는 빈도가 영어에 비해 낮은 편이다. 이는 한국 문화에서는 칭찬이 새로운 인간관계를 구축하는 기능을 수행하지 못한다는 사실을 말해주는 것이다(김경석 1993). 이처럼 문화 공동체마다 칭찬의 주제나 칭찬하는 상황이 다르므로 칭찬에 대한 응답 전략도 다른 것이다. 파메란츠(Pomeranz 1978, 1984)는 유대 원칙(solidarity principle)에 근거하여 칭찬에 대한 응답은 상충되어 보이는 두 원칙을 조화롭게 적용하는 것이라고 설명한다. 칭찬을 들었을 때 상대방의 의견에 동의하되 스스로에 대한 칭찬을 피하라는 것이다.

칭찬에 대한 응답 전략으로 '고맙습니다'와 같은 감사 표현을 사용하는 수용(acceptance) 전략과 상대방에게도 칭찬을 해 주거나 화제를 다른 데로 돌리는 비켜가기(deflection) 전략 또는 반응을 보이지 않는 무응답(no acknowledgement) 전략 등이 있다(Pomeranz 1978; Herbert 1989; Holmes 1995). 칭찬에 대한 응답 전략이 이 문화 간에 어떤 차이를 보이는지에 대하여는 많은 연구가 수행되었다. 예를 들면 이스라엘 사람들은 미국 사람들보다 칭찬을 수용하는 경우가 훨씬 적은 반면 미국 사람들은 'Thank you'라는 응답을 주로 사용한다. 이에 비해서 이스라엘 사람들은 사과하거나 칭찬하는 것을 정당화하거나 또는 놀라움을 표시하면서 응답한다는 것이다(Olshitain & Weinbach 1988). 백경숙(1998)에 의하면 한국어를 모국어로 하는 집단과 미국 영어를 모국어로 하는 집단의 칭찬 화행을 비교한 결과 칭찬을 들었을 때 미국 사람의 경우 50% 이상이 수용 전략을 사용하는 데 비하여 한국 사람들은 20% 미만에 그치는 반면 비켜가기 전략은 영어를 모국어로 하는 집단에 비해 한국어를 모국어로 하는 집단에서 더 많이 사용한다고 한다. 특히 영어를 모국어로 하는 화자의 경우 무응답으로 반응하는 비율이 7% 이하인 데 반해 한국어를 모국어로 하는 화자의 경우는 30%에 달하는 것으로 드러났다. 이는 침묵의 의미가 상황에 따라 다양할 수는 있으나 한국어 화자들에게는 무응답이 겸손의 표현이기 때문이라고 설명하였다. 즉 칭찬에 대한 응답 행위의 사회적이고 집단적인 기능이 미국에서는 동등한 힘을 추구하여 유대감을 형성하는 데 비해 한국에서는 힘을 부정함으로써 겸양을 표현하기 때문에 그러한 차이를 보인다는 것이다. 그렇다면 동양 문화권 사이에서의 칭찬 반응은 어떠할까?

인도네시아인과 한국인 사이의 칭찬 반응에 대한 연구에서도 비슷한 결과가 관찰되었다(Suh 2009). 한국어가 인도네시아어에 비해서 칭찬을 회피하는 반응의 빈도가 더 높은 것으로 나타났다. 특히 능력에 대해 칭찬할 때 부하 직원이 상사에게 반응하는 유형은 화제를 상대방에게 돌리는 전략이 압도적으로 많았고, 미국 영어에서는 보이지 않는 앞으로 일을 더욱 잘할 것임을 약속하는 반응도 관찰되어 문화 간 반응의 차이를 보여 준다. 칭찬에 대하여 한국어와 인도네시아어에서 공통적으로 관찰되는 반응 유형은 '겸손하라', '간접적으로 표현하라' 그리고 '자신을 낮추어라'는 사회·문화적 규범의 영향 때문이라고 해석하였다.

사과하기

칭찬 화행이 적극적 공손(positive politeness) 전략임에 반하여 사과 화행은 소극적 공손(negative politeness) 전략이라고 할 수 있다. 사과 행위는 사회적 규범을 위반했을 때나 타인과의 상호 작용 과정에서 타인의 권리나 감정을 손상시켰을 때 이를 만회하려는 화자의 노력이라고 정의할 수 있다(Fraser 1980). 이와 같이 사과 행위는 사회적 질서를 유지하기 위해 사용되는 언어적 수단이라는 점에서 그 사회의 규범이나 가치관을 잘 반영하고 있다. 사과 행위는 언어 보편적인 현상이지만 사과가 요구되는 상황이나 사건의 심각성과 그에 따른 적절한 배상 정도 등에 관한 인식은 문화 공동체에 따라 차이를 보인다. 또는 화자와 청자 사이의 사회적 거리나 힘의 관계 등과 같은 사회적 변수에 따라서도 인식에 차이가 있으므로 사과 표현에서도 문화적 차이가 관찰된다. 즉, 위반(offence)의 정도가 같더라도 문화권에 따라 각각의 경우에 적절하다고 여겨지는 사과 전략은 다양한 모습을 보일 수가 있다.

사과 화행은 위반의 성격, 위반의 강도, 위반의 상황, 관련된 두 사람 간의 친소 관계나 상하 관계 그리고 성(gender) 등에 따라 어떠한 전략을 어떻게 사용할 것인지에 영향을 미친다. 다음은 코헨과 올슈테인(Cohen & Olshtain 1981)에서 제시한 다섯 가지 유형의 사과 전략이다.

사과 전략(Apology Strategies)

(i) 명백한 사과 표시(관련 동사를 사용하여): 'I apologize.(죄송합니다.)', 'I'm sorry.(미안합니다.)', 'Excuse me.(실례합니다.)'

(ii) 설명이나 해명: 'I wasn't expecting it to be you.(당신인 줄 몰랐어요.)'

(iii) (과실의) 인정이나 책임감 표현: 'It is my fault.(제 잘못입니다.)', 'You're right.(당신이 옳아요.)', 'I didn't mean to.(그럴 생각이 아니었는데….)'

(iv) 향후 같은 과오를 범하지 않을 것이라는 약속: 'I promise it won't happen again.(다시는 이런 일이 안 일어나도록 약속할게요.)'

사과의 빈도를 언어별로 비교한 연구에 따르면 영어를 모국어로 하는 화자가 사과하는 빈도가 가장 높았고 그 다음은 러시아어를 모국어로 하는 화자와 히브리어를 모국어로 하는 화자의 순으로 나타났다(Olshtain 1983). 주목할 만한 점은 영어를 모국어로 하는 화자들은 영어보다는 히브리어로 이야기할 때 사과를 덜 하는 것으로 인식하고 있어서 히브리어의 사회 문화적 규범을 어느 정도 이해하고 있음을 보여준다는 것이다. 그러나 여전히 히브리어 원어민보다는 사과를 더 빈번히 하는 것으로 미루어 볼 때 모국어인 영어에서 전이한 현상도 있다는 것을 알 수 있다.

프레스큐라(Frescura 1993)에서는 사과 전략에 대한 영어와 이태리어를 비교하여 이태리어를 모국어로 하는 화자는 자기 보호 유형(self-support formula)—사과하는 사람이 자기의 과실을 부인하거나 상대방의 너그러운 처단에 호소하거나 하는 식으로 자신의 체면 유지에 더 신경을 쓰는 책략—을 취하는 반면에 영어를 모국어로 하는 화자는 청자 보호 유형 (hearer-supportive formula)에 더 의존하고 있는 것으로 관찰되었다. 즉 사과를 할 때 영어에서는 이태리어에 비해 화자가 자기의 책임을 인정하거나 배상을 제의하여 상대방의 체면을 유지시켜 주는 경향이 더 강하다는 것이다. 이와 같은 연구들을 통해서 밝혀진 사실은 외국어 학습자가 해당 외국어로 사과 행위를 할 때 모국어에 의한 전이 현상 때문에 그 문화권에 적절한 사과 전략을 사용하는 능력이 부족하다는 것이다(Cohen & Olshtain 1981; Olshtain 1983).

한국어와 영어에서의 사과 표현을 비교한 연구로는 장항규(1995), 김혜련(1997) 등이 있다. 이들 연구에서는 한국어의 사회 문화적 규범이 영어의 사과 표현에 전이되는지 여부에 초점을 맞추었다. 한국어를 모국어로 하는 화자, 한국인 영어 학습자, 영어 원어민 화자 등 세 집단을 대상으로 수행 동사(IFID)[3]를 사용하는 전략과 책임을 인정하는 전략 그리고 강화와 약화 전략을 비교한 장항규(1995)에서는 첫 두 전략이 두 언어 사이에 별 차이를 보이지 않았으나 약화나 강화 전략에서는 한국인 영어 학습자가 영어 원어민에 비해 사과 표현이 다양하지 않다는 점을 밝혀냈다. 이러한 연구 결과는 영어 학습자가 강화사인 'very'와 'really'를 제대로 구분하여 사용하지 못한다는 관찰과도 일치한다(Cohen, Olshtain & Rosenstein 1986). 강화사 'really'는 깊은 사과의 뜻을 표할 때 적절하고 'very'는 일종의 사회적 예절의 방편으로 사용된다. 예를 들면 심각한 상황(뜨거운 커피를 엎질러 상대방이 다친 경우)에서 사과를 할 경우 영어 원어민 화자는 'really sorry'라고 하는 반면 영어 학습자는 'very sorry'라고 표현하여 사과의 강도가 약해서 사과의 진실성조차 의심받을 수 있다는 것이다. 김혜련(1997)에서도 비슷한 결과를 보여 사과가 강하게 요구하는 상황에서도 영어 학습자들은 영어 원어민 화자에 비해서 강도가 약한 사과 표현을 사용하는 경향이 있다는 것이다.

요청하기

요청 화행에 대한 연구는 비교 문화 화행론 연구에서 많은 학자들이 관심을 가졌던 분야다.[4] 블룸-컬카(Blum-Kulka 1987)은 요청하기 전략에서 대표적인 아홉 가지 의미화 유형(semantic formula)을 제시하고 영어 원어민과 히브리어 원어민 학생들을 대상으로 직접성과 공손성의 요청 화행에 대하여 순위를 매기도록 하는 조사를 하였다. 그 결과 두 언어권에서 공히 가장 직접적인 전략인 명령형 전략(mood derivable-imperative)을 가장 직접적이며 공손하지 않은 유형이라고 평가하였고 힌트 전략을 가장 간접적인 유형으로 평가하였다. 또한 관례화된 간접 요청 전략인 준비 질문형(query preparatory)을 가장 공손한 유형이라고 평가하였다. 한편 영어 원어민 화자들은 원함 진술문(want statement) 형태를 의무 진술문(obligatory statement) 형태보다 더 공손하다고 평가하였으나 히브리어 원어민 화자들은 그와 반대로 평가하는 등 직접성과 공손성의 상대적 평가에서 두 언어권 간에 차이를 보였다. 요청 화행에서 적절하다고 인식되는 직접성의 정도는 독일어와 영국 영어 간에서도 차이가 관찰되었다(Kasper, 1982). 즉 독일어의 경우 영어에 비해 더 직접적인 요청 표현을 선호하여 독일어 원어민은 일종의 의무감을 표시하는 조동사를 많이 사용하는 데 비해('Du sollest das Fenster zumachen'(You should close the window)) 영어 원어민 화자들은 더 약한 의미를 갖는 조동사를 사용하거나 평서문보다 의문문을 선호한다('Can you close the window?'). 따라서 독일어가 모국어인 영어 학습자가 영어로 요청 화행을 할 때 영어 원어민의 기준으로 보면 너무 직접적인 표현을 쓴다는 것이다. 한편 영어와 스페인어를 비교해 보면 상대적으로 영어 원어민 화자가 스페인어 원어민 화자보다 더 직접적이고 덜 공손한 표현을 쓴다(Fraser et al. 1980).

후쿠시마와 이와타(Fukushima & Iwata 1987)은 일본어 원어민과 영어 원어민의 요청 화행을 비교한 연구에서 요청에 사용되는 의미화 유형을 대략 '사과-이유-요청', '호칭-요청-이유', '호칭이나 사과-이유' 등에서와 같이 서로 비슷한 양상을 보였고 요청 화행 시 사용하는 책략 역시 서로 크게 다르지 않다는 것을 보여 주었다. 하지만 일본어 원어민의 경우 친소 관계에 더 의존한 표현을 선택하는 것으로 관찰되었다. 친소 관계가 요청 화행에 미치는 영향은 한국어와 영어의 요청 화행을 비교한 연구에서도 드러났다(박용예 1990; 고인수 1995). 친소 관계뿐만 아니라 상하 관계도 요청 화행에 영향을 미치는데 영어와 스페인어를 비교하면 (Fraser et al. 1980) 스페인어 원어민은 상대방의 나이뿐만 아니라 사회적 지위에 훨씬 더 민감하게 반응하는 것으로 관찰되었다.

거절하기

거절 화행 역시 서로 다른 문화 사이에 존재하는 가치관이나 규범 차이가 잘 반영되어 있다. 특히 화자와 청자 간의 미묘한 상호 조정 작용 (interpersonal negotiation)을 포함하고 있기 때문에 거절 화행에서 화용 전이가 더 두드러지게 관찰된다.

비브 외(Beebe et al. 1985)는 일본어 원어민과 영어 원어민 그리고 일본인 영어 학습자를 대상으로 요청(requests), 초대(invitations), 제의(offers), 제안(suggestions) 등 네 가지의 화행에서 거절 행위가 어떻게 이루어지는지를 조사하였다. 거절하기에 사용된 의미화 유형은 '사과나 후회', '해명', '직접적인 NO', '대안 제시', '철학적 경구' 등이었다. 이 연구에 따르면 일본인 영어 학습자는 영어로 거절할 때 목표 언어인 영어의 규범보다 모국어인 일본어의 화행 규범에 더 근접한 표현을 사용하였는데 이는 모국어에 의해 화용 전이가 일어났음을 보여 주는 것이다. 즉 일본인 화자들은 자기보다 지위가 낮은 사람에게 요청이나 초대에 대해 거절할 때 종종 사과나 후회 등의 표현을 생략하는 경향을 보이는데 이는 일본인들이 지위의 상하 관계에 더 신경을 쓰기 때문이다. 같은 상황에서 영어 원어민의 경우는 울프슨(Wolfson 1988)의 '불룩한 모델(Bulge model)'5) 에 따라 상대방의 지위가 높거나 낮으면 간결한 표현을 쓰지만 비슷한 지위의 사람에게는 보다 길고 정교한 표현을 쓰는 경향이 있는 것으로 나타났다. 또한 영어 원어민과는 대조적으로 일본인 영어 학습자들은 지위가 더 낮은 사람에게 제의를 거절할 때 대안 제시(예: 'Be more careful from now on(이제부터 더 조심해)')나 철학적 경구(예: 'Things break anyway(영원한 건 없다)', 'This kind of things happens(그런 일들은 일어나게 되어 있어)') 등을 덧붙이는데 이는 모국어인 일본어의 언어 습관이 반영된 것이다.

국내에서는 류(Lyuh 1994)가 영어 원어민과 한국인 영어 학습자가 거절 화행에서 해명(accounts)이나 대안(alternatives) 제시 또는 거부(refusal)할 때 어떤 차이를 보이는지에 대하여 연구하였다. 이 연구에 따르면 거절하기 위하여 해명 표현을 할 때 한국어 화자들은 좀 더 모호한 이유, 즉 개인의 통제 영역을 벗어나거나 제 삼자에게 책임이 있는 상황을 들어 해명하는 문화적 특성을 보인다. 예를 들면 방 친구가 과자를 권할 때 영어 원어민은 화자 개인의 소신에 근거하여 'I have to watch my weight(체중을 조절해야 해서요)'와 같이 개인적인 이유를 들어 거절하는 반면 한국인 영어 학습자는 'I have an upset stomach(배탈이 나서요)'와 같이 본인도 어찌할 수 없는 상황 때문에 거절할 수밖에 없다는 이유를 댄다. 소위 개인주의와 집단주의라는 사회적 이념이 각각 미국인과 한국인의 언어 사용에 영향을 준다는 것이다. 예를 들면 수업에 빠진 친구가 노트를 빌려 달라는 요청을 거절할 때 한국인 영어 학습자는 'I do not take notes in class'라고 하는 데 비해 미국인은 'I do not share notes'라고 하면서 개인적인 소신을 표명한다는 것이다.

하트포드와 바도비-할리그(Hartford & Bardovi-Harlig 1991)에서는 영어 원어민과 비원어민들을 대상으로 수강 상담 시간에 상담자의 충고나 제안을 어떻게 거절하는지 비교하였다. 원어민의 경우 충고를 받아들이지 않고 거절해야 할 때 대안을 제시하는 비율이 비원어민보다 두 배 이상 많은 것으로 관찰되었다. 이와 대조적으로 비원어민은 대안(alternatives) 제시보다는 회피(avoidance) 책략을 많이 사용하는 경향이 있었다. 또한 변명할 때도 비원어민은 어떤 특정 과목을 수강하라는 상담자의 조언에 그 과목이 너무 어렵다거나 혹은 너무 쉽다거나 등의 별로 설득력이 없는 이유를 들어 비합리적인 변명을 하는 경향이 있는 반면 영어 원어민의 경우는 시간 중복이나 이미 수강한 과목과의 중복 또는 대안 수강

과목 제시 등 대부분 상담자가 쉽게 납득할 수 있는 이유를 든다는 것이다. 결국 대학의 수강 상담 상황에서 비원어민은 상담자의 제안을 효과적으로 거절하는 데 실패한다고 할 수 있다.

불평하기

불평이라는 화행이 성공적으로 수행되기 위해서는 의도된 발화 수반력을 지녀야 하는 동시에 공손법의 원칙(Brown & Levinson 1987)에도 어긋나지 않아야 한다는 점에서 고도의 적절성이 요구된다. 불평 화행은 '체면을 위협하는 행위'여서 청자에게 책임이 있고 사회적으로 용납할 수 없는 행위에 대해 화자의 부정적인 견해를 표현함으로써 청자도 본인이 한 일에 대한 비난을 받아들여야 된다는 점에서 수락하기 힘든 화행이라고 할 수 있다.

영어 원어민과 독일어 원어민의 불평 화행을 비교해 보면(DeCapus 1988) 독일어 원어민이 주로 쓰는 의미화 유형으로는 '문제점 제시', '보상이나 배상'의 요구가 있고 좀 더 심각한 사안에 대해서는 종종 '협박'도 사용한다. 또한 독일어 원어민 화자는 영어로 불평을 할 때 훨씬 강경한 표현을 쓰는 것으로 관찰되었는데(예: 'You must pay for a new one(새 것 사는 데 네가 지불해야 된다).'), 이는 독일어 'müssen'의 영어 번역에서 전이된 현상이라는 것이다.

미국인 학생과 한국인 영어 학습자의 불평 화행을 비교한 결과(Murphy & Neu 1996) 교수에게 학점에 대해 불평할 때 미국인들은 대부분 직접적인 불평 화행을 선호하는 반면(예: 'I think.. it's in my opinion maybe the grade was a little low(제 생각에는 성적이 좀 낮게 나온 거 같아서요)'), 한국인 영어 학습자들은 명시적인 불평보다는 비판적인 표현을 더 많이 사용하는 것으로 관찰되었다(예: 'You just look at your point of view. You didn't recognize my point(당신은 당신의 관점만 보고 있지, 제 관점은 전혀 인정을 안 하시는군요)').

불평 화행에 사용되는 의미화 유형의 사용 빈도나 분포에서도 문화권에 따라 다른 양상을 보인다. 의미화 유형 사용의 빈도에서는 영어 학습자가 영어 원어민을 상회하나[6) 그 다양성은 영어 원어민에 미치지 못하는 것으로 관찰되었다(Moon 1998). 즉 영어 원어민은 '불평+요청', '요청+불평', '불평등' 등의 다양한 의미화 유형을 사용하는 데 반해 영어 학습자는 상황의 다양성을 별로 구분하지 않고 주로 '불평+요청' 유형을 주로 사용하는 것으로 나타났다.

4. 대화 분석

먼저 다음의 대화 (23~25)에서 A의 발화가 어떤 행위를 수행하고 있는지를 살펴보자.

(23) A: Why don't you come and see me sometime?[7)

    B: I'd like to.

       (그러고 싶어요.)

    A: I'd like you to.

       (나도 네가 왔으면 해.)

(24) A: Why don't you come and see me sometime?

    B: I'm sorry. I'm terribly tied up lately.

       (죄송해요. 최근에 너무 바빠서요.)

(25) A: Why don't you come and see me sometime?

    B: I'd like to.(그러고 싶어요.)

    A: Yes, but why don't you.(알아. 근데 왜 안 오느냐고.)

(23)은 초대 화행이고 (24)는 불평 화행이고 (25)는 청자는 초대 화행으로 이해한 것을 화자가 다음 말 순서에서 자기의 발화가 불평 화행이라는 것을 알려 준다. 제시된 발화문이 어떤 행위를 구성하는지를 알려

면 화자의 의도를 추측하거나 추상적인 맥락을 상정해 보아야 하는 화행 이론과 달리 대화 분석에서는 화자의 말 순서에 대하여 상대방 화자가 그 다음 말 순서에서 어떻게 지향하고(orient) 어떻게 반응하는지를 관찰함으로써 알 수 있다. 대화 분석은 청자가 말 순서의 행위 의미(action upshot)를 어떻게 받아들였는지와 그에 대한 그 다음 말 순서에서의 반응을 통하여 자기가 그 두 번째 말 순서를 어떻게 이해하였는지에 대해 연속체 구조를 통해 자연스럽게 드러나는 과정에 중점을 둔다.

대화 분석은 1960년대 사회학자였던 하비 색스(Harvey Sacks)의 통찰력 있는 사회학적 관점에서 이마뉴엘 셰글러프(Emanuel Schegloff), 게일 제퍼슨(Gail Jefferson) 등 여러 사회학자들이 새로운 연구 패러다임으로 발전시켜 온 분야다. 대화 분석은 우리의 언어 사용이 단순히 우리가 어떤 말을 하려는 것을 넘어서 어떤 행위를 수행하기 위해서라는 주장에 근거하고 있다는 점에서 화행 이론의 이론적 패러다임과 그 궤를 같이 한다(Austin 1962). 하지만 대화 분석은 화행 이론과는 달리 실제 일상 대화 자료를 녹취하고 전사한 자료를 사용하여[8] 화자들이 사회적 행위를 성취해 나가는 과정을—분석자의 시각이 아니라—화자의 시각에서 미시적으로 조명하는 경험적인 태도를 취한다.[9]

대화 분석에서는 자연스럽게 발생하는 상호 작용(naturally occurring interactions) 맥락에서의 말 사용을 통해 사회적 행위가 이루어지는 과정의 체계성을 대화 참여자의 시각에서 밝히는 데 중점을 두기 때문에 충분한 경험적 근거 없이 인위적으로 만들어지거나 연구자의 기억이나 정보 제공자의 시각에 의존하여 수집된 자료는 연구의 대상이 되지 않는다. 따라서 자연스러운 일상 대화를 녹음하고 전사하여 분석 자료로 사용한다. 이에 따라 말 순서의 시작과 완결 지점, 말이 겹치는 지점, 쉬는 간격의 길이, 발화 속도, 들숨, 날숨, 웃음 등을 가능한 한 자세히 전사하고자 고안한 전사 부호들이 사용된다(cf. Jefferson 1985).[10]

대화 분석의 연구 범위는 대화 조직의 기본 단위인 대화의 말 순서(turn) 구성과 행위 조성, 말 순서 취하기에 관여하는 말 순서 취하기 조직(turn-taking organization), 말 순서 취하기를 통해 구성되는 행위 연속체의 틀이 되는 연속체 조직, 연속체 조직의 기본 단위인 인접쌍(adjacency pair), 연속적이고 효율적인 행위 수행의 연속성과 원활성에 관여하는 선호 조직(preference organization), 대화상의 문제가 발생했을 때 이에 대한 수정을 도모하는 수정 조직(repair organization), 화자의 인식적 권리(epistemic rights) 조율, 말 순서 디자인(turn design)과 행위 형성(action formation) 등을 망라한다.

전체적으로 이러한 연구의 기본적 관점은 색스가 제시했는데 여러 상호 작용의 관행(interactional practices)이 서로 유기적으로 작용하여 그 생산물로써 상호 작용을 통한 대화가 체계적으로 산출된다는 이론적 견해에 토대를 두고 있다.11) 이처럼 서로 유기적으로 연결되어 형성되는 것으로 보는 사회적 상호 작용의 산물인 대화나 더 넓은 의미에서 상호작용 내 말(talk-in-interaction)의 다양한 차원에서 형성되는 상호 작용의 관행 측면에서 분석될 수 있다. 본 장에서는 특히 말 순서 취하기, 연속체와 수정에 초점을 맞추어 대화 조직의 체계성을 살펴보고자 한다.

4.1 말 순서 취하기 조직

일상 대화에서는 토론이나 또는 격식성이 높은 다른 발화 사건과는 달리 화자들 사이에 말하는 순서가 미리 정해져 있지 않다. 화자가 한 번에 말할 수 있는 말의 길이나 말의 내용도 미리 정해져 있지 않은 특성을 가지고 있음에도 불구하고, 화자들이 쉬는 간격이나 말 겹침을 최소화하면서 대화를 이끌어 나간다. 이러한 일상 대화의 조직적 특성을 경험적으로 설명하기 위하여 색스, 셰글러프와 제퍼슨(Sacks, Schegloff & Jefferson 1974)는 말 순서 구축(turn construction)과 말 순서 배분(turn allocation)을 통제하는 말 순서 취하기 규칙을 제시하였다.12) 즉, 말 순서 구성 단위(turn-constructional unit)는 단어, 구, 절 및 문장의 형태를 취하는데 말 순서는 이러한 단위들로 구축된다. 일상 대화에서 화자들은 서로의 말 순서 구성 단위가 완결 가능한 위치(point of possible completion)를 예상 추적(project)하여 자신의 다음 말 순서를 시작하는 지향성을 보인다. 여기서 현재 화자의 말 순서를 구성하는 단위가 완결 가능한 위치는 현재의 화자가 다음 화자를 지명하거나 다른 화자가 말을 시작하여 다음 화자가 되거나 아니면 현재 화자가 계속 말을 하겠다는 결정을 하는 지점이 된다.

4.2 연속체와 인접쌍

말 순서가 바뀌면서 발생하는 연속체(sequence)를 통해 화자들은 여러 사회적 행위를 수행하는데 인접쌍(adjacency pair)은 연속체의 가장 기본적인 단위로서 현재 화자의 발화에 대하여 다음 화자가 응답하는 구조다. 아래 예문은 질문과 대답으로 이루어진 인접쌍의 예를 보여준다.

(26) 가: 밥 먹었니?
　　 나: 네 먹었어요.

(27) 가: 무슨 공부하세요?
　　 나: 화용론이요.

이처럼 인접쌍은 처음 화자가 말을 하고 이어서 다음 화자가 그에 대한 적절한 반응을 하는 말 순서가 바뀌면서 생기는데 인사하기-인사하기, 질문하기-응답하기, 축하하기-감사하기, 사과하기-사과 받아들이기, 요청하기-수락하기 등 다양한 행위가 인접쌍을 통해 수행된다. 인접쌍은 이처럼 첫 번째 대화문(first pair part)과 두 번째 대화문 부분(second pair part)이 쌍을 이루어 구성되는데 그 특징은 다음과 같다(Heritage 1984).

(i) 두 말 순서가 인접해서(adjacently) 빌화되미
(ii) 두 개의 말 순서 중 첫 번째 화자와 두 번째 화자는 서로 다른 사람이어야 하고
(iii) 인접쌍의 첫 번째 대화문에 대하여 연관이 있다고 기대되는 두 번째 대화문의 발화가 요구된다.

인접쌍에서 인사하기-인사하기와 같이 두 번째 대화문에서 기대되는 행위가 단일 유형인 경우도 있지만 첫 번째 대화문에서 요청, 초대, 제공 등의 행위가 수행되는 경우에는 두 번째 대화문에서 그에 부응하거나 (affiliative) 아니면 부응하지 않는(disaffiliative) 행위가 나올 수 있다. 이러한 반응을 각각 선호(preferred)와 비선호(dispreferred) 반응 유형이라고 한다. 다음 표에서는 인접쌍에서 선호나 비선호 반응 유형을 보여준다(Yule 1996).

〈표 6.1〉 선호나 비선호 반응의 유형

인접쌍의 첫 번째 부분	인접쌍의 두 번째 부분	
	선호	비선호
평가(Assessment)	동의	부정
초대(Invitation)	수락	거절
제공(Offer)	수락	거부
제의(Proposal)	동의	부정
요청(Request)	수락	거절

(Yule 1996: 79)

이러한 선호와 비선호 반응의 구분은 인접쌍을 통해 행위가 원활하게 연속적으로 지속되는지 아니면 그 연속성이 침해받는지를 통해 살펴볼 수 있다. 예를 들어 예문 (28)은 아이의 요청에 대하여 아버지가 수락을 하는 '요청-수락'의 인접쌍으로 요청에 대한 수락이 말 순서 간에 쉬는 간격 없이 빠르고 간단하게 수락하는 선호 구조를 보인다.

(28) (Wootton 2005)
1. Child: Could you .hh could you put on the light for my .hh room?
   (아이: 제 방 불 좀 켜 주시겠어요?)
2. Father: Yep.
   (아버지: 응)

반면에 예문 (29)에서는 차 한잔하자는 B의 초대에 대하여 A가 수락 여부를 밝히기 전에 먼저 날숨을 쉬고(hehh) 도입 말 역할을 하는 담화 표지 'well'을 발화하고 감사의 표시를 한('That's awfully sweet of you') 후에 완화된 형태로 거절한다('I don't think I can make it this morning').

(29) (SBL:10:14)

    B: hh if you'd care to come over and visit a little while this morning
        I'll give you a cup of coffee.
        (만약 네가 오늘 아침 나를 방문하면 커피 한 잔 줄 수 있는데….)
    A: hehh Well that's awfully sweet of you.
        (흠.. 저.. 무척 고마운데요.)
        I don't think I can make it this morning.
        (오늘 아침은 힘들 것 같아요.)
        .hh uhm I'm running an ad in the paper and- and
        uh I have to stay near the phone.
        (음.. 제가 신문에 광고를 실으려고 해서 전화기 옆에 붙어 있어야 되거
        든요.)

예문 (29)는 '초청'에 대한 '거절'로서 비선호 반응을 보인다(Heritage 1984: 266~267). (29)의 예에서처럼 초청에 거절할 때는 (28)의 수락할 때와 달리 대답이 지연되는 경우가 많고 거절의 이유까지 수반되므로('I'm running an ad in the paper and—and uh I have to stay near the phone') 말 순서가 상대적으로 길어지는 경향을 보인다. 또한 주저하거나 더듬거려 발화가 순조롭지 않은 경우가 많은데 이러한 특징들은 비선호 반응을 보일 때 자주 관찰된다.

요청이나 초대에서와 같이 인접한 두 번째 대화문 쌍이 수락이나 거절의 두 가지 반응이 가능한 경우 수락은 선호 반응으로 나타나고 거절은 비선호 반응으로 나타난다. 이때 비선호 반응은 쉬는 간격, 도입 말, 해명, 거절, 형식적 감사, 완화 표현 등이 사용되어 대답이 지연됨으로써[13] 인접한 첫 번째 대화문 쌍과 행위의 연속성이 떨어지는 특징을 보인다. 여기서 중요한 점은 이러한 선호와 비선호 특징이 대화 참여자들 스스로

서로의 말 순서에 지향하는 과정에서 나타나는 구조적 특징이지 어떤 특정한 상황에서 개개인의 선호 의사와는 관계가 없다는 것이다.

인접쌍은 대화 쌍의 첫 번째 부분의 선행 맥락에서 또 다른 인접쌍의 구조로 확장될 수 있는데 이것을 '예비 확장(pre-expansion)'이라고 한다. 예비 확장은 화자가 주 행위(main action)를 수행하기 전에 예비 행위를 통하여 상대방의 인가 신호(go-ahead)를 받는 방식으로 이루어진다. 예를 들면 다음의 (30)에서와 같이 지은이가 요청하기 전에 예비 요청(pre-request)을 통해 상대방이 지금 바쁜지를 물어본 다음(1번째 줄) 그에 대하여 민준이가 특별히 하고 있는 일이 없다고 답하자(2번째 줄) 주 행위인 요청을 수행하고(3번째 줄) 그에 대하여 민준이가 수락을 하는 구조로 이루어진다(4번째 줄).

(30) (대화 쌍의 첫 번째 부분: 예비 요청)　지은: 지금 많이 바빠?
　　　(대화 쌍의 두 번째 부분: 예비 인가)　민준: 아니 별로.
　　　(대화 쌍의 첫 번째 부분: 요청)　　　지은: 그럼 이것 좀 고쳐줄 수 있어?
　　　(대화 쌍의 두 번째 부분: 수락)　　　민준: 응 그럴게.

연속체 확장이 이루어지는 또 하나의 방식은 다음의 (31)에서와 같이 인접쌍의 첫 번째 부분과 두 번째 부분 사이에 인접쌍이 새로 삽입되는 구조로 확장되는 것인데 이것을 '삽입 확장(insert expansion)'이라고 한다.

(31) A: 맥주 한 병 주세요.
　　　B: 나이가 몇 살이지요?
　　　A: 열일곱 살이요.
　　　B: 안 됩니다.

(30)이나 (31)과 달리 인접쌍의 두 번째 부분 다음 맥락에서 확장되는 경우도 있는데 이것을 '사후 확장(post-expansion)'이라고 한다. 영어 대화에서 'Oh', 'Okay', 혹은 평가 등으로 연속체를 마감하는 구조가 이에

포함된다.14)

4.3 수정 조직

일상 대화에서 화자가 말을 잘못했거나, 상대방의 말을 잘못 들었거나 이해하지 못하는 등의 문제는 어디에서나 발생할 수 있다. 수정은 대화자 간의 발화 내용을 명확히 이해하기 위하여, 표현과 이해의 어려움을 해소할 수 있도록 대화 진행을 방해하는 요소를 제거하는 과정을 의미한다.15) 이러한 수정의 근거가 되는 구조적 토대는 수정 조직(repair organization)의 차원에서 살펴볼 수 있다. 여기서 수정 관행은 반드시 어떤 오류를 전제하는 행위는 아니다. 보기에 별 문제가 없어도 화자가 자기의 표현을 바꾸거나 하여 수정할 수 있다.

수정 행위는 문제점을 발견하고 그에 대하여 수정을 주도(initiation) 하는 부분과 문제를 해결하는 수정 자체(repair proper) 그리고 수정 완결 (repair completion)로 나눌 수 있다. 수정의 유형은 수정 주도와 완결을 화자가 수행하는지 아니면 대화 상대방이 수행하는지에 따라 다음과 같은 네 가지 방식으로 나뉜다(Schegloff, Jefferson & Sacks 1977).

(ⅰ) 자기 주도 자기 수정(self-initiated self-repair)

　　영신: 오늘 수영장에 어.... 미술관에 갔었어.

(ⅱ) 자기 주도 타인 수정(self-initiated other-repair)

　　현태 엄마: 그 집 아이들 이름 기억나? 큰애 이름이 초롬, 둘째가 새롬,
　　　　　　　 그리고 셋째 딸이 있는데 걔 이름이 뭐더라?
　　승욱 엄마: 보람이지.
　　현태 엄마: 맞다. 보람이.

(ⅲ) 타인 주도 자기 수정(other-initiated self-repair)

　　선웅: 연진이네 집에서 파티가 있대. 갈 거야?

영미: 연진이네 집이라고? 연진이는 지방에 내려가 있는데...

선웅: 아, 연승이네 집이지.

(iv) 타인 주도 타인 수정(other-initiated other-repair)

정열: 은지는 집들이 준비하느라 하루 종일 요리하고 있나 봐.

형석: 사실 말이지 지금 삼 일째 요리하고 있는 거야.

자기 주도 자기 수정은 화자 스스로 문제를 발견하고 수정하는 경우로 위의 유형 (i)에서와 같이 화자가 자기의 말 순서에서 발화를 갑자기 중단하거나 '어(uh)' 등의 망설임 표현을 사용하여 곧 수정이 이어질 것임을 예고하고 나서 화자 스스로 수정을 종결한다. 일상 대화에서는 자기 주도 자기 수정 유형을 가장 빈번히 사용한다. 이는 화자가 상대방이 자기의 말을 고쳐 주기보다 화자 스스로 자기가 말한 내용을 먼저 수정하는 유형이다. 말 순서 취하기 규칙과 관련하여 앞에서 언급했듯이 일상 대화에서 화자의 말(예를 들면 말 순서 구성 단위)이 끝나자마자 다른 화자가 말을 시작할 수 있기 때문에 화자의 말 중에서 문제가 되는 부분이 있을 때 다른 화자가 문제를 지적하거나 고쳐주기 전에 화자 스스로 자기의 말 순서가 끝나기 전이나 아니면 적어도 말 순서가 끝나자마자 수정하고자 한다는 것이다.

자기 주도 타인 수정은 자기가 문제를 제기하여 다른 화자가 수정하도록 하는 유형이다. 유형 (ii)에서 보듯이 현태 엄마가 발화 도중에 이름이 떠오르지 않자 '개 이름이 뭐더라?' 하고 수정 주도를 하지만 자기가 수정하지 못하고 상대방이 수정하는 경우다.

타인 주도 자기 수정은 화자의 말 순서에 문제가 있다는 것을 청자가 지적하여 화자가 직접 수정하는 유형이다. (iii)의 예문을 보면 선웅이가 연진이네 집에서 파티를 한다고 말한 내용에 문제를 제기한 영미의 발화('연진이네 집이라고?')가 타인 주도이고 그 이후에 선웅이 '아 연승이네 집이지' 하면서 자기 수정을 하는 것이다. 타인이 수정을 주도할 때 종종 '뭐라구요?(huh? what?)', '어디서요?(where?)', '언제요?(when?)'와 같은 표현을 써서 문제가 되는 말 순서의 일부분을 반복함으로써 수정이 필요하다는 것을 나타낸다.

타인 주도 타인 수정은 이 네 가지 유형 중 화자들이 가장 기피하는 유형이다. 화자의 말 순서에 문제가 있다는 것을 다른 화자가 지적하고 고쳐 주는 수정 행위까지 완결하는 유형이다. 화자가 자기의 동일 말 순서에서 수정을 주도하여 완결하는 자기 주도 자기 수정이 가장 빈번히 관찰되는 수정 유형으로 화자들이 스스로 수정을 하고자 하는 편향성을 보인다. 상대방 화자가 문제를 지적하고 그 문제를 수정해주기까지 하는 타인 주도 타인 수정이 가장 드물게 나타나는 수정 유형이라고 할 수 있다.

전체적으로 영어 대화를 분석한 연구에 따르면 이 네 가지 유형 가운데 가장 빈번하게 사용하는 수정 유형이 자기 주도 자기 수정이다. 아울러 자기 주도로 촉발되든 타인 주도로 촉발되든 결국은 자기 수정으로 이어지는 경향이 뚜렷하게 관찰된다. 이는 화자 스스로 문제를 수정하는 유형을 선호한다는 것을 의미한다(Schegloff et al. 1977).

4.4 대화 분석의 동향

앞 장에서 살펴본 바와 같이 영어를 대상으로 한 대화 분석에서는 색스, 셰글러프와 제퍼슨(1974)의 말 순서 체계에 대한 논문을 시작으로, 수정 (Schegloff & Sacks 1973), 연속체(Schegloff 2007), 선호 조직(Pomerantz 1984) 등 여러 상호 작용 측면에서 일상 대화의 구조와 행위의 체계성에 대하여 연구하였다.

최근에는 말 순서 위치의 연속체 분석(sequential analysis)뿐만 아니라 말 순서의 성분도 미시적으로 분석해야 한다는 대화 분석의 시각에서(Schegloff 1996) 말 순서를 디자인하여 이를 통해 상호 인지하고 성취하는 행위의 형성(action formation)을 더 세밀하게 분석하는 연구가 활발히 수행되고 있다. 특히 질문-응답 연속체에서 질문과 대답의 디자인을 행위 형성 측면에서 분석한 레이먼드(Raymond 2003)을 중심으로 질문과 응답에 대한 행위 형성의 분석이 이루어지고 있다. 유사한 의미를 갖는 표현들이 서로 비슷하지만 어떻게 다른 발화 행위를 하는지에 대한 연구도 최근의 대화 분석 연구에서 중요한 줄기를 형성하고 있다.

지금까지의 대화 분석은 주로 연속체 분석에 많은 관심을 기울여 왔다. 그러나 대화자들이 사회 구성원으로서 자기와 상대방이나 제삼자를 여러 행위 맥락에서 어떻게 범주화하는지에 대하여 색스의 구성원 범주화 장치(membership categorization device)가 관심을 불러일으키고 있다.16) 이러한 범주화 연구에서는 대화자들이 사회적 행위에 참여하는 과정에서 서로와 타자를 어떻게 지칭하고 범주화하는지를 분석함으로써 미시적 행위를 통해 문화가 어떻게 창출되는지를 조명한다(Hester & Eglin 1997).

대화 분석에서는 사회적 상호작용의 체계성을 조명하는 데 중점을 두기 때문에 일상 대화뿐 아니라 다양한 제도 말(institutional talk)도 분석 대상이 된다. 그리하여 모든 형태의 상호작용 맥락에서의 말(talk-in-interaction), 즉 방송 담화, 법정 담화, 의료 담화, 교실 담화 등 제도 담화도 그 분석의 대상으로 본다(Drew & Heritage 1992).

제도 말에 대한 관심은 1970년대 말부터 1990년대에 걸쳐, 제도 말이 일상 대화와 어떻게 다른지에 대하여 중점적으로 다루었다. 그리하여 다양한 제도 맥락에서 나타나는 말 순서 취하기 조직의 체계성을 조명하기 위해 일상 대화의 말 순서 취하기 조직이 각 제도 상황에 어떻게 적응되고 특성화되어서 각 제도 맥락에 고유한 변형된 발화 교환 체계의 특성을 갖게 되는지에 대하여 연구한다. 또는 각 제도 맥락에 고유한 발화 교환 체계가 일상 대화의 말 순서 취하기 조직에서 파생된 것으로 보는 연구들이 수행되었다.17)

1990년대에 들어서는 제도 말이 일상 대화와 어떻게 다른가 하는 측면에서보다는 제도 말의 고유한 특성이 무엇인지를 분석해내는 데 연구의 중점을 두었다. 제도 말 연구가 언어 연구에 크게 기여한 점은 많은 제도 말 조직에서 중요한 역할을 하는 질문-응답 연속체에 대한 연구가 활성화되었다는 것이다. 이는 화자와 청자의 지식이나 힘에서 비대칭성이 두드러지는 제도 담화 연구의 중요한 부분을 차지한다.

이외에도 최근에는 찰스 굿윈(Charles Goodwin)의 연구를 중심으로 비디오 자료 분석을 통해 손짓, 자세 등 신체의 움직임이나 눈길 등 비언어적 의사소통 수단의 역할에 대한 연구를 활발하게 수행하고 있다(Goodwin 1979, 1981). 이는 문법을 의사소통 상황에 동원되는 총체적인 기호 자원(semiotic resources)의 한 부분이라고 보는 시각과도 연결된다(Peirce 1933). 이러한 시각에서 대화 분석을 언어인류학의 민족지학과 접목시키고자 하는 시도도 활발히 이루어지고 있다(Enfield 2007). 이와 같이 대화 분석은 이제 화용론과 사회언어학의 중요한 분야로 자리를 잡았고 언어학과 언어인류학뿐만 아니라, 사회심리학과 커뮤니케이션 등 여러 타 분야와의 연계도 활발히 이루어지고 있다. 다른 한편으로는 언어인류학의 민족지학적 연구 방법과의 연계 가능성을 꾸준히 모색하는 동시에 고프만(Goffman)의 '틀(frame)', '자기 표현(self presentation)', '체면(face)' 등의 개념을 수용하여 적용하려는 연구들도 있다(Goffman 1981; Lerner 1996; Enfield 2007).

한국어를 대상으로 한 대화 분석은 1990년대 초부터 문법을 상호작용의 차원에서 재조명하는 연구가 수행되었다. 한국어 문법과 상호작용 간의 관계를 규명하고자 하는 연구로는 지시사와 준대명사(quasi-pronouns), 연결사, 종결어미, 화제 및 주격 표지, 양태 표지, 담화 표지 등에 관한 논의가 있다.18) 이외에 타인 주도 수정, 말 순서 첨가어(turn increment), 협력적 완결, 전화 대화 시작 등을 주제로 하는 연구들도 발표되었다.19) 최근에는 영어와 다른 외국어를 대상으로 한 대화 분석 연구와 발맞추어, 말 순서 디자인과 화자의 인식적 권리(epistemic rights) 등의 시각에서 질문과 대답에 대한 인접쌍을 행위 형성 측면에서 새롭게 분석하는 연구가 진행되어 오고 있다.

5. 요약 및 결론

본 장에서는 화용론의 요체라고 할 수 있는 두 개의 이론인 화행이론과 협력 원칙을 비롯하여 민족방법론의 전통에 뿌리를 둔 대화 분석 이론을 중심으로 의사소통 행위가 이루어지는 원리와 규칙에 대하여 살펴보았다.

화행이론은 우리의 언어 사용이 단순히 어떤 말을 하려는 것을 넘어 어떤 행위를 수행하기 위한 것이라는 주장에 근거하고 있다. 화행의 의미를 이해하기 위해서는 화자와 청자가 누구인지 또는 어떤 상황에서 발화된 말인지를 이해해야 한다는 점에서 화행이론은 맥락을 중시하는 화용론의 중요한 틀을 형성한다.

본 장에서는 화행이론이 나타나게 된 역사적 배경과 우리가 일상적으로 사용하는 말이 어떤 행위를 수행한다는 주장을 뒷받침하는 수행 가설에 대하여 살펴보았다. 수행 가설은 모든 발화의 이면에는 실제 발화에서는 나타나지 않더라도 수행 동사가 내재한다는 가설이다. 이러한 화행이 성립하기 위해서는 적정 조건들이 필요한데 화행이론을 직접 수행하는 경우와 간접적으로 수행하는 경우가 있다.

화행이론에서는 화자의 발화에서 문자 그대로의 의미인 발화 행위와 발화 수반 행위에 해당하는 화자의 의도를 구분한다. 의사소통할 때 해당 상황 맥락에서 청자가 어떻게 화자의 발화를 통해 화자의 의도, 다시 말하면 표현된 의미를 통해 어떻게 함축적 의미에 도달하는지를 설명해 주는 대화 함축 이론의 대전제는 그라이스의 협력 원칙이다. 협력 원칙은 '대화의 매 단계마다 그 대화의 목적이나 방향에 부합하도록 필요한 만큼 대화에 기여하라'는 것인데 네 가지 격률로 구성되어 있다. 그런데 사람들이 실제 의사소통하는 것을 관찰해 보면 일부러 격률을 어기는 수가 있는데 이때도 사람들은 협력 원칙을 준수한다는 것이다.

화행의 표현은 동일한 상황에서 의사소통하는 방식이 나라나 문화에 따라 다르게 나타날 수 있기 때문에 칭찬하기, 사과하기, 요청하기, 거절하기, 불평하기 화행을 중심으로 문화권에 따라 화행이 어떻게 다른지에 대하여 살펴보았다.

과거에는 화행 실현 유형의 비교 연구가 대화 완성형 설문지와 같은 다소 인위적인 상황에서 수집한 자료를 분석하는 데 의존했는데 앞으로는 자연스러운 일상 대화나 교실 담화, 뉴스 인터뷰, 의료 담화 등 공적인 담화를 녹취하여 연구함으로써 문화 간 의사소통 방식의 차이를 다양한 상황에서 좀 더 상세하게 살펴볼 수 있게 되었다.

마지막으로 대화 분석은 우리의 언어 사용이 단순히 어떤 말을 하려는 것을 넘어 어떤 행위를 수행하기 위한 것이라는 주장에 근거하고 있다. 이 점에서 화행이론의 이론적 틀과 그 궤를 같이 한다. 하지만 화행이론과는 달리 대화 분석은 실제 일상 대화 자료를 녹취하여 전사한 자료를 이용함으로써 화자들이 사회적 행위를 성취해 가는 과정을 분석자의 시각이 아니라 화자의 시각에서 미시적으로 조명하고자 하는 경험적인 태도를 취한다.

대화 분석에서 대화 조직의 기본 단위인 대화의 말 순서 구성과 행위 형성, 말 순서 취하기 조직, 말 순서 취하기를 통해 구성되는 연속체 조직, 연속체 조직의 기본 단위인 인접쌍, 연속성과 원활성에 관여하는 선호 조직, 대화상의 문제를 수정하는 수정 조직 등에 대하여 소개하였다.

대화 분석은 여러 언어에서 관찰되는 상호작용 양상의 유사성과 상이성을 좀 더 체계적으로 파악할 수 있게 한다. 따라서 앞으로도 언어들 간의 말 체계를 비교 언어와 비교 문화의 관점에서 연구해야 할 필요성이 제기된다.[20] 이에 비추어 한국어 대화에서 관찰되는 다양한 상호 작용 관행들이 어떠한 사회적 행위를 구성하고 어떠한 영향을 미치는지에 대하여 연구함으로써 대화 조직의 차원에서 영어 등 다른 언어와의 비교 연구가 활성되기를 기대한다.

탐구 과제

1 칭찬하기, 사과하기, 요청하기, 불평하기, 거절하기 등의 특정 화행 한 가지를 선택하여 한국어와 다른 언어 사이에 어떤 점에서 비슷하고 어떤 점에서 차이가 있는지 대조화용론적 분석을 통해 알아보자. 각 화행이 실행될 경우, (1) 화자와 청자의 사회적 거리나 친밀도 또는 성별에 따라 어떻게 달라지는지, (2) 요청 화행에서 요청할 사안의 심각성 등 화행의 주제에 따라 화행 표현이 어떻게 달라지는지, (3) 만약 차이가 관찰된다면 이러한 화행 표현의 차이가 어떤 사회적이고 문화적인 차이를 반영하는지에 대하여 살펴보자. 이러한 화행의 분석에서 특정 화행이 실현되는 방식뿐만 아니라 그 화행에 대해 반응하는 방식에서도 언어나 문화 사이에 차이가 존재하는지 살펴보자. 분석할 자료는 직접 녹취할 수도 있고 영화나 드라마를 이용할 수도 있고 또는 담화 완성 테스트(discourse completion test)를 이용할 수도 있다.

2 대화 자료를 녹취하여 수집하고 그라이스가 제시한 협력 원칙 네 가지가 어떻게 지켜지는지와 대화상에서 특정한 함축 의미를 나타내기 위해서 어떻게 협력 원칙을 공공연하게 위배하는지에 대하여 각자 수집한 자료를 분석한 후 토론해 보자.

3 한국어 자료를 수집하여 한국어의 수정이 일상 대화와 교실 담화에서 어떻게 이루어지고 있는지 네 가지 수정 유형에 따라 분석해 보고 각각의 상황에서 선호하는 수정 방식이 있는지 살펴보자.

4 다음 우리말 대화는 대화 분석 전사 방식을 이용하여 전사한 것이다. (1) 인접쌍을 찾아보자. 이 경우 인접쌍이 확장되고 있음에 주목하여 원래의 인접쌍 사이에 어떤 연속체가 끼어 있는지 살펴본다. (2) 5줄에서 자기 수정이 일어나고 있는데 이때 종결어미가 어떠한 역할을 하고 있는지 토론해 보자.

(조교 회의) (Kim & Suh 2010b: 32~33)
 1. J : 근데 아 참 오늘 랩워크싯-두 (.) 해 줘야 돼요? 답이 나왔어요?
 2. K : 참 랩워크싯이요? 저 답은 있는데,

    ·
    ·

 5. K : 오늘 듀에요? [워- 워- 월요일날 듀거든- [듀-] 둔데,
 6. J :   [(   )   [한 번 보자.] 월요일날
 7.   하지요 그럼. (   )
 8. K : 드릴께요 지금 답.

더 읽을거리

1 Levinson, S. (1983). *Pragmatics*. Cambridge: Cambridge University Press.
화용론의 개론서로서 직시, 대화 함축, 전제, 화행에 대한 전통적인 연구 방법
뿐만 아니라 기존의 화용론 교재에서 덜 다루었던 대화 분석에 대해서도 소개
하고 있다. 뿐만 아니라 화용론의 중요한 연구 과제를 제시하고 있다.

2 Austin, J. L. (1962). *How to Do Things with Words*. Cambridge, MA: Harvard
University Press.
일상 언어의 문제를 행위의 차원으로 환원하여 설명한 일련의 강의를 모아놓
은 책으로서, 말의 수행적 성격을 강조하면서 화용론의 토대를 마련한 책이다.

3 Sacks, H. (1992). *Lectures on Conversation*. Cambridge, Mass.: Blackwell.
대화 분석의 창시자라고 할 수 있는 색스(Sacks)의 독창적인 강의록 모음으로
서 색스의 사후에 제퍼슨(Jefferson)이 강의 녹음자료를 전사하여 두 권의 책으
로 편집하였다. 말 순서 취하기 조직, 대화의 개시와 종결조직, 대화전체의
구조적 조직, 말 순서 교환을 통하여 행위를 구축하는 연속체 조직 등 대화
분석의 다양한 주제에 대해서 소개하고 있다.

4 유범 외(2011), ≪영어 교육을 위한 화용론≫, 한국문화사.
영어 교육 전공자를 위한 화용론 입문서로서 화용론의 기본 개념을 다양한
예시와 더불어 쉽게 소개하고 영어 학습자의 의사소통 능력을 신장하기 위해
화용론이 기여할 수 있는 바를 보여주고 있다.

주석

1) 칭찬 화행에 관한 연구로는 울프슨(Wolfson 1981, 1988), 울프슨과 메이니즈(Wolfson & Manes 1980), 허버트(Herbert 1989) 참조.

2) 울프슨(Wolfson 1981)에 소개된 칭찬의 예는 다음과 같다.

　(1) 인도네시아

　　A: You've saved a lot of money in your account, ha?
　　　(은행 계좌에 예금을 많이 해 놓으셨네요.)
　　B: Oh, no. Please don't tease me.
　　　(아, 아니에요. 놀리지 마세요.)

　(2) 일본

　　A: Your earrings are purely gold, aren't they?
　　　(당신의 귀고리는 순금이죠, 그렇지 않아요?)
　　B: Yes, they are. They must be pure gold when you put them on.
　　　(네, 맞아요. 귀고리를 하려면 순금으로 해야지요.)

3) IFID(Ilocutionary Force Indicating Device)(Searle 1969).

4) 요청 화행에 대한 연구로는 블룸-컬카(Blum-kulka 1982, 1983), 프레이저 외(Fraser et al. 1980), 캐스퍼(Kasper 1982) 등 참조.

5) 울프슨(Wolfson 1988)에 따르면 칭찬이나 인사 또는 초대와 같은 언어 행위는 아주 친밀한 관계나 혹은 낯선 사람들 사이에서보다 그냥 알고 지내는 사람이나 친구들 사이에 가장 빈번하게 일어날 뿐 아니라 가장 정교한 표현을 쓴다고 한다. 낯선 사람이나 아주 가까이 지내는 사람끼리는 이미 관계가 정해져 있기 때문에 오히려 관계가 유동적이고 타협할 여지가 있는 친구들이나 알고 지내는 사람들 사이에는 이러한 언어 행위를 통해 관계를 확실하게 할 필요가 있을 때 쓰는 화행이라고 설명하였다.

6) 이는 원어민에 비해서 외국인 학습자가 더 길고 장황한 표현을 쓰는 특징이 있다는 올슈테인과 와인바크(Olshtain & Weinbach 1983)의 주장을 뒷받침하는 것으로 보인다.

7) 'Why don't you come and see me sometime?'은 (23)에서처럼 다음 말 순서에서 청자가 초대 행위로 이해할 경우 '언제 한번 오지 그래?'로 해석이 되지만 (24)에서처럼 불평 화행으로 이해할 경우 '왜 날 보러 안 오니?'로 해석될 수 있다.

8) 대화 분석의 대상은 기본적으로 일상 대화다. 왜냐하면 일상 대화가 인간의 사회성이 발현 되는 가장 원초적인 맥락이라고 여기기 때문이다. 그러나 실제로는 일상 대화뿐만 아니라 다양한 제도 담화(institutional talk)를 포함하는 더 넓은 범주의 발화 맥락이 분석 대상이 된다(Heritage 2005).

9) 대화 분석은 대화자들이 자연스러운 맥락에서 언어를 사용하여 상호 작용하는 행위를 구 성해 가는 과정에서 어떠한 구조적 체계성이 있는지를 대화 참여자의 시각에서 파악하고 자 하는 접근 방식이라는 점에서 가장 경험적인(empirical) 성격의 화용적(pragmatic) 접근 이라고 할 수 있다.

10) 제퍼슨(Jefferson)의 전사 체계에서 사용된 전사 부호는 아래와 같다(Atkinson & Heritage 1984; Ochs, Schegloff & Thompson 1996).

말 겹치는 부분 시작	[	간격 없이 발화되는 발화문 사이	=
간격	(0.0)	짧은 간격	(.)
소리 끌기	::	하향 어조	.
계속 어조	,	상향 어조	?
계속/상향 어조	?, (or ¿)	말 끊기	–
어조 상승	↑	어조 하강	↓
강조	Underlining	전사 불확실	(word)
전사 불능	( )	전사자 주석	(( ))
날숨/웃음	hhh	들숨	.hhh
발화 증속 부분	〉〈	발화 감속 부분	〈 〉
주변 발화보다 작은 소리	° °	주변 발화보다 큰 소리	Capital letter

11) 색스는 이를 기계(machinery)의 여러 부분이 서로 유기적으로 작동하여 생산물을 창출해 내는 것과 비유한 바 있다(Sacks 1985).

12) 한국어 말순서 취하기에 대해서는 《한국어 대화 화제와 말차례 체계》(박성현 2007) 참조.

13) 비선호 반응 유형의 특성을 구성하는 자질들이 항상 모두 나타나는 것은 아니며, 이들 중 한 자질만 나타나거나 여러 자질들이 다양하게 복합적으로 나타날 수 있다.

14) 연속체 확장에 대한 자세한 논의는 셰글로프(Schegloff 2007)을 참고하기 바란다.

15) 수정 조직에 관한 연구는 색스, 셰글로프와 제퍼슨(Sacks, Schegloff & Jefferson 1974), 셰글로프, 제퍼슨과 색스(Schegloff, Jefferson & Sacks 1977) 등 참조.

16) 범주화 장치에 관한 연구는 하우슬리와 피츠제랄드(Housley & Fitzgerald 2009), 셰글로프(Schegloff 2006), 스토코(Stokoe 2012), 김규현(2008가) 등 참조.

17) 이와 관련하여 드루와 헤리티지(Drew & Heritage 1992)는 일상 대화와 제도 말과의 차이를 다음과 같이 여러 차원에서 체계적으로 분석할 수 있음을 제시하였다.

말 순서 취하기 조직(turn-taking organization)
상호작용의 전체 구조적 조직(overall structural organization of the interaction)
연속체 조직(sequence organization)
말 순서 디자인(turn design)
어휘 및 단어 선택(lexical or word choice)
인식적(epistemological)인 측면과 다른 측면에서 화자와 청자 간의 비대칭성(asymmetry)

18) 대화분석의 시각을 문법 연구에 체계적으로 접목시키고자 하는 언어 분석의 시도로 제시된 '문법과 상호작용(grammar and interaction)' 분야에서 행위를 구성하는 데 '문법(grammar)'의 역할을 어느 정도 인정하는가에 대해서는 대화분석자들과 언어학자들 간에 이견이 있다. 하지만 대화분석 연구에서 암묵적으로 문법의 역할을 인정하는 부분이 많다는 점에서 대화분석과 언어학 간의 연계 가능성을 넓힌 것으로 평가된다(Ochs, Schegloff & Thompson 1996). 문법과 상호작용 분야를 개관하는 연구는 김규현(2000)을 참조하기 바란다. 지시사 및 준대명사에 관한 연구는 김규현과 서경희(Kim & Suh 2002), 오선영(Oh 2007), 연결사에 관한 연구는 박용예(Park 1998a, 1999), 김규현과 서경희(Kim & Suh 1996), 종결어미에 관한 연구는 박용예(Park 1999), 김규현(Kim 2004), 김규현과 서경희(Kim & Suh 1994, 2010a, 2010b), 화제 및 주격 표지에 관한 연구는 김규현(Kim 1993a, 2007a), 양태 표지에 관한 연구는 서경희와 김규현(Suh & Kim 1993, 2001), 담화 표지에 관한 연구는 서경희(2008), 김규현(Kim, K. 2012) 등을 참조하기 바란다.

19) 한국어의 대화분석을 다룬 연구에 대한 소개는 김규현(2000, 2008가), 김해연(Kim, H. 2005), 이원표(2001)을 참조하기 바란다. 수정 및 말순서 조직을 중심으로 타인 주도 수정 (Kim 1993b, 1999, 2001), 말순서 첨가어(turn increment)(김규현 2006; Kim, K. 2007b), 협력적 완결(Kim 2003), 전화 대화 시작(Park 2002) 등을 주제로 하는 연구들을 참조하기 바란다.

20) 비교 언어적 시각에서 이루어진 대화 분석 연구로는 엔필드(Enfield 2007), 모어먼(Moerman 1988), 오노와 큐어-쿨렌(Ono & Couper-Kuhlen 2007), 시드넬(Sidnell 2010), 스타이버스 외(Stivers et al. 2009), 김혜리와 쿠로시마(Kim & Kuroshima 2013), 박용예(Park 1998b, 2002) 등 참조.

제7장

언어와 문화

영어 화자: 나는 거기에 꼭 가야 해.
나바호어 화자: 내가 거기 가게 되는 것은 좋을 뿐이야.

영어 화자: 내가 말을 달리게 만든다.
나바호어 화자: 말이 나를 위해 달리고 있다.

위의 예문에서 영어 화자의 문장과 나바호어 화자의 문장은 사건이나 경험을 서로 다른 관점에서 표현하고 있음을 알 수 있게 한다(Bonvillain 2002; 한국사회언어학회 옮김 2002). 이 표현에서 나바호어 사람들은 영어권 화자와는 달리 권리나 의무를 강조하지 않는다. 이러한 태도는 표현 양식뿐만 아니라 문법 형태소나 문법 범주의 차이를 가져오기도 한다. 예를 들어 한국어의 경우 인구어와는 달리 성(性)과 수(數)가 덜 발달되어 있는데, 그 이유는 역사적으로 한국 사회에서 성 역할이나 수 관념이 덜 중시되었기 때문으로 볼 수 있다.

언어는 한 언어 공동체 내에서 의사소통을 하기 위한 수단으로 존재하지만, 그 언어 공동체의 특성에 따라 상이한 표현이 존재한다. 한국어의 특징 가운데 하나인 색감 표현 어휘도 마찬가지이다. 예를 들어 ≪표준 국어대사전≫에 등재되어 있는 '노랗다' 계통의 색감 표현 어휘를 살펴보면 "노르께-하다, 노르끄레-하다, 노르끄름-하다, 노르끄무레-하다, 노르끼레하다, 노르다, 노르대대-하다, 노르댕댕-하다, 노르무레-하다, 노르불그레하다, 노르스레-하다, 노르스름-하다, 노르족족-하다, 노르 칙칙-하다, 노르퇴퇴-하다" 등이 나타난다. 여기에 '누렇다' 계통을 합친다면 '노랗다' 계의 색감 표현 어휘만도 30개가 되며, '노르끼리하다'나 '누르끼리하다'와 같이 실제 쓰이면서 등재되지 않은 어휘를 포함한다면 그 숫자는 훨씬 더 늘어날 것이다. 그럼에도 한국어에는 색채를 구분하는 고유어가 많지 않다. 무지개 색으로 알려져 있는 '빨강, 주황, 노랑, 초록, 파랑, 남색, 보라색' 가운데 순수 고유어는 '빨강', '파랑', '노랑'뿐이다. '주황, 초록, 남색'은 한자어이며, '보라'의 어원은 몽골어라는 것이 일반적인 견해이다.

일부 사람들은 한국어의 인사말이나 색채 표현을 증거로 삼아 한국인의 특징을 이야기하기도 한다. 특히 인사말에 '먹는 것'과 '자는 것'이 빈번히 등장하는 현상을 근거로 우리 민족의 시련을 과장하거나 색감 표현의 다양성을 근거로 한국인이 섬세한 정서를 갖고 있다고 주장하기도 한다. 논리적으로 볼 때 이러한 주장은 거짓이 없어 보인다. 왜냐하면 주장을 뒷받침하는 근거를 제시하고 있기 때문이다. 그러나 거기에는 언어의 본질에 대한 근본적인 오해가 숨어 있다.

언어의 일차적 기능이 '의사소통'에 있는 것이 사실이지만, 그것만으로 언어 현상을 설명하기에는 복잡한 것들이 매우 많다. 엄밀히 말하면 의사소통은 주고받을 '의사(생각과 느낌)', '화자', '청자'를 주된 요소로 한다. 그런데 화자가 어떤 생각과 느낌을 갖게 되는지, 그리고 그것을 어떻게 표현하는지 등은 화자를 둘러싼 다양한 상황과 환경, 맥락에 따라 달라진다. 특히 언어가 사회적 약속 체계로 존재하는 한 화자의 생각과 느낌을 형성하고 표현하는 데는 사회 공동체의 역사와 문화가 중요한 요인으로 작용할 수밖에 없다.

이 장에서는 언어와 문화의 관계를 '자연 환경', '인문 환경'으로 나누고, 문화적 특성이 가장 잘 반영되는 '금기'와 '완곡어법'에 관하여 알아보기로 한다. 자연 환경과 언어의 관계에서는 환경과 인지의 관계, 지리적인 요인이 언어에 어떻게 반영되는지를 살펴보고, 인문 환경의 차원에서는 제도적인 요인이나 민족 생활어 등과 같이 사회적인 요인이 언어에 미치는 영향을 알아본다. 금기와 완곡어법은 자연 환경이나 인문 환경이 언어에 반영되는 중요한 양식의 하나이다. 금기는 사회·문화적 또는 심리적인 이유로 특정한 행위나 언어 표현을 삼가는 현상을 의미하며, 이를 에둘러 표현하는 방식을 완곡어법이라고 한다.

1. 언어와 문화

인간의 삶의 터전은 자연과 사회이다. 자연이란 사람의 힘이 더해지지 않은 산, 바다, 강 등의 환경을 의미한다. 인간은 자연에서 태어나 자연의 혜택 속에서 살고 자연으로 돌아간다는 자연 보호 헌장의 한 구절이 아니더라도, 인간이 자연과 불가분의 관계에 있음을 부정하는 사람은 없다. 그러나 인간은 어느 누구도 홀로 생활할 수 없다. 이는 곧 인간이 사회적 존재임을 의미한다. 자연과 사회, 그 속에서 인간은 그 나름대로의 삶의 양식을 만들어 왔다. 그 양식의 기본 바탕에 언어가 존재한다. 언어와 문화에 대한 관심은 삶의 양식을 이루는 여러 요인과 언어의 관계를 규명하는 출발점이 된다. 여기서는 언어와 문화의 관계에 대해 살펴본다.

1.1 언어와 문화에 대한 관심

언어가 문화의 산물이라는 점을 부정하는 학자는 없다. 그럼에도 문화의 개념이나 특성을 한마디로 정의하는 일은 쉽지 않다.

사전적인 의미에서 문화란 삶의 양식을 뜻한다. 그런데 삶의 양식이 무엇을 의미하는지에 대한 합일된 견해는 없다. 어원적으로 볼 때 문화를 뜻하는 영어 단어 'culture'는 라틴어 '경작하다'를 뜻하는 '콜로레(colore)'에서 비롯되었다는 이야기는 널리 알려진 바와 같다. 달리 말해 삶의 양식은 생활 터전과 밀접한 관련을 맺고 있다는 뜻이다. 생활 터전에서 인류가 가꾸어 온 생활 방식이나 습관 등을 통틀어 문화라고 지칭할 수 있는 셈이다. 이 생활 방식이나 습관에 가치를 부여하면 '고급문화'니 '저급 문화'니 하는 구분이 가능하고, 생활 방식이나 습관의 주체나 대상에 따라 '귀족 문화', '대중문화', '서민 문화', '예술 문화', '언어문화' 등의 다양한 용어가 쓰일 수 있다.

언어와 문화가 밀접한 관련이 있음은 언어학의 발달 과정에서도 찾아볼 수 있다. 언어학이 학문의 한 분야로 정착되는 과정에서 가장 먼저 관심을 끈 것은 '언어의 역사'였다. 언어학사 연구가인 이비치(M. Ivic)의 《언어학사》(Ivic 1965; 김방한 옮김 1982)나 로빈스(R. H. Robins)의 《언어학의 사상사》(Robins 1967; 박수영 옮김 2004) 등을 살펴보면, 서구 언어학은 1786년 존스(W. Jones)에 의해 산스크리트어 연구의 중요성이 환기된 이래 역사 언어학이 급속히 발전하였다. 흥미로운 것은 역사 언어학자들 가운데 상당수의 사람들은 언어의 보편성에 대한 논리적인 분석보다 진화론적 관점에서 언어의 변화에 대한 관심을 기울였다. 언어에도 생물 진화의 법칙이 적용된다는 생각을 갖고 있었던 아우구스트 슐라이허가 '언어 계통수설'을 주장한 것이나 언어의 혁신이 환경에 따라 물결의 파동과 같이 전개된다는 믿음을 가진 요하네스 슈미트, 언어학이 자연과학의 한 분야로 존재해야 한다고 믿은 막스 뮐러 등은 크든 작든 진화론의 영향을 받은 학자들이다.

19세기 유럽의 언어학이 비교-역사 언어학을 거쳐 구조주의로 발전된 데 비해, 미국 언어학의 전통은 인디언어 전문가인 프란츠 보애스(F. Boas)로부터 시작된다. 인류학자였던 보애스가 미국 구조주의 언어학의 아버지로 불린 데에는, 19세기 이전 유럽에 만연되었던 '진화론적 사고'를 극복할 수 있었기 때문이다. "개체 발달은 종족 발전을 대변한다"는 명제로 요약될 수 있는 진화론적 사고방식에서는 인디언어가 진화된 서구 언어의 원시적인 모습을 간직하고 있을 것이라고 믿었다. 그러나 보애스는 인디언어에 관심을 기울이면서 이러한 믿음을 깨뜨렸다. 그는 언어가 문화의 중요한 구성 요소라는 인식 아래, 토박이 언어는 그 언어 공동체의 고유한 문화를 창조하고 유지해 준다고 믿었다. 곧 한 종족이 사용하는 언어의 어휘, 문법 구조, 언어유희, 신화, 문학 등에는 그 종족 특유의 삶의 방식이 존재한다는 것이다.

보애스의 언어와 문화에 대한 관심이 19세기 이전의 전통을 변화시킨 데에는 인디언어의 특수성과 밀접한 관련이 있다. 널리 알려진 것처럼 인디언어는 문자의 전통이 없었다. 그렇기 때문에 보애스는 문헌 기록을 대상으로 언어의 역사를 밝히고자 하는 유럽의 비교-역사 언어학적 전통과는 전혀 다른 차원에서 언어 현상을 기술하고자 하였다. 그는 통역자에 의지하거나 피진어(pidgin)와 같은 일시적 의사소통 방식으로는 언어 연구가 불가능하다고 믿었다. 그렇기 때문에 연구자 스스로 인디언어를 습득해야 하며, 그로부터 자료를 채취하고 기록해야 한다고 믿었다. ≪인디언 제어 편람≫(Boas 1911)은 그러한 노력의 성과이다. 이처럼 방법론적 차원에서 보애스의 연구는 인디언어를 기록하고 기술하는 문제로부터 출발했으므로 공시적인 성격을 띨 수밖에 없다.

이러한 방법은 그의 제자인 에드워드 사피어와 블룸필드를 거쳐 미국의 구조주의로 발전한다. 그런데 언어학사에서 보애스가 갖는 중요한 의미는 이른바 '인류학적 언어학'을 개척했다는 데 있다. 문자 전통이 없는 인디언어를 연구하면서 그는 이른바 '문화 상대성'을 인식하게 되었다. 달리 말해 세계의 모든 언어는 그 언어의 고유한 특성을 지니고 있다는 것이다. 비록 그 언어가 기록 수단이 없을지라도 그것이 '문명'과 '야만'의 대립을 의미하지 않는다. 이는 그의 저서 가운데 하나인 ≪종족·언어·문화≫의 첫 장은 '종족과 진화'에 관한 물음이었다(Boas 1940). 진화론적 관점에서 문자가 없는 언어는 '원시적' 또는 '야만적'이라는 평가를 받을 만하다. 특히 '원시'나 '야만'이라는 표현은 '문명'과 대립되는 용어라는 점에서 저급하다는 인상을 준다. 그러나 문화 상대론자들은 어떤 문화이든 그 나름대로의 가치를 갖고 있음을 주장한다.

사전적인 정의이지만 문화는 '삶의 양식'으로 정의된다. 달리 말해 언어가 문화와 밀접한 관련을 맺고 있다는 말은 그 언어 공동체의 삶의 양식이 언어에 그대로 드러난다는 의미이다. 그런데 언어와 문화가 어느 정도로, 또한 어떤 방식으로 관련을 맺고 있는가에 대해서는 학자들마다 다소 생각의 차이가 있다. 특정 언어의 구조가 그 언어를 사용하는 화자들의 세계관을 결정한다고 믿는 사람들이 있는가 하면, 이보다는 다소 약한 차원에서 세계관을 형성하는 데 도움을 주는 역할을 한다고 믿는 학자들도 있다.

언어와 세계관의 관계에 대한 철학적 논의는 훔볼트나 헤르더와 같은 독일 관념 철학자들의 논의에서도 등장한다. 훔볼트는 "언어는 단순한 산물(ergon)이 아니고 작용하는 힘(energeia)으로 일정한 세계관을 포함하고 있다"고 주장한다. 그가 말하는 '작용하는 힘', 곧 '에네르게이아'는 언어의 창조적인 능력을 의미한다(신익성 1985). 그는 사고와 언어는 상호 의존적인 관계에 있으며 분리될 수 없다고 믿었다. 따라서 언어의 발달은 정신의 발달을 의미하는 것이며, 이 점에서 언어에도 우열이 존재한다고 생각했다. 그가 생각한 가장 발달한 언어는 산스크리트어 곧 범어(梵語)였는데, 그 이유를 언어 유형에서 찾고자 하였다. 그는 같은 시대의 언어학자인 슐레겔(W. Schlegel)과 마찬가지로 언어 유형을 고립어, 교착어, 굴절어로 나누고, 그 가운데 범어와 같은 굴절어를 가장 발달한 언어로 간주하였다. 신익성(1985: 12)에서는 훔볼트의 언어 유형에 대한 가치 판단이 문법 요소 및 문장 구조를 주목한 데서 비롯된 것임을 구체적으로 밝히고 있는데, 그것은 "중국어처럼 단어 사이의 명백한 문법적 연결 관계를 표시하는 수단을 갖고 있지 않은 구조, 단어가 문법적 관계를 표시하는 범어와 같은 구조, 문장의 본질적 구조가 단일 단어 속에 통합되는 아메리카 인디언어와 같은 구조"이다. 이러한 유형에서 그는 범어가 가장 발달한 유형의 언어이며, 중국어는 가장 떨어지는 언어라고 생각했다. 그런데 중국어에 대한 그의 생각은 다소 모순된 것처럼 보이지만, '문법적 차이를 형식적으로 표시하는 수단'이 없다는 점이 오히려 중국어의 장점 가운데 하나라고 믿었다. 이처럼 유형별 우열에 따른 언어의 차이를 주장하면서도, 개별 언어의 고유한 특성과 장점이 존재함을 주장하고자 했던 훔볼트는 언어가 개인적인 산물인 동시에 사회적이며, 생산된 것인 동시에 생산하는 것이라고 주장했다.

1.2 문화적 차원에서 언어의 역할

문화적 차원에서 언어의 역할을 본격적으로 논의한 사람은 에드워드 사피어(Edward Sapir)이다. 그는 1904년부터 1906년까지 콜롬비아 대학에 재학하면서 보애스의 지도를 받았다. 독일 출생이었던 그는 콜롬비아 대학원에 재학하는 동안 그 지역 인디언인 위시람(Wishram) 사람들의 관습과 언어에 관심을 기울였다. 그 연구 결과는 보애스 편집의 ≪미국 인디언제어 편람≫에 수록되었으며, 그 후 오리건 주(州)의 타켈마(Takelma) 인디언어와 캘리포니아의 야나(Yana) 인디언어 등을 연구하면서 다수의 논문을 발표하였다.

언어학자로서 사피어의 공적은 물리적이고 객관적인 말소리 뒤에 이상적인 말소리(ideal sound)로서 음운형(sound pattern)이 존재함을 밝힘으로써, 음운 구조를 체계적으로 연구할 수 있는 기반을 닦았다는 데 있다. 이 음운 연구에서 의미 있는 방법론에 제시되었는데, 그것은 '분포(distribution)'의 개념을 도입하는 것이었다. 분포란 특정한 말소리 또는 다른 언어 형식이 존재하는 조건을 의미하는 것이다. 이런 연구 방법은 블룸필드에 이르러 더 정교해진다. 또한 문법 연구의 차원에서 '어근, 문법소, 단어, 문장' 등의 개념을 확정했으며, '문법 관념', '어근의 변화 방법', '어근과 접사(혹은 내적 변화)의 융합 정도' 등을 기준으로 하여 언어를 유형화하였다. 이러한 유형화는 풍부한 인디언어 연구 경험과 밀접한 관련을 맺고 있는데, 개별 언어에 내재하는 특징을 살피는 과정은 그 언어 사용자의 사고방식이나 정신 구조에 대한 관심으로 이어졌다.

사피어는 언어와 문화가 매우 밀접한 관련을 맺고 있으며, 둘 중 하나를 알지 못하면 다른 하나도 알 수 없다고 믿었다. 그는 "인간은 객관적 세계에서만 사는 것도 아니고 보통 이해하는 것처럼 사회 활동의 세계

속에서만 사는 것이 아니라 사회의 표현 수단이 된 특정 언어에 상당한 영향을 받는다. (…중략…) 사실인즉 현실 세계는 상당한 정도로 그 집안의 언어 습관의 기반 위에 형성된다"라고 주장하였다(Sapir 1929: 207).[1] 언어 습관의 기반을 이루는 조건 가운데 가장 중요한 것은 '물리적 환경'과 '사회적 환경'이다. 사피어는 이들 조건을 밝혀내기 위해 '어휘 분석의 중요성'을 논한 적이 있는데, 그에 따르면 "한 언어의 전체 어휘는 그 사회의 관심을 끄는 모든 생각과 관심과 직업의 복합 목록으로 간주할 수 있다"라고 하였다(Sapir 1949: 90~91).[2] 이 맥락에서 지리적 특징은 개별 언어에 직접적인 영향을 줄 수 있는데, 사피어의 설명에 따르면, 미국 애리조나, 유타, 네바다의 준사막 지역에 살고 있는 파이유트족 언어에는 다음과 같은 지형적 용어가 존재한다고 한다.

(1) 파이유트족의 지형적 용어[3]

분수령(divide), 바위 턱(ledge), 모래 평지(sand flat), 반원형 계곡(semicircular valley), 원형 계곡 혹은 분지(circular valley or hollow), 산등성이로 에워싸인 산 중 평지(spot of level ground in mountains surrounded by ridges), 산으로 에워싸인 평지 계곡(plain valley surrounded by mountains), 평원(plain), 황무지(desert), 둔덕(knoll), 고원(plateau), 메마른 계곡(canyon without water), 시냇물 계곡(canyon with creek), 저습지 도랑(wash or gutter), 협곡(gulch), 산비탈 혹은 햇빛 드는 계곡의 벽(slope of mountain or canyon wall receiving sunlight), 그림자 드리운 산비탈 혹은 계곡의 벽(shaded slope of mountain or canyon wall), 작은 산등성이들이 교차하는 기복이 심한 지형(rolling country intersected by several small hill-ridges)

지형 조건이 어휘에 반영되는 경우는 사피어가 제시한 파이유트족 언어 이외에도 수없이 많다. 사피어는 이렇게 이름 붙여진 어휘는 개인의 사고에 영향을 미치며, 사회적으로 독특한 문화 모형을 형성한다고 믿었다.

이처럼 언어와 사고가 밀접한 관련을 맺고 있다는 생각은 사피어의 제자인 벤자민 워프(Benjamin Lee Whorf)에서 더 강하게 드러난다. 그는 문법 구조가 화자의 사고와 행위에 직접적인 영향을 미칠 수 있다고 믿었는데, 어휘뿐만 아니라 문법 요소의 차이에 따라 화자가 대상을 인식하거나 지식을 얻는 방법이 차이를 나타낸다고 보았다. 언어와 사고에 대한 사피어와 워프의 이론은 '어휘와 문법 요소'가 그 언어를 사용하는 화자의 사고나 행동에 직접적인 영향을 미친다는 이른바 '사피어-워프 가설(Sapir-Whorf Hypothesis)'로 이어진다. 이 가설은 '언어 요소'가 '사고, 태도, 행동'에 어느 정도 영향을 주는가에 따라 '강한 가설'(지배적인 영향력을 갖는다고 보는 설)과 '약한 가설'(절대적인 것은 아니지만 상당한 영향을 미친다는 설)로 나뉘기도 하지만, 궁극적으로 사피어-워프 가설은 '언어의 구조는 그 언어를 사용하는 화자가 세상을 보는 태도를 결정한다'는 사상을 기반으로 하고 있다. 이런 관점에서 워프는 '언어 구조'와 '세계관'이 불가분의 관계를 형성하며, 대상을 인식하는 것도 마음속에 존재하는 언어 체계에 의해 가능해진다고 주장한다.

그런데 언어와 사고, 또는 언어와 문화의 관계가 한 방향성을 띤다고 믿는 사람들은 별로 없는 듯하다. 달리 말해 언어가 사고에 영향을 미치는 것일까, 아니면 사고가 언어에 영향을 미치는 것일까? 이러한 질문은 어리석은 질문에 가까울 것이다. 이는 언어와 문화를 대상으로 한 질문에서도 마찬가지이다. 언어가 문화를 형성하는가, 아니면 문화가 언어에 영향을 미치는 것인가? 해답은 불가분성에 있을 뿐이지 어느 한 요인이 다른 요인에 작용하는 방향성을 고려하기는 어렵다는 뜻이다.

이러한 차원에서 우리나라에서도 언어와 문화의 관계에 주목한 사례는 비교적 많다. 역사적으로 볼 때에도, '훈민정음'을 창제할 당시 "나라의 말이 중국과 달라 문자가 서로 맞지 않으므로[國之語音異乎中國]"이라고 하였으며, 근대 이후 국문(國文)의 중요성을 강조한 수많은 논설에서도 '국어'와 '국문'의 가치를 민족 문화와 연계하여 주장하였다. 특히 국어에 대한 과학적인 연구가 진행되면서 '언어'와 '민족', '언어'와 '문화'에 대한 관심도 높아졌는데, 그러한 예의 하나가 ≪한글≫ 제2호(1932.6)에 실린 유근석의 '언어와 인간'이라는 논문이다. 그는 "사람은 언어라는 아름다운 형식으로 그 이념을 발표하는 고상한 동물이다"라고 주장하면서, "언어는 개인에게는 그 사람의 성격을 말하고, 민족에게는 그 민족성을 말한다"라고 하여, 언어와 민족성을 동일한 개념으로 파악하였다. 이 논문은 일제 강점이라는 시대적 한계에서 '한글 바로 쓰기'를 목표로 하고 있으나, 그 내용에서는 "그 민족의 용어는 그 민족이 가진 최귀한 재산"이라는 관점에서 언어와 민족성을 일치하고자 하는 어문 민족주의의 성격을 띠고 있다.

이처럼 한국어의 특징을 한국 문화와 연계하여 살피고자 하는 노력은 헤아릴 수 없이 많다. 이러한 연구들은 한국어의 음운, 어휘, 문법적인 특징이 한국의 역사와 문화를 반영한 것이라는 관점을 취한다. 예를 들어 색감 표현이나 높임법 등이 한국의 자연 환경이나 역사적 산물이라는 것이다. 또한 한국어의 문법 범주로서 성과 수가 발달하지 않은 까닭도 문화적 산물로 규정하는 경우도 있다. 어휘도 마찬가지이다.

미시적 차원에서 음운, 어휘, 문법 요소가 문화와 어떤 관련을 맺고 있는지 논리적으로 증명하는 일은 쉽지 않다. 그러나 범박하게 생각하더라도, 자연 환경이나 사회 구조 등은 언어적 표현에 직접적인 영향을 미친다. 다만 이러한 요인을 확대 해석하여 언어의 우열을 논하거나 민족성을 규정하는 따위의 일들은 학문적이지 못할 뿐만 아니라 논리성을 갖출 수 없다. 예를 들어 결혼을 한 뒤 남성의 성을 따라 이름을 부르는 서구의 풍속과 결혼 이후에도 자신의 고유한 성을 유지하는 한국의 풍습을 기준으로 '여성으로서의 권리 유무'를 논의한다면 그 자체가 난센스가 될 것이다. 좀 더 세밀히 살펴본다면 한국의 조선 시대 사회 구조에서 여성은 사회 활동을 하는 존재가 아니었다. ≪동국신속삼강행실도≫〈열녀전〉을 살펴보더라도 이름을 갖고 있는 여성은 없다. 그저 '김씨', '이씨', '정씨', '김조이'로 불린다. '시비(侍婢)'나 '사비(私婢)'처럼 일을 부려 먹으면서 그 사람을 불러야 할 경우 '언춘'이니 '춘개'니 '덕복'이니 하는 이름을 붙여 주었다. 이는 사회 구조나 자연 환경 등의 요인이 언어와 직접적인 관련을 맺고 있음을 증명할 뿐, 그 자체가 문화적으로 고착된다는 뜻은 아니다.

2. 자연 환경과 언어

문화를 구성하는 가장 기본적인 요소는 자연이다. 그 까닭은 모든 인간이 땅을 밟고 살아가기 때문이다. 산과 들, 강과 바다, 동물과 식물 등 자연을 구성하는 모든 요소들은 우리의 삶과 밀접한 관계를 맺는다. 이 여러 요소들에 이름을 붙이고, 그 뜻을 드러내는 것이 언어이다. 그렇기 때문에 언어와 문화를 이해하는 일은 우리의 삶을 구성하는 자연 환경을 이해하는 데서 출발해야 한다.

2.1 자연 환경과 인지

민족과 언어, 문화가 불가분의 관계를 맺는다고 할 때, 그 민족이 사용하는 언어에 영향을 미치는 요인은 어떤 것이 있을까?

그 가운데 하나가 자연 환경이다. 북한의 언어학자인 전병선(1977)은 ≪언어 환경 연구≫(평양: 사회과학출판사)에서 언어 환경을 '언어 실용 환경', '언어 사용자', '사회 환경', '자연 환경', '문화 환경' 등으로 나누고, "언어 교제 활동에서는 사람들이 이용하는 자연계의 것을 교제로 하며 사람들은 활동 범위의 국한으로 자연 환경의 제약과 영향을 받지 않을 수 없다"라고 하였다.

자연 환경과 언어의 관계는 인류 언어학자들에게도 중요한 관심사 중의 하나였다. 그렇기 때문에 보애스 이후 인디언어를 연구한 사람들은 자연 환경과 인디언어의 관계에 주목했다. 그러한 이유 중의 하나는 자연 현상은 인간의 행위와는 달리 영속적이기 때문이다. 그들이 수행한 인디언어 연구의 일차적인 작업은 어휘 수집이었다. 이들 어휘는 대부분 그들의 삶의 양식과 밀접한 관련을 맺고 있는데, 예를 들어 종족의 생활 습관과 관련된 수렵과 어로 관련 어휘가 많은 것 등이 그러하다. 자연에 대한 인간의 지각이나 그로부터 형성된 생활 습관은 인지 체계에도 직접적인 영향을 준다. 인디언어 연구자들이 밝힌 바와 같이 애리조나의 호피족 언어에서는 '동작의 시간 구분'이 존재하지 않는다. 시제 개념에 익숙한 언어 체계에서는 이러한 표현이 낯설게 느껴질 것이다. 이러한 언어의 차이는 번역 과정에서 직접적으로 드러난다.

언어는 본질적으로 분절적이다. 여기서 분절적이라고 하는 의미는 두 가지 개념을 내포한다. 하나는 의사소통을 위해 말소리를 분절하는 것이고, 다른 하나는 의미를 분절하는 것이다. 예를 들어 자음과 모음을 분절하는 것은 전자의 예이고, 유사한 색이나 감정을 한 단어로 묶어 표현하는 것은 후자의 경우다. 언어가 분절성을 띠고 있음을 고려할 때, 자연환경은 언어 분절에 직접적인 영향을 줄 수 있다. 색채 언어는 그러한 예의 대표적인 경우이다. 우리는 흔히 '산이 푸르다', '바다가 푸르다'라는 말을 쓴다. 표현상으로 볼 때 산과 바다는 같은 색을 띠고 있는 셈이다. 그러나 실제 바다의 색과 산의 색을 구분하지 못하는 사람은 색맹이 아니라면 존재하지 않는다.

자연 환경과 언어의 관계 관심을 기울인 학자들이 색채어를 중시했던 이유도 언어와 문화의 관련성을 입증하고자 했기 때문이다. 그 가운데 대표적인 학자로 벌린과 케이(Berlin & Kay 1969)가 있다. 색의 스펙트럼은 시각적으로 또는 언어적으로 명확하게 구분되지 않는다. 그러나 우리들은 색을 나누어 표현한다. '빨강, 파랑, 노랑' 등의 색채를 표현하며, 그 표현 체계는 언어마다 매우 다르다. 그렇기 때문에 색채 표현은 번역이 쉽지 않다. 그럼에도 모든 언어는 색을 표현하는 기본적인 어휘가 존재한다. 그들은 색채 표현이 '검은색(black)'과 '흰색(white)'을 기본으로, '붉은색(red)', '노랑(yellow)과 초록(green)', '파랑(blue)과 갈색(brown)'의 순서로 추가된다고 하였다. 물론 '노랑과 초록', '파랑과 갈색'은 어느 것이 먼저 추가되는지에 대해서는 논란이 있다. 또한 영어의 경우 'grey(회색), pink(핑크), orange(오렌지), purple(자주색)' 등이 추가되며, 'greyish-brown(회갈색)'과 같이 합쳐진 말이나 'scarlet(진홍색)'과 같은 변이색, 'fire-engine red(전형적으로 소방차에 사용하는 붉은색)' 등과 같은 표현이 늘어나기도 한다.

흥미로운 것은 언어마다 색을 나타내는 용어의 숫자나 범위가 동일하지 않다는 점이다. 특히 자연 환경이나 문화 또는 기술 수준에 따라 색을 나타내는 방법도 매우 다양하다. 이 점에서 기술과 색채어의 관련성도 주목의 대상이 되었는데, 로널드 워도(R. Wardhaugh 1992; 박의재 옮김 1994: 298)에 따르면 기술 발달이 이루어지지 않은 뉴기니아의 잘레어(Jale)의 경우는 '어둠(dark)'과 '밝음(light)'을 나타내는 단어만 존재하며, 나이지리아 티브어(Tiv)는 3개, 필리핀의 하누누어(Hanunoo)는 4개의 용어만 존재한다는 연구도 있다.

색채어 연구에서는 두 가지 흥미로운 결과가 존재한다. 하나는 색채 발달에 순서가 존재한다는 점이며, 다른 하나는 이웃하고 있는 색을 구분하는 일(경계를 정하는 것)은 쉬운 일이 아니지만 연속된 스펙트럼에서 특정 부분의 색을 나타내는 일은 화자마다 어렵지 않게 수행할 수 있다는 점이다. 이는 색채 발달이 자연 환경과 기술 발전 등 복합적인 요인에 의해 이루어짐을 의미하는데, 색의 스펙트럼 구분이 필요해질수록 그와 관련된 표현이 늘어나는 것은 자연스러운 현상이다.

색채어 연구는 국내에서도 비교적 많은 사람들에 의해 이루어졌다. 이와 관련된 대표적인 연구로 김성대(1977), 구경숙(2001), 김지인(2009), 이순희(2013) 등의 박사 학위 논문이 있으며, 학술지에 게재된 논문도 수십 편에 이른다. 이 가운데 색채어의 의미와 발달 과정을 논의한 성과로는 구본관(2008), 기나현(2007), 박동근(2012), 이선영(2012) 등이 있다. 그중 이선영(2012)에서는 한국어의 기본 색채어의 의미 및 통시적 형성 과정을 논의했는데 색채 표현의 분화 과정을 잘 보여 준다. 이 논문에서 물체색의 이름에 대한 표준을 정한 기술표준원(2005)나 한국어 학습용 기본 어휘 선정을 위한 국립국어원(2003)의 색채 표준형에 다소의 차이가 있을지라도, '푸르다'와 '파랗다', '붉다'와 '빨갛다' 등의 표현 의미는 다르며, 특히 '-앟-'계통의 색채어가 앞의 것보다 후대에 발달했다는 논리는 색채 분화 및 색채어 발달 원리를 잘 나타내 준다.

2.2 지리적 특성과 언어 표현

언어학의 역사에서 비교-역사 언어학이 발달한 이래 '지리적 조건'과 언어의 관계에 대해서는 수많은 학자들이 관심을 기울여 왔다. 대부분의 역사 언어학자들은 언어가 '시간'에 따라 달라지고, '지역'에 따라 달라질 것이라는 점을 주목해 왔다. 이런 관점은 같은 언어가 지리적인 조건에 따라 '변화'할 것이라는 점을 고려한 것이다. 같은 언어를 사용하던 사람들일지라도 산맥이나 큰 강을 사이에 둘 경우 인적 교류가 적어지면서 발음 습관이나 음운 현상이 달라질 수 있다.

한국어의 경우도 '두음법칙', '구개음화', '전설모음화' 현상은 시대와 지역에 따라 큰 편차를 보인다. 비구개음이 [i]나 [j] 앞에서 구개음으로 바뀌는 구개음화 현상의 경우 16세기 전라 방언을 반영하는 ≪신증유합≫, ≪몽산화상법어약록≫ 등에 나타나기 시작하여 18세기 중앙어로 확산되는 경향을 보인다. 특히 17~18세기 전라, 경상 지역 문헌의 경우 이 현상은 거의 예외 없이 적용될 정도로 일반화되었다. 그러나 평안도나 함경도의 경우 이 현상이 민감하게 나타나지 않는다. 같은 한국어일지라도 지역에 따라 큰 편차를 보여 주는 예이다. 이러한 차이는 어휘나 문법적인 면에서도 빈번히 나타난다.

그러나 문화적 차원에서 좀 더 주목할 현상은 지리적 조건이 언어와 문화에 직접 반영되는 경우이다. 지리적 조건은 인간의 생존 환경과 직접적인 관련을 맺으며, 개별 언어 공동체는 이러한 환경을 지각하여 언어로 표현하는 방법이 발달할 수 있음을 의미한다. 이 문제는 일찍이 예스페르센(O. Jespersen)의 ≪언어≫(Jespersen 1922; 김선재 옮김 1961)에서 '음 상징'이라는 개념으로 논의된 적이 있다. 그에 따르면 초보 언어학자들은 '음'과 '의미' 사이에 자연히 상통하는 바가 있다는 관념을 갖는다고 한다. 언어학적으로 이 믿음은 참일 수 없지만, 적어도 음을 모방하여 생성된 상징어의 경우 인간의 감각 능력과 밀접한 관련을 맺게 된다. 한국어의 경우 다양하게 발달된 음성 상징어나 모양 상징어도 한국인의 감각 능력을 반영한 것이라고 볼 수 있는데, 이러한 감각 능력의 발달은 한국인이 생활하는 자연환경과 무관하지 않다. 특히 시각이나 청각, 후각 등은 인간이 자연과 접촉하면서 자연스럽게 획득할 수 있는 감각이다. '솔솔 : 술술', '쏼쏼 : 쏼쏼' 등과 같이 모음이나 자음을 교체하거나 '노랗다 : 노르스름하다'와 같이 음절을 첨가하여 감각을 표현하는 까닭은 심리적으로 이들 감각을 구별해야 할 필요가 있기 때문이다. 그렇다면 이들 감각을 구별해야 하는 이유는 어디에서 비롯되는 것일까? 우리는 그 이유를 미세한 감각의 차이를 유발하는 환경에서 찾을 수 있다.

앞서 사피어의 언어관에서도 살펴보았듯이, 지리적 조건과 언어의 상관성을 가장 잘 드러내는 것은 어휘이다. 한국어의 경우도 '눈'과 '비'와 관련된 다양한 어휘가 존재하는데 이는 한국의 기후와 밀접한 관련이 있기 때문이다. 예를 들어 '비'와 관련된 한국어 어휘를 살펴보자.

(2) '비'와 관련된 한국어 어휘
'겨울비(겨울에 오는 비), 날비(비가 올 것 같은 징조도 없이 내리는 비), 는개(안개보다 조금 굵고 이슬비보다 조금 가는 비), 떡비(가을에 내리는 비를 비유한 말), 보슬비(바람이 없는 날 가늘고 성기게 조용히 내리는 비), 봄비(봄에 오는 비), 안개비(가늘게 내리는 비), 여우비(볕이 나 있는데 잠깐 오다가 그치는 비), 오란비(장마의 옛말), 웃비(아직 비가 올 듯한 기색은 있으나 좍좍 내리다가 잠깐 그친 비), 이슬비(아주 가늘게 내리는 비), 잠비(잠자라고 오는 비)'

이처럼 '비'와 관련된 어휘가 많은 까닭은 한국의 날씨가 언어에 반영되었기 때문일 것이다. 이러한 차원에서 이건식(2013)에서 밝힌 조선 시대 조수(潮水) 구분의 의미 체계 또한 자연 현상과 어휘의 상관성을 잘 보여주는 사례라고 할 것이다. 이에 따르면 조수의 의미 계열은 조수의 힘, 수평 이동, 수직 이동에 따라 형성된다. 한국의 해안과 중국의 해안, 그리고 일본의 해안은 지리적으로 큰 차이를 보인다. 조수 간만의 차가 심한 우리나라의 경우 '사리'(조수 간만의 차가 가장 심할 때: 대조기)와 '조금'(조수 간만의 차가 가장 적을 때: 소조기)을 사이로 물때를 계산한다. 이를 나타내는 어휘도 매우 풍부한데, 앞의 '사리', '조금' 이외에도 '밀물(들물)', '썰물(날물)' 등의 고유어나 '소조기', '대조기', '무시(조류 속도가 약한 시기)', '정조기(조수 간만의 차가 거의 없는 때)' 등의 한자어가 있고, '조류', '본류', '와류', '격류' 등과 같이 물의 흐름을 나타내는 다양한 어휘도 존재한다. 이처럼 바닷물의 흐름이 어떻게 나타나는가가 어휘 발달의 직접적인 요인이 되는 셈이다.

3. 인문 환경과 언어

인간은 본능적으로 집단을 이루어 생활해 왔다. 선사 시대의 움집이나 동굴, 사냥하는 장면 등은 물리적으로 미약한 존재인 인간이 생물학적으로 다른 어느 종보다 영향력 있는 존재가 될 수 있었던 이유를 알 수 있게 해 준다. 인간은 언어를 사용하여 사회생활을 영위할 뿐 아니라, 각종 제도나 문물을 만들어 간다. 이처럼 자연의 토대 위에 인간이 활동해 오면서 만들어 낸 각종 환경을 인문 환경이라고 한다. 여기서는 언어와 인문 환경의 관계를 알아본다.

3.1 사회 제도와 언어

인문 현상이 언어 표현과 밀접한 관련을 맺는다는 점은 색채어의 경우에서도 짐작할 수 있다. 색채 인식은 자연 현상과 밀접한 관련을 맺고 있으나 기술 진보에 따라 색채 인지가 달라질 수 있기 때문이다.

전병선(1977)의 언어 환경 구분에 따르면 인문 환경은 '언어 사용자'와 '사회 환경'을 아우르는 표현이다. 언어 사용자와 관련된 요인으로는 '신분, 직업, 사상, 수양, 처지, 심정, 성격, 연령, 성별' 등의 요인을 제시하였고, 사회 환경으로는 '정치, 법률, 도덕, 문화, 교육, 종교' 등을 제시하였다.

여기서 주목할 만한 것이 사회 제도와 관련된 것이다. 사회 제도란 한 사회에 의해 지지되는 조직화된 행동 양식을 의미하며, 그러한 제도가 형성되기까지는 일정한 역사적 배경이 존재한다. 이 배경은 그 공동체의 삶의 양식뿐만 아니라 언어에도 직접적인 영향을 미친다. 예를 들어 '양반'이라는 한자어가 관료 체제를 이루던 '동반과 서반'을 뜻하다가 '지배 계급'을 뜻하는 말로, 다시 '점잖고 예의 바른 사람'이나 '남자를 소홀히 이르는 말'로 의미 변화를 보이는 까닭은 '양반'이라는 신분 제도의 변화와 밀접한 관련을 맺고 있다. 새로운 어휘의 탄생이나 기존 어휘의 의미 변화에는 이러한 요인이 빈번히 작용한다.

그뿐만 아니라 친족어의 경우도 사회 환경을 잘 반영한다. 많은 사회 언어학자들은 사회 구조의 차이가 친족어의 차이를 가져온다는 사실에 주목한 바 있다. 워도(Wardhaugh 1992; 박의재 옮김 1994에서 재인용)에서는 혈족 체계(kinship system)와 혈족 술어가 세계 언어의 보편적인 요소이면서도 실제 언어에서 큰 차이가 있음을 주목했다. 예를 들어 영어에서는 한국어와 달리 '할아버지'와 '외할아버지'를 구분하지 않고 'grandfather'라고 부른다. 그뿐만 아니라 '형제의 부인의 아버지(brother's wife's father)'를 직접 호칭하는 방법이 없으므로 완곡한 표현을 사용한다. 또한 베트남어에서는 '오빠'와 '형'을 구분하지 않고 'anh[아잉]'을 사용하며, '언니'와 '누나'를 통틀어 'chi[찌]'라 부른다. 이처럼 하나의 용어가 다른 종류의 사람들을 지칭하는 것은 이상해 보일 수도 있다. 한국 사회에서 '아버지, 시아버지, 장인'을 모두 '아버지'로 부르거나 '어머니, 시어머니, 장모'를 모두 '어머니'로 부르는 것은 전통적으로 통용되지 않았다.

친족 관계는 가족과 혼인을 통해 형성된다. 이는 친족어의 분화가 '성'과 '연령' 요인에 따라 이루어짐을 의미한다. 이에 대해서는 왕한석(1988), 조항범(1996), 이기갑(2007)의 연구가 있다. 특히 이기갑(2007)에서는 성과 연령을 기준으로 동기어(형제자매를 나타내는 어휘)의 지칭어 분화 과정을 연구했는데, 유형론적 관점에서 동기어는 '성과 연령 관계없이 하나의 언어로 나타내는 경우', '성이나 연령 가운데 하나만 작용하는 경우', '성과 연령 두 변수가 모두 작용하는 경우'로 구분할 수 있다. 이러한 요인이 작용하는 이유를 일률적으로 설명할 수는 없지만, 중세 한국어의 체계에서는 '성이 나이보다 우선하며', '손아래는 손위보다 세분되지 않는' 특징을 지니고 있다는 것이 이기갑(2007)의 결론이다. 이는 중세 한국어의 동기어가 '성'을 주요 변수로 하며, '나이'는 동성의 경우에만 작용함을 의미한다. 이처럼 '동기어'에서 '성'이 주요 변수가 되는 까닭은 무엇일까? 이기갑(2007)에서 그에 대한 해답을 제시한 바 없지만, 적어도 남성 중심의 사회 구조와 관련지어 해석한다면 그 타당성은 쉽게 인정될 가능성이 높다. 그 근거의 하나로 〈열녀춘향수절가〉의 이 도령과 월매의 대화를 떠올릴 수 있다. 두 사람의 대화를 살펴보면, 남성인 이 도령은 장모인 월매에게 끊임없이 예사말을 사용한다. 이에 비해 장모는 사위에게 높임 표현을 사용한다. 역시 연령보다 성이 높임 표현의 요인으로 작용하는 셈이다.

사회 구조나 사회 제도의 변화는 본질적으로 언어 변화에 직접적인 영향을 미친다. '형 : 동생, 언니 : 동생, 누나 : 누이(여동생), 오빠 : 남동생' 등과 같이 동기어가 세분되는 이유나 한자어 호칭어와 지칭어가 증가하는 이유도 사회적 관계를 표현하기 위한 것으로 볼 수 있다. 더욱이 남성 중심 사회에서 남녀평등 사회로 발전하면서 호칭 및 지칭, 높임 표현 등이 달라질 수밖에 없다. 그 과정에서 기존의 어휘나 문법 요소만으로 새로운 인간관계를 표현하기 어려울 경우 외래어를 차용하거나 새 말을 만들기도 한다. '여교사나 여교수의 남편'을 지칭할 때 쓰는 '사부(師夫)님'이란 표현도 그 중의 하나이다. 이 단어는 아직까지 ≪표준국어대사전≫의 등재어가 아니다. 그러나 2011년 국립국어원에서 발간한 ≪표준 언어 예절≫에서는 이 단어를 사용할 수 있도록 규정하였다. 이 또한 인문 환경이 언어에 직접적인 영향을 미치는 사례들이다.

3.2 민족 생활어

학문적 연구 성과의 결과라고 보기는 어렵지만 정호완(2003: 1)에서는 "언어가 문화를 투영하기에 우리말에는 우리의 삶에 대한 인식과 정신 세계가 담겨 있다"라고 하면서, 한국어로부터 한국어 공동체의 민족적 인 상징 체계가 존재한다는 흥미로운 지적을 하고 있다. 이 책에서는 우리말의 속담이나 어휘가 한국인의 상징 체계와 밀접한 관련이 있음을 분석적으로 설명하고자 하였다. 예를 들어 '굴'이나 '구르다'와 관련이 있을 것으로 추정되는 '구름, 굴대, 굴레, 굴렁쇠, 굴림대' 등이 그것이다. 특히 '굴헝+이'의 구조에서 '구렁이'가 생성되었다는 생각이나 '굴+이'에 서 '구리'(굴에서 나온 것)가 나왔다는 주장은 증거를 찾기는 어렵지만, 그 자체로도 흥미로운 분석으로 보인다.

자연 환경이나 지리적 환경, 문화나 사회 제도 등이 어우러져 민족의 생활 모습을 이루어 내고, 그것을 표현하는 다양한 언어문화 발전하는 것은 자연스러운 현상이다. 이러한 차원에서 2007년부터 2016년까지 국 립국어원이 수행하고 있는 '민족 생활어 조사 사업'의 결과물들은 문화 적 전통과 언어의 관계를 이해하는 좋은 자료가 될 것이다.

김덕호(2008: 15)에서는 "인간은 다양하고 역동적인 생활 모형을 창조 하기도 하며 다른 사람이 이미 만든 생활 모형을 따르며 살아가기도 한 다. 그러한 생활 모형이 다수에 의해 집단화되거나 후손에게 영속적으로 이어지면 문화가 된다"라고 규정하고, "일정한 지역에서 언어, 풍습, 종 교, 정치, 경제 등을 공유하면서 장기적으로 집단적 생활을 지속적으로 반복하게 되면, 공속적인 사고 체계와 문화 체계를 형성하게 된다. (…중 략…) 한 민족이 살아온 삶의 모습, 사고 체계, 정체성 등을 파악하기 위해서는 동일 민족의 범주에 속하는 다양한 사람들의 생활어를 살펴보 아야 한다. 이것은 생활 속에서 이루어지는 언어의 어휘, 형식, 의미, 용 례, 담화 등의 조사와 재발견을 통해 구체화시킬 수 있다"라고 서술하였 다. 이 민족 생활어 조사 결과는 우리 민족의 삶의 양식과 언어의 관계를 구체적으로 나타내 준다. 이 사업에 포함된 조사 대상으로 '김치·젓갈·

장아찌'(조숙정), '세시 풍속·짚 생활어·민속놀이·소목장'(홍기옥), '옹기장·사기장'(정진영), '금산 사람들의 생활어·대장장이·무속인·단청장'(김민영), '참빗장·죽렴장·부채장·채상장·악기장'(위진), '해녀·어부·민속주'(김순자), '제례 음식·혼례 음식·향토 음식'(안귀남), '민족 건축어'(김기란), '육지 해녀·미역업·어부·옹기장·대고장·유기장'(김지숙), '심마니·한지장·광부'(정성미) 등이 있다. 이들 모두 한국 문화와 한국어의 상관성을 보여줄 수 있는 좋은 자료들이다.

4. 금기와 완곡 표현

언어와 문화의 관계를 잘 표현하는 메커니즘의 하나가 '금기'이다. 희로애락과 마찬가지로, '두려움'이나 '꺼림'도 본능적인 감정의 하나이다. 언어의 본질적 기능 가운데 하나가 생각과 느낌을 표현하는 데 있다면, 두려움과 꺼림의 감정을 표현할 때에도 그에 걸맞은 표현 양식이 존재한다. 이와 관련된 현상이 '금기 표현'과 '완곡어법'이다.

4.1 금기 표현

동양 고전의 하나인 《예기(禮記)》〈곡례〉에는 이름 짓기와 관련된 다음과 같은 구절이 나온다. "아들의 이름을 지을 때에는 나라 이름으로 짓지 않으며, 해와 달로써 이름 짓지 않으며, 은근히 질병을 뜻하는 것으로써 이름 짓지 않으며, 산천의 이름으로 짓지 않는다."[4]

우리는 일반적으로 언어가 자의적인 속성을 갖고 있다고 믿는다. 어떤 사물에 어떤 이름이 붙든지, 또는 어린아이가 태어난 뒤 어떤 이름을 붙여 주든지 그것은 붙이는 사람의 마음먹기에 달렸다는 뜻이다. 물론 이 이름이 일정한 사회에서 공인되면 그것을 쉽게 고칠 수는 없다. 그런데 동양의 전통에서는 이름을 지을 때 쓰면 안 되는 언어 표현이 존재했다. 왜 나라 이름(특히 임금의 이름)을 피해야 하는 것일까? 그것은 나라와 임금을 존중하는 사상에서 비롯되었을 것이다. 해와 달의 이름을 피해야 하는 이유도 마찬가지일 것이다. 음양의 조화를 중시하는 동양 사상에서 해와 달은 가장 존귀한 존재의 하나이다. 질병을 뜻하는 말을 피하는 것은 혹시나 그 이름 때문에 그 사람이 해를 입지는 않을까 하는 염려의 표현이요, 산천의 이름을 피하는 것도 지나치게 주목을 받는 산천 이름과 마찬가지로 무엇인가를 피하고자 하는 마음의 표현이다.

언어는 의사소통을 위한 수단이다. 그런데 언어에 작용하는 요인은 '의사소통' 이외에 수많은 것들이 존재한다. 피휘(避諱)라고 알려진 '피해야 할 이름자'나 특정 표현을 해서는 안 된다는 믿음 등도 그 가운데 하나이다. 이처럼 사회·문화적 또는 심리적인 이유로 특정한 행위나 언어 표현을 삼가는 현상을 '금기'라고 한다. 특히 금기 가운데 언어적 금기를 일컬어 '금기어(taboo)'라고 부른다.[5]

문화적 차원에서 금기의 생성과 완곡어법에 대한 관심은 비교적 오래 전부터 존재해 왔다. 피터 트럿길(Trudgill 1974)에서는 "금기는 초자연적으로 금지되어 있거나 부도덕하고 적당하지 못하다고 믿는 행동과 관련이 있다. (…중략…) 언어에서 금기는 이야기되지 않는 것들과 관련이 있으며, 특히 사용되지 않는 단어들과 표현들과 관련이 있다"라고 하면서, 특별한 언어에서 금기시되는 종류의 단어는 그 사회의 가치관과 믿음을 반영한다고 주장하였다(남원식 옮김 1985). 사실 금기어는 '말해서는 안 되는 특정 언어 표현'을 의미한다. 예를 들어 종교적 차원에서 신성모독에 해당하는 단어를 사용하거나 비속적인 표현을 사용하는 경우, 정치적인 이유로 특정 어휘를 사용하지 못하는 경우에 나타나는 해당 언어 표현이 금기어인 셈이다.

금기의 대상은 매우 광범위하다. 생사의 문제, 종교적 관습, 정치적인 요인, 신체 기능, 사회 제도나 관습 등 '기피'나 '꺼림'의 대상은 금기 표현으로 바뀔 수 있다. 앞에서 말한 '이름 피하기', '왼손 사용' 등은 과학적인 근거가 없음에도 금기의 대상이 된다. 금기의 대상은 말뿐만 아니라 행위가 될 수도 있다. 법규로 지정된 처벌 대상의 행위는 넓은 의미의 금기에 해당한다. 이 점에서 금기 발생의 요인은 매우 다차원적이라고 할 수 있다.

국어학계에서도 금기어에 대한 관심은 비교적 오래 전부터 있었다. 김성배(1962)의 〈한국의 금기어(상, 하)〉라는 논문이 ≪국어국문학≫ 제25집과 제26집에 실렸고, 그 연장선에서 김성배(1975)의 ≪한국의 금기어와 길조어≫(정음사)라는 자료집이 출간되기도 하였다. 문효근(1962)의 〈한국의 금기어〉(≪인문과학≫ 8, 연세대학교)도 초기의 금기어 연구 업적에 속한다. 그 이후 심재기(1983)의 ≪국어 어휘론≫(집문당)에서 금기어에 대한 자세한 분석이 있었고, 최래옥(1995)의 ≪한국 민간 속신어 사전≫(집문당)도 금기어만을 대상으로 한 것은 아니지만, 이와 관련된 성과라고 볼 수 있다. 이들 연구에서는 기초 자료를 수집하고 금기 표현의 형식 문제나 금기 발생의 요인을 분석하는 데 관심을 기울였다. 허재영(2000)의 ≪생활 속의 금기어 이야기≫에서는 금기 발생 요인을 '규범과 윤리', '일상생활', '물건', '행동 조심', '동물과 무속신앙', '식물', '민간신앙과 상징', '세시와 기념일', '단순 연상', '관습과 남녀차별', '꿈' 등으로 나누어 설명한 바 있다.

금기 표현은 사회와 문화의 산물이자, 언어 공동체 구성원들의 사고방식을 반영한다. 사회적 산문의 금기 표현은 사회 구조, 정치 제도, 역사 등과 밀접한 관계를 맺고 있다. 다음을 살펴보자.

(3) 새로 지은 어린이 이름의 특성(박상훈 외 1986)[6]

… 지난날 우리 어린이들의 이름은 그 절대 다수가 봉건적 유습에 의하여 한자로 되어 있었다. 고유어로 된 어린이 이름은 문학작품에서나 찾아볼 수 있을 정도였지 실지 생활에서는 찾아보기 매우 힘든 형편이었다.

그러나 오늘은 흔히 찾아볼 수 있는 현상으로 되었다. 고유어로 어린이 이름을 짓는 현상은 그전 시기에 비해 볼 때, 대비할 수 없는 양적 성장을 보이고 있다. 이것은 어린이 이름 짓기 분야에서 우리가 기록한 귀중한 성과의 하나이다.

새로 지은 어린이 이름 가운데서 외국식 이름을 찾아볼 수 없는 것도 하나의 특징이며 성과이다.

지난날 우리나라에서는 장구한 일제 식민지 통치의 후과로 말미암아 여자의 이름에 '자'자를 붙이는 일이 있었다. 그것은 '수자, 화자, 금자'라는 일본식 이름을 지어 부르는 데서 나타났다. 이렇게 여자의 이름에 일본식으로 '자'자를 붙이는 것은 민족적 자존심도 없는 매우 수치스러운 일이다. 사람의 이름은 그 나라 민족의 특성을 나타내 주는 좋은 표징의 하나인데, 그 이름 짓는 방식에서조차 자기의 민족적 특징을 잃어버린다면 이것은 주체가 서지 못한 것으로서 매우 위험한 일이다. …

언어가 시대와 사회·문화의 산물이라는 점을 고려할 때, 이름 짓기도 사회·문화적인 산물임은 틀림없다. 이는 금기 표현도 마찬가지이다. 이 인용문은 북한에서의 이름 짓기에서 고유어 이름이 많아지는 현상과 일본식 여자 이름인 '자'가 사라지는 현상을 설명하고 있다. 일제강점기 이후 한동안 유행처럼 쓰이던 '자' 자가 지금에 와서 사라진 현상은 이 이름이 식민 시대의 유물이었기 때문이다. 이 점에서 이름의 '자'는 명백히 이유를 알 수 있는 금기 표현에 해당한다. 이처럼 역사나 정치적인 요인 등과 관련된 금기의 발생은 그 이유를 명백히 알 수 있다.

그러나 일부 금기 표현은 왜 그러한 표현이 생겨났는지 추론할 수 없는 것들도 있다. 그것은 오직 문화적 전통에서 자연스럽게 형성된 것이라는 설명 이외에는 달리 해명할 방법이 없다. 우리나라 전통 예법 가운데 '왼손으로 숟가락을 잡지 않는다.'라는 풍속도 그러하다. ≪소학언해≫를 보면, "자식이 능히 밥을 먹을 나이가 되면 가르치기를 오른손으로 먹게 하고, 능히 말을 할 때가 되거든 남자아이는 먼저 대답하고 여자아이는 나중에 대답하게 하며, 남자아이의 띠는 가죽으로 하고 여자아이의 띠는 실로 할 것이니라"라고 하였다.

오늘날이라면 왼손과 오른손을 모두 사용하는 사람이 그렇지 않은 사람보다 유능한 사람처럼 보인다. 유명한 왼손 투수, 왼손잡이 화가 등 왼손을 잘 쓰는 사람이 성공한 사례는 헤아릴 수 없을 정도로 많다. 그런데 왜 왼손으로 숟가락을 잡지 말라고 했던 것일까? 이것은 오로지 문화적 전통 이외에는 어떠한 설명도 가능해 보이지 않는다. 다시 ≪예기≫

의 '곡례'를 살펴보자. "무릇 음식을 올리는 예절에는 반찬은 왼쪽에 놓고 고기를 오른쪽에 놓으며, 밥은 사람의 왼쪽에 놓고, 국은 오른쪽에 놓는다. 날고기나 구운 고기는 바깥쪽에 놓고, 식초와 장은 안쪽에 놓는다." 여기서 '왜 어떤 음식을 왼쪽에 놓고 어떤 음식을 오른쪽에 놓아야 하는지', 또는 '안쪽과 바깥쪽에 놓아야 하는 음식을 구별한 이유가 무엇인지' 구체적인 설명은 없다. 다만 그것이 예절일 뿐이다.

이 흐름에서 최근의 금기어 연구는 금기 발생의 심층 심리를 탐구하고자 하는 경향으로 이어진다. 예를 들어 박정일·최상진(2003)의 〈금기어(禁忌語) 분석을 통한 한국인의 심층 심리 탐색〉은 이를 대표한다. 그뿐만 아니라 일부 연구자들은 이를 확장하여 인지 언어학적 관점에서 금기와 원형 이론을 접맥시키고자 시도하는 경향도 있다.

4.2 완곡어법과 은유

어떤 언어나 행위가 금기의 대상일 될 경우 그에 따른 '에둘러 말하기'가 나타난다. 이러한 표현을 '완곡어법(euphemism)'이라고 부른다. 완곡어는 분명 금기의 결과이다. 금기의 대상을 직접적으로 표현하기 어려울 때 그것을 에둘러 말하고자 하는 동기는 자연스럽게 생겨난다. 여기에 숨어 있는 메커니즘은 '은유'이다. 전통적으로 은유는 수사학의 기교 가운데 하나로 인식되어 왔지만, 인지 도구의 하나라는 관점에서 인지 언어학의 주된 연구 대상 가운데 하나가 되었다.

국어학계에서 은유와 관련된 초기의 연구는 주로 '은어'와 관련되어 있었다. 김종훈·김태곤·박영섭(1985)에 따르면, 은어 연구는 1927년 오쿠라신페이(小倉進平)의 산삼 채취어 연구로부터 시작하여, 김민수(1953)의 거짓말 관련 은어, 강신항(1957)의 군대 비속어, 서정범(1962)의 불량배 집단과 관련된 은어 문자, 장태진(1963)의 은어 사전 편찬 등의 성과가 있었다. 사전적 정의에 따르면 은어는 "직접적으로 예사말로 말하지 아니하고 특별한 말을 써서 자기들끼리만 그 뜻을 깨닫게 하는 말"을 의미한다. 이는 원관념에 해당하는 '예사말'을 '보조관념'인 '특별한 말'로 표현한다는 점에서 은유의 메커니즘과 동일한 구조를 갖는다.

은유 연구의 성과와 방법을 종합적으로 고찰한 박영순(2006)에서는 "은유는 기존에 없던 새로운 언어 표현"이라는 관점에서 은유가 창조적인 언어 사용의 한 방편이라고 설명한 바 있다. 그뿐만 아니라 은유의 정도성을 고려한다면 '인간의 언어생활은 모두 은유'라는 명제가 성립될 정도로 은유의 폭이 넓음을 증명하기도 하였다. 박영순(2006)에 따르면 은유에 대한 기존 이론들은 '대입론', '비교론', '상호작용론', '구조주의 이론' 등으로 정리할 수 있지만, 현대의 은유 연구는 수사학이나 문학뿐만 아니라 인지 문제와 관련된 다양한 분야로 확장되고 있음을 알 수 있다. 이 경향에서 오예옥(2011)의 ≪언어 사용에서의 은유와 환유≫에서는 은유의 개념 구조를 설명한 바 있는데, 이 책에서는 "은유는 상이한 영역의 추상적인 목표 개념과 구체적인 출발 개념 간의 (부분적) 투사 관계"라고 정의했다. 이 말을 금기어와 완곡 표현에 적용한다면 '금기어'는 출발 개념이 되며, '완곡 표현'은 목표 개념이 된다.

완곡어법은 대부분 은유적이다. 여기서 주목할 점은 완곡어법의 '출발 개념', 곧 완곡하게 표현해야 할 대상의 특성과 표현 결과(목표 개념)의 상관성을 이해하는 일이다. 에둘러 말해야 할 대상은 금기시하는 것뿐만 아니라 권위적인 것, 또는 비속한 것 등 다양한 형태가 있다. 권위 요소에 따라 완곡 표현이 등장하는 경우는 권위에 대한 침범을 경계하기 위한 것뿐만 아니라 권위자를 비하하고 싶은 충동에서 비롯되는 경우도 있다. 정치인을 지칭하는 욕설이나 별명이 많은 것도 그 때문이다.

이처럼 완곡어법이 발달하는 주요인은 심리적인 면에서 찾을 수 있다. 이러한 완곡 표현의 대상이나 금기의 대상은 고정 불변하는 것이 아니다. 사회 구조의 변화 또는 인식의 변화에 따라 완곡 표현의 대상이 변화할 수 있다. 시대에 따라 은어가 바뀌는 것도 은유 표현에 작용하는 사회·문화적인 환경의 변화에 따른 것이다. 김종훈·김태곤·박영섭(1985)에서 조사한 일부 은어를 살펴보자.

<표 7.1> 1950~1970년대까지의 은어 변화(김종훈 외 1985: 26~27)

번호	뜻	1950년대 은어	1960년대 은어	1970년대 은어	사용 은어 수
1	감옥	(인간 개조장) 돼지울, 빵두럭, 빵두덕, 빵간, 쎄리깐, 15척 웃빵골, 벌건집, 오빵	(붉은 벽돌집) 관광무료호텔, 섬공간, 큰방, 웃방골, 대지울	(국제호텔, 별장) 학교, 학교섬, 벽돌집, 큰집	22
2	거짓말	(후라이, 공갈) 바람불다, 남수띠다, 갈놓다, 헌남수떠다, 사기놓다, 공갈, 후라이놓다, 때리다, 공갈치다, 구라놓다, 후까이, 삑수놓다, 포치다, 뽕차, 캣사코	(쌩, 썰) 공갈대통령, 국수세다, 따랴, 땡갈, 땡갈까다, 땡감, 부라사기, 생구라, 순구라, 허풍, 앙갈, 엄살병, 댄뿌라, 유세	(잇빨) 만년필, 피쎄, 썰, 구라, 노가리, 썰깐다, 농아지, 썰푼다, 사리돈, 잇빨, 잇빨풍기다	43
4	경찰	(똥파리) 쎄리, 검둥개, 동네방, 똥개, 짜바리, 검은고양이, 곰배, 깜동감아지, 약고, 쩨리	(까마귀) 개, 까마귀, 깡통, 검은옷, 나리, 쫘리, 방망이, 벌, 쎄비, 비바리, 짜부, 짭시, 쟈백이, 짬뽕	(짜부) 똥파리, 흑곰, 세파트, 파부, 들새, 개나리, 발발이, 짭상, 짭시, 까마귀, MP	39

( )는 그 시대의 대표적 은어로 변천한 과정을 말함.
번호는 원자료의 번호를 그대로 사용함.

표 안의 은어와 현재 사용하는 은어를 조사하여 비교해 보면, 시대에 따라 은어가 변화해 온 모습을 알 수 있을 것이다. 한 예로 다음 기사를 살펴보자.

(4) 이런 '유통업계 은어' 들어 보셨나요? (조소영 2014)

　최근 백화점과 마트에 대해 다양한 이야기를 나누는 한 인터넷 커뮤니티에서는 모 마트에서 약 2년간 아르바이트를 했다는 한 네티즌이 주요 대형 마트에서 화재와 같은 위급 상황이 발생할 경우, 점포 직원들 간 은어를 통해 먼저 상황을 파악한다는 글이 올라와 눈길을 끌었다. 이 글에 따르면 이마트는 "둥지 발생", ○○마트는 "사장님 오셨습니다."라는 말로 직원들 간 점포에 화재가 난 것을 선(先)파악했다. (…중략…) 이 네티즌은 ○마트와 ○○마트가 위급 상황임에도 불구하고 이 같이 은어를 쓰는 이유에 대해 "고객들을 당황스러운 상황에 맞닥뜨리지 않게 하기 위해서"라고 설명했다. 직원들이 벌어진 상황과 관련해 어떤 절차를 밟을 수 있을지 정리한 후 고객들을 움직이게 하는 것이 무턱대고 상황을 알려 고객들을 우왕좌왕하게 만드는 것보다 낫다는 것이다. 대형 마트의 한 관계자는 이처럼 위급 상황에서 사용되는 은어의 존재에 대해 "매장에서 통용되는 말일 것으로 추정되나 잘 모르겠다."라고 말을 아꼈다. 그러나 기사 등 과거 자료들을 찾아보면 90년대에도 현재와 같은 말들이 은어로 통용됐다. 특히 관계사들 간 비슷한 은어를 사용해 흥미를 자아냈다.

이 자료는 은어 발생 과정을 잘 보여준다. 위급 상황을 알리는 유통업계의 은어는 고객이 그 상황을 바로 앎으로써 혼란에 빠지는 것을 피하기 위해 쓰는 말이다. 무엇인가를 직접 표현하는 것을 피하고 다른 표현으로 대체하는 과정에서 기존의 언어 체계와는 다른 표현을 사용할 때 은어가 생성된다. 유통업계의 은어는 과거의 기준으로 볼 때, 상상하기 어려운 상황임에 틀림없다. 금기와 완곡 표현, 은어 생성이 시대의 산물임을 보여주는 셈이다.

은어 속에 내포된 은유 환경과 메커니즘은 시대와 사회·문화의 산물이다. 전통 사회에서 금기시되던 '성'의 표현이 점점 개방화되거나, 정치적인 금기어들이 체제 변화와 맞물리면서 자유롭게 사용되는 경우도 마찬가지이다. 완곡 표현과 은유 메커니즘은 심리적 산물일 뿐만 아니라 사회적 산물이다.

5. 언어와 문화 연구의 의미

언어와 문화의 관계를 연구하는 일은 흥미로운 일이다. 그것은 연구 대상이 광범위하고 방법론 또한 다차원적이기 때문이다. 그런데 언어와 문화 연구에서 일차적으로 고려해야 할 사항은 '문화'에 대한 연구자의 태도이다. 사전적인 의미에서 문화는 '삶의 양식'이라는 개념을 포함하고 있지만, 문화에 대한 정의는 보는 사람마다 다르다. 그렇기 때문에 '고급

문화', '저급 문화', '대중문화' 등과 같이 가치 내재적인 용어를 쓰는 경우가 있는가 하면, '음식 문화', '생활 문화' 등과 같이 문화가 형성되는 대상을 표현하는 용어가 있다. 다소 논외의 이야기처럼 들릴지 모르지만 ≪표준국어대사전≫을 검색하면 '고급문화', '대중문화' 등과 같은 어휘는 한 단어로 등재되어 있지만, '저급 문화'는 올림말이 아니다. 또한 '민족 문화', '위생 문화', '농경 문화' 등은 전문 용어이다. 이는 '고급문화'나 '대중문화'를 합성어로 판단한 까닭은 '고급'과 '문화', '대중'과 '문화'가 융합되어 있다고 판단한 데 비해, '저급 문화', '예술 문화', '음악 문화' 등은 두 단어로 인식하고 있음을 의미한다. 또한 전문 용어로 등재한 단어들은 해당 전문 분야에서 특별한 의미로 사용하고 있음을 뜻한다.

여기서 '문화'에 대한 다양한 태도를 짐작할 수 있다. 구체적으로 말하면 합성된 말은 그 말이 갖는 특별한 의미가 있다. '고급문화'는 "귀족의 문화적 전통을 이어받아 소수의 지식인이 생산하고 향유하는 문화"라는 의미로 사용된다. '대중문화'는 "대중이 형성하는 문화"라는 뜻으로 보통 생활수준의 향상, 교육의 보급, 매스컴의 발달 따위를 기반으로 이루어지며, 대량 생산과 대량 소비를 전제로 하기 때문에 문화의 상품화·획일화·저속화 경향을 언급할 때 사용한다.

이처럼 문화의 의미가 다층적임을 고려할 때, 언어와 문화의 상관성을 연구할 때에도 연구자의 관점 확립이 무엇보다 중요하다.

앞서 살펴본 것처럼, 문화에 대한 관심은 인간의 다양한 삶의 양식이 모두 가치를 갖고 있다는 전제에서 출발했다. 이는 제국주의 지배 이데올로기를 뒷받침한 19세기의 진화론적 문명관과 대립되는 관점을 의미한다. 다윈에 의해 발전된 진화 사상은 스펜서류의 사회 진화론과 함께 '문명', '반문명', '비문명 또는 야만'의 대립을 낳았다. 그러나 문화 상대성론에서는 '원시인'이든 '비문명인'이든 동일한 가치를 지닌다. 이 점에서 로널드 워도(R. Wardhaugh 1992)에서는 언어와 문화를 연구하는 관점을, "문화라는 용어를 '고급문화', 즉 음악, 문학, 예술 등의 감상이라는 의미에서 쓰고자 하는 것은 아니다. 오히려 어떤 사람이 특정한 사회에서 역할을 다하기 위해 알아야만 하는 모든 것이라는 의미로 문화라는 말을 사용하고자 한다"라고 천명하였다(박의재 옮김 1994에서 재인용).

언어와 문화가 밀접한 관련을 맺고 있다는 사실은 특정 언어 공동체의 삶의 양식과 언어가 밀접한 관련을 맺고 있다는 것을 의미할 따름이다. 달리 말해 특정 문화에서 그들의 의사소통 체계나 사고 체계가 음운, 어휘, 문법, 담화 등에 반영됨을 의미한다. 이들 언어 층위 가운데 문화적 요소를 가장 쉽게 반영할 수 있는 것은 '어휘'나 '문법' 층위일 것이다. 이는 사피어-워프의 가설뿐만 아니라 각종 선행 연구에서도 증명된 바 있다. 그러나 엄밀히 말하면 문화를 이루는 자연 환경, 인간관계, 사회 제도 등은 어휘나 문법뿐만 아니라 담화 관습, 심지어는 말소리를 내는 방식에도 작용할 수 있다. 각각의 요소나 언어적인 특징은 모두 가치중 립적인 것으로 연구자가 소중히 다루어야 할 산물임에 틀림없다.

6. 요약 및 결론

언어는 의사소통의 도구이자 사고 형성의 수단이다. 그뿐만 아니라 언어에는 인간의 삶의 양식이 반영되어 있다. 이러한 삶의 양식을 문화 라고 부른다.

언어와 문화의 관계는 삶의 양식을 이루는 다양한 요소와 언어와의 관계를 의미한다. 삶의 양식을 이루는 주요 요인은 자연 환경과 인문 환경으로 나누어 살필 수 있다. 자연 환경은 인간이 생존하는 자연을 의미하며, 인간이 자연을 지각하는 데 필요한 만큼 언어는 발달한다. 자 연 지명이나 색채어 등이 그러하다. 산악이 발달한 곳과 해안이 발달한 곳의 자연 표현 어휘는 상당한 차이를 보인다. 그럼에도 이들 언어에는 보편적인 요소가 존재한다. 벌린과 케이에 의해 밝혀진 색채어 발달 순 서는 개별 언어의 색채뿐만 아니라 보편적인 언어 발달의 순서를 암시한 다. 또한 색채어 발달 과정에 기술적인 요인이 작용할 수 있다는 사실도 흥미롭다.

인문 환경은 사회 제도나 구조 등과 밀접한 관련을 맺는다. 한 사회가 어떤 제도를 갖고 있으며, 역사적으로 어떤 환경에 놓여 있는가는 언어에 직접적인 영향을 미친다. 문법 범주에서 성이나 수, 시제, 높임 표현 등은 직접 또는 간접적으로 사회 제도나 구조와 밀접한 관련을 맺고 있다. 남성 중심 사회에서 성 표현은 비교적 덜 발달한다. 계급 구조가 강화된 사회라면 높임 표현이 분화될 수 있다. 이처럼 언어와 문화의 관계를 이해하는 차원에서 국어의 음운, 어휘, 문법, 담화 현상을 이해하는 일은 중요한 의미를 갖는다. 그뿐만 아니라 국어 문화를 이해하고 보존하며 발전시키는 차원에서 '민족 생활어' 조사 연구와 같은 실천적인 연구 활동을 진행하는 것도 매우 의미 있는 일이 될 것이다.

금기 표현이나 완곡어법의 발달도 문화적인 차원에서 흥미로운 연구 과제에 해당한다. 두려움과 꺼림은 인간의 보편적인 감정이다. 이는 어느 언어이든 금기 표현과 완곡어법이 존재함을 의미한다. 어떤 표현은 개별 언어마다 차이가 있고, 또 어떤 표현은 세계에 존재하는 대부분의 언어에서 모두 발견할 수도 있다. 언어와 사회, 언어와 문화의 관계를 이해하는 일은 특정 언어의 특징만을 이해하는 활동이 아니라 인류 언어의 보편성을 이해하는 일이 될 수 있음을 뜻한다.

탐구 과제

1 〈보기〉의 지명이 생성된 유래를 찾아보고, 각 유형의 지명이 우리의 사고방식
이나 태도에 어떤 영향을 줄 수 있을지 토론해 보자.

〈보기〉

ㄱ. 속리산(俗離山)의 자연 지명: 천황봉(天皇峰), 비로봉(毘盧峰), 관음봉
(觀音峰), 지장산(地藏山), 연엽봉(蓮葉峰), 수정봉(水晶峰)
= 유교적인 지명
ㄴ. 팔공산(八空山)의 자연 지명: 금단산(金丹山), 신선봉(神仙峰), 방장산
(方丈山), 봉래산(蓬萊山)
= 도교적인 지명
ㄷ. 광주(光州)의 지명: 충장로(忠壯路, 김덕령의 호를 딴 지명으로 알려
짐), 금남로(錦南路, 정충신의 호를 딴 지명으로 알려짐)
— 강길부(1997: 86~87)

2 다음은 정보 통신 위원회에서 권고한 '성인 인증 키워드' 금칙어의 일부이다.
금칙어가 생겨난 이유를 밝히고, 금칙어가 어떻게 변화해 갈지 토론해 보자.

갈보	뉘미럴	망가	보짓	뽈로노
강간	니귀미	망까	보G	뽕
개새끼	니기미	매토피아	보z	삐리넷
개꼬치	닥쳐라	매춘	본드	사정
개년	단란주점	머니헌터	본디지	사까시
개놈	대주까	맬섭	봉알	사까치

(이하 생략)

3 한국어의 문법 범주 가운데 '성', '수', '시제', '높임법' 등의 특징을 조사하고,
그러한 문법 범주들이 한국 문화와 어떤 관련을 맺고 있었을지 토론해 보자.

더 읽을거리

1 한국사회언어학회 옮김(2002), ≪문화와 의사소통의 사회언어학≫, 한국문화사.
이 책은 낸시 본빌레인(Nancy Bonvillain) 교수의 ≪언어, 문화, 그리고 의사소통: 메시지의 의미(Language, Culture, and Communication: The Meaning of Messages)≫의 제4판 수정 원고를 번역하여 엮은 책이다. 번역 작업에는 한국사회언어학회 6기 임원들(강현석, 김용진, 김혜숙, 박준언, 백경숙, 이원표, 채서영)이 참여했다. 이 책은 총 13장으로 구성되었는데, 사회언어학의 다양한 주제를 포괄하고 있으며, 교과서처럼 각 주제들을 알기 쉽게 풀어 놓았다. 또한 흥미롭고 다양한 예시는 언어와 문화와의 관계를 이해하는 데 좋은 입문서가 될 수 있을 것이다.

2 신익성(1985), ≪훔볼트: 〈카비말 연구 서설〉≫, 서울대학교 출판부.
언어학사에서 훔볼트의 언어관은 '세계관주의'로 표현한다. 언어와 사상, 사고의 관계를 이해하는 과정에서 훔볼트의 언어관은 중요한 의미를 갖는데, 이 책은 훔볼트의 생애와 언어관을 체계적으로 설명하고 있다. 모두 2부로 구성되었는데, 제1부는 '생애와 사상 및 해제', 제2부는 '카비말 연구 서설'이다. 훔볼트의 언어관을 쉽게 설명한 번역서가 많지 않은 상황에서 이 책을 정독하면 세계관적 언어관을 이해하는 데 도움이 될 것이다.
이와 함께 언어와 사고, 인지의 관계를 이해하고자 하는 사람은 프리드리히 웅게러(Friedrich Ungerer)·한스 조르그 슈미트(Hans-jörg Schmid), 임지룡·김동환 옮김(1998), ≪인지언어학 개론≫(태학사)을 더 읽을 수 있다.

3 Whaley, L. J. (1997). *Introduction to Typology*. Thousands Oaks: Sage Publication.
이 책은 2008년 김기혁 교수에 의해 ≪언어 유형론≫(소통)으로 번역되었다. 문화적 환경이나 언어 보편성과 관련된 국내의 연구 성과는 많은 상황에서, 유형론의 기초 지식과 어순 유형론, 형태론적 유형론, 명사어의 관계적 의미 특질의 코드화, 동사 범주, 복문 등을 쉽게 풀이하고 있다. 번역서에는 유형론에서 사용하는 용어를 간략히 정리했으므로 초보적인 독자도 쉽게 읽을 수 있다.

4 이정복(2014), ≪한국 사회의 차별 언어≫, 소통.

언어와 문화, 사회, 역사는 불가분의 관계에 있다. 언어 변화나 변이가 사회적 산물이라는 점에서 현대 사회의 언어적 특징을 이해하는 방편으로 이 책을 참고할 수 있다. 저자는 평소 인터넷 통신 언어에 많은 관심을 기울여, 해당 분야에서 큰 성과를 거둔 바 있다. 예를 들어 2003년 월인 출판사에서 발행한 ≪인터넷 통신 언어의 이해≫도 그 중 하나이다. 통신 언어와 차별 언어를 함께 읽으면, 현대 사회와 언어 변이의 상관성을 이해하는 데 큰 도움을 받을 것이다.

주석

1) 워도(Wardhaugh) 1992, 박의재 옮김(1994: 279)에서 재인용함.
2) 한국사회언어학회 옮김(2002: 59)에서 재인용함.
3) 한국사회언어학회 옮김(2002: 59~60)에서 재인용함.
4) ≪예기(禮記)≫ 〈곡례(曲禮)〉, 名子者不以國, 不以日月, 不以隱疾, 不以山川.
5) 언어 형식의 차원에서 '금기어'를 정의하는 일은 쉽지 않다. 왜냐하면 일반적으로 '○○어'
   라는 표현은 통사 단위 가운데 가장 작은 단위인 '단어'를 일컬을 때가 많기 때문이다.
   그러나 '금기어', '완곡어', '비어', '속어' 등과 같은 용어는 '단어' 이외의 '구(句)'나 '절(節)',
   '문장(文章)'으로 표현될 경우가 많기 때문이다. 이 점에서 한정한(2011)과 같이, 블룸필드
   이후에 널리 인정되어 온 '최소 자립 형식'으로서의 단어의 개념을 포기하고, '형태적 기준',
   '분포적 기준', '기능적 기준', '어휘적 기준', '정서법적 기준' 등을 고려하여 단어의 개념을
   다시 설정하고자 하는 시도도 있다. 심재기(1983)이나 허재영(2000)에서도 '금기어'인가
   아니면 '금기 표현'인가를 고민하고 있는데, 이 또한 단어의 개념 설정 문제와 관련이 있다.
   이 책에서는 '금기어'와 '금기 표현'을 구분하지 않고 사용했다.
6) 띄어쓰기는 '한글 맞춤법'을 따랐음.

제8장

언어 공동체와 언어 태도

2005년 국립국어원에서는 전 국민을 대상으로 표본 추출을 하여 연령별, 지역별 언어 의식을 조사하였다. 언어 정책을 수립하기 위한 기초 자료를 수집하기 위해 실시된 이 조사 문항 중 하나는 모국어에 대한 인상을 묻는 것이었다. 조사 결과 우리 국민들은 '정확하다, 논리적이다'에 꽤 긍정적으로 답을 한 반면 '발음이 부드럽다'에는 낮은 평가를 하였다. 만약 이러한 조사가 우리와 같은 단일 언어 국가가 아닌 미국 같은 다언어 국가에서 이루어졌다면 질문은 하나지만 이에 답하는 조사 대상자의 모국어는 다양했을 것이다. 다언어 국가인 미국은 영어로 의사소통을 하는 하나의 언어 공동체를 이루고 살고 있지만 가정에서는 민족마다 다른 언어를 사용하는 소규모의 언어 공동체들이 모여 있는 국가라고 할 수 있다.

언어 공동체(speech community)는 같은 언어를 말하는 사람들이다. 우리는 한국어라는 단일어를 사용하기 때문에 하나의 언어 공동체라고 할 수 있다. 그렇다면 경상도 사람과 전라도 사람은 같은 언어 공동체라고 할 수 있을까? 같은 언어를 사용하지만 다른 방언을 사용하기 때문에 엄밀한 의미에서는 하나의 언어 공동체라고 하기 어려울 것이다. 분명한 것은 특정 화자가 어떤 언어 공동체의 화자와 동일성을 얻기 위해 또는 어떤 언어 공동체의 화자와 구별하기 위해 언어 특성들을 사용한다는 것이다.

언어는 정체성(identity)과 관련된다. 한국어를 할 줄 모르는 재미 동포 2세, 3세들을 만나면 그들이 우리와 같은 정체성을 가졌다고 생각하기 어렵다. 그들 역시 다른 언어를 사용하는 우리와 동질감을 별로 느끼지 않을 것이다. 한국에 사는 사람들 중에도 서로 다른 언어 정체성을 지니고 있는 사람이 점점 늘고 있다. 세계화의 영향으로 제3세계의 노동력이 급격히 유입됨에 따라 결혼 이주 여성과 외국인 노동자들의 숫자가 늘고 있는데 프랑스나 영국 등 우리보다 먼저 다문화 사회가 된 나라에서 보듯이 이들 소수자들의 언어 권리 문제도 곧 우리에게 중요한 언어 정책으로 다루어질 전망이다.

이 장에서는 사회언어학에서 중요하게 다루고 있는 언어 공동체의 개념과 언어 공동체가 정체성과 어떤 관련을 맺고 있는지 살펴보고자 한다. 또한 언어 변이형의 선택에 관여하는 언어 태도에 대하여 상세히 알아보고자 한다. 지역, 성, 연령, 종교 등에 따라 달리 사용되는 언어 변이형이 동일한 언어 공동체에 속한 구성원들의 언어 태도에 따라 달리 사용될 수 있기 때문이다. 또한 언어 자체에 대한 태도와 언어 사용자에 대한 태도로 나눌 수 있는 언어 태도에 대한 연구는 언어의 변화를 예측할 수 있게 해 주기 때문에 언어 정책의 수립에도 중요한 자료가 될 수 있다.

마지막으로 소수 언어 사용자의 언어 권리에 대해 살펴볼 텐데 이는 앞에서도 언급했듯이 다양해진 우리 사회의 언어 공동체를 건강하게 유지하기 위해서이다. 소수 언어 사용자들의 언어 권리를 어떠한 측면에서 보호해야 하는지, 또 다수의 언어 사용자들과 조화로운 언어생활을 할 수 있도록 언어 정책적 측면에서 어떻게 접근해야 할지에 대해 살펴보고자 한다.

1. 언어 공동체와 정체성

1.1 언어 공동체의 개념

언어 공동체란 같은 언어를 말하는 사람들이 이룬 집단이다. 하나의 언어가 존재하기 위해서는 한 변이형을 자기의 것으로 주장하면서 이웃 집단이 사용하는 변이형과 차별성을 유지하려는 사회 집단의 존재가 절대적으로 필요하다(박용한·김동환 옮김 2009: 31). 일반적으로 하나의 국가는 하나의 언어 공동체를 이룬다고 보는데 이는 정체성이라는 측면에서 국가가 언어라고 하는 공통의 요소를 필요로 하기 때문이다.

하나의 언어 공동체를 이루고 있는 국가도 자세히 들여다보면 다양한 언어 공동체로 구성되어 있음을 알 수 있다. 서로 다른 민족이 모여 국가를 이루는 경우 민족에 따라 언어 공동체를 이루기도 하고, 단일 언어 국가라도 지역별로 다른 언어 변이형을 사용한다. 경상 방언 사용자는 전라 방언 사용자들이 자기들과 다른 언어를 사용한다고 생각하며, 같은 경상도 지역에서도 경주 사람들은 자기들의 언어가 대구말과 다르다고 생각한다.

또 같은 언어 공동체 속에서도 남자와 여자의 언어가 다르고 종교에 따라서도 사용하는 언어 변이형이 다르다. 여자들은 자기들의 언어가 남자들과 다르다는 것을 인식하고 있기 때문에 동성 간의 대화와 이성과의 대화에서 다른 언어 전략을 구사하며 연령에 따라서도 사용하는 언어가 다르기 때문에 다른 연령대의 사람을 만나 의사소통을 할 때는 같은 연령대의 사람들에게 사용하는 언어와 다른 언어 변이형을 사용하게 된다.

파푸아 뉴기니의 사람들은 자기를 이웃과 구별할 때 사소한 언어적 차이에 매우 주의를 기울인다고 한다. 사람들은 두 마을 간에 언어적인 이해 가능성의 정도가 매우 높아도 자기들이 이웃 마을과 다른 언어를 사용한다고 주장한다고 한다. 이처럼 언어 공동체를 구분 짓는 잣대는 언어 변이형, 즉 언어적 형태가 기본이 되겠지만 더 근원적으로는 언어 공동체를 이루는 언어 변이형에 대해 구성원들이 공유하는 관습을 더 중요한 요소로 여긴다.

스코틀랜드의 서덜랜드(Southerland) 동쪽 해안에 위치해 있는 몇몇의 게일어나 영어 이중 언어 사용 공동체에서는 스코틀랜드 게일어에 대한 이해 능력만을 가진 화자들이 게일어에 유창한 화자들과 대화하고 상호 작용을 할 수 있다. 게일어 문법 능력은 약하지만 게일어 화자들과 상호 작용을 위한 어떤 규범을 공유하고 있기 때문이다. 반대로 문법 능력이 우수하다고 해서 의사소통에 반드시 성공하는 것도 아니다. 서로의 말을 해석하기 위한 동일한 관습을 공유하고 동일한 방식으로 언어를 사용해야 서로를 이해할 수 있기 때문이다.

1.2 정체성

하나의 언어 공동체에 속하는 사람들은 언어 변이형에 대한 공동의 관습을 지니기 때문에 집단적 정체성을 같이한다고 볼 수 있다. 흔히 민족적 정체성과 언어 정체성은 밀접하게 관련되어 있어 자기가 살던 지역을 떠나 외국에 거주하게 되면 모어와 그 지역에서 사용하는 언어 사이에서 언어 정체성의 혼란을 겪는 경우가 많다. 한 국가 내에 여러 민족이 공존하는 경우에도 여러 민족 가운데 하나의 민족어가 공통어로 기능하게 되면 다른 민족적 정체성, 언어 정체성을 갖는 언어 공동체는 두 개의 정체성 사이에서 자기의 정체성을 지키거나 또는 다른 언어 정체성에 동화되거나 하는 정체성의 선택을 강요받는 경우가 생기게 된다.

이중 언어 사회에 소속되어 있는 소수 민족의 언어 선택 태도는 자신들의 민족 언어를 보존하려는 태도와 목표어인 위세어로의 전환 태도가 공존한다. 이러한 두 가지 태도를 동기화하는 데 가장 근원적인 의식이 '자기 정체성'인데 이 정체성에 의해 자기들이 적응하고자 하는 목표 사회에 통합하거나 분리하려는 의식이 작용하게 된다. 통합과 분리라는 두 가지 심리는 양면적인 특징을 가지기 때문에 모국어와 목표어 선택에 다 작용하게 되는데 재외동포의 언어 선택 태도는 그들이 속해 있는 이민 사회의 영향을 많이 받는다.

2001~2002년 1년 간 일본 오사카 지역의 제주 출신 동포들에 대한 언어 태도를 조사한 결과에 따르면 응답자 109명 가운데 가정에서 가족끼리의 대화를 일본어로만 한다는 응답이 64.2%, 한국어를 가끔 쓴다는 응답이 28.4%로 나타나 재일 동포들이 한국어를 잊어버렸음을 알 수 있다. 모국어에 대한 정체성을 묻는 질문에 대해서는 한국어라는 응답이 53.3%, 일본어라는 응답이 33%로 나타났고, 이민 3세 집단은 일본어를 모국어라고 응답한 응답자 수가 한국어라고 응답한 응답자 수보다 높게 나타났다(강정희 2004).

'당신은 일본에 살고 있는 한국인들끼리 한국어를 써야만 한다고 생각합니까'라는 모국어 정체성에 대한 질문에 대해 38.4%가 '예'라고 응답하였고 44.9%가 '아니오'라고 응답하였다. '예'라고 응답한 동포들의 절반이 노년층과 중년층이고 2~3세의 젊은층은 각각 32.4%와 20%로 나타났다.

이 같은 결과는 트럿길과 차바라스(Trudgill & Tzavaras 1977)이 그리스의 알바니아 이민 사회에 대해 조사한 내용과 대비된다. 알바니아 이민자들은 '알바니아인은 알바니아어를 써야 하는가'라는 질문에 대해 10~14세는 '알바니아어를 써야 한다'는 반응이 가장 높았고 노년층은

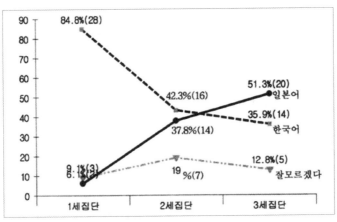

〈그림 8.1〉 '당신의 모국어는 무엇입니까'라는 질문에 대한 응답
(강정희 2004: 12)

이에 대해 가장 낮은 반응을 보였다. 노년층의 이러한 반응은 만약 알바니아인이 알바니아어를 써야 한다고 보면 알바니아어를 모르는 젊은 세대들을 알바니아인이라고 할 수 없게 되는 모순 때문이다. 반면 십대들은 이미 민족 정체성을 잃고 그리스에 통합하고자 하는 태도를 가지고 알바니아어를 거의 사용하지 않기 때문에 이러한 태도의 작용으로 높은 응답률을 보이게 된 것이다.

사실 이러한 해석은 설문 결과만으로는 끌어내기 어렵다. 일반적으로 설문 조사는 단순 수치만을 제공하기 때문에 심층 면접을 병행하는 경우가 많다.

오사카의 재일 동포들의 언어 태도 조사에서 주목할 점은 2세 집단의 '아니오'에 대한 응답률이 56.7%로 3세 집단보다 높다는 점이다. 2세 집단의 이러한 불안정성에 대해 2세 집단의 중심 세력이라고 할 수 있는 40~50대의 중년층들이 1세의 자녀들로 일본에서 태어나 일본인으로 생활해 왔기 때문에 '한국인이니까'라는 명제가 크게 작용하지 않은 것으로 해석한다(강정희 2004: 15). 3세 집단 역시 '아니오'라는 응답이 48.7%로 나왔고 '잘 모르겠다'는 응답이 31.3%로 높게 나타났다.

이러한 결과로 볼 때 재일 한국인 사회에서 한국어의 보존은 초기 이주자인 노년층 1세 집단에 한하고 있음을 알 수 있다. 모국어 정체성에 대한 조사 결과와 가정 내 언어 사용 실태를 보면 2세 집단부터는 일본어로의 언어 전환이 거의 이루어졌음을 알 수 있다. 본국과 가장 가깝고 접촉도 가장 활발한 재일 동포들의 언어 정체성과 언어 전환이 기대와 달리 일본으로의 통합 현상을 보이는 것은 이민족, 특히 한민족에 대한 일본인들의 배타적 태도에 기인하는 바가 크다. 정치적, 경제적, 문화적으로 성장한 본국의 지원이 재일 동포들의 언어 정체성을 변화시키고 언어 보존을 늦출 수 있을지는 알 수 없다.

일본과 달리 중국의 동포들은 언어 정체성을 유지한 채 모국어를 사용하고 있다. 이는 중국의 언어 정책이 소수 민족의 언어와 문화를 인정하는 다언어 정책을 오랫동안 폈기 때문이다. 최근 개방화와 함께 언어 정체성을 유지하던 중국의 소수 민족들은 언어 정체성을 잃고 중국어에 통합되는 경향을 보인다. 이런 변화는 중국 내 조선족에게도 나타난다.

중국의 조선족에 대한 언어 태도는 주로 조선족 학자들에 의해 조사되었다.[1] 2007년~2008년에는 조선족 산거 지역인 요녕(100명)과 조선족 집거 지역인 연길(177명)에 살고 있는 조선족을 대상으로 조·한 이중 언어 사용 양상과 모어 의식에 대한 연구가 있었다. 집거 지역과 산거 지역에 따라 조선족들은 공공장소에서 조선어를 사용하는 비율에 있어 큰 차이를 보인다.

〈표 8.1〉 장면에 따른 언어 선택

(단위: %)

언어	시장		은행		병원		정부	
	연길	요녕	연길	요녕	연길	요녕	연길	요녕
조선어	32.2	10	45.2	1	62.1	2	53.1	2
한어	67.8	90	54.8	99	37.9	98	46.9	98

(지동은 외 2009의 〈도표 3〉 일부 수정)

전반적으로 집거구 지역의 조선족들이 산거구 지역의 조선족들보다 조선어를 선택하는 비율이 높다. 산거구의 주민은 공공장소에서 통용어인 한어를 매개로 의사소통을 하지 않으면 안 되지만 집거구 주민은 손쉽게 민족어를 사용하는 사람들과 의사소통을 할 수 있기 때문에 이런 대조적인 현상이 일어난다. 또한 연길의 경우 시장이나 은행에서 한어 사용률이 높은 것은 사회 경제 영역에서 한어가 주도적 지위를 차지하고 있기 때문이다. 연길시 병원의 의사 가운데 70% 이상이 조선족이고 간호사도 50% 이상이 조선족이기 때문에 조선어의 사용에 무리가 없고 연변 조선족 자치주 정부의 조·한 이중 언어 사용 비율이 95% 이상임을 감안하여 비조선족 공무원에게 조선어 강습반을 개최하는 등 언어 정책을 펴기 때문에 조선어 사용률이 높다.

한편 조선족들은 경쟁에서 살아남기 위해 한어를 익혀야 한다는 의식을 강하게 갖고 있다. 이는 자손을 한족 학교에 보낼 의향이 있는지에 대한 응답 결과를 보면 알 수 있다.

〈표 8.2〉 한족 학교 진학에 대한 태도

(단위: %)

자손을 한족 학교에 보낼 의향이 있는가		연길시	요녕시
없다		39.5	37
있다	조선어는 집에서 배우면 된다	18.6	27
	한족 학교에 다니면 이후에 취직하기가 편리하다	13.6	8
	한족 학교에 다니면 앞으로 사회교제 범위가 넓어진다	23.7	26
	합계	55.9	62
아직은 모르겠다		4.5	1

(지동은 외 2009의 〈도표 6〉 일부 수정)

한족 학교에 보낼 의향이 없다는 응답보다 보낼 의향이 있다는 응답이 훨씬 높다. 특히 산거 지역인 요녕시의 응답률이 더 높은데 이는 중국 내 재중 동포들이 이중 언어 화자라 하더라도 한어 수준이 낮아 사회생활에서 한족과의 경쟁에서 뒤진다고 생각하고 있기 때문이다. 더불어 타민족과의 통혼에 대한 반대율이 51%로, 앞으로 중국 내 조선족들의 언어 정체성이 변화될 가능성이 높다. 타 민족어를 사용하는 사람과 결혼하게 되면 자연스럽게 한어가 2세의 모어가 될 가능성이 높기 때문이다.

2008년 조선족 중·소학교 교원들의 언어 태도 조사에 따르면(연길시 72명, 하얼빈시 61명) 조선어를 모르는 조선족 학생들이 지금이라도 조선어를 배워야 한다는 평가가 연길시 66.67%, 하얼빈시 68.65%로 비슷하게 나타났으나, 금후 조선어의 전반적 발전 추세에 대한 예측은 연길시 (43.05%)보다 하얼빈시(65.57%)에서 '쇠퇴할 것이다'라는 응답이 높게 나타났다(김연옥 2009).

2010년에는 조선족들의 신흥 집거지인 청도의 조선족들에 대한 언어 능력과 언어 태도 조사가 있었다(오성애 2010). 언어 태도 면에서 청도 조선족들은 대부분 조선말에 대해 긍정적으로 생각하고 있는 편인데 세대별로 보면 학생 세대는 중국어 선호도가 높고 부모 세대로 갈수록 조선어 선호도가 높았다. 본인, 자녀, 배우자에 대한 희망 언어 태도에서는 본인과 자녀의 희망 언어는 중국어가 높고 배우자의 희망 언어는 조선어가 가장 높게 나타났다. 앞으로 조선족 사회에 많이 사용되길 바라는 언어 기대 태도에 대한 응답에서는 조선어가 가장 많은 반면에 쓰이게 될 것 같은 언어 예측 태도에서는 한국어가 가장 많이 선택되었다. 위의 결과들은 새롭게 재편되고 있는 조선족 집거지에 거주하는 조선족들의 언어 태도에 따라 언어적 정체성을 보여 줄 뿐 아니라 언어 태도에 따라 앞으로의 언어 사용, 즉 언어 선택 및 언어 전환을 예측할 수 있게 해 준다는 점에서 의의가 있다.

2. 언어 태도

2.1 언어 태도의 개념

개릿(Garrett 2010: 1)은 언어 태도(language attitude)가 우리의 일상생활에 스며들어 있다고 한다. 우리가 언어에 대한 태도를 공개적으로 말하거나 또 의식하지 않지만 언어 태도는 우리의 생각을 언어로 표현하는 다양한 방법과 다양한 변이형 속에 침투해 있다. 다른 지역의 사람들과 이야기 할 때 자기의 방언을 사용하지 않고 표준어를 사용하는 경우나 간판을 제작하거나 메뉴판을 만들 때 사용하는 언어와 문자에는 언어 사용자가 언어에 대해 가지고 있는 태도가 반영되어 있다.

'태도'라는 말은 사회심리학에서 사용되던 말이다. '태도'라는 용어는 '대상에 대한 감정'이라고 짧게 풀이되다가 '특정한 방식으로 사람이나 대상에 대해 생각하고, 느끼고, 행동하는 성향'으로 정의한다(Allport 1954). 오펜하임(Oppenheim 1982)는 감정적 측면뿐 아니라 인지적, 행동적 측면을 포함하여 태도의 의미를 좀 더 정교화하였다. 언어 태도는 사회 심리학의 연구 방법을 사회언어학에 접목시킨 개념으로 언어가 주는 자극에 대한 심리적 상태라고 할 수 있다(이익섭 1994: 276). 그리고 그 대상을 언어와 관련된 것으로 폭을 넓히면 언어 자체에 대한 태도뿐 아니라 언어 사용자에 대한 태도, 더 나아가 언어가 다루어지는 모든 종류의 행동 즉 언어 보존을 위한 노력이나 언어 계획에 대한 태도까지를 포함할 수 있다(Fasold 1984: 148).

태도는 감정적 태도(affective attitude), 인지적 태도(cognitive attitude), 행동적 태도(conative attitude)로 구분하는 것이 가능한데(Agheyisi & Fishman 1970: 139), 행동주의적 관점에 따르면 겉으로 드러난 행동을 관찰하고 통계를 내고 분석하기 때문에 태도를 단일 요소로 본다. 사회언어학자들은 언어 태도에 대한 연구를 통해 어떤 음운 변화의 방향을 추정하기도 하고 언어의 존속과 쇠퇴, 멸망을 예측하기도 한다. 또한 다양한 민족으로 구성된 집단의 사람들이 갖고 있는 언어 태도는 언어 공동체를 형성하는 방식과 관련되며, 제2언어의 학업 성취도 역시 언어에 대한 태도에 영향을 받는다고 한다. 이처럼 언어 태도는 다양한 언어 현상을 파악하기 위한 기초 연구로 사회언어학에서 중요한 위치를 차지하고 있다.

언어 태도와 비슷한 의미로 사용되는 '언어 의식'은 일본에서 들어온 용어로 보인다. 임영철(1995: 204)에 따르면 일본의 사회언어학적 연구 분야 중 하나가 언어 의식(language attitude)으로 언어의 규범, 이미지, 차별어 등을 다룬다고 한다. 홍민표(2004: 144~145)에서는 일본 사회언어학에서 언어 의식은 첫째는 언어 자체 내지 언어 행동에 대한 평가나 감각, 둘째 언어 사용 내지 언어 행동에 대한 현상 인식, 셋째 언어 사용 내지 언어 행동에 대한 지향 의식, 넷째 언어 그 자체 내지 언어 행동에 대한 신념이나 기대, 다섯째 언어 자체 내지 언어 행동에 대한 규범 등 크게 다섯 가지의 영역이나 관점에서 연구가 이루어졌다.

언어 의식에 대한 국내 연구는 아직 일본처럼 그 영역이 세분화되어 있지 않고, 주로 언어 자체 내지 언어 행동에 대한 평가나 감각, 언어 사용 내지 언어 행동에 대한 지향 의식, 언어 자체 내지 언어 행동에 대한 규범에 초점이 맞추어져 있다. 언어 의식이라는 용어는 〈한국인의 언어 의식: 언어 접촉과 관련된 사회언어학적 연구〉(조준학 외 1981), 〈국어의식 조사 연구〉(민현식 2002), 〈한국인의 언어 의식의 변화〉(양명희 2007), 《국민의 언어 의식 조사》(국립국어원 2005, 2010)에서 보듯이 거시 언어학적 연구와 일본어학에서 주로 사용하고 있고, 최근에는 원어를 직역한 언어 태도라는 용어가 더 많이 사용되고 있다.

2.2 언어 태도 조사 방법

직접 방법

언어에 대한 태도를 측정하는 방법으로는 직접 방법(direct method)과 간접 방법(indirect method)이 있다(Fasold 1984: 149). 직접 방법에는 면접 방법과 설문 조사 방법이 있는데 면접이나 설문 조사를 통해 단순히 언어에 대한 의견을 묻는 방법이다. 일반적으로 널리 이용되고 있는 방법은 설문 조사 방법이다. 설문 조사 방법은 잘 알려져 있는 것처럼 설문 응답자가 자기의 실제 생각보다 당위의 응답을 할 가능성이 크다는 단점이 있다. 그럼에도 짧은 시간 동안 많은 사람을 조사할 수 있는 장점 때문에 면접 방법보다 선호된다. 언어 태도를 조사하는 직접 방법 중 설문 조사 방법은 대단위 조사에서 특히 선호되는데 국민을 대상으로 하는 언어 의식 조사나 청소년을 대상으로 하는 언어 의식 조사에서 설문지 방법이 사용되었다. 대단위 설문지 방법에서 조사 대상자 표본은 무작위 추출 방법을 주로 사용하는데 이때 사회적 변인에 따른 표본 추출 방법은 조사의 신뢰성을 높이는 데 중요한 요소로 작용한다.

조준학 외(1981: 167)은 설문 조사의 대상을 중학생, 고등학생, 대학생, 대학원생, 직장인 등 다섯 집단으로 나누었다. 조사 대상자의 지역 분포는 전체적으로 고려하지 않았으며 고등학생의 경우만 서울 외에 경기, 충청, 강원, 경상, 전라 지역의 학생을 대상으로 조사하였다.

전국적 규모로 실시된 국립국어원(2005: 3) 조사 역시 설문 조사 방법을 사용하였다. 설문 조사의 대상은 만 20세 이상 성인으로 연령층에 따라 20대, 30대, 40대, 50대, 60대 등 다섯 층위와 거주 지역에 따라 서울·경기, 강원, 충청, 전라, 경상, 제주 등 6개 권역으로 나누어 표본을 추출하였다. 앞의 조사와 다른 점은 중학생, 고등학생은 조사 대상에 포함하지 않았고 조사 대상자를 지역별로 선정했다는 것이다. 또한 표본 추출은 층화 확률 비례 계통 추출법2)을 사용하여 6개 권역의 조사 지점을 권역별 도시화층(대도시, 중소도시, 군 지역)을 고려하여 특정 도시화층에 치우치지 않도록 했다. 설문 조사를 위해서는 설문지를 작성해야 한다. 설문 문항의 질문법은 개방 질문법(open question)과 고정 질문법(closed question)이 있다. 흔히 예비 조사에서는 개방 질문법을 사용하고 대단위 조사에서는 고정 질문법을 사용하는데 개방 질문법은 고정 질문법의 단점을 보완하기 위한 것이다. 예비 조사를 통해 설문지 작성을 마치면 실제 설문 조사를 하게 되는데 실제 설문 조사 방법에는 자기 기입식과 1 : 1 방문 면접 조사 방법이 있다. 자기 기입식은 조사 대상자 스스로 설문지를 읽고 답을 하는 방식이고 1 : 1 방문 면접 조사 방법은 조사자가 조사 대상자에게 설문 문항을 읽어 주고 답을 얻는 방식이다. 면접 조사 방법은 조사 대상자에게 문항의 정확한 취지를 설명해 줄 수 있다는 점에서 장점이 있으나 시간과 인력의 소요가 크다.

국어정책적 차원에서 이루어진 모국어에 대한 언어 태도 조사는 대부분 설문 조사를 이용한 직접 방법을 사용하였다. 다음은 국립국어원(2005)에서 ≪국민의 언어 의식 조사≫를 위한 문항 중 국어에 대한 인상을 묻는 질문의 예다.

문2) 다음은 평소 ○○님이 가지고 계신 우리말(국어)에 대한 인상을 묻는 질문입니다. 다음 각 항목별로 얼마나 그렇다고 생각하시는지 1점에서 5점 사이로 표시하여 주십시오.

전혀 그렇지 않다 1	별로 그렇지 않다 2	보통 이다 3	대체로 그렇다 4	매우 그렇다 5

	내　　용	응　　답
20	㉮ 정확하다	
21	㉯ 품위가 있다	
22	㉰ 아름답다	
23	㉱ 발음이 부드럽다	
24	㉲ 배우기 쉽다	
25	㉳ 논리적이다	
26	㉴ 학문·과학 등의 활동에 유용하다	

(≪국민의 언어 의식 조사≫, 국립국어원, 2005: 11)

설문 조사 방법만으로 언어 태도를 조사하는 것은 한계가 분명하다. 5단계의 측정표에 의한 조사 결과의 의미를 해석하기 어렵기 때문이다.

이런 점을 보충하기 위해 의미 미분 척도(semantic differential scale)를 사용할 수 있다. 양쪽 끝에 정반대의 의미가 되는, 주로 형용사로 표현되는 특징을 써 놓고 이를 몇 단계로 나누어 평가하도록 하는 방법이다. 이때는 인상의 내용에 상대되는 표현을 찾는 것이 필요한데, '정확하다'에 대해 '모호하다', '품위가 있다'에 대해 '경박하다' 등을 사용할 수 있다.

정확하다 ー ー ー ー ー ー ー 모호하다

7　6　5　4　3　2　1

이 방법은 상대되는 적절한 표현을 찾는 것이 어렵고 상대되는 표현에 대한 오해가 생기면 정확한 인상 측정이 더 어렵게 되는 단점이 있다. 그렇지만 피조사자의 답변을 모아 숫자로 평균치를 낼 수 있기 때문에 매력적이며 한 언어가 아닌 다른 언어와의 대조를 통해 언어에 대한 인상을 특징적으로 나타낼 수 있기 때문에 여전히 이 방법을 선호한다.

이노우에 후미오(1980, 1989; 강석우 외 옮김 2008에서 재인용)는 의미 미분법을 개량하여 대학생들에게 자기의 방언에 대한 이미지를 조사하였다. 자기의 방언을 대상으로 하고 있는 것은 다른 사람의 방언을 대상으로 할 경우 개인의 경험에 좌우되는 등 동질의 자료를 얻기 어렵기 때문이다. 네 집단을 대상으로 16개의 평가어에 대해 '잘 들어맞는다', '조금 들어맞는다', '잘 들어맞지 않는다'의 3단계로 평가하는 방법을 채용하였다.

가. 지적 플러스: 근대적, 도회적, 바르다, 시원시원하다, 표준어에 가깝다
나. 지적 마이너스: 불명료, 사투리가 있다, 무겁다, 옛날말을 쓴다, 수수하다
다. 정적 플러스: 부드럽다, 너그럽다, 소박하다
라. 정적 마이너스: 호쾌하다, 엄하다, 난폭하다

그 결과 도호쿠[東北] 지방의 말이 지적 평가에서 극단적인 마이너스로

평가되었다.

간접 방법

간접 방법은 조사 대상자가 언어 태도에 대해 조사받는다는 사실을 눈치 채지 못하게 조사하는 방법이다. 간접 조사 방법은 파솔드(Fasold 1984: 149)에 소개된 쿠퍼와 피시먼(Cooper & Fishman 1974: 16~17)의 조사 방법을 옮겨 보면 다음과 같다.

연구자는 다음과 같은 가설—이스라엘에서 히브루어는 과학적 논의에 더 효과적이고, 아랍어는 전통적인 이슬람교 논의에 더 효과적이다—을 세우고 이 가설이 맞는지를 시험해 보기 위해 아랍어와 히브리어를 모두 다 구사하는 무슬림 성인 그룹에게 네 개의 1분짜리 이야기를 들려주었다. 두 개의 이야기는 담배의 해독을 과학적 근거를 들어 설명한 것으로 히브리어와 아랍어로 녹음된 것이고, 나머지 두 개의 이야기는 음주에 반대하는 주장을 전통적인 이슬람교적 설법에 근거하여 이야기한 것을 역시 히브리어와 아랍어로 각각 녹음한 것이다.

그러고 나서 히브리어로 된 담배 이야기와 아랍어로 된 술 이야기, 히브리어로 된 술 이야기와 아랍어로 된 담배 이야기를 무슬림 교도들에게 들려주고 담배와 술의 소비를 줄이기 위해 담배 및 술에 대한 세금을 올리는 것에 대한 찬반 의견을 물었다.

A 집단: 히브리어로 된 담배 이야기(과학적), 아랍어로 된 술 이야기(전통적)
B 집단: 아랍어로 된 담배 이야기(과학적), 히브리어로 된 술 이야기(전통적)

그 결과 히브리어로 된 담배 이야기를 들은 사람들은 아랍어로 된 담배 이야기를 들은 사람들보다 2 : 1의 비율로 담배에 대한 증세를 지지하였고, 전통적인 이슬람교적 설법에 근거한 술에 대한 주장을 아랍어로 들은 사람들은 히브리어로 들은 사람들보다 2배나 많이 술에 대한 증세를 지지하였다. 술과 담배에 대한 논쟁이 둘로 나뉜 것이다.

이 연구는 피조사자들에게 언어 태도에 대한 조사를 받는다는 사실을
전혀 눈치 채지 못하게 하는 간접 조사 방법의 성공적 사례로 직접 방법
보다 신뢰성 측면에서 더 바람직하다.

가장 쌍 실험 방법(matched-guise technique)

언어 태도 연구에서 가장 널리 쓰이는 조사 방법은 램버트 외(Lambert
et al. 1960)과 램버트(Lambert 1967)이 개발하여 쓰이기 시작한 가장 쌍 실
험 방법이다.3) 이는 간접 조사 방법의 하나로 캐나다 몬트리올 지역의
프랑스어 화자들의 언어에 대한 태도를 조사하기 위해 고안된 방법이다.

이 방법은 두 언어(예를 들어 영어와 프랑스어)를 모두 능통하게 구사하
는 이중 언어 사용자들에게 같은 내용의 이야기를 한 번은 영어로 한
번은 프랑스어로 녹음하게 한 후 이를 뒤섞어 피조사자에게 들려주고
서로 다른 화자의 성격을 평가하게 하는 방법이다.

만약 다섯 명이 각각의 언어로 녹음을 하였다면 모두 10개의 가이즈
(guise)가 만들어진 것인데 피조사자는 10개의 동일한 이야기가 각각 다
른 사람에 의해 녹음된 것으로 생각하고 평가를 하게 된다.

가(영어)-나(프랑스어)-다(영어)-가(프랑스어)-라(영어)-마(프랑스어)-나
(영어)-다(프랑스어)-마(영어)-라(프랑스어)

이때 첫 번째 이야기와 네 번째 이야기에 대해 달리 등급을 매겼다면
이는 목소리나 이야기의 내용 때문이 아니라 사용된 언어 때문이라고
이야기할 수 있다. 내용이 같고 같은 사람의 목소리이기 때문에 그 평가
결과는 순전히 언어에 의한 것이라 할 수 있는 것이다. 이 방법은 가이즈
를 만들어 뒤섞어 놓는, 일종의 속임수를 써서 A, B 두 언어에 대한 언어
태도를 측정하는 것이다.

램버트 외(Lambert et al. 1960)은 피조사자에게 다음과 같은 내용을 질문
하였다.

키, 외모, 지적인지, 신뢰성, 리더십, 사교적, 호감을 주는, 자기 확신, 성격…

영어와 프랑스어 중 영어로 녹음된 내용이 몇 가지 특징에서 프랑스어보다 높게 나타났고, '종교적, 친절'과 같은 특징은 프랑스어 화자들이 프랑스어를 더 높게 평가하였다.

이 연구 방법은 다른 언어 변종에도 적용되었다. 예를 들어 아프리카 미국인의 영어와 표준 미국 영어, 시카고 영어와 표준 미국 영어, 아랍인들이 사용하는 이스라엘 히브리어와 유대인이 사용하는 이스라엘 히브리어 등에 대한 연구다. 또한 이 가장 쌍 실험 방법은 서로 다른 언어뿐 아니라 한 언어에서도 악센트, 억양, 특정 발음 등에 대한 사용자들의 언어 태도를 연구하는 데도 적용될 수 있다.

가장 쌍 실험 방법은 피조사자가 같은 내용의 이야기를 반복해서 들어야 하기 때문에 싫증을 느껴 일반적 평가와 다른 평가를 할 수도 있고 실제 일상어가 아니라 녹음된 내용을 들려줌으로써 녹음된 내용에 따른 평가를 하는 경우가 생긴다. 즉 녹음된 자료의 내용이나 상황이 그 언어로 표현되기에 적합한지 적합하지 않은지를 피조사자들이 평가하는 경우도 있다는 것이다. 또한 인지적, 정서적 태도 평가의 타당성을 문제 삼아 언어 태도가 행동으로 이어지는 것을 관찰하려는 시도도 있었다. 피시먼(Fishman 1968)은 이 방법을 행위 측정(commitment measure)이라고 하였는데 뉴욕시에 거주하는 푸에트리코인들의 민족적 정체성에 대한 태도를 조사하면서 그들을 푸에트리코인 댄스의 밤과 같은 문화 활동에 초대하여 참석 여부를 언어 태도의 타당성과 결부하여 해석하기도 하였다.

이후 여러 문제점을 극복하기 위한 기발하면서도 자연스러운 가장 쌍 실험 방법이 부르히스와 자일스(Bourhis & Giles 1976)에 의해 고안되었다. 이 방법의 가이즈는 웨일스의 사회언어학적 상황과 관련된 네 가지 언어 변이형이다.

　가. 표준 영국 영어(RP: received pronunciation)
　나. 남부 웨일스어가 약간 섞인 영어

다. 남부 웨일스어가 많이 섞인 영어

라. 표준 웨일스어

영화 관객에게 중간 휴식 시간에 네 개의 가이즈로 영화 상영 계획에 대한 설문을 부탁하는 안내 방송을 한 후 설문지 작성률을 근거로 언어 태도를 분석하는 방법이다. 피조사자를 영어만 사용하는 관객과 영어와 웨일스어를 다 사용하는 관객으로 나누어 영어 사용자에게는 영어로 된 영화를 5일 동안 보여 주며 세 종류의 영어로 된 안내 방송을 들려주었다 ('가'는 이틀, '다'도 이틀, '나'는 하루). 그리고 영어와 웨일스어 이중 화자들에게는 웨일스어로 된 영화를 4일 동안 보여 주고 네 개의 언어로 안내 방송을 하나씩 들려주었다.

먼저 영어 사용자로 가정한 관객들이 설문 조사를 해 준 결과는 다음과 같다.

〈표 8.3〉 영어 사용자들의 설문지 작성률

(단위: %)

가이즈	가	나	다
설문지 작성 완성률	22.5	25	8.25

표준 영어와 멀어질수록 설문지를 완성해 준 사람이 적었다.

다음은 이중 언어 화자들로 가정한 관객들의 설문지 작성 완성률이다.

〈표 8.4〉 이중화자들의 설문지 작성률

(단위: %)

가이즈	가	나	다	라
설문지 작성 완성률	2.5	9.2	8.1	26

웨일스 이중 언어 사용자들로 가정한 관객들은 웨일스어로 안내 방송을 들었을 때 설문지 작성률이 가장 높았다.

이 같은 연구 결과는 다 같은 웨일스인들이 어떤 언어에 노출되어 있느냐에 따라 웨일스어 및 영어에 대한 언어 태도(여기서는 행동적 태도라고 할 수 있다)가 다르게 나타날 수 있음을 잘 보여 주고 있다. 이 방법은 들려 준 자료가 녹음된 자료이기는 하지만 읽은 자료가 아니라 자연스러운 안내 방송이라는 점, 피조사자가 같은 내용을 여러 번 반복해서 듣지 않아도 된다는 점과 그리고 실제 행동을 통해 태도를 측정함으로써 타당성을 지닌다는 점에서 앞선 방법보다 한결 객관적인 방법이라고 할 수 있다.

이 실험은 동일 집단이 아닌 서로 다른 집단에 대해 조사가 이루어졌는데 어느 집단이든 동일한 반응을 보이리라는 전제가 성립되어야 결과를 신뢰할 수 있다. 즉 통제되지 않은 변인이 작용하게 되면 이 방법은 적용하기가 어렵다.

비디오로 말하기

윌리엄스(Williams 1973)은 인종이 다른 어린이들에 대한 교사의 통념이 언어를 평가하는 데 영향을 미치는지를 연구하기 위하여 비디오테이프를 활용하였다. 윌리엄스는 교사들에게 어린이들의 언어 자료를 제시하기 전에 인종에 대한 교사들의 통념(stereotype)을 조사하였다. 평소 경험으로 백인, 흑인, 멕시코계 어린이들의 말이 어떻게 느껴졌는지를 물었다. 그 결과 백인 어린이의 말은 '신뢰가 가고 열심이다', '이방인 같지 않고 표준어적이다'가 가장 긍정적인 평가를 받았고 흑인 및 멕시코계 어린이는 '다른 종족 같다'와 '비표준어적이다'에서 낮은 평가를 받았다. 특히 멕시코계 어린이는 '신뢰가 간다', '열심이다'에서 흑인 어린이보다도 더 낮은 평가를 받았다.

윌리엄스는 이러한 통념과 관계없이 교사들이 언어만으로 어린이를 평가하는지 확인하기 위해 백인 어린이의 표준 영어를 녹음하고 비디오로는 각 인종의 어린이들을 입 모양이 잘 보이지 않도록 옆으로 세워 찍은 후 교사로 하여금 그들의 말을 평가하게 하였다. 그 결과 백인 어린이에 대한 평가는 통념과 비슷하게 나타났으며 흑인과 멕시코계 어린이에 대한 평가는 통념에 의한 평가보다 상당한 수준으로 평가받았다. 이는 교사들

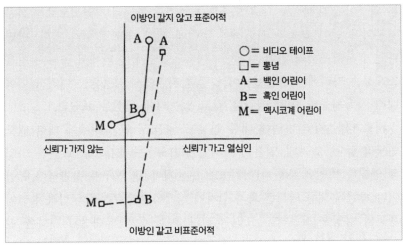

<그림 8.2> 세 인종에 대한 통념 및 비디오테이프 평가 결과
(Williams 1973: 126)

이 통념뿐 아니라 실제 언어 자료에서 영향을 받은 결과로 해석된다.

이 방법은 가장 쌍 실험 방법보다 한 단계 더 진전된 것으로 말하는 이를 보여 주며 언어 태도를 조사하고 있다는 점에서 이전 방법보다 실제적이다. 교사들이 학생의 언어에 대한 태도뿐 아니라 학생들이 가지고 있는 교사의 언어에 대한 태도 또한 교육과 밀접하게 관련되어 있다.

2.3 언어 자체에 대한 태도

파솔드(Fasold 1984)는 언어 태도의 대상을 언어 자체에 대한 태도, 언어 사용자에 대한 태도, 언어 행동에 대한 태도로 나누었다. 일본 사회언어학에서의 언어 이미지 연구는 언어 자체에 대한 태도 연구에 속한다고 할 수 있다.

한국은 단일 언어 사회이기 때문에 언어 자체에 대한 태도는 한 사회에서 사용되는 서로 다른 언어에 대한 태도가 아니라 자신의 모어에 대한 이미지를 묻거나 언어 정책과 관련하여 표준어와 방언, 즉 규범형과 비규범형에 대한 태도를 묻는 연구가 주를 이룬다. 또는 한국인들이 다른 외국어에 대해 갖는 호감도를 조사하기도 하는데 지역적으로 가까운 일본이나 언어 교육과 관련하여 영어에 대한 태도 연구가 있다. 반면 다언어 사회에서의 언어 자체에 대한 태도 연구는 앞에서 조사 방법을 소개하는 자리에서 언급했듯이 일정한 지역에서 사용되는 여러 언어에 대해 사용자들이 어떤 생각을 갖고 있는지에 관심을 보였다.

서로 다른 지역 방언에 대한 인상 조사 역시 언어 자체에 대한 태도 연구라 할 수 있는데, 일본의 사회언어학에서는 자기 스스로 혹은 타인의 언어나 방언에 대한 이미지(또는 인상)에 대한 연구가 활발하다.[4] 언어나 방언에 대한 의식은 화자의 자기 정체성의 일부분을 구성하여 언어 행동의 양상을 좌우하는 요인이 된다. 예를 들면 상대방과 대화를 할 것인지 말 것인지를 결정하는 요인으로 작용하기도 하고 어떤 언어나 방언을 습득하는 동기가 되기도 한다.

모국어에 대한 언어 태도

한국에서 연구된 언어 태도에 대한 연구는 주로 설문 조사 방법을 사용하였다. 모국어에 대한 언어 태도 역시 특정 집단을 대상으로 한 설문 조사 방법이 주로 사용되었는데 2001년에 조사된 자료는 고등학생, 대학생, 일반인을 대상으로 모어의 인상(이미지)을 조사한 것이다. 국어의 인상을 묻는 보기 항들은 '아름답다, 밝다, 쉽다, 분명하다'였다. '국어는 아름답다'에 대한 동의자는 69.3%이었고 '국어는 밝다'에 대한 동의자는 47.5%였다. 반면에 '국어는 쉽다'에 대한 동의자는 32.6%에 불과하였고 '국어는 분명하다'에 대한 동의자는 47.6%였는 데 비해 비동의자는 23.1%였다.

전국적 단위의 2005년 조사에서는 '정확하다, 품위가 있다, 아름답다, 발음이 부드럽다, 배우기 쉽다, 논리적이다'에 대한 인상을 질문하였다. 이중 '발음이 부드럽다'(42.8%)와 '배우기 쉽다'(43.1%)는 과반수에 못 미쳤으며 국어에 대한 관심이 높을수록 국어에 대해 비교적 긍정적인 인상을 가지는 것으로 나타났다. 특히 국어에 대한 '관심도'와 '아름답다'는 응답 사이의 상관 계수가 높아 다른 항목보다 상대적으로 높은 상관관계가 있음을 보여주었다.

외국어에 대한 언어 태도

사회 조사 중에는 일본이나 미국 등 지역적, 외교적으로 가까운 나라의 국민에 대한 이미지나 호오 감정을 조사한 예는 많지만 언어에 대한 이미지 연구는 많지 않다. 임영철(1995)는 1988~1989년에 걸쳐 15세 이상을 대상으로 일본어에 대한 이미지를 조사하였다. 선택 질문으로 '좋다, 싫다, 어느 쪽이라고 말할 수 없다' 등을 제시하여 앞서 살펴본 5분 척도나 의미 미분법과 비교해 보았을 때 선택 항이 단순하다.

전체적으로 '싫다'가 33.5%, '좋다'가 19.9%로 일본어에 대해 부정적 이미지를 갖는 사람이 많은 것으로 조사되었다. 일본인과의 접촉, 일본 여행 경험, 일본어 학습 경험, 일본어 능력 등의 요인이 언어 태도와 밀접하게 관련되어 있음을 밝히고 있다.

〈표 8.5〉 사회언어학적 요인과 이미지의 환기도

(단위: %)

평가	전체평균	일본인과의 접촉		여행 경험		학습 경험		일본어가 장래에 도움이 된다		일본어 능력		
		유	무	유	무	유	무	유	무	상	중	하
좋다 +	19.9	34.1	16.4	44.4	17.5	29.1	11.5	35.8	20.7	21.1	24.8	45.5
−	33.5	18.6	36.8	10.7	35.8	24.7	41.9	18.2	42.8	33.8	24.8	16.5
0	30.8	38.5	29.7	42.8	29.9	38.8	23.7	38.7	27.6	36.6	43.4	32.4
인원수(%)		287 (21.0)	1072 (78.5)	118 (8.7)	1238 (90.7)	657 (48.2)	702 (51.5)	498 (75.7)	125 (19.0)	142 (21.7)	327 (49.9)	176 (26.9)

(임영철 1995: 218)

일본인과의 접촉 경험, 여행 경험이 있는 사람들이 일본인과의 접촉 경험이나 여행 경험이 없는 사람들보다 일본어에 대한 긍정적 평가가 높게 나타났으며, 일본어 학습 경험이 있는 사람들이 없는 사람들보다 긍정적 평가가 높게 나타났다.

한편 일본어 학습 경험이 있는 사람들 중에 긍정적 평가와 부정적 평가의 차이가 크지 않다는 점 역시 주의 깊게 볼 필요가 있다. 일본어 능력과의 상관성에서도 일본어 능력이 높다고 해서 긍정적 평가가 높지는 않았다. 오히려 일본어 능력이 낮은 사람들이 일본어에 대한 긍정적 평가가 높고 일본어 능력이 높아질수록 일본어에 대한 긍정적 평가가 낮아진다는 것을 알 수 있다.

영어에 대한 태도는 언어 교육 분야에서 관심을 가져 왔다. 램버트 (Lambert 1967)은 특정 언어를 배우고 나면 그 언어에 대해 처음에 가졌던 두려움이 없어지고 그 언어를 사용하는 사람들에 대한 태도가 좋아진다고 한 바 있다. 클레멘트(Clement 1979)는 불어 몰입교육과 거주 프로그램에 참여한 사람들이 불어 및 불어 사용자에 대해 호감도가 높아졌다고 하였다. 사실 언어와 언어 사용자에 대한 두 태도는 긴밀하게 연결되어 있고 심리학적인 면에서도 분리되기 어렵다(Appel & Muysken 1987).

가드너(Gardner 1985)는 단기 어학연수같이 특정한 언어에 단기간 집중적으로 노출될 때 높은 호감도가 나타나고 정규 프로그램으로 긴 시간 동안 특정한 언어에 노출되어 있는 경우 처음에는 적극적 반응이 있은 후 시간이 지나면 적극적 태도가 중립적으로 변한다고 하였다. 이러한 결과는 언어 교육적인 면에서 언어 태도에 영향을 미치는 것은 단순히 언어로의 노출이 아니라 학습자가 언어 학습 상황을 어떻게 경험하였는지, 즉 총체적 경험임을 보여 준다.

모국어의 능력이 거의 완성되어 있는 대학생의 경우 영어로의 노출도에 따라 영어에 대한 태도가 달라지고 학업 성취도도 높다는 것이 확인되었다(Choi 2001). 그렇다고 노출도와 호감도가 항상 상관관계를 갖는 것이 아니라는 것이 밝혀졌다(Choi 2005). 이러한 결과는 영어 열풍으로 영어에 대한 스트레스가 강하기 때문에 나타난 현상으로 해석된다. 이 같은 결과는 민현식(2002)에서도 마찬가지로 나타난다. 피조사자들은 가장 능숙하게 사용할 수 있는 외국어로 영어를 1순위로 꼽았지만 흥미 있는 외국어는 일본어〉영어〉중국어〉불어 순이고, 학습하고 싶은 외국어는 중국어〉일본어〉영어〉불어 순이었다.

7년의 간격을 두고 초등학생들을 대상으로 영어에 대한 태도를 비교·

조사한 결과(최진숙 2011)에 따르면 영어에 대한 호감도는 확연히 떨어졌고(67.2%→46%) 영어를 배우는 것이 즐겁지 않다고 대답한 학생도 8%에서 24%로 상승하였다.

지역 방언에 대한 언어 태도

일정한 지역 방언에 대해 우리는 고정 관념을 가지고 있다. 경상도 방언은 무뚝뚝하며 충청도 방언은 촌스럽고 순박하다는 이미지는 지역 방언에 대한 언어 태도다. 일본인들은 교토말에 대해 일반적으로 '우아하다, 유연하다'는 이미지가 있는가 하면 도호쿠(東北) 지방의 말에 대해서는 '촌스럽다', '소박하다' 같은 이미지를 갖는 사람이 많다고 한다. 이러한 통념은 사회적 편견을 낳고, 특히 부정적 이미지를 부여받은 언어 변종의 화자는 콤플렉스를 느끼게 된다. 지역 방언에 대한 언어 태도는 이처럼 언어 연구뿐 아니라 지역주의와 같은 사회 문제와 관련되어 있다.

각 지역 방언에 대한 언어 태도는 외국 영화를 번역하는 데 원용되기도 한다. 다음은 영어 원작과 일본어 자막을 대조함으로써 일본과 미국의 역할어의 차이를 조사한 것을 표로 나타낸 것이다.

〈표 8.6〉 등장인물의 특징과 영어·일본어의 변종

영화	특징	등장인물	영어	일본어
바람과 함께 사라지다	대농원의 흑인 노예	프리시	흑인 속어 영어	도호쿠 방언
		포크	흑인 속어 영어	간토 방언
		마미	흑인 속어 영어	동일본 방언
구혼 작전	도시의 노동자 계급	이발소의 흑인 노인	흑인 속어 영어	도호쿠 방언
		유대인 노인	유대인 영어	동일본 방언
백 투 더 퓨처	30년 전의 백인 농가	농가의 아버지	미국 남부 영어	도호쿠 방언
		농가의 어머니	미국 남부 영어	도호쿠 방언
		농가의 아이	미국 남부 영어	도호쿠 방언
마이 페어 레이디	도시의 노동자	엘라이자	런던 사투리(cockney)	간토 방언

(강석우 외 옮김 2008: 249의 표 일부 수정)

한국은 지역주의의 색채가 강하기 때문에 영화 번역이나 소설 번역에 지역 방언의 사용이 자유롭지 못한 듯하다.5)6)

1980년에 조사된 지역 방언에 대한 태도를 보면 사람들은 대체로 자기 출신 방언에 대해 '믿음직스럽게' 생각하고 있고, 남자보다 여자가 훨씬 더 부정적인 특징에 민감한 반응을 나타내고 있다(조준학 외 1981: 192~193). 이러한 결과는 여자가 남자보다 사회적 지위에 민감하여 표준어를 더 많이 사용하며 남자는 여자보다 자기 지역 방언에 대해 숨겨진 위세(covert prestige)를 느낀다고 하는 성별 언어의 특징과 상관된다.

타 지역 방언에 대한 긍정적인 인상과 부정적인 인상 중 비율이 높은 것을 하나씩 보면 경상도 방언에 대해서는 '씩씩하다'와 '무뚝뚝하다', 전라도 방언에 대해서는 '상냥하다'와 '간사하다', 제주도 방언에 대해서는 '배움직하다'와 '촌스럽다', 충청도 방언에 대해서는 '점잖다'와 '촌스럽다'가 가장 많이 나왔다. 나이가 많을수록 특정 지역 방언에 대해 '듣기 싫다' 등의 부정적 반응을 보인 비율이 높으나 나이가 어릴수록 특정 방언에 대한 부정적 반응이 줄어들어 특정 방언에 대한 편견이 차츰 누그러질 것으로 예측된다.

2.4 언어 사용자의 태도와 언어 사용

언어 사용자의 언어 태도는 다양한 언어 변이형의 사용과 관련되며, 언어 변이형에 대한 태도를 통해 언어 변화의 향방을 예측할 수 있다. 앞에서 사회적 변인에 따른 언어 변이 및 언어 변화에 대해 다루었기 때문에 여기서는 언어 사용자의 태도와 변이형 선택과의 상관성에 대해 주로 살펴볼 것이다.

이미재(1988)은 경기도 화성군7) 내 덕리 마을 주민들을 대상으로 동사 '하–'의 변이형이 사회적 태도와 관련되어 있음을 밝혔다. 도시 지향적인 사람은 표준어형이라고 할 수 있는 '하–'형을 사용하고 농촌에 애착이 큰 사람일수록 보수형 '해–'형을 사용하고 있음을 알아낸 것이다. 이 지역에서는 '해–' 변이형뿐 아니라 60세 이상의 노인들은 '허–' 변이형을 사용하고 있어 '해-' 변이형은 60세 이하에서 발생한 것으로 보고 있다.

전북 정읍시에 거주하는 청소년층의 언어 태도와 변항 '-아'와의 상관성에 대한 연구(김규남 1999) 역시 비슷한 결과를 보인다. 노년층 화자들이 주로 사용한 연결어미 '-어'의 표준형 '-아'가 점차 청소년층 화자들에게서 많이 사용되고 있고 이런 변이는 언어 태도와 밀접하게 관련되어 있다는 것이다. 청소년들은 정읍 말씨에 대한 자기 평가와 노년층 말씨에 대한 평가에서 50% 이상의 긍정적 태도를 보였다. 이런 사실을 토대로 하면 정읍 지역 청소년 화자들은 표준화의 정도가 그다지 진행되지 않았을 것으로 예측할 수 있다.

이 조사 방법의 특징은 자기 평가 태도로 집단을 나눈 후 설문 조사의 결과를 분석했다는 점이다. 집단은 긍정 남1, 긍정 여1, 미온 남2, 미온 여2, 부정 남3, 부정 여3 등 6개 집단으로 자기 평가와 변이형 선택 간의 상관성을 조사하였다.

〈표 8.7〉 자기평가를 기준으로 한, 변이형 선택 분포와 그 도표

(단위: %)

	남1	남2	남3	여1	여2	여3
개신형	40	31	60	53	58	58
보수형	60	69	40	47	42	42

(김규남 1999: 41)

노년층 말씨에 긍정적 태도를 보인 남1의 보수형 사용 비율이 높은 반면 여1은 개신형 선택 비율이 더 높다. 미온적 태도의 남2 집단은 보수형 '-어'를 선택했는데 언어 태도가 분명하지 않기 때문에 보수형을 선택한 것으로 해석된다. 이처럼 정읍 말씨에 대해 긍정적 태도를 보이는 집단이 대체적으로 보수형을 사용하고 있으며 여성 화자는 남성 화자에 비해 개신형, 즉 표준어형의 선택 비율이 더 높다. 여성 화자들은 언어 태도와 변이형 선택, 다시 말하여 신념적 태도와 행위적 태도가 불일치하고 있음을 알 수 있다. 이는 여성 화자들의 표준어 선호 경향과 일치하는 결과이기도 하다.

3. 소수자 언어와 언어 권리

3.1 소수자 언어

다수자에 대응되는 소수자는 민족이 다르거나 종교가 다르거나 언어가 다르다는 이유로 다수자의 폭력이나 무관심, 멸시 등에 의해 신체적, 정신적, 사회적 피해를 당하는 경우가 빈번하다. 전근대 사회에서 평등 사회로 넘어가면서 이들의 인권을 보호해야 한다는 논의가 이루어지기 시작했지만 여전히 다수자의 정체성과 다른 정체성을 지녔다는 이유로 사회에서 차별받거나 배제되고 있다.

흔히 '소수자(minority, 少數者)'는 수적으로 적고 힘이 없는 집단을 가리키는데 규모의 적음보다는 구별성, 차별성, 종속성 등이 더 중요한 의미를 갖는 용어다(김하수·조태린 2008: 81). 소수자는 더 큰 사회에서 문화적으로나 민족적으로 또는 인종적으로 구별되는데 이러한 특징에 의해 차별되고, 다수의 우세 집단에 종속적인 관계를 맺는다. 소수자에는 장애인 같은 신체적 차이에 의한 소수자와 동성애자와 같은 문화적 차이에 의한 소수자 그리고 탈북자나 화교 또는 이주 노동자와 같이 이주에 의해 소수자가 된 경우 등이 있다.

한국 사회에는 역사적으로 형성된 종족적 소수자로 '화교'가 있다. 또 중국이나 소련, 일본, 미국 등 인접 지역에는 한국계 소수자로 조선족, 고려인, 재일 동포, 재미 동포 등이 있다. 최근에는 주로 동남아에서 이주해 온 이주 노동자와 국제결혼 이주 여성이 종족적 소수자로 우리와 함께 살아가고 있다. 종족적 소수자들은 다수자의 언어인 한국어와 종족의 언어를 사용하고 있는데 종족어는 한국 사회에서 소수자 언어로 존재한다.

소수자는 경제·사회·정치적으로 열세이며 사회적으로 차별 대우를 받기 때문에 소수자 언어도 차별받는다. 미국의 몇몇 주에서는 한국에서 이주한 소수자들이 교육이나 행정에서 차별받지 않게 하기 위해 한국어로 된 운전면허 시험을 치르도록 하고 교육청에서는 한국어 통역 서비스를 받을 수 있다. 한국에서도 몇몇 병원에서 통역 서비스를 한다고 하나

교육이나 행정 언어로서 소수자 언어를 배려하는 정책이 본격적으로 시행되고 있지는 않다.

이주민 인구가 2.5%를 넘으면 다문화 국가로 분류되는데 이 기준에 따르면 한국은 이미 2008년 이주민 인구가 2.5%를 넘어 다문화 사회가 되었다. 이러한 사회 변화에 힘입어 19대 국회에는 이주민 출신의 국회의원이 비례대표제로 당선되었고, 정부 부처와 지방자치단체에서는 다문화 출신의 공무원을 채용하여 2013년 11월 기준으로 중국·미국·베트남 등 총 13개국 56명(중앙 19명, 지방 37명)이 다문화 가정 지원, 국제교류, 통역 업무 등에 종사하고 있다.

비교적 한국 사회는 단일 민족, 단일 언어 국가답지 않게 이주민들의 조기 정착을 위한 정책에 힘을 쏟아 온 것이 사실이다. 그러나 언어 문제에서는 한국어를 가르치는 정책에 주로 강조점을 두었지 소수자 언어 문제에 대해서는 침묵하고 있는 것이 현실이다.

3.2 언어 권리

1930년 영국에 도착한 간디에게 한 기자가 현대 문명이 무엇인지에 대해 질문을 하였다고 한다. 간디는 문명은 "소수자에 대한 대우(treatment)"로 판단할 수 있다고 대답하였다(Edwards 2004: 451). 소수자를 어떻게 대우하는지가 그 사회의 문명, 즉 정신적이고 지적인 문화를 가늠할 수 있는 잣대가 될 수 있을 것이다.

소수자 언어는 한 사회에서 다수가 사용하는 언어에 의해 차별받는, 소수가 사용하는 언어다. 다수가 포함된 언어 공동체는 언어적 정체성이 다른 소수의 언어 공동체의 일원에게 호의나 배려보다는 불편함과 이질감을 느끼는 경우가 대부분이다. 그렇다고 소수자에게 다수가 사용하는 언어만을 강요하는 것은 마치 성적 소수자나 장애인들에게 그들의 특성과 다르게 생각하고 행동할 것을 요구하는 것과 마찬가지다. 오늘날 지구촌은 민족, 종교 등의 차이로 인한 전쟁과 분쟁, 세계화의 물결로 인한 이민자 증가로 어디든 소수 민족이 있고 이와 더불어 어디든 소수자 언어 문제가 발생하고 있다.

소수자에 대한 사회언어학적 접근은 언어 인권적 접근과 언어 시민권적 접근이 있다. 여기서 인권이란 인간으로서 갖는 고유한 기본권으로 자연인으로 태어난 순간 갖게 되는 생득적 권리이고, 시민권은 단일 국민 국가 내에서 시민적 의무를 이행하는 자가 갖는 권리로 인위적인 조직이나 체계와 더 관련된 개념이다(장미경 2005: 163).

소수자 언어 문제를 언어 인권(linguistic human right)적 관점에서 바라보는 것은 언어 문제를 인권의 문제로 인식하는 것이다. 즉 언어적 권리는 기본적 인권으로서 개인적 차원에서의 언어 인권은 모든 사람이 자기의 모어에 대해 긍정적인 일체감을 가질 수 있게 하는 것이며, 집단적 차원에서의 언어 인권은 소수자 집단이 존재할 권리, 즉 다르게 살 권리를 가리킨다(Skutnabb-Kangas & Phillipson 1994).

개인이 자기의 모어에 대해 긍정적인 일체감을 가지려면 적어도 초등교육에서부터 모어를 배울 권리를 가져야 하며 공적 상황에서 모어를 사용할 권리를 가져야 한다. 소수자 언어에 대한 교육권은 소수자 집단의 자녀가 부모로부터 물려받은 언어를 배우고 사용할 권리로서 차별 문제와는 별도로 언어의 소멸과도 밀접하게 관련된다. 집단적 차원에서의 언어 인권은 소수자 집단이 자기의 언어를 즐기고 발전시킬 권리와 자기의 언어로 교육 과정을 관리하고 가르칠 학교 및 훈련 기관을 세우고 유지할 권리를 말한다. 그러나 이러한 집단적 차원에서의 언어 인권은 소수자 집단에 속하는 개인의 인권을 존중하는 차원에서 이루어져야 또 다른 차별을 야기하지 않는다.

소수자의 언어 시민권은 자유주의적 시민권 개념과 사회운동적 시민권 개념에서 이해할 수 있는데, 자유주의적 시민권의 논리는 소수자의 권리 문제와 결부되면서 자유주의적 문화주의 또는 다문화주의로 발전하였다. 다문화주의에 입각한 시민권 보장은 국가체제의 유지라는 측면에서 중요시되어 왔는데 다문화주의의 인정은 소수자들로 하여금 현 체제를 능동적으로 포용하게 함으로써 시민들의 실질적 연대를 강화하고 정치적 안정성을 증진시킬 수 있다.

최근에 등장한 사회운동적 시민권의 개념은 소수자가 시민으로서 정체성을 인정받기 위한 투쟁의 과정을 포함하는데 이러한 정치적 활동의 하위 전략으로 동화 전략과 차이 전략이 있다. 동화 전략은 지배적 다수자의 언어를 배우면서 동화되는 것으로 소수자 언어에 대한 차별과 배제를 재생산하고 강화한다는 점에서 적절하지 못한 반면 차이 전략은 소수자의 언어 시민권을 보장하기 위한 전략으로 적절하다. 차이 전략은 소수자 언어가 지닌 권리를 다수자 언어와 똑같이 인정하는 입장과 상하의 개념으로 이해하는 입장이 있는데 소수자의 시민권 행사를 위해서는 같은 지위에서 소수자 언어를 인정하는 것이 언어 권리를 실질적으로 유지 보존할 수 있는 방법이다.

　사실 소수자 문제는 예전부터 있어 왔다. 러시아의 체첸, 중동의 쿠르드족, 보스니아 내전과 코소보 사태가 일어난 유고 연방, 루마니아의 헝가리인, 그리스와 알바니아, 아프리카의 르완다, 지금은 독립국가가 된 인도네시아의 동티모르 등 일일이 열거하기 어려울 정도로 많은 소수 민족과 이들의 종교 및 언어 문제는 인종 청소와 같은 비민주적이고 반인권적 사태를 여러 번 초래하였다. 서구에서는 1992년 '민족적·종교적·언어적 소수 집단에 속하는 사람들의 권리에 관한 국제연합 선언'을 시작으로, 1996년에는 '언어권에 대한 세계 선언', 2001년에는 '세계 문화 다양성 선언' 등이 유네스코에 의해 채택되었다. 언어 권리를 다루는 조항이 형식적이라는 비판을 받고 있지만 이러한 시도는 소수자들의 언어를 존중해야 한다는 인식에 기초하여 실제로 그들의 언어 권리를 보장하도록 촉구하고 있다는 점에서 발전적이다.

　한국의 소수자인 화교들은 급변하는 한국 사회 속에서 때로는 환영받고 때로는 배척을 당하였다. 역사적으로 한국의 화교 사회가 정식으로 형성된 것은 19세기인 1882년부터라고 한다. 화교들은 1909년 정식 인가를 받아 한국한성화교소학교(정식 인가를 받은 최초의 외국인 학교)를 설립하는 등 자신들의 언어와 문화를 지키는 노력을 하였다. 1948년 정부 수립 후 화교들의 입지가 어려워졌으나 꾸준히 자기의 정체성을 지키려는 노력을 하였다.

오랫동안 단일 언어 국가였던 한국은 소수자 언어 문제나 언어 권리에 대해 다소 무관심한 편이다. 국제결혼 이주 여성의 언어 문제는 그들이 빨리 한국어를 능숙하게 사용할 수 있도록 도움을 주어야 한다는 쪽으로 결론이 내려졌으며 이주 노동자들에 대해서는 어차피 본국으로 돌아갈 이주민이므로 한국어 교육에 대한 도움조차 불필요한 것으로 여겼다. 아직까지 우리 사회에서는 소수자의 언어 권리를 어떻게 보장해야 할지, 이에 대한 사회적 비용을 감당할 필요가 있는지에 대해 동의된 내용이 없다. 이미 이러한 경험을 했던 국가들의 소수자 언어 권리에 대한 정책을 분석하여 우리 사회에 맞는 정책이 마련되어야 할 것이다. 이때 소수자 언어 권리는 자기의 모어를 마음대로 말할 수 있는 권리, 자기의 모어로 시민 생활을 할 수 있는 권리를 모두 포함하는 개념이어야 할 것이다.

4. 요약 및 결론

이 장에서는 언어 공동체와 정체성, 언어 태도, 소수자 언어와 언어 권리에 대해 살펴보았다. 언어 공동체는 다른 집단과 구별되는 언어 변이형을 사용하는 공동체로 형태적으로 다른 언어를 사용하는 것보다 그 집단의 구성원들이 다른 집단과 구별되는 언어에 대한 관습을 공유한다고 인식하는 것이 더 중요한 기준이 된다는 것을 보았다. 흔히 하나의 언어 공동체에 속하는 구성원들은 동일한 언어 정체성을 지니는데 이러한 점 때문에 국가와 언어 정체성이 밀접하게 관련된다.

그러나 한 국가 안에서 하나의 언어가 사용되는 경우는 아주 드물고, 한국처럼 한 국가에서 하나의 언어를 사용하더라도 지역이나 성, 연령 등의 요인에 의해 다양한 언어 공동체가 존재할 수 있다. 지역 방언에 대해 언어학적으로 접근할 때 연구자는 방언마다 다른 언어 변이형이 사용되는 것에 초점을 맞추어 경계를 설정하고 방언 권역을 나누는 데 힘을 쏟는다. 그러나 이러한 언어학적 접근 외에도 서로 다른 언어 변이형을 사용하는 화자들이 느끼는 언어 정체성이 언어학적 접근보다 더 정확하게 방언을 구획하는 경우가 적지 않다.

자기가 살던 지역을 떠나 외국에 거주하게 되면 모어와 그 지역에서 사용하는 언어 사이에서 언어 정체성의 혼란을 겪는 경우가 많다. 한 국가 내에 여러 민족이 공존하는 경우에도 여러 민족 중 하나의 민족어가 공통어로 기능하게 되면 다른 민족적 정체성과 언어 정체성을 갖는 언어 공동체는 두 개의 정체성 사이에서 자기의 정체성을 지키거나 또는 다른 언어 정체성에 동화되거나 하는 정체성의 선택을 강요받는 경우가 생긴다. 재일 동포와 재중 동포의 언어 정체성에 대한 연구는 소수 민족에 대한 정책과 이민 사회의 정체성이 언어 선택에 직접적인 영향을 끼친다는 것을 보여 준다. 재일 한국인 사회에서 한국어의 보존은 초기 이주자인 노년층 1세 집단에 한하고 있으며, 모국어 정체성에 대한 조사 결과와 가정 내 언어 사용 실태를 보면 2세 집단부터 일본어로의 언어 전환이 거의 이루어지고 있는 상태임을 알 수 있다. 한편 중국의 소수 민족 언어 정책에 의해 언어 정체성을 유지, 보존하고 있었던 중국 동포들의 언어 정체성이 개방화에 의해 점차 희미해지고 있는데 이를 통해 앞으로 중국 내 조선족들의 언어 전환을 어느 정도 예측해 볼 수 있다.

언어 정체성에 대한 조사는 특정한 언어에 대한 태도 연구로 이를 언어 태도라고 한다. 언어 태도는 언어 자체에 대한 태도뿐 아니라 언어 사용자에 대한 태도, 더 나아가 언어가 다루어지는 모든 종류의 행동, 즉 언어 보존을 위한 노력이나 언어 계획에 대한 태도까지를 포함한다. 언어 자체에 대한 언어 태도 연구에는 모국어에 대한 태도, 외국어에 대한 태도, 지역 방언에 대한 태도 등이 있다. 언어 사용자의 언어 태도는 다양한 언어 변이형의 사용과 관련되며, 언어 변이형에 대한 태도를 통해 언어 변화의 향방을 예측할 수 있다.

소수자는 더 큰 사회에서 문화적으로, 민족적으로나 또는 인종적으로 구별된다. 이러한 특징에 의해 차별되고 다수의 우세 집단에 종속적인 관계를 맺는 집단이다. 소수자는 경제·사회·정치적으로 열세이며 사회적으로 차별 대우를 받기 때문에 소수자 언어도 차별받는다. 소수자의 언어 권리를 보호해야 하는 것은 인권이자 시민권으로 다수자의 언어 공동체에서 차별받지 않고 자신의 모어를 마음대로 말할 수 있는 권리와 자기의 모어로 시민 생활을 할 수 있는 권리를 모두 포함한다. 한국 사회는 단일 언어 국가였으나 최근에 국제결혼 이주 여성과 이주 노동자의 유입으로 이미 다문화 사회에 진입했다. 이들이 한국 사회에 잘 적응하는 것은 소수자뿐 아니라 다수자의 인권이나 시민권을 지키는 데도 중요한 것임을 인식하고 앞으로 이들의 언어 권리를 어떻게 보호해야 하는지에 대해 논의가 필요하다.

탐구 과제

1 최근에 한국 내 소수자 언어 사용자에 대한 관심이 늘어나면서 이들의 언어 권리를 보호해야 한다는 목소리가 높아지고 있다. 어떤 관점에서 이 문제에 접근해야 할지, 어떤 언어 정책이 필요할지에 대해 토론해 보자.

2 재일 동포나 재중 동포의 한국어에 대한 언어 태도 연구 결과를 보면 앞으로 한국어 사용이 어떻게 변화될지 예측해 볼 수 있다. 언어 태도에 대한 국내 연구를 찾아보고 그 결과에 따른 언어 변화의 방향을 예측해 보자.

3 재외 동포들에 대해 국내 거주인과 같이 하나의 언어 공동체로 간주한 정책들 에는 어떤 것이 있는지 찾아보고, 이러한 정책이 다른 국가에서도 전개되고 있는지 조사해 보자. 그리고 과연 이러한 정책이 목적하는 바가 무엇인지 토 론해 보자.

더 읽을거리

1 이익섭(1994), ≪사회언어학≫, 민음사.

사회언어학 개론서로 사회언어학의 성립과 라보브(Labov)의 조사 방법론, 사회계층, 성별, 연령 등 사회적 변인에 따른 사회언어학적 현상과 다언어 사회, 언어 태도, 언어 선택과 언어 전환 등 거시 사회언어학적인 주제를 다루고 있다. 주로 서양의 사회언어학적 현상을 다루고 있기 때문에 국내의 사회언어학적 연구 결과는 찾아보기 어렵다. 본고의 언어 태도 조사 방법에 대한 내용은 이 책 9장의 내용과 많은 부분 겹친다.

2 백선기 옮김(2009), ≪문화연구와 담론분석: 언어와 정체성에 대한 담화≫, 커뮤니케이션북스. [Chris Barker, Dariusz Galasiński(2001). *Cultural Studies and Discourse Analysis: A Dialogue on Language and Identity*. Sage Publications Ltd.]

문화 연구와 담화 분석의 관계에 대해 논의한 책으로 언어와 정체성이 주제다. 4장과 5장에서 문화 연구와 담화 연구의 연계성과 성과를 실제 사례를 통해 실증적이고 구체적으로 제시하고 있다. 4장은 아버지라고 불리는 남성들의 성(gender)과 사회적 정체성을 근간으로 그들이 어떻게 담화적 행위를 수행하고 있는가를 다루었고, 5장은 문화 정체성과 그로 인한 언어 및 담화 수행에 대해 폴란드와 폴란드인을 사례로 들어 분석하였다. 언어와 문화, 담화의 관계를 이해하는 데 도움이 된다.

3 Fasold, R. W. (1984). *The Sociolinguistics of Society*. Oxford: Blakwell.

이 책은 파솔드(Fasold)의 ≪The Sociolinguistics of Language≫(1990)와 함께 파솔드의 역작으로 손꼽히는 저서다. 이 책의 주요 목차는 다음과 같다.

Societal Multilingualism/Diglossia/Language Attitude/Language Choice/Language Maintenance and Shift/Language Planning and Standarization/Vernacular Language Education

주로 거시 사회언어학적 주제를 다루고 있다. 이 책에서 다룬 언어 태도에 대한 정의와 파솔드의 연구 방법 등은 이 책에 기반을 두고 있다.

4 김하수·조태린(2008), 〈한국 사회의 소수자에 대한 사회언어학적 접근〉, ≪사회언어학≫ 16(1).

한국 사회의 소수자에 대해 사회언어학적으로 분석하고 접근법을 제시한 논문이다. 아직 한국 사회는 소수자 문제에 대해 합의된 정책을 도출하고 있지 못하다. 이 연구를 통해 소수자 문제에 어떻게 접근하는 것이 좋을지 다각도로 논의해 볼 수 있을 것이다.

5 Edwards, J. (2004). *Language Minorities*. The Handbook of Applied Linguistics, Routledge.

Edwards, J. (2009). *Language and Identity*. Cambridge University Press.

Joseph, J. E. (2004). *Language and Identity*. Palgrave Macmillan.

이 세 책은 언어 소수자와 그들의 권리 그리고 언어 정체성을 다룬 연구물이다. 안타깝게도 번역서가 아직 없지만 국내에도 언어 소수자가 점차 증가하고 있음을 볼 때 앞으로의 연구에 도움이 될 것이다.

주석

1) 국내 학자의 연구로는 박경래(2002)가 있다.

2) 층화 확률 비례 계통 추출법에 의한 표본 설계는 국립국어원(2005: 5~8) 참조.

3) 이익섭(1994)는 '끼워맞추기 방법'으로 번역하였다.

4) 언어의 이미지에 대한 연구는 강석우 외 옮김(2008) 6장을 참조.

5) 2012년 4월 문학동네에서 번역한 레베카 스클루트의 〈헨리에타 랙스의 불멸의 삶〉에서 흑인들의 대화를 전라도 사투리로 옮긴 것에 대한 기고가 한국일보에 실린 것이 그 예다 (2012.6.26. 한국일보 삶과 문화: 왜 전라도 사투리인가).

6) 알렉스 헤일리의 〈뿌리〉를 번역한 안정효 씨는 흑인 영어를 충청도 사투리로 번역했다가 마음에 들지 않아 고민 끝에 화교들이 쓰는 한국어에서 따와 번역을 했다고 한다(2012. 6.26. 한국일보 삶과 문화: 왜 전라도 사투리인가).

7) 2001년 화성군은 화성시로 바뀌었으나 여기서는 조사 당시 행정구역명을 그대로 쓴다.

제9장

언어 상황과 언어 선택

얼마 전 잠시 미국에 갔을 때 어느 교수의 집을 방문할 기회가 있었다. 그는 일본의 한 대학교에서 교수로 근무하다가 가족과 함께 미국으로 이주해 온 60세의 한국인 교수였다. 그 교수에게는 대학생 신분의 아들이 한 명 있었는데 그 학생은 한국에서 태어났지만 일본에서 중학교와 고등학교를 마쳤고 미국에 와서 대학교에 다니고 있었다. 그는 나와 한국어로 인사를 나눴고 이후에도 한국어로 대화를 했다. 하지만 얼마 지나지 않아 그가 자신의 가족과 이야기를 할 때에는 오로지 일본어만을 사용한다는 사실을 발견하게 되었다. 저녁 식사 때 자연스럽게 언어 사용에 관한 이야기를 하게 되었는데, 그는 학교에 가면 교수나 친구들과는 영어로 대화를 한다고 말했다.

이처럼 한 개인이 다양한 언어 상황에서 자신의 의지에 따라 여러 개의 언어를 선택적으로 사용하고 있는 경우를 우리는 주위에서 쉽게 발견할 수 있다. 또한 개인의 의지와는 직접적인 상관없이, 한 국가가 공식적으로 두 개 혹은 그 이상의 언어를 공용어로 지정하고 있어 복수의 언어를 사용하게 되는 경우도 있다. 캐나다의 경우가 바로 그러한데, 정부

산하 기관의 많은 직원들은 자기에게 전화를 걸어 온 민원인에게 프랑스어와 영어 중에서 사용하고 싶은 언어에 대한 선택권을 양보하기 위해 'Bonjour, hello!'와 같은 인사말로 전화를 받는 경우가 많다.

이와 같이 우리는 오늘날 아주 다양한 언어 상황에서 다양한 언어적 선택을 하며 살아가고 있다. 세계 어느 곳을 가더라도 순수하게 단 하나의 언어만이 사용되는 곳은 없다. 일반적으로 단일 언어 사용 공동체라고 하는 곳에서도 이러한 언어적 다양성을 쉽게 발견할 수 있다. 공식적으로 한국어만을 공용어로 사용하고 있는 한국 사회에서도 많은 사람들이 보게 되는 각종 광고나 젊은 세대들이 즐겨 부르는 대중가요 등에서는 실제로 한국어 이외의 언어들이 자주 사용되는 것을 알 수 있다. 아래의 피자 광고와 자동차 광고는 그러한 많은 예들 중의 하나로 단순히 외래어가 사용되고 있는 정도를 넘어서 한국어와 외국어가 함께 혼용되고 있음을 알 수 있다.

(1) 가. Mr. Pizza

New Year's Limited Edition

에그미아 탄생!

세상에 이런 만남이!

에그타와 맘마미아가 만났다!

2가지 맛을 크게 즐기자!

맛도 UP 사이즈도 UP

나. 대한민국 하이브리드의 완성! 그랜저 하이브리드.

GRANDEUR HYBRID

대한민국 자동차의 명성과 품격의 Origin,

그 이름만이 가진 독보적인 Heritage.

20여 년을 이어온 진보와 혁신의 Symbol...

오직 그랜저만을 수식할 수 있는 단어들이 하나 더 늘어납니다.

위의 사례들은 언어적 차원에서 발생하는 선택에 관한 것들인데 하나의 언어 안에 존재하는 여러 방언들 차원에서의 선택에 대하여도 주목해 볼 필요가 있다. 다중 언어 사용 사회의 구성원들이 여러 개의 언어를 서로 바꿔 가며 말하는 것처럼, 단일 언어 사용자들도 복수의 방언을 서로 바꿔 가며 이야기하는 경우가 있다. 강윤희(1994: 95)에서는 이러한 방언 선택의 문제에 관심을 갖고 제주 사회에서의 두 방언 사용 양상에 대해 살펴보고 있다. 여기에서는 민족지적 연구 방법론을 이용하여 다양한 대화 사례를 제시하고 있는데 다음은 그 사례들 중의 하나다. 두 대화 참여자는 모두 제주 출신의 40대 남성들이며 민원인이 문을 열고 들어와 두리번거리다가 창구에 있는 직원에게 다가와 말을 걸면서 대화가 시작된다.

(2) 민원인: 안녕하십니까? 지하수 등록하는 것은 어디로 가야 합니까?
　　직원: [A의 말을 잘 알아듣지 못하고 다시 묻는다] 예? 어떻게 오셨습니까?
　　민원인: 저, 지하수 등록하는 거 얼루 가야 되카 마씨?(지하수 등록하는 것은 어디로 가야 됩니까?)
　　직원: 지하수 마씨?(지하수 말씀입니까?)
　　민원인: 예, 신문에 공고 나 있어 가지고…
　　직원: 저기 동관예, 3층 농어촌 과로 가십서. 3층 올라강예.(3층 올라가서요)

제주 도청의 민원실에서 이루어지고 있는 위의 대화는 초면이면서 서로의 출신 지역을 전혀 모르는 민원인과 도청 직원 사이의 대화 사례인데, 처음에는 서로에게 표준말을 사용하다가 어느 한 쪽이 제주말을 사용하자 그 상대방도 제주말을 사용하는 모습을 볼 수 있다. 이러한 대화 사례들에 대한 민족지적 분석을 통해 강윤희(1994: 140)에서는 "표준말은 '남'이 쓰는 말 또는 '남'과의 상호작용에서 사용되는 '그들의 말(they-code)'인데 반해, 제주말은 '우리'가 사용하는 말 또는 '우리'끼리 쓰는 '우리의 말(we-code)'이라는 의미를 기본적으로 가지고 있음을 알 수 있다"라고 설명하고 있다.

이렇듯 하나의 언어 또는 방언을 선택한다는 것은 자기가 누구인가를 나타내는, 또는 누구이고 싶어 하는가를 나타내는 '정체성의 행위'라고 할 수 있다. 서울에서 직장 생활을 하고 있는 지방 출신의 한국 성인 남성들은 직장에서는 표준어를 사용하지만 퇴근 후 친한 친구들과 만나거나 고향을 방문하게 될 때에는 자기의 방언을 사용하는 경우가 있다. 혹시 그가 기혼자라면, 처가 친척들과 대화를 할 때에는 처가 지역의 방언을 다소 섞어서 말을 하게 되는 경우도 있을 수 있다. 이외에 서울 출신의 표준어 사용 화자가 회사 업무로 동료들과 회의를 할 때에는 격식체의 말을 사용하지만 사적인 자리에서는 비격식체의 말을 사용하는 경우도 쉽게 발견할 수 있다.

이러한 다양한 언어 상황에서의 언어 선택은 개인적 차원이든 아니면 민족적, 국가적 차원이든 매우 중요한 의미를 갖게 된다. 화자들이 특정 언어나 방언 또는 말투를 선택하는 것은 대화의 목적을 달성하기 위한 전략적인 행동인 동시에 자기의 정체성을 나타내는 행위를 하는 것이다. 국가적인 차원에서도 어떤 언어를 공용어로 선택하느냐에 따라 정치, 경제, 교육 등의 많은 분야에서 전혀 다른 결과가 발생할 수 있다.

이 장에서는 여러 언어들이 접촉함에 따라 발생하는 다양한 언어 상황에서 개별 화자들이 특정 언어를 선택하여 사용하는 모습과 한 국가가 하나 또는 둘 이상의 특정 언어를 공용어로 선택하여 사용하는 구체적인 양상들을 살펴볼 것이다.

1. 이중 언어 사용과 양층어 상황

먼저 이 절에서는 한 언어 공동체에서 둘 또는 그 이상의 언어가 함께 사용되고 있는 상황을 일컫는 용어로서, 약간은 비슷하면서도 엄밀한 의미에서는 서로 구분이 되는 이중 언어 사용(bilingualism)과 양층어 상황(diglossia)의 개념에 대해 살펴보도록 하겠다.

1.1 단일 언어 사용과 이중 언어 사용

이중 언어 사용은 주로 단일 언어 사용(monolingualism)과 대립되는 개념으로 사용된다. 일반적으로 하나의 언어만을 사용하는 언어적 상황을 단일 언어 사용 상황이라고 하고 그러한 화자를 단일 언어 사용자라고 부른다. 이에 비해 둘 또는 그 이상의 언어를 일상 언어생활에서 다소 유창하게 사용하는 상황은 이중 언어 사용 상황이라고 하고 그러한 화자를 이중 언어 사용자라고 부른다. 이중 언어 사용 상황에서 사용되는 둘 이상의 언어들은 해당 사회 안에서 대등한 지위를 가질 수도 있지만 대개는 어느 한 쪽이 더 우세한 지위를 가지는 경우가 많다. 그중에서 국가의 공식 언어로 인정받아 국민 대다수가 사용하는 언어는 다수자 언어(majority language)가 되고, 상대적으로 사용 인원이 적은 언어 또는 주로 정치적으로 종속되어 있는 집단이 사용하는 언어는 소수자 언어(minority language)가 된다. 프랑스에서의 네덜란드어나 루마니아에서의 독일어 그리고 미국에서의 영어를 제외한 다른 언어들은 모두 소수자 언어에 속한다.

일반적으로 이중 언어 사용 상황에서는 힘이나 지배 그리고 권위와 관련된 문제들이 특정 언어를 다수자 언어로 규정하게 되는 경향이 있는데(Coulmas 1985), 이와 달리 소수자 언어는 그 사용자의 수가 적거나 사회 안에서의 영향력이 작다는 이유로 정치, 경제, 교육 등 여러 분야에서 상대적으로 소홀히 취급되는 경향이 있다. 특히 사용자의 대부분이 주로 이민자들인 소수자 언어는 해당 사회의 통합에 부정적 영향을 주는 것으로 인식되기도 한다.

그런 연유로 지난 20세기 후반까지만 하더라도 주류 언어학에서는 단일 언어 사용과 동질적인 언어 공동체의 중요성을 강조해 왔다. 단일 언어 사용이 이중 언어 사용보다 정상적이고 바람직한 현상이라고 생각했던 것이다. 또한 이중 언어 사용은 해당 공동체에 분열을 가져오는데 반해 단일 언어 사용은 그 구성원들 간의 원활한 의사소통을 가능하게 하고 이를 통해 공동체의 통합을 가져다준다고 믿었다. 물론 순수하게 이론적 측면에서만 본다면 이러한 생각은 어느 정도 설득력이 있어 보인다. 하지만 공통의 언어를 사용한다는 것이 반드시 공동체 구성원들의 단결과 화합을 보장해주는 것은 아니다. 소말리아의 경우 단일 언어를 사용하고 있음에도 불구하고 잦은 내란이 발생한 바 있다. 또한 단일 언어만을 공용어로 사용하고 있는 많은 국가들이 프랑스어와 영어를 동시에 공용어로 사용하는 캐나다나 영어와 만다린어, 타밀어, 말레이어를 동시에 사용하고 있는 싱가포르보다 정치, 사회적으로 더 견고하게 통합되어 있다고 단정할 수 없기 때문이다.

사실 오늘날의 세계는 단일 언어 사용보다 이중 언어 사용의 모습이 더 보편적으로 나타나는 게 사실이다. 전 세계에 약 5천 개의 언어가 있는 것으로 알려져 있지만, 국제연합이 인정한 민족국가는 약 185개뿐이다. 따라서 아마 세계 인구의 대략 절반 이상은 이중 언어를 사용하며 사실상 거의 모든 나라에는 이중 언어 사용 상황이 존재하고 있다고 예상된다(박용한·김동환 옮김 2009: 46~47). 이러한 이중 언어 사용의 개념을 베이커(Baker 2001)은 개인적 이중 언어 사용(individual bilingualism)과 사회적 이중 언어 사용(societal bilingualism)으로 구분하였다. 전자는 한 개인이 둘 이상의 언어를 사용하고 있지만 그가 반드시 이중 또는 다중 언어 사용 상황에 처해 있지는 않은 경우를 말하며, 후자는 한 사회 안에서 둘 이상의 언어가 함께 사용되고 있지만 그 사회 구성원들이 반드시 그 모든 언어들을 유창하게 사용하는 상황이 아닌 경우를 말한다.

개인적이든 사회적이든 이제는 그 어느 국가도 단일한 언어만이 사용되는 곳은 거의 없는 것으로 보인다. 교통의 발달과 함께 국가 간의 교류가 활성화되면서 인구의 이동이 늘어남에 따라 자국의 모든 구성원들이 오직 하나의 언어만을 사용하는 상황은 더 이상 유지될 수 없기 때문이다. 한국 사회와 같이 하나의 언어만이 공용어로 사용되고 있는 국가에서조차도 영어나 중국어 같은 국제어들이 외교, 무역, 교육 등의 현장에서 자주 사용되고 있는 실정이다. 그 결과 한때 한국 사회에서도 영어를 공용화해야 한다는 주장이 전개되어 상당한 논란이 일어나기도 했다.

복거일(1998)은 궁극적으로 한국어는 영어로 점차 대체될 것이라는 전제하에, 영어가 국제어로서의 절대적인 지위를 차지하고 있는 상황을 고려해 우리도 영어를 공용으로 사용하고 점진적으로 상용어를 영어로 대체해 나가는 것이 필요하다고 주장한 바 있다. 이 주장은 당시 많은 이들에게서 치열한 논쟁을 불러일으켰고 일부 지식인들로부터 지지를 받기도 하였다. 하지만 예상대로 대부분의 사람들은 이 주장을 과잉된 세계주의의 결과로 보고 영어만 잘한다고 해서 한국이 세계의 일류 국가로 발전하는 것이 아니며 그러한 주장은 경제적 이득만을 위해 민족주의를 죽이는 것이라 비난하기도 하였다

　이러한 논쟁에 즈음하여 백경숙(2000)은 영어 공용화 논쟁을 사회언어학적 관점에서 검토하였다. 여기에서는 일단 영어 공용화가 한국 문화와 한국어의 사멸을 초래하지 않으며 국제어로서의 영어의 역할이 분명히 있음을 고려할 때 영어 공용화는 고려해 볼 만한 사안이라 보았다. 하지만 영어 공용화론자들이 한국어의 사멸을 전제했다는 점과 결국 효율적인 영어 능력 신장 방안에 대한 논의까지를 막았다는 점을 큰 문제점으로 지적하였다. 그리고 영어 공용화에 대한 원론적 논쟁은 지양하고 거시적인 안목에서 효과적인 영어 능력 향상 방안이나 한국어의 진흥 방안 등에 관해 현실적인 언어정책을 마련해야 한다고 주장하였다.

　어쨌든 분명한 것은 이제는 대부분의 국가에서 이중 언어 사용보다 단일 언어 사용이 더 유표적인 현상이라고까지 말할 수 있게 되었다는 것이다. 그런데 경우에 따라서 어떤 사회언어학자들은 이 이중 언어 사용이란 용어를 다중 언어 사용(multilingualism)과 동의어로 사용하는 경우가 있으며, 로메인(Romaine 2000: 33)의 경우는 이 두 용어를 구분하지 않고 번갈아 가면서 사용하고 있다. 또 어떤 연구자들은 비록 세 개 이상의 언어가 사용되는 경우라 하더라도 개인의 언어 사용을 이야기할 때에는 '이중 언어 사용'이라는 용어를, 단 두 개의 언어만이 사용되는 경우라 하더라도 해당 공동체 차원의 언어 사용을 이야기할 때에는 '다중 언어 사용'이라는 용어를 서로 구분하여 사용하기도 한다.

　이와 같은 현상은 이 분야에 관심을 갖고 있는 많은 사회언어학자들에게 용어 사용상의 혼동을 불러일으키기에 충분하다. 그러므로 '단일

(mono-)'과 대립되는 의미를 가지고 있는 '이중(bi-)'과 '다중(multi-)'의 사전적 의미를 고려하여 단 두 개의 언어를 사용하는 사람과 상황을 각각 이중 언어 사용자와 이중 언어 사용 상황이라 하고, 세 개 이상의 언어를 사용하는 사람과 상황을 각각 다중 언어 사용자와 다중 언어 사용 상황이라고 지칭하는 것이 용어 사용의 혼동을 피할 수 있다.

1.2 양층어 상황

앞에서 설명한 이중 언어 사용과 다소 비슷하면서도 전혀 다른 개념이 퍼거슨(C. Ferguson 1959)에서 처음으로 사용한 양층어 상황(diglossia)이다. 양층어 상황은 때로는 '이중 언어 상용'이라고도 불리는데 동일한 언어의 변이어들이 한 공동체 내에 존재하는 서로 다른 상황에서 각각의 특수한 기능을 하면서 서로 중첩되지 않게 함께 사용되는 상황을 말한다.

이때 두 변이어는 대개 상층어(high form: H)와 하층어(low form: L)로 구분되는데 상층어는 대개 법률, 교육, 방송, 행정 등과 같은 '높은 차원(high)'의 기능을 위해 사용되는 데 반해 하층어는 친구나 가족 간의 대화, 비격식적인 이야기, 쇼핑 등 '낮은 차원(low)'의 기능을 위해 사용된다. 따라서 상층어는 대개 학교에서 이루어지는 정식 교육을 통해 배우게 되는 반면 하층어는 전형적으로 집에서 모어로 습득되는 경우가 많다. 그런데 어떤 사회언어학자들은 과연 어떤 분야의 기능이 높은 차원의 것이고 어떤 분야의 기능이 낮은 차원의 것인가 하는 문제의식을 가지고, '높은(high)'과 '낮은(low)'이라는 표현을 사용하는 대신 간단하게 'H 변이어'와 'L 변이어'라는 명칭을 사용하기도 한다.

이러한 양층어 상황의 가장 대표적인 사례로 이집트의 언어 상황을 들 수 있다. 이집트의 카이로에서는 아랍어가 사용되는데 코란의 고전 아랍어로부터 많은 규범적 규칙들을 가져온 현대 표준 아랍어가 상층어의 지위를 가지고 있으며, 지역 변이형에 속하는 구어체 아랍어가 하층어의 지위를 가지고 사용된다. 쉽게 짐작할 수 있듯이 카이로의 대다수 사람들은 상층어를 하층어보다 우위에 있다고 생각하며, 간혹 격식적인 대화 상황에서 하층어를 사용하는 이는 조롱을 받게 되는 경우까지 발생한다. 종교적인 측면에서 보더라도 현대 표준 아랍어는 코란이 고전 아랍어로 쓰여 있다는 사실 때문에 이집트에서 특별한 대우를 받고 있다.

피시먼(Fishman 1967)은 퍼거슨(1959)의 양층어 개념을 한 언어의 두 변이어뿐만 아니라, 서로 다른 두 언어가 양층어 상황과 같이 상보적 관계에서 각자의 기능을 수행하는 상황까지를 포함하는 것으로 확대하여 설명하였다. 이 경우 퍼거슨의 양층어 상황을 협의의 양층어(narrow diglossia), 피시먼의 양층어 상황을 광의의 양층어(broad diglossia)로 볼 수 있다. 이러한 대표적인 사례로는 파라과이와 페루의 경우를 들 수 있다. 먼저 파라과이에서는 스페인어가 상층어의 자격으로서 각종 행정이나 교육의 현장에서 공용어로 사용되고, 스페인어와 전혀 상관이 없는 토착 인디언 언어인 과라니어(Guarani)는 인구의 90% 정도가 사용하고 있음에도 불구하고 하층어의 지위로 인식되고 있다. 또한 페루에서도 스페인어와 케추아어가 각각 상층어와 하층어의 지위로 사용되고 있다. 그런데 이러한 양층어 상황은 개인적 차원의 이중 언어 사용 상황과 상호 필연적인 관계에 있는 것은 아니다. 즉 이중 언어 사용 상황이 아니어도 양층어 상황이 발생할 수 있고 그 반대의 경우도 가능하다. 실제로 파라과이와 페루에서는 양층어 상황과 이중 언어 사용 상황이 장기간 동안 비교적 안정적으로 공존하였다(박용한·김동환 옮김 2009: 69~70).

이러한 양층어 상황은 그 상황에 포함되는 변이어 또는 언어의 수에 따라서 더 확장될 수 있다. 예를 들어 튀니지의 경우 프랑스어, 고전 아랍어, 튀니지 아랍어가 함께 사용되는 삼중 언어 상용(triglossia) 상황이 발생하고 있는데, 여기에서 프랑스어는 다른 두 언어에 대해 상층어의 지위를 가지며 또한 프랑스어와 고전 아랍어는 튀니지 아랍어에 대해 상층어의 지위를 가진다. 영어, 만다린어, 타밀어 그리고 말레이어가 함께 공용어로서의 위상을 가지고 있는 싱가포르의 경우는 다중 언어 상용(poliglossia) 상황이라고 할 수 있다.

대체적으로 한국 사회의 경우는 이중 언어 사용 양상이 그다지 극명하게 나타나지 않고 있으며 양층어 상황은 존재하지 않는다. 그런데 1990

년대에 들어서면서 다양한 인종과 국적의 외국인들이 입국하면서 한국 사회도 점차 다문화사회로 변모하고 있다. 이 과정에서 국내 학계에서도 자연스럽게 이중 언어 사용에 대해 관심을 갖기 시작하였다. 박준언 (1995)는 그 초기 연구로서 이중 언어 사용에 대한 부정적 견해와 긍정적 견해를 비교 설명하고 이중 언어 교육에 대한 미국 사회의 인식 변천 과정과 이중 언어 교육 실행 과정을 설명하였다. 미국의 경우 1960년대에 다양한 이중 언어 교육 프로그램이 도입되기 시작하여 1970~1980년대에 학교 교육의 일부로 정착되는 듯하였으나 1980년대 후반 이후 경제 침체와 보수주의로의 회귀로 그 교육 프로그램이 축소되고 있어 향후에도 이중 언어 교육의 미래가 밝지 못하다고 지적하고 있다. 이 연구는 한국 사회언어학계가 이중 언어 교육에 대해 본격적으로 관심을 갖도록 해 주었다는 점에서 그 의미가 크다.

21세기 초에 들어서면서부터는 외국인 노동자의 유입과 외국 여성들의 결혼 이주가 급격하게 늘어나면서 이들의 이중 언어 사용 문제에 대한 연구가 점차 활력을 띠게 된다. 손희연·서세정(2008)은 중국적 정체성을 상대적으로 잘 보존하면서 한국 사회에서는 전통적으로 소외 집단으로 범주화되었던 한국 거주 화교 집단 화자들의 이중 언어 사용에 대해 조사하였다. 그 결과 화교 화자들이 한국어로 대화를 하는 중에 중국어 요소를 삽입하거나 한국어와 중국어를 교체하면서 사용하는 모습을 확인하고 이들이 한국 사회에서 안정적으로 정착하기 위해서는 중국어나 한국어 중 어느 하나만을 사용해서는 안 되는 이중 언어 사용자로서의 위치에 있다고 설명하였다.

한국 사회에서의 이중 언어 사용 양상은 앞에서 제시한 피자와 자동차 광고에서 알 수 있듯이 특히 광고 분야에서 아주 두드러지게 나타나고 있다. 박준언(2010)에서는 1990년대 이후 글로벌화를 강력하게 추진해 온 한국 사회에서 영어가 신문 광고문에 어떻게 사용되고 있는지를 이중 언어 사용의 차원에서 분석하였다. 그 결과 광고에 사용된 외국어 어휘 중 약 3분의 1이 영어 어휘이며 전체 광고 문단 중 59.2%가 영어 전용이거나 영어 혼용 문단이었음을 지적하였다. 특히 일부 광고는 영어로만 제작되는 경우까지 있는데 이는 한국 사회의 광고문들이 이중 언어적 차원의 언어 사용에 진입하고 있음을 보여 준다고 보았다.

또한 김이선 외(2010)에서는 개발도상국가 출신의 결혼이민자가 이룬 다문화가족을 대상으로 그들의 언어 및 문화 사용 실태에 대해 분석하고 이들을 정책적으로 지원할 수 있는 방안을 모색하고 있다. 여기에서는 한국 사회의 다문화가족 현실에 적합한 언어 및 문화 사용 정책의 목표를 정립하고, 특히 그 가족 구성원들이 다문화가족으로서 자긍심과 건강한 정체성을 가지게 할 수 있도록 이중 언어 교육의 기회를 양적으로 확대하고 질적으로도 양질의 교육이 이루어질 수 있도록 체계적인 이중 언어 교육 정책을 수립해야 한다고 제언하고 있다.

그 외에 윤인진·김은비(2012)에서는 다문화가족의 언어 사용과 그 가족 아동들의 사회정체성에 대해 분석하였다. 이처럼 다문화가족의 언어 사용에 대한 연구는 최근 들어 그 수가 부쩍 늘고 있는 추세다. 여기에서는 일반적으로 다문화가족의 아동들은 이중 언어 사용자가 되고 이중의 정체성을 형성할 가능성이 크다고 예상할 수 있으나 한국 사회의 다문화가족은 대개 한국어를 주로 사용하고 부모 중 한 사람인 외국인의 본국어를 사용하는 비율은 10%대 정도임을 밝혔다. 이렇게 볼 때 한국 사회의 이중 언어 학습 여건이 매우 열악하며, 만일 이들이 이중의 정체성을 갖는 것이 건강한 자아와 원만한 대인 관계 형성에 도움이 된다면 가정에서부터 이중 언어 교육을 하는 것이 필요하다고 주장하였다.

앞에서 잠시 언급한 바와 같이, 최근 들어 우리 사회에도 다양한 이유로 많은 수의 외국인들이 입국하게 되면서 여러 언어들이 상호 접촉하는 상황이 점점 확대되고 있다. 이러한 현상은 앞으로 다문화가족이 점차 늘어남에 따라 더욱 두드러지게 나타날 것으로 예상된다. 이에 따라 한국 사회에서도 양층어 상황의 정도는 아니라도 이중 언어 사용의 상황이 확대될 것이며 이들 상황에 대한 사회언어학적 연구 또한 더욱 폭넓게 진행될 것으로 예상된다.

2. 코드 선택과 코드 전환

이 절에서는 우리가 별 고민 없이 사용하고 있는 언어와 방언이라는 두 용어의 개념적 관계가 항상 명확하게 구분되는 것이 아님을 확인하고, 이러한 문제점을 해결할 수 있는 대안으로서 많은 언어학자들에 의해 사용되고 있는 코드(code)의 개념을 설명할 것이다. 또한 코드와 관련된 현상을 일컫는 용어로 사용되고 있는 코드 선택(code choice)과 코드 전환(code-switching)의 두 개념에 대해서도 살펴보도록 하겠다.

2.1 언어와 방언 그리고 코드

우리는 흔히 언어와 방언이라는 용어의 개념적 관계에 대해 별 고민 없이 사용하는 경향이 있다. 하지만 이 둘 사이의 관계는 항상 명확하게 구분되는 것이 아니어서 좀 더 신경을 써서 생각해 볼 필요가 있다. 일반적으로 방언은 한 언어의 하위에 속하는 변이어(variety)를 일컫는 개념으로 사용되고 있다. 한국어의 경우 경상도 방언, 전라도 방언, 충청도 방언, 북한 방언, 강원도 및 경기도 방언, 제주도 방언 등의 방언이 있다고 보는 것은 이와 같은 인식에 기초한 것이다. 물론 이는 지역 방언만을 말한 것이며, 각종 사회계층이나 집단의 차이에 따라 발생하는 사회 방언까지 포함한다면 그 변이어의 수는 더 늘어날 것이다. 어쨌든 이 많은 수의 방언 화자들은 거의 모두가 자신은 한국어를 사용하고 있다고 생각할 것이므로 한국에서 방언을 한 언어의 하위 변이어들로 보는 입장은 별 무리가 없어 보인다.

하지만 세계 여러 지역에서의 언어 상황을 보면 그러한 관계 인식이 생각했던 것만큼 명료하지 못하다는 것을 알 수 있다. 영국에서 사용되는 영어와 미국에서 사용되는 영어는 별개의 언어인가, 아니면 영어라는 한 언어의 방언, 즉 변이어인가? 또한 호주에서 사용되는 영어는 이들과 어떤 관계에 있는 것일까? 일찍이 하우겐(Haugen 1966)은 언어와 방언의 용어가 애매모호한 것임을 지적했는데 이와 관련한 흥미로운 사례로 우리는 독일과 네덜란드 국경 지역에서의 언어 상황을 살펴볼 수 있다. 독일어와 네덜란드어는 역사적으로 깊은 관계에 있는 언어지만 각자 다른 표준화의 과정을 거치게 되었고, 그 결과 오늘날의 표준 독일어와 표준 네덜란드어는 별개의 언어가 되었다. 즉 양쪽 언어의 화자들이 서로의 말을 이해하지 못한다. 하지만 양국의 국경 지역에서 독일어 변이어와 네덜란드 변이어를 사용하는 사람들은 서로 간에 의사소통이 가능하다. 그렇다면 이 둘은 별개의 언어로 보아야 하는지 아니면 한 언어에 속해 있는 별개의 방언들로 보아야 하는지 애매해진다.

유럽의 스칸디나비아에서도 이와 유사한 사례를 발견할 수 있다. 공통의 북유럽 선조어로부터 파생된 덴마크어, 노르웨이어, 스웨덴어는 오늘날 별개의 언어로 간주되고 있지만, 이들은 문법이 서로 비슷하고 어휘와 발음에서 약간의 차이가 있지만 그 차이가 그리 크지 않기 때문에 언어학적 관점에서 볼 때는 한 언어의 방언들로 볼 수 있을 만큼 가깝다. 이 때문에 이 지역을 여행하는 이들은 세 언어 중 하나만을 알고 있어도 어느 곳에서든 의사소통에 큰 어려움을 느끼지 못한다. 이와 달리 중국에서는 반대의 양상이 발생하고 있다. 광둥어와 만다린어는 그 화자들이 입말로 서로 대화를 하지 못하며 언어학적으로 확실히 별개의 언어로 보이고 있음에도 불구하고 이 둘은 중국어의 방언으로 간주된다. 그리고 각각의 화자들은 자신들이 같은 언어를 공유하고 있다고 말한다.

로메인(2000)은 이와 관련하여 언어와 방언의 의미는 단지 언어적인 차원의 문제가 아니라 사회적 차원의 문제라고 말한다. 그녀는 '언어는 육군과 해군으로 무장한 방언'이라는 막스 바인라이히(Max Weinreich)의 발언을 인용하면서, 하나의 언어를 인정하는 것에 대한 폭넓은 의견의 일치는 사회적·정치적·심리적·역사적 요인들의 상호작용을 통해 발생하는 것이지 해당 변이형들의 내재적 특성에 의해 발생하는 것이 아니라고 하였다. 그리고 태평양의 북서 뉴브리튼 지역의 언어 상황을 설명하면서 대상이 언어의 위상인지 또는 방언의 위상인지를 분명히 결정하도록 요구하지 않는 중립적인 용어로 '변이어(variety)'라는 용어를 사용하고 있다.

그런데 방언이라는 용어에 주관적 어감이 내재되어 있는 것처럼 변이어라는 용어에도 '변이'라는 어휘 의미에서 부정적 함축이 존재하고 있기 때문에 다수의 언어학자들은 그보다 더 중립적인 용어인 '코드(code)'를 사용하고 있다. 일반적으로 코드는 인간의 언어를 비롯한 모든 기호 체계를 가리키는 것으로 볼 수 있으며, 사회언어학적 측면에서는 언어와 방언의 관계에 대한 모호성이나 방언과 변이어가 가지는 부정적 함축을 피할 수 있는 가장 중립적인 용어로 인식되고 있다. 뮤리얼 사빌-트로이키(Muriel Saville-Troike 2003)은 용어의 일관성 없는 사용을 지적하면서 '서로 다른 언어 또는 (고전 아랍어 대 구어체 아랍어, 카타레버사 그리스어 대 데모티케 그리스어에 비견될 수 있는) 동일 언어의 완전히 다른 변이어'를 가리키는 의미로 코드라는 용어를 사용하였다(왕한석 외 옮김 2009: 74). 또한 이 용어는 말투(style)나 상황 변이어(register)의 개념까지도 함께 포함하는 것으로 사용될 수 있다는 점에서 큰 장점을 지닌다. 본 장에서는 다양한 언어 상황을 설명하는 과정에서 비교적 언어 또는 방언의 위상이 분명하여 언어 선택이나 언어 전환, 방언 선택이나 방언 전환의 용어를 사용하게 될 경우를 제외하고는 코드 선택이나 코드 전환과 같은 중립적인 용어를 사용할 것이다.

여기에서는 먼저 코드라는 어휘와 관련하여 번스타인(Bernstein 1971)의 코드 이론을 살펴볼 필요가 있다. 교육 문제 특히 사회화 과정에서 언어의 역할에 관심이 있었던 영국의 사회학자 번스타인은 어떤 한 언어 공동체에서의 언어 사용과 그 사회 구조 사이에 직접적인 관계가 있다고 보았다. 그는 영국의 하위 노동계층 가정의 학생들이 중산 계층 가정의 학생들에 비해 언어 관련 과목에서 학업 성취도가 떨어지는 것은 그들이 사용하는 코드가 중산 계층 학생들의 것과 다르기 때문이라고 보았다. 그는 두 집단의 언어 사용 모습을 비교 분석한 결과 분명한 차이를 보이는 두 개의 코드가 존재함을 확인하고 이를 정교한 코드(elaborated code)와 제한된 코드(restricted code)로 구분하였다.

정교한 코드는 말하는 이의 의도를 정확하게 전달하기 위해 상대적으로 정교하고 복잡한 형태를 띠고 있다. 그래서 어휘가 다양하고 문장

구조가 복잡하며 발화되는 문장도 완전한 형태를 보인다. 이에 반해 제한된 코드는 정교한 코드에 비해 상대적으로 덜 복잡하거나 짧은 문장을 사용하며 강세나 억양과 같은 비언어적 요소들을 좀 더 사용한다. 따라서 정교한 코드를 사용한 언어는 전달되는 의미가 구체적이고 명확하기 때문에 공적인 상황, 특히 교육 현장에서 주로 사용된다. 반면 제한된 코드를 사용한 언어는 그 의미가 암시적이거나 함축적이기 때문에 서로 친밀한 관계에 있는 사람들 또는 공동의 문화와 가치를 지니는 소수 집단 구성원들 사이의 사적인 상황에서 주로 사용된다.

번스타인은 하위 노동 계층의 학생들이 학교에서 학업 성취도가 낮게 나타나는 이유는 학교에서 사용되는 코드가 중산 계층 사람들이 주로 사용하는 정교한 코드이기 때문이라고 보았다. 이러한 번스타인의 코드 이론은 조사된 자료의 양이 많지 않다거나 '코드', '정교한'과 같이 그 연구에서 사용된 용어들의 정의가 명확하지 않다는 이유로 적지 않은 비판을 받았다. 하지만 그의 연구 결과를 긍정적으로 평가하는 많은 연구자들에 의해 같은 방법론의 연구가 계속 이어졌고 번스타인의 의도와는 다르게 하류 노동 계층 가정의 아이들이 학교생활에 제대로 적응하지 못하는 이유가 그들의 제한된 언어 사용 능력 때문이라는 결손 접근법을 지지하는 데까지 잘못 사용되었다.

2.2 코드 선택

앞에서 언급한 바와 같이 우리가 단 하나의 언어 또는 단 하나의 방언만을 사용하는 경우는 매우 드물다. 일반적으로 우리는 여러 개의 코드를 사용할 수 있고 또 그렇게 사용해야 하는 언어 상황 속에서 살아간다. 그렇게 둘 이상의 언어 또는 방언, 즉 코드들을 사용하는 사람이 현재 처한 사회적 상황이나 맥락 등을 고려하여 하나의 코드를 사용하게 되는 것을 코드 선택(code choice)이라고 한다. 이 코드 선택은 주로 이중 또는 다중 언어 사용 공동체에서 주요 연구거리가 되어 왔는데 이 코드 선택은 개별 화자 차원에서 이루어지는 개인적인 선택일 수도 있고 국가와 같은 공동체 차원에서 이루어지는 국가적인 선택일 수도 있다.

먼저 개인적인 차원의 코드 선택은 화자가 대화 상대방이 누구인지, 어떤 분야의 주제를 가지고 이야기하는 것인지와 같은 미시적 차원을 고려한 후에 스스로 선택하게 된다. 어떤 대화 상황에서 한국어를 사용할 것인지 아니면 영어를 사용할 것인지, 표준어를 사용할 것인지 아니면 자신이 편하게 사용해 왔던 지역 방언을 사용할 것인지를 결정하는 것이다. 하지만 그 선택도 그가 처한 언어적 맥락으로부터 완전하게 자유로운 것이 아니기 때문에 자기의 의지만으로 되는 것이 아니다.

다음으로 국가적 차원의 코드 선택은 해당 국가의 국가어(national language) 또는 공용어(official language)를 무엇으로 결정할 것인지 그리고 어느 지역 방언을 표준으로 정할 것인지 등에 관한 선택을 의미한다. 특히 국가어나 공용어를 선택하는 문제는 해당 공동체의 교육, 정치, 경제, 법률 등에서의 매체 언어를 선택하게 되는 것으로 국가적 차원에서 상당히 중요한 의미를 갖는다. 예전에 한국 사회에서 큰 이슈가 되었던 영어 공용화 논쟁도 국가적 차원의 선택과 관련된 문제였다고 볼 수 있다.

이러한 국가적 차원의 코드 선택과 관련하여 우크라이나의 경우를 살펴보는 것은 아주 흥미 있는 일이다. 지난 2012년 우크라이나는 소수 민족이 10%가 넘는 자치 지역에서는 우크라이나어 외에 해당 소수민족의 언어를 자치단체의 공식어로 인정한다는 내용의 법안에 따라 우크라이나어 외에 러시아어 등 소수민족 언어를 지역 자치단체의 공식어로 인정하는 법률을 제정하였다. 하지만 2014년 현재 심각한 동서 분열의 위기에 처해 있는 우크라이나는 이 법률을 폐지하기로 결정했다. 우크라이나에 친유럽 성향의 정부가 들어서고 크림 반도를 러시아군이 장악하게 되면서 우크라이나는 러시아의 군사 개입에 대한 일종의 항의의 표시이자 반감의 표현으로 러시아어가 가지고 있던 제2공식어로서의 지위를 박탈한 것이다. 우크라이나가 러시아어에 대해 제2공식어로서의 지위를 박탈한 것은 단순히 언어적 차원의 문제가 아니라 외교, 정치적 차원에서 결정한 국가적 차원의 코드 선택이라 할 수 있다.

2.3 코드 전환

앞에서 우리는 개인적 또는 국가적으로 처해진 상황에 따라 특정 언어나 방언, 즉 특정 코드를 선택하게 된다고 했는데 경우에 따라서는 복수의 코드를 가지고 이 코드에서 저 코드로 바꿔가며 사용해야 하는 언어 상황에 처하기도 한다. 이처럼 단일 언어 사용 상황에서 화자들이 방언이나 상황 변이어 등을 바꿔 가며 말하거나 이중 또는 다중 언어 사용 상황에서 화자가 이미 사용하고 있던 언어를 다른 것으로 교체하는 현상을 코드 전환(code-switching)이라고 한다. 이 코드 전환은 그것이 발생하는 언어적 단위에 따라서 구분될 수 있는데, 먼저 하나의 절이나 문장 안에서 코드 전환이 일어나는 경우는 '문장 내 코드 전환(intra-sentential code-switching)' 이라고 하고, 절이나 문장들의 경계에서 코드 전환이 일어나는 경우는 '문장 간 코드 전환(inter-sentential code-switching)'이라고 한다.

많은 언어학자들은 화자들이 왜 이 코드 전환을 하는지와 그것이 대화의 진행에 어떠한 기여를 하게 되는지 등에 대해 관심을 가졌다. 먼저, 코드 전환은 그것이 발생하게 되는 사회적 동기에 따라 상황적 코드 전환 (situational code-switching)과 은유적 코드 전환(metaphorical code-switching)의 둘로 구분해 볼 수 있다. 상황적 코드 전환은 화자가 대화 참여자, 주제, 배경 등과 같은 발화 사건의 성분에 따라 복수의 코드 중 하나를 선택하여 사용하게 될 때 발생하게 된다. 가령 어느 지역의 주민이 동사무소에 가서 직원과 가볍게 인사를 하거나 사는 이야기 등을 할 때에는 그 지역의 방언으로 말을 하지만 인감증명을 신청하는 등의 공식적인 사무를 볼 때는 표준어를 사용한다면 이것은 상황적 코드 전환이라고 할 수 있다. 〈그림 9.1〉은 강윤희(1994: 115)에 제시된 것으로 상황적 방언 전환의 전반적인 모습을 잘 보여준다.

이러한 상황적 코드 전환은 매우 순간적으로 발생한다. 그리고 우리가 앞에서 살펴본 양층어 상황과 유사하기까지 하다. 하지만 양층어 상황 공동체에서의 언어 선택은 그 사회에서 유의미하게 생각하는 특정 행위나 참여자들 간의 관계 변화에 의해서 매우 엄격하게 규정되는 반면 코

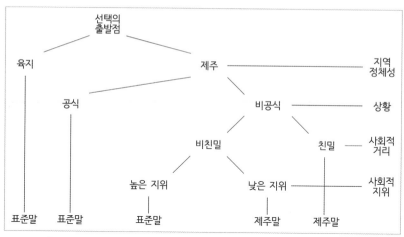

〈그림 9.1〉 제주에서의 두 방언 사용을 위한 사회적 규칙(강윤희 1994)

드 전환은 그러한 전환의 조건이 상대적으로 덜 엄격하며 대개 화자 스스로의 판단에 의해 이루어진다. 따라서 양층어 상황에서는 화자들이 자신이 다른 언어를 선택하게 되는 순간을 명시적으로 인지하게 되지만 상황적 코드 전환은 무의식적으로 발생하기 때문에 때로는 자신이 코드 전환을 행한 사실조차 알지 못하는 경우도 있다. 이런 이유로 양층어 상황은 두 언어 사이의 차이를 더욱 더 분명하게 유지하게 되지만 상황적 코드 전환은 두 코드 사이의 차이를 감소시키는 경향이 있다.

은유적 코드 전환은 화자가 의도하는 의사소통의 효과와 관련된 것으로 약간은 감정적 차원의 현상이라 할 수 있다. 예를 들면 교실에서 교사가 수업을 할 때 먼저 표준어로 강의를 한 다음 학생들 간에 활발한 토론을 유도하기 위해 그 지역에서 사용되고 있는 방언으로 전환하는 것을 들 수 있다. 이때는 대화 참여자나 환경 등의 발화 사건 성분은 바뀌지 않지만 화자가 그 상황을 재규정함에 따라서 코드가 바뀌게 된다. 화자가 격식적 상황을 비격식적 상황으로, 공적 상황을 사적 상황으로, 심각한 상황을 가벼운 상황으로 재규정하고 코드 전환을 함으로써 대화의 분위기를 바꾸게 되는 것이다.

그런데 간혹 어떤 의사소통 상황에서는 그 참여자들이 각자가 처해 있는 상황에 대해 서로 다르게 인식함으로써 코드 전환의 문제가 순조롭게 이루어지지 않는 경우도 있다. 다음의 대화 사례는 케냐의 한 지역에 사는 오빠와 여동생이 오빠의 가게에서 하는 대화 중 일부다(박용한·김동환 옮김 2009: 87).

(3) Brother: *Good morning Sister.*
　　(오빠: 안녕.)
　　Sister: *Good morning.*
　　(여동생: 안녕.)
　　Brother: *Are you alright?*
　　(오빠: 잘 지내지?)
　　Sister: *Yes, just a little.*
　　(여동생: 응. 그럭저럭.)
　　Brother: Sister, now today what do you need?
　　(오빠: 오늘 뭐 필요한 거 있어?)
　　Sister: *I want you to give me some salt.*
　　(여동생: 소금 조금만 줘.)
　　Brother: How much do you need?
　　(오빠: 얼마만큼 필요한데?)
　　Sister: *Give me sixty cents worth.*
　　(여동생: 60센트어치 줘.)
　　Brother: And what else?
　　(오빠: 그리고 또?)
　　Sister: *I want like something else, but I've no money.*
　　(여동생: 다른 것 또 필요하긴 한데, 돈이 없어.)
　　Brother: Thank you, sister. Goodbye.
　　(오빠: 고맙다. 잘 가.)
　　Sister: *Thank you. Goodbye.*
　　(여동생: 고마워. 잘 있어.)

이들 남매는 집에서 대화를 나누는 데는 익숙하지만 가게에서 주인과 고객으로서 대화를 나누는 데에는 익숙하지가 않다. 여동생은 오빠 가게에서 손님으로서 특별 대우를 받기 원하기 때문에 남매 사이의 친밀감에 기대어 대화를 하고자 한다. 이는 동생이 처음부터 끝까지 그들의 모국어인 루비다코어(Lwidakho)를 사용하는 것을 통해 알 수 있다(이탤릭체 표기). 하지만 오빠는 비록 처음에는 루비다코어로 인사를 했지만 판매를 하는 상황에서는 동생을 손님으로 대하고 싶었기 때문에 해당 공동체에서 인종적으로 중립적이면서 서비스 분야에서 많이 사용되는 스와힐리어(Swahili)로 전환을 하게 된다(밑줄 표기). 그 결과 여동생은 자신이 원하는 대우를 받지 못하고 가게를 떠나게 된다. 이처럼 코드의 선택이 결정되어 있지 않은 상황에서는 그 현장에서 대화 참여자들 간에 전략적인 협상이 이루어지기도 한다.

이러한 코드 전환과 다소 유사한 개념으로 말투(speech style)나 몸짓 등에서의 말하기 방식을 조절하는 조정(accommodation)이 있다. 이는 영국의 사회심리학자 자일스와 그의 동료들이 발전시킨 용어인데(Giles et al. 1991), 조정은 크게 수렴(convergence)과 분기(divergence)의 두 유형으로 나타난다. 수렴은 상대방의 말투를 받아들여 유사한 방식으로 이야기하는 것으로서 외국인이나 어린이와 말을 할 때 그들의 말투나 말의 속도 등을 따라하는 것을 예로 들 수 있다. 화자는 상대와의 유대감이나 친근감을 높이기 위해 이러한 수렴의 행위를 한다. 이와 반대로 분기는 말하는 이가 상대방과의 사회적 거리감이나 반감을 더욱 드러내기 위해 말투를 더욱 차이 나게 말하는 것을 말한다. 평소 비격식체의 말투로 편하게 이야기하던 친구와 어떤 이유로 거리감을 두고자 할 때 일부러 격식체의 말을 사용하는 경우를 그 예로 들 수 있다.

이러한 코드 전환과 달리 코드 혼용(code-mixing)은 대화 참여자나 주제, 대화 배경 등이 바뀌지 않은 상황에서 하나의 문장이나 구절 내에서 두 코드의 전환이 빠르게 일어나는 것으로 흔히 문장 내 코드 전환을 일컫는 용어로 자주 사용된다. 어떤 경우에는 이 화자들이 어느 언어를 사용하고 있는 것인지조차 분명하지 않을 수도 있다. 예를 들어 퀘벡에서는 불어와 영어가, 아르헨티나에서는 불어와 스페인어가, 텍사스에서는 영어와 스페인어 간에 코드 혼용이 자주 발생하는 것으로 보고되었다. 이러한 코드 혼용은 두 코드에 대한 불완전한 언어학적 지식 때문에 발생하는 것이 아니라 두 개의 문화적 정체성을 가지고 있는 이중 언어자가 상황에 따라 두 개의 코드를 전략적으로 사용함으로써 발생하는 것이다. 즉 두 코드에 대한 완전한 지식을 가지고 있는 상황에서 대화 상대방과의 친근성이나 결속성을 표시하기 위해 사용하는 것이다.

이중 언어 사회 또는 다중 언어 사회의 언어사용에 일찍부터 관심을 보였던 서구의 사회언어학에서는 1960년대부터 이러한 코드 선택이나 코드 전환 등에 대해 비교적 많은 연구를 해왔다. 하지만 국내에서는 이러한 다언어 사용 상황이 비교적 최근에 형성되면서 이들에 대한 연구 또한 최근에야 관심을 가지게 되었다. 그 중에서 손희연(2006)과 최재오(2006) 등은 언어 교육과 관련된 응용언어학 분야의 연구다. 특히 손희연(2006)은 프랑스에서 이루어진 한국어 수업 담화를 대상으로 거기에서 나타나는 코드 전환의 유형과 기능을 살펴보았다. 그리고 이러한 코드 전환은 메타커뮤니케이션, 언어 교수와 학습, 참여자 간의 관계 형성 등에서 교사와 학습자가 사용하는 중요한 언어 소통의 전략이라고 보고 있다.

임형재(2006)에서는 연변 조선족 지역에서 조선족들의 실제 대화를 직접 채록하여 연구하였다. 이 연구에서 조선족들은 조선어와 중국어 사이에서 코드 전환을 자주 실행하는 것으로 나타났는데, 그 이유는 자신들의 표현 기법을 더 추가하기 위한 것으로 일종의 발화 전략으로 볼 수 있는 것이었다.

이외에도 한국에 거주하는 화교들이 한국어와 중국어를 이중 언어로 사용하는 모습이나, 한국인들이 한국어와 영어 사이에서 코드 전환하는 모습 등에 대한 연구도 많이 이루어졌다. 언어 전환의 양상은 아니지만 앞에서 살펴보았던 강윤희(1994)에서는 민족지적인 연구 방법론을 이용하여 제주 사회에서 사용되는 표준말과 제주말 간의 전환 양상에 대하여 연구하였다. 그 결과 제주 사회에서 표준말은 '육지'로 대표되는 남과의 상호작용에서 쓰이는 공식적인 말, '남의 말'이라는 의미를 지니고 있으며, 제주말은 '우리끼리' 쓰는 친근한 말, '우리 말'이라는 문화적 의미를 지니고 있음을 주장하였다.

우리가 일상 대화에서 어떤 언어나 방언 또는 스타일을 선택하여 말하는 것과 여러 개의 코드를 가지고 전환 또는 혼용하여 말하는 것은 분명 어떤 의도적인 노력의 결과다. 그 코드가 자기의 대화 목적을 달성하기에 가장 적합한 것이기 때문일 수도 있고 다른 사람들이 자신을 어떻게 생각해 주었으면 좋겠다는 바람 때문일 수도 있다. 이처럼 여러 개의 코드 중 하나를 선택적으로 사용하고 전환하거나 혼용할 수 있는 능력은 사회생활을 하는 데 유용한 기술이 된다. 사람들은 어떤 코드는 세련되고 다른 코드는 촌스럽다거나 어떤 코드는 바람직하고 다른 코드는 덜 바람직하다는 등의 언어학적 편견을 가지고 있을 수 있는데 이 기술은 그러한 대화 상대방들에 따라서 여러 코드들 중 하나를 전략적으로 선택하여 사용할 수 있는 능력을 제공해 주기 때문이다.

3. 언어 접촉의 다양한 양상

아주 오래 전 지구상에 등장했던 인류는 이런 저런 이유로 잦은 이동을 하였다. 이러한 이동 과정에서 인류가 사용했던 많은 종류의 언어들은 상호 접촉을 통해 변화와 발전 그리고 때로는 사멸과 소생 등의 과정을 거쳤다. 오늘날 우리가 사용하고 있는 언어들은 모두 이러한 과정의 결과물이다. 역사적으로 볼 때 언어 접촉을 유발하는 인구 이동은 주로 각종 자연재해나 전쟁 또는 대규모의 교역 등을 통해 이루어졌다. 이런 언어 접촉의 대표적인 사례로는 B.C. 350년 경 유럽의 알렉산더 대왕의 군대가 인도 대륙의 북서부 지방인 펀잡(Punjab)으로 진군하게 되면서 그리스어와 인도어가 접촉하게 된 것을 들 수 있다. 또한 16세기 전반에 스페인이 오늘날의 페루에 있던 잉카인들을 정복하게 되면서 스페인어와 케추아어(Quechua)가 접촉하게 된 것도 언어 접촉의 중요한 사례다.

이 절에서는 이러한 언어 접촉의 상황에서 발생하게 되는 언어 갈등, 언어 유지, 언어 교체와 언어 사멸, 언어 소생 등의 다양한 양상들에 대해 살펴보도록 하겠다.

3.1 언어 및 방언의 접촉과 갈등

서로 다른 모어를 사용하는 둘 이상의 언어 집단이 여러 가지 이유로 상호 간에 사회적 접촉을 하는 상황을 언어 접촉(language contact)이라고 한다. 여기에서는 언어 접촉을 살펴보기 전에 방언 접촉 현상에 대해 먼저 살펴보도록 한다. 방언 접촉(dialect contact)은 지리적으로 인접해 있거나 사회적으로 가까운 관계에 있는 서로 이해 가능한 두 방언들이 접촉하는 언어적 현상으로, 넓은 의미에서 보면 언어 접촉의 한 유형이라고 할 수 있다. 방언 접촉의 결과는 대개 두 방언의 요소가 병존하는 병존 방언과 두 요소가 융합하여 제3의 요소로 나타나는 융합 방언의 두 가지 유형으로 나타난다. 또한 하나의 방언에서 병존적 요소와 융합적 요소가 함께 발생하는 혼합 방언의 행태도 나타날 수 있다(한국사회언어학회 2012: 78).

이처럼 서로 다른 방언들이 지속적으로 접촉하게 되면 상대 방언과 공유하지 않는 자신만의 방언 특징을 잃어버리게 되면서 방언들 간의 차이가 점점 줄어들게 되는 방언 균일화(dialect leveling) 현상이 발생한다. 이 현상은 도시화의 진전에 따라 대규모의 농촌 지역 주민들이 도시로 이동하게 되고 그곳에서 문화적, 언어적으로 접촉이 이루어지는 상황에서 주로 발생한다. 특히 TV나 라디오 같은 대중매체의 확산으로 지방의 주민들도 표준어를 접할 기회가 많아짐에 따라 방언 균일화는 전국적으로 활발하게 이루어진다. 방언 균일화는 해당 방언 고유의 특징을 잃어버리면서 표준어와 유사하게 변화해 가는 현상인데 이와 반대되는 현상도 발생한다. 즉 자기의 기존 특징에 접촉 중인 상대 방언의 특징이 추가되는데 이것을 방언 수렴이라고 한다.

언어적 차원이든 방언적 차원이든 이렇게 별개의 언어나 방언이 둘 이상의 개인이나 집단의 상호작용에 의해 접촉하는 과정과 그 결과 등에 대해 관심을 가지고 연구하는 학문 분야를 접촉 언어학(contact linguistics)이라고 한다. 사회언어학이 언어 변이에 대해 주된 관심을 가지고 연구를 해왔다면 접촉 언어학에서는 주로 언어 접촉 상황에서 발생하는 언어 갈등(language conflict), 어휘 차용(lexical borrowing), 언어 유지(language maintenance), 언어 교체(language shift), 언어 사멸(language death) 및 언어 소생(language revival) 등과 같은 여러 가지 상황들에 대해 연구해 왔다. 본 장에서는 이것들의 개념과 그 주요 사례들을 살펴볼 것이다.

앞에서도 언급한 바와 같이 역사적으로 볼 때 이중 또는 다중 언어 사용 상황은 보편적인 현상이라 할 수 있다. 한국 사회를 포함하여 공식적으로 단일 언어만을 사용하고 있다고 생각하는 모든 사회 집단들도 사실 내부를 들여다보면 서로 다른 언어들 간의 다양한 접촉이 진행 중이며 거기에서 다양한 언어 갈등이 발생하고 있다. 그러한 사례는 역사적으로 수없이 많으며 현재에도 세계의 여러 나라에서 진행 중이다.

어떤 이유에서건 두 개의 언어가 접촉하게 되면 그 두 언어는 같은 지역에서 서로 경쟁하는 갈등 상황에 놓인다. 인도에서의 힌디어와 타밀어 간의 언어 갈등, 오랜 기간 스웨덴의 지배를 받았던 핀란드에서의 핀란드어와 스웨덴어 간의 갈등 그리고 캐나다에서의 영어와 불어 간의 갈등이 그 주요 사례들이다. 이 갈등 상황은 양층어 상황이 형성될 경우 비교적 오랜 기간 동안 지속될 수도 있지만, 어떤 경우에는 토착어가 저돌적으로 밀고 들어오는 외부의 언어에 의해 비교적 짧은 기간에 영향력을 잃게 되는 경우도 많다. 특히 과거 제국주의 시절에 영국이나 프랑스 등이 식민 지배를 했던 호주, 뉴질랜드 지역에서 발생한 영어와 토착어 간의 갈등은 아직도 심각한 사회적 문제로 남아 있다.

3.2 언어 태도와 언어 유지

언어 접촉 이후의 다양한 갈등 속에서 이후의 전개 상황을 결정하게 될 가장 중요한 요소는 아마도 해당 공동체 구성원들의 언어 태도(language attitude)일 것이다. 이것은 사람들이 자기와 다른 사람들이 각각 사용하고 있는 언어나 그것들을 사용하는 전형적인 화자들에 대하여 가지고 있는 주관적인 견해를 말한다. 우리는 보통 어떤 언어는 아름답고 세련되어 보이는 반면 다른 어떤 언어는 투박하고 촌스러워 보인다는 인식을 갖고 있는 경우가 있다. 이러한 태도는 정확한 언어학적 지식에 근거하기보다 자기나 해당 공동체 구성원들의 주관적인 인식에 근거하는 것으로 일종의 언어 고정관념(language stereotype)이다(Fishman 1966).

하지만 이 언어 태도는 사람들의 언어 행동에 큰 영향을 미치게 된다. 특히 자기의 모국어에 대한 언어 태도와 관련된 언어 충성도(language loyalty)에 특히 큰 영향을 미친다. 언어 충성도는 언어 갈등 상황에서 자기가 사용하고 있는 언어가 계속 유지되기를 바라는 정도를 나타낸다(Fishman 1966). 자기의 언어에 대한 언어 충성도가 높은 언어 소수자(language minority) 집단은 자기들의 언어보다 더 강력한 힘을 가진 지배 언어로부터 자신의 언어를 보호하려고 노력한다. 그 결과 구성원들의 언어 충성도가 높으면 그 모국어는 유지(language maintenance)되는 반면, 언어 충성도가 낮으면 지배 언어로의 언어 교체(language shift)가 일어나게 된다(한국사회언어학회 2012: 152~153).

일반적으로 언어 갈등 상황에 있는 언어들은 서로 살아남기 위해 경쟁을 벌이게 된다. 특히 정치, 문화 및 교육적 차원에서 상대적으로 열세에 있는 언어 사용자들은 해당 공동체 내에서 자기들이 사용하고 있는 언어의 기능과 역할을 높임으로써 언어를 유지하기 위해 다각적인 노력을 펼친다. 이렇게 어려운 여건 속에서도 높은 언어 충성도를 바탕으로 자기들의 언어를 굳건히 지켜나가는 소수 집단들도 있다. 실제로 미국에서 많은 이민자들이 모여 사는 특정 지역에서는 소수자 언어가 대체로 잘 유지되고 있다. 히스패닉계나 아시아계 등의 이민자들이 모여 사는 지역, 특히 중국계 미국인들이 거주하는 차이나타운의 경우 자기들의 모국어를 성공적으로 유지하고 있다.

다음의 표는 다양한 언어들이 함께 사용되고 있는 호주에서 서로 다른 민족 집단들이 그들의 모국어를 유지하고 있는 비율을 잘 보여 주고 있다. 그리스 출생의 호주인들은 모국어에 대한 강력한 언어 충성도를 바탕으로 가장 높은 언어 유지 비율을 보여 주고 있는 반면 네덜란드 출생의 호주인들은 가장 낮은 언어 유지 비율을 보여 주고 있다(박용한·김동환 옮김 2009: 72).

〈표 9.1〉 호주의 여러 민족 집단들의 모국어 유지 현황

출생 국가	영어를 정기적으로 사용한다고 말한 응답자의 비율(%)
그리스	3
이탈리아	6
유고슬라비아	10
폴란드	20
독일	28
몰타	30
네덜란드	44

(박용한·김동환 옮김 2009)

3.3 언어 교체와 언어 사멸

현실적으로 언어 갈등 상황에서 언어적 소수자 집단의 사람들이 자기들의 언어를 유지하는 것은 매우 어려운 일이다. 대개의 경우 정치 사회적으로 지배 세력에 속하는 이들이 사용하는 언어로 교체될 가능성이 크기 때문이다. 호주의 토착어나 영국 제도의 켈트 언어가 그렇게 되었고 또 영국으로 이민 온 아시아 지역 사람들이 새로운 환경에서 자신의 언어를 유지하지 못했던 것도 다 그런 경우다.

대개의 경우 한 개의 언어만을 사용하던 집단이 사회적으로 더 강력한 집단과 접촉하게 되면 두 개의 언어를 동시에 사용하는 이중 언어 사용의 과정을 거쳐 결국에는 새로운 언어로 이루어지는 단일 언어 사용 상황이 되는 언어 교체(language shift)를 경험하게 되는 경우가 많다. 오스트리아의 한 마을 오버바르트(Oberwart)는 이러한 언어 교체의 사례를 잘 보여 준다. 오스트리아와 헝가리의 국경 근처에 있는 이 마을은 원래 헝가리어 하나만을 사용했으나 16세기 터키의 침입으로 헝가리 사람

들이 떠나고 난 뒤에 독일 사람들이 이주해 와 살게 된다. 그 후 약 400년 동안 이 마을 사람들은 헝가리어와 독일어를 함께 사용하게 되었는데 지금은 거의 독일어만을 사용하는 단일 언어 사용 사회로 전환되어 가는 모습을 보이고 있다.

어느 한 공동체에서만 유일하게 사용되던 한 언어가 전쟁이나 경제적인 변화 또는 종교적인 영향 등으로 인해 다른 언어로 거의 교체되는 단계에 이르면 원래의 언어는 그 존재 자체가 매우 위협받게 되어 결국에는 사멸 언어가 될 수 있다. 이처럼 하나의 언어가 더 이상 사용되지 않게 되는 과정이나 상태를 언어 사멸(language death)이라고 한다(Crystal 2000). 이러한 현상은 특정 언어를 사용하는 화자들이 후손을 남기지 못하고 모두 사망하거나 그 언어를 사용하던 사람들이 모두 다른 언어 사용자들로 바뀔 때 발생한다. 전자는 언어 교체 없이 언어 사멸이 발생한 경우고 후자는 언어 교체와 언어 사멸이 함께 이루어진 경우다. 충분히 예상 가능한 일이지만 대개의 경우 언어 사멸은 언어 갈등의 상황 중 언어적 소수자 집단에서 발생하게 된다. 영국 북부의 픽트어나 이탈리아 중부의 에트루리아어 같은 언어들은 완전한 언어 사멸을 겪은 대표적 사례들이다(한국사회언어학회 2012: 139).

이러한 언어 사멸 현상은 오늘날에도 전 세계적으로 여전히 발생하고 있다. 대다수의 세계 언어들은 소수민족이 사용하는 언어인데 영어, 중국어, 스페인어, 러시아어 등 소수의 언어가 확산됨에 따라 소수 민족 언어의 앞날이 보장되기 어려운 상황에 이르고 있다. 심지어는 아무런 조치가 없을 경우 대개의 토착어들은 머지않아 사멸될 것이고 소수 민족의 언어 또한 다음 세기 동안에 살아남기가 어려울 것이라고 전망하는 언어학자들도 있다.

이와 같이 언어 교체나 언어 사멸은 그 언어를 사용하는 집단의 차원에서 일어난다. 이와 달리 특정 언어의 화자가 개인적 차원에서 언어 능력을 상실하게 되는 경우도 있는데 이런 경우는 언어 소실(language loss)이라 일컫는다. 이것은 해당 언어를 사용하는 사람들이 지구상에서 모두 사라지게 되는 언어 사멸과는 다른 개념이다. 앞에서 호주의 여러 민족 집단들이 모국어를 유지하는 현황을 표로 살펴본 바 있는데, 네덜란드 출생의 호주인들 중 영어를 정기적으로 사용한다고 응답한 44%의 구성원들은 그들의 모국어와 관련하여 개인적으로 언어 소실의 상황을 경험하고 있는 것이라고 할 수 있다.

3.4 언어 소생

장기간의 언어 교체 과정을 거쳐서 한 언어가 언어 사멸의 위기에 처하게 되었을 때, 한 개인이나 문화 공동체 또는 정부를 포함하는 다양한 행위 주체들에 의해 이 언어가 다시 널리 사용되는 경우를 언어 소생 (language revival)이라고 한다. 히브리어와 마오리어는 이러한 언어 소생의 과정을 거친 대표적인 사례라고 할 수 있다. 히브리어는 수세기 동안 특정 종교의 의식에서만 사용되는 고전적 언어였는데 이제는 이스라엘의 국가어이자 공용어로서의 지위를 지니게 되었다(Blau 1981). 또한 마오리어는 1980년대 초까지만 하더라도 뉴질랜드 마오리족 노인들만이 사용하였으나 이후에 이 언어를 교육하기 위한 학교가 세워지고 그 노인들이 아이들에게 마오리어를 가르치면서 그 사용 인구가 증가하고 있다. 이외에도 현대 표준 아랍어, 카탈로니아어, 웨일스어, 아일랜드어 및 호주의 몇몇 원주민어 등도 언어 소생의 과정을 거치고 있다(Grenobe & Whaley 2005; 박용한·김동환 옮김 2009: 72에서 재인용).

앞에서 살펴본 바와 같이 서로 다른 언어들이 접촉하게 되는 상황에서는 매우 다양한 양상이 전개될 가능성이 있다. 만약 한 언어에서 다른 언어로의 어휘 차용이 발생하게 되는 경우라면 그 어휘를 수용하여 사용하게 되는 언어의 입장에서는 어휘가 풍부해지는 긍정적 효과가 발생할 수 있다. 하지만 점진적 형태의 경제 문화적 교류나 순식간에 발생하는 전쟁 등의 이유로 두 접촉 언어들 간에 갈등 상황이 조성되면, 양쪽 언어들의 화자들은 자신의 모국어를 유지하기 위해 다각적으로 노력할 것이다. 여기에서 개인적 혹은 공동체 차원의 다양한 언어 정책이 전개되고, 그 성패 여부에 따라 언어 유지, 언어 교체, 언어 사멸 더 나아가 언어 소생 등의 양상이 전개된다. 이는 언어적 차원에서뿐만 아니라, 한 언어를 이루는 여러 방언들 사이에서도 일어날 수 있다.

이런 상황에서 각 개인이 가지고 있는 언어 태도나 언어 충성도 그리고 국가적 차원의 언어 정책은 해당 언어의 미래를 결정짓는 데 중요한 역할을 한다. 현재 21세기 초의 한국 사회는 다른 이중 또는 다중 언어 사용 국가들에 비해 언어 접촉으로 인한 갈등 상황은 상대적으로 그다지 심각하지 않다. 어떻게 보면 언어 접촉보다는 방언 접촉으로 인한 갈등의 문제가 더 중요해 보인다. 강희숙(2013)에서는 광주와 전남 지역 출신 학생들이 서울로 진학한 후 대학 생활을 하면서 타 지역 출신 학생들과의 방언 접촉 결과로 새로운 방언형을 습득하는 모습, 즉 일종의 방언 전환 현상을 조사하였다. 그 결과 경상도 방언과의 접촉을 통해서는 '아, 맞나?', '뭐라카노?', '~맨키로' 등의 방언형을 습득하는 것으로 드러났다. 이처럼 방언화자들은 타 지역 화자들과의 방언 접촉 시에 다른 방언의 습득이 가능한데 그 과정에서 자기의 출신 지역 방언이나 그 지역 방언의 특성에 대해 부정적 감정을 가지고 그 가치나 정확성 등에 대해 불안을 느끼는 언어 태도, 즉 언어적 불안정을 경험하기도 한다(Trudgill 2003: 81).

최근 들어 한국 사회에도 대개 주변의 아시아 지역으로부터 유입되는 결혼 이주 여성들과 해외 노동자들의 수가 급격하게 늘어남에 따라 언어 접촉의 문제는 우리 사회에서도 중요한 문제로 대두되고 있다. 왕한석(2007)에서는 이와 관련하여 한국 사회에 정착하기 위해 입국한 국제결혼 이주 여성의 한국어 적응에 관한 문제를 인류학적으로 분석하고 있다. 여기에서는 중국 조선족을 비롯하여 총 8개 국가 출신 19명을 대상으로 그들의 한국어 학습 과정과 자녀들의 언어 습득 문제 그리고 이주 여성들의 실제 한국어 수행 양상 등을 분석하였다. 그리고 이러한 분석 결과를 바탕으로 이들을 위한 체계적인 한국어 교육 프로그램의 개발 및 시행이 필요하고, '언어 적응'보다 한 단계 높은 차원의 '문화 적응'에 대한 경험적인 연구 작업이 이루어져야 한다고 주장하였다. 또한 구체적인 정책의 수립이나 시행에 앞서 이주 여성들에 대한 한국 사회 구성원

모두의 생각과 행동의 변화, 즉 '태도 변화'가 필요함을 언급하고 있다.

또한 김하수·조태린(2008)에서는 외국인 이주노동자, 국제결혼 이주 여성과 같은 한국 사회 소수자들의 언어 문제를 사회언어학적 차원에서 다루고 있다. 여기에서는 우리 사회가 지금까지 이 소수자들에게 한국어 를 어떻게 교육할 것인가 하는 문제에 집중해 왔지만, 앞으로는 그들의 모어를 사회적으로 인정하는 것이 더 중요한 문제가 될 것으로 보고 있 다. 물론 사회적 비용 지출이 막대하겠지만 그것만이 우리 사회 모든 구성원들의 언어적 권리와 문화적 평등 그리고 다양한 문화 자원의 확보 를 가능케 할 것이라 예상하고 있다.

4. 피진어와 크리올어

인류가 사용해 온 언어의 역사를 되돌아 볼 때 언어 접촉의 다양한 결과들 중 우리가 많은 관심을 가지고 살펴보아야 할 영역 가운데 하나 가 피진어(pidgin)와 크리올어(creole)의 생성 및 발전 과정일 것이다. 물론 이 언어들은 태평양이나 대서양의 적도 부근 해안 지역에서 주로 발생하 였으며, 한국 사회에서는 관찰된 적이 없다. 그리고 앞으로는 세계 어느 곳에서도 새로운 형태의 피진어나 크리올어가 추가로 생성될 가능성은 적다. 하지만 이들에 대한 연구는 언어의 접촉으로 인한 변화와 발전 과정을 이해하는 데 상당한 도움이 되므로 그 연구 가치가 매우 크다.

일반적으로 공통의 언어가 없는 두 집단이 서로 접촉하게 될 경우 상 호 간의 의사소통을 위해 사용되는 언어를 통용어(lingua franca)라고 한다. 인도나 파푸아 뉴기니와 같이 수많은 언어가 공존하는 다중 언어 사회에 서는 자연스럽게 통용어가 형성되게 마련인데, 피진어와 크리올어는 바 로 이러한 통용어의 특별한 형태들이다. 대개 피진어와 크리올어는 적도 지대의 바닷가 지역 즉 카리브해와 남아메리카의 북동 해안, 아프리카의 서해안 주변 등에서 주로 발견되는데, 이러한 분포는 이 언어들이 노예 무역을 포함해서 식민지 개척이나 무역, 노동 인구의 이동과 꽤 밀접한 관련이 있음을 보여 주는 것이다.

4.1 피진어와 크리올어의 생성

피진어는 어휘의 수가 적고 복잡한 문법 규칙도 없어 매우 단순화된 언어 형태를 띤다. 이로 인해 피진어는 뭔가 모자라고 그것을 사용하는 사람들 또한 사회 문화적으로, 심지어는 인지적으로까지 어딘가 부족한 사람일 것이라는 견해가 있었다. 하지만 곧 그러한 견해는 일종의 편견이며 피진어도 그것을 사용하는 사람들에게는 최적의 조건을 갖춘 완전한 형태의 언어라는 주장이 설득력을 얻게 되었다. 파푸아 뉴기니의 경우만 보더라도 피진어는 사람들의 언어생활에서 매우 실용적으로 사용되고 있고 자치 정부에서는 공동체 차원에서 매우 중요한 사안을 논의하는 상황에서 피진어를 사용하기도 한다.

이러한 피진어는 모어 화자가 없는 반면에 또 다른 통용어인 크리올어는 일정 언어 공동체의 구성원들에 의해 제1언어로 사용된다는 특성을 가진다. 그런데 사회적 또는 역사적인 설명이 추가로 이루어지지 않는다면 이 둘을 명확히 구분하기란 매우 힘들다. 단지 피진어는 최소한의 어휘와 거의 없는 것이나 다름없는 형태 통사적 특징을 갖고 있는 단순화된 언어라고 할 수 있는 데 반해 크리올어는 그 형태와 기능이 상대적으로 확장되어 공동체 구성원들의 의사소통 욕구를 상당 부분 충족시켜 준다는 점에서 차이가 있다. 즉 정도의 차이만이 있을 뿐이다. 일반적으로 크리올어의 가장 전형적인 사례로 알려진 파푸아 뉴기니의 톡피신어 (Tok Pisin)가 때로는 몇몇 학자들에 의해 피진어로 인식되고 있는 것도 다 이런 이유에서다.

대부분의 피진어와 크리올어는 유럽 언어에 기반을 두고 있으며 그중 영어와 불어가 차지하는 비중이 상당히 높은데 이는 과거 태평양이나 대서양 지역으로 뻗어 나갔던 영국과 프랑스의 제국주의의 흔적을 짐작케 한다. 이들은 흔히 어휘 제공 언어(lexifier language)라고도 하는 상층 언어(superstratum)의 어휘를 사용하고, 기층 언어(substratum)의 문법을 사용한다. 여기서 상층 언어는 접촉 중인 두 언어 중에서 사회적으로나 정치적으로 위세가 더 높은 언어를 말하며, 기층 언어는 다른 언어를 습득하는 이가 원래 사용하고 있던 언어를 말한다. 예를 들어 톡피신어 같은 경우에 상층 언어는 영어이고 기층 언어는 파푸아 뉴기니의 토착어가 된다.

4.2 피진어와 크리올어의 발전 과정

그런데 이 크리올어는 피진어와 상관없이 별도로 갑작스럽게 발생하는 것이 아니다. 피진어를 장기간에 걸쳐 지속적으로 사용함에 따라 안정성을 확보하게 되고 그 사용 영역이 점점 확대되어 나간 결과 이를 모국어로 사용하는 화자가 있는 크리올어의 단계로까지 발전하게 되는 것이다. 뮐호이슬러(Mühlhäusler 1986)은 그러한 발전 단계를 아래의 그림과 같이 제시하고 있다.

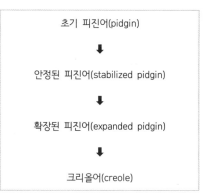

〈그림 9.2〉 피진어와 크리올어의 발전 단계(Mühlhäusler 1986)

이런 시각에서 피진어와 크리올어를 보면 그 둘 사이의 차이점 외에 둘 사이의 발전 과정에 더욱 주목하게 된다. 먼저 피진어화(pidginization)는 단어나 문법 구조가 약화되고 음운론적인 변이 또한 상당 부분 용인되는 '단순화'의 과정인 데 반해 그 이후에 벌어지는 크리올어화(creolization)는 단어, 음운 및 문법 구조가 확대되고 체계화되는 '복잡화'의 과정이어서 이 둘은 정반대의 내용을 담고 있다. 하임스(Hymes 1971)에서 피진어화란 외부의 형태가 간소화되는 것이고 크리올어화란 외부의 형태가 복잡화되는 것과 보통 연관되는 개념이라 한 것은 이 두 개념의 차이와 그 발전 관계를 이해하는 데 큰 도움을 준다.

또한 피진어는 크리올어의 초기 상태에 해당되는 것으로 알려져 왔는데 모든 피진어가 종국에 크리올어로 발전하는 것은 아니다. 크리올어화는 공동체 구성원들이 기층 언어를 더 이상 사용하지 않는 상황에서 아이들이 상층 언어를 사용할 수 없을 때 비로소 발생하게 된다.

이러한 크리올어가 제1언어가 된 사회에서는 이것과 상층 언어 사이에 서로 다른 여러 개의 언어 변종들이 단계적으로 형성되는데 이를 크리올어 연속체(creole continuum)라고 한다. 일단 피진어가 크리올어화되면 이 언어는 행정, 법률, 교육 등의 다 방면에서 사용된다. 하지만 이 크리올어는 사회적, 정치적, 경제적 측면에서 보다 위세가 큰 상층 언어로부터 지속적으로 영향을 받게 될 경우 탈크리올어화(decreolization)가 발생한다. 그 예로 파푸아 뉴기니에서 사용되고 있는 톡피신어를 들 수 있다. 원래 피진어로 생성되었던 톡피신어는 어휘와 문법 등의 범주가 발전하게 되면서 크리올어화되었다. 하지만 교육 영역에서 큰 힘을 발휘하고 있던 영어가 톡피신어에 지속적으로 영향을 주게 되어 이 둘이 음운적, 형태적 그리고 통사적으로 유사해지는 일종의 균일화 과정, 즉 탈크리올어화를 겪게 된 것이다.

바로 이런 탈크리올어화 과정에서 상부에는 표준 언어가 자리 잡고 하부에는 크리올어가 자리 잡게 되는 크리올어 연속체가 형성되는데 이 연속체에는 그 위치에 따라 상위어(acrolect), 중위어(mesolect), 하위어(basilect)가 연속적으로 존재한다. 상위어는 해당 사회 안에서 가장 높은 위세를 가지는 언어 변종이다. 예를 들면 자메이카 크리올어 연속체에 어휘를 제공하는 언어인 표준 영어가 이에 해당된다. 그 반대쪽에 자리 잡고 있는 하위어는 해당 사회 내에서 가장 낮은 위세를 갖는 언어 변종이다. 이것은 상층 언어와 가장 차이가 나는 크리올어로서 자메이카 크리올어 연속체의 경우 자메이카 크리올어가 이에 해당된다. 그리고 이 상위어와 하위어 사이에는 여러 단계의 중위어 언어 변종들이 존재한다.

5. 요약 및 결론

오늘날 우리는 여러 언어들이 접촉하면서 발생하는 다양한 언어적 상황 속에서 살아가고 있다. 이때 우리는 개인적 차원이든 국가적 차원이든 중요한 언어 선택을 하게 된다. 개인 화자가 특정 언어나 방언 또는 말투를 선택하는 것은 본인의 대화 목적을 달성하기 위한 전략적 행동인 동시에 자기의 정체성을 나타내기 위한 의도적 행위로 보인다. 또한 국가적 차원에서도 특정 언어를 공용어로 선택하게 되면 국가의 정치, 경제, 사회, 교육 등의 분야에서 매우 의미 있는 결과를 초래하게 된다.

본장에서는 먼저 언어 접촉에 따른 다양한 언어적 상황 중 대표적인 것이라 할 수 있는 이중 언어 사용 상황과 양층어 상황에 대하여 살펴보았다. 전자는 한 공동체의 일상 언어생활에서 그 구성원들이 둘 또는 그 이상의 언어를 다소 유창하게 사용하는 상황을 말하며, 후자는 동일한 언어의 변이어들이 서로 다른 상황에서 각각의 목적에 맞게 서로 중첩되지 않고 함께 사용되는 상황을 말한다. 이 두 상황에서는 각각 다수자 언어와 소수자 언어 그리고 상층어와 하층어 간의 갈등으로 인해 여러 가지 사회적 문제가 발생하는 것을 보았다.

우리가 일반적으로 별 고민 없이 사용해오고 있는 언어와 방언의 개념 경계가 항상 명확한 것은 아니다. 이와 관련하여 유럽의 스칸디나비아에서 사용되고 있는 덴마크어, 노르웨이어, 스웨덴어가 오늘날 별개의 언어로 간주되고 있지만 언어학적 관점에서는 한 언어의 방언들로 볼 수 있을 만큼 가까운 관계에 있음을 보았다. 이런 이유로 많은 언어학자들은 언어나 방언이라는 어휘 대신 '코드'라는 중립적인 용어를 사용하는 경우가 많음을 설명하였고, 이와 관련된 용어로 코드 선택과 코드 전환의 개념에 대해서도 살펴보았다.

언어적 차원이든 방언적 차원이든 두 개의 코드가 접촉하게 되는 상황에서는 다양한 양상들이 발생하게 되는데 이를 주요 연구 대상으로 하는 학문이 접촉 언어학이다. 접촉 언어학은 둘 이상의 코드가 개인 혹은 집단 간의 상호작용에 의해 서로 접촉하게 될 경우 발생하는 언어 갈등, 어휘 차용, 언어 유지, 언어 교체, 언어 사멸 그리고 언어 소생과 같은 다양한 현상들에 대해 연구해 오고 있다.

마지막으로 지금껏 한국 사회에서는 관찰된 적이 없지만 태평양이나 대서양의 적도 부근과 같이 과거 제국주의 시대에 식민지 개척의 대상이 되었던 지역에서 주로 발생했던 피진어와 크리올어에 대해 살펴보았다. 피진어는 공통의 언어가 없는 집단이 서로 의사소통하기 위해 사용하는 통용어로서 상대적으로 어휘 수가 적고 문법 규칙도 매우 단순화된 언어 형태를 띤다. 이에 반해 크리올어는 그 형태와 기능이 상대적으로 확장되어 공동체 구성원들 간의 의사소통 욕구를 상당 부분 채워 주면서 이를 제1언어로 사용하는 이들이 있는 통용어이다. 이들과 관련해서는 피진어화와 크리올어화 그리고 탈크리올어화와 같은 몇 가지 언어 발전의 단계를 생각해 볼 수 있다. 따라서 이 두 통용어에 대한 연구는 언어 접촉으로 인한 개별 언어들의 변화 및 발전 과정을 이해하는 데 큰 도움을 줄 수 있다.

1 다음은 우리나라의 한 대중가요의 가사 중 일부분이다. 이러한 언어 사용 모습을 이중 언어 사용이나 양층어 상황의 관점에서 설명할 수 있을까? 아니면 코드 전환이나 코드 혼용 또는 다른 무엇의 관점에서 설명해야 하는 것일까? 이런 형태의 언어 사용이 한국어의 미래에 어떤 영향을 끼치게 될 것인지 생각해보자.

All of me 한순간에 내 모든 걸 훔쳐서 가 버린
You drive me crazy, I feel so hazy
이젠 Say goodbye 날 감싸 안아 주던 네 품 Heaven
안녕이란 말조차 없이 떠나간 너지만 Baby
진심으로 빌어 줄게 어디서든 꼭 행복하길 Baby
Oh Flower, you're so sweet, sweet, sweet, sweet
Oh Flower, you're so deep, deep, deep, deep
시간이 흘러도 짙게 밴 향기가 남아
Baby, oh, oh, I'm addicted

(가수 용준형이 2013년도에 발표한 노래, 'Flower')

2 2013년 국내의 모 케이블 채널 방송에서 인기리에 방영되었던 드라마 '응답하라 1994'에서는 대학 생활을 위해 경상도, 전라도, 충청도 등에서 상경한 학생들이 서울의 한 하숙집에서 함께 생활하고 있는 모습을 재미있게 다루고 있다. 다른 지역의 사람들과 만나서 이야기를 하는 방언 접촉 상황에서 당신은 자기의 방언으로 자신 있게 이야기하는가? 아니면 표준말 또는 상대방의 방언을 따라 하려고 노력하는가? 다양한 방언 접촉 상황에서 벌어졌던 인상 깊은 경험에 대해 이야기해 보자.

3 언어 접촉 및 언어 갈등의 상황에서 각 화자들이 가지고 있는 언어 태도는 그 이후의 상황 전개에 많은 영향을 끼치게 된다. 국립국어원에서 2010년에 국민의 언어 의식을 조사해 본 결과에 따르면, 방언 사용자들이 자기의 방언을 사용하는 것에 대한 견해를 물은 결과 긍정적으로 생각하는 비율은 62.0%

이고 부정적으로 생각하는 비율은 6.7%에 불과했다. 이는 5년 전인 2005년의 조사 결과(긍정적: 26.3%, 부정적: 25.2%)와 비교해 볼 때 큰 차이를 보이고 있다. 이와 같이 우리 국민의 방언 사용에 대한 의식이 긍정적으로 변화하게 된 원인은 무엇일까에 대하여 생각해 보자.

더 읽을거리

1 김남국 옮김(2008), ≪언어접촉과 2개 언어 상용≫, 동인.
Rene Appel과 Pieter Muysken이 2006년에 지은 ≪Language Contact and Bilingualism≫을 번역한 책이다. 이 책은 이중 언어 사용 사회의 사회적 양상, 이중 언어 사용자의 심리 및 언어 사용 모습 그리고 이중 언어 사용의 언어적 결과 등을 설명해 주고 있다. 참고로, 한국사회언어학회(2010)에서는 책의 제목 중 'Bilingualism'을 '이중 언어 사용'으로 번역하고 있다.

2 김하수(2008), ≪문제로서의 언어≫ 1·2, 커뮤니케이션북스.
저자가 발표한 여러 편의 논문들을 엮어 만든 책이다. 2권(민족과 언어)의 후반부에서는 언어 접촉 상황에서의 언어 선택 문제를 다루고 있는데 그 중 "세계어의 대두와 민족어의 미래"는 민족어로서의 한국어의 미래를 이야기하고 있다. 여기에서는 세계화라는 자본의 논리가 민족어의 소멸을 불러오지 않겠느냐는 우려에 대하여 이른바 이중 언어 모델이 그 대안으로 등장할 가능성이 있다고 보고 있다. 세계적인 의사소통을 위해서는 현실적 통용 효과를 고려하여 세계어를 선택하여 사용하고, 민족 사회 안에서는 대중적 기반을 가지고 있는 민족어를 일상생활의 언어로 계속 다듬어 가는 방법이 가장 바람직하고 사회적 이익에도 부합할 것으로 보고 있다.

3 Hickey, R. (ed.) (2010). *The Handbook of Language Contact*. Oxford: Wiley-Blackwell.
언어 접촉에 관한 대표적인 외국 논문들을 모아 엮은 책이다. 1부는 contact and linguistics, 2부는 contact and change, 3부는 contact and society라는 제목으로 언어 접촉과 관련된 일반적인 이론들을 설명하고 있다. 마지막 4부에서는 언어 접촉을 주제로 한 사례 연구 논문 23편을 수록하고 있어 이 분야의 연구에 관심을 가지고 있는 이들에게 많은 도움을 주고 있다.

4 Kerswill, P. (2003). "Dialect levelling and geographical diffusion in British English". In D. Britain and J. Cheshire (eds.). *Social Dialectology*. Amsterdam: Benjamins. 영국 영어에서 도시와 시골 지역 영어의 특성이 소실되고 좀 더 넓은 지역에 존재하는 특성들로 대체되고 있는 현상을 다루고 있는 논문이다. 그 변화의 배경으로 지리적 확산(geographical diffusion)과 방언 균일화(dialect levelling)를 제시하고 있다. 또한 그 변화는 TV나 라디오 같은 방송 매체로부터 많은 영향을 받은 결과인데 특히 남성보다 여성이 그 변화를 선도하고 있음을 밝히고 있다.

제10장

언어 정책 및 계획

교과서 표기, 표준국어대사전 따른다(한겨레신문, 2006.05.19)

드디어, 짜장면도 표준어 됐다(동아일보, 2011.09.01)

이한동 "한글 전용은 위헌" … 어문정책 정상화 추진(뉴시스, 2012.07.31)

GCF 유치 인천 송도국제도시, 영어공용화 검토(연합뉴스, 2012.10.25)

서울시-시의회, '국어 사용 조례' 제정 추진(뉴스1, 2013.07.22)

'겨레말큰사전' 4년 만에 물꼬 … 남북, 이달 만난다(중앙일보, 2014.02.06)

위의 제목들은 최근 10년 이내에 국내 언론에 보도된 언어 정책 및 계획 관련 기사들 중에서 주목할 만한 몇 가지를 뽑아 본 것이다. 먼저 2006년 5월의 첫 번째 기사는 그동안 초·중·고교 교과서의 우리말 및 외래어 표기·표현이 《표준국어대사전》과 달라 혼란스럽다는 지적에 따라 교육인적자원부(현 교육부)와 국립국어원이 업무 협정을 맺고, 2009년 이후부터 새로 나오는 교과서의 표기·표현은 《표준국어대사전》에 따르도록 국립국어원이 감수하기로 했다는 내용이다. 이에 따라 기존 교과서에서 띄어 쓰던 '우리 나라', '초등 학교' 등은 '우리나라', '초등학교' 등으로 붙여 쓰고, 사이시옷을 표기하지 않던 '꼭지점', '혼자말' 등은 '꼭짓점', '혼잣말'처럼 사이시옷을 넣게 되었다. 이는 한글맞춤법과 외래어 표기 등 표기법과 관련한 한국 정부의 정책적 개입 양상을 잘 보여 주고 있다.

다음으로 2011년 9월의 두 번째 기사는 그간 표준어로 인정받지 못해 온 '짜장면', '먹거리' '개발새발', '두리뭉실하다' 등의 39개 단어가 문화체육관광부 산하 국어심의회의 의결을 통해 표준어로 인정되었고 이를 국립국어원이 공식적으로 발표했다는 내용이다. 여기서는 국민이 사용하는 단어가 표준어인지 여부를 정부 기구 및 기관에서 판정·공표하고 있음을 확인할 수 있다.

한편 2012년 7월의 세 번째 기사는 한글과 한자를 섞어 쓰는 '국한 혼용론'을 주장하는 어문정책정상화추진회가 출범했음을 알리는 내용이다. 추진회는 "한글전용정책을 강제하고 있는 '국어기본법'이 위헌이라는 점과 한자도 한글과 같이 국자(國字)이고 국어는 관습헌법상 헌법사항이라는 것"을 강조하고, 국어기본법의 한글전용정책에는 위헌성이 있다며 헌법 소원을 청구, 어문 정책 정상화를 추진하겠다고 밝히고 있다. 이는 국가의 언어 정책 및 계획에 반대하는 민간 차원의 언어 운동의 한 사례가 될 것이다.

네 번째 기사는 2012년 10월에 나온 것으로 녹색기후기금(GCF) 사무국 유치를 계기로 인천경제자유구역청이 송도국제도시를 영어 공용화 도시로 만드는 방안을 장기적으로 검토한다는 내용이다. 이 계획이 현실화된다는 것은 싱가포르나 홍콩처럼 학교 수업의 일정 부분이 영어로 진행되고 일상생활에서 영어가 한국어와 동등한 지위를 부여받게 된다는 것을 의미한다. 이는 영어 공용화와 관련한 찬반 논쟁이 학계와 언론계에 머무르지 않고 정책적 행위가 가능한 지방자치단체 등의 행정 조직에서까지 공론화되고 있음을 보여 준다.

다섯 번째는 2013년 7월에 나온 기사로 서울시가 시의회와 함께 어렵고 권위적인 행정용어를 순화하는 '서울시 국어 사용' 조례 제정을 추진한다는 내용이다. 시와 시의회는 시 행정용어 순화위원회 내에 국립국어

원과 한글학회 등 국어 관련 전문 기관 및 단체로 구성된 조례 제정 소위원회를 구성해 조례안을 작성했다. 여기서는 중앙 정부가 아닌 지방자치단체가 해당 지역에 한정되는 언어 정책 및 계획의 주체가 될 수 있음을 확인할 수 있다.

마지막으로 2014년 2월의 여섯 번째 기사는 '겨레말큰사전' 편찬을 위한 남·북한 공동회의가 4년 만에 재개될 것임을 알리는 내용이다. 남·북한 언어의 이질화를 방지하고 대규모의 겨레말 통합 사전을 편찬하기 위해 2005년 초 시작된 겨레말큰사전 작업은 2010년 천안함 사건으로 인해 2009년 12월 제20차 회의를 마지막으로 중단된 상태였다. 이는 언어 정책 및 계획이 정치적인 문제와도 매우 밀접한 관계가 있음을 보여주는 대표적 사례라고 할 수 있다.

이처럼 다양한 언어 정책 및 계획의 문제들에 대한 연구는 사회언어학의 한 분야로서, 특히 거시 사회언어학 분야에서 매우 중요한 위치를 차지하고 있다. 이 장에서는 언어 정책 및 계획의 문제와 관련하여 그동안 이루어진 사회언어학의 국내외 연구 성과들을 살펴보고 한국에서의 언어 정책 및 계획의 문제와 향후 전망에 대해 논의해 보고자 한다.

1. 언어 정책 및 계획의 개념과 유형

이 장의 제목인 '언어 정책 및 계획'이 다소 낯설게 느껴질 수 있다. 기존에 이 분야를 다룬 대부분의 책이나 논문들에서는 '언어 정책'과 '언어 계획' 중의 하나를 선택하여 사용하고 있기 때문이다. 하지만 여기서는 이 두 개의 용어를 통합하여 사용하고자 하는데, 그 이유는 '언어 정책 및 계획'의 개념과 유형을 살펴보는 과정에서 설명될 수 있을 것이다.

1.1 언어 정책 및 계획의 개념

국립국어원의 ≪표준국어대사전≫에서는 '언어 정책(language policy)'

을 "국가가 그 나라에서 쓰는 말을 통일·발전시키려고 쓰는 정책"이라고 규정하고 있으며, 그 예로 표준어의 규정, 맞춤법의 확립, 글자의 통일이나 개혁, 외국어 교육, 문맹 퇴치 등을 제시하고 있다. 한국사회언어학의 ≪사회언어학 사전≫에서는 '언어 계획(language planning)'을 "한 언어공동체 내에서 그 사회 구성원들의 언어 사용이나 언어 의식을 변화시키기 위해 벌이는 의도적인 활동"이라고 정의하고, 이러한 언어 계획은 "대개 정부의 정책으로 수행되지만, 민간단체나 개인이라도 다른 구성원의 언어 사용에 영향을 미칠 수 있다면 모두 언어 계획의 주체가 될 수 있다"고 함으로써 언어 정책보다 포괄적인 개념으로 설명하고 있다.

위의 정의에서도 확인할 수 있는 것처럼 언어 정책의 개념에서는 언어 계획과 달리 주체로서의 '국가'와 특성으로서의 '정치적 측면'이 부각되는 특징이 보인다(조태린 1998). 그러한 이유에서인지 언어 정책은 한 국가 정부의 정치·사회적 목적과 관련하여 자주 사용되는 반면에 언어 계획은 그 주체가 정부 기관이건 민간이건 상관없이 한 언어공동체 또는 사회의 언어 행위에 영향을 미치거나 그 행위를 수정하려는 의식적이고 미래지향적인 모든 활동을 가리키는 경우가 많다(Swann et al. 2004). 다시 말해서, 기존의 언어 상황과 새롭게 지향하는 언어 상황의 차이에 대한 인식과 개입 태도의 문제가 언어 정책의 영역을 구성하고, 전자의 상황에서 후자의 상황으로 전환하는 기술적, 방법론적 문제가 언어 계획의 분야가 될 수 있다(Calvet 1996).

하지만 언어 정책과 언어 계획의 구별이 늘 간단한 것은 아니다. 현대 사회의 모든 목적의식적 행위에는 거의 대부분 정치적인 측면이 개입될 수밖에 없기 때문이다. 이로 인해 최근에는 '언어 정책'과 '언어 계획'을 엄격하게 구별하지 않고 혼용하는 경우가 많으며, 더 나아가 아예 '언어 정책 및 계획(Language policy and planning: LPP)'(Hornberger 2006)이나 '언어 정책 및 언어 계획(Language policy and language planning: LPLP)'(Wright 2004)와 같은 통합 용어를 사용하는 사례가 늘어나고 있다.

이와 유사한 맥락에서 '언어 정책 및 계획' 대신 정책과 계획의 순서를 바꾼 '언어 계획 및 정책'이라는 용어도 사용되고 있다. 2000년대 후반부터 Multilingual Matters Ltd. 출판사에서 나오고 있는 '언어 계획 및 정책 (Language Planning and Policy)' 시리즈가 그 대표적인 예이다. 이밖에도 정책 주체의 목적의식적 노력에 초점을 맞춘 '언어 관리(language management)' 라는 용어도 사용되고 있다(Robillard 1989; Spolsky 2009).

따라서 이 장에서는 언어 정책과 언어 계획을 엄격하게 분리하지 않고 '국가가 정치적인 목적 하에 특정한 언어(들)와 그 사용 문제에 직간접적 으로 개입하여 취하는 모든 활동'이라고 정의할 수 있는 '언어 정책 및 계획'이라는 통합된 용어를 주로 사용하되, 필요와 상황에 따라서는 '언어 정책'과 '언어 계획'도 부분적으로 사용하기로 한다.

1.2 언어 정책 및 계획의 유형

언어 정책 및 계획의 유형은 다음과 같은 세 가지 방식으로 분류할 수 있다.[1)]

첫째, 언어 정책 및 계획의 유형을 나누는 가장 대표적인 방식 중의 하나는 그것의 대상과 초점이 어디에 놓이는가를 기준으로 분류하는 것 이다. 그 유형을 두 개로 나눌 경우에는 '언어 지위 계획(status planning)'과 '언어 자료 계획(corpus planning)'으로 나누는 것이 일반적이고(Kloss 1969), 세 개의 유형으로 나눌 경우에는 위의 두 가지에 '언어 습득 계획 (acquisition planning)'을 추가할 수 있다(Cooper 1989).

'언어 지위 계획'은 한 언어공동체 내에서 특정한 언어의 기능과 사용 범위를 규정하거나 변화시키려는 노력과 관계된 것으로서, 공용어나 국 민어의 공인, 표준어의 선정 및 보급, 자국어의 국제적 사용 확대, 소수자 의 언어 인권 보장 등을 그 대표적인 예로 들 수 있다. '언어 자료 계획'은 특정 언어의 체계와 형태에 직접적으로 관련된 활동으로서, 문자 체계나 철자법의 개발 또는 개선, 표준 규범(문법서, 사전 등)의 정리, 전문용어나 신어 등 어휘의 정비와 현대화, 언어 순화 등이 그 대표적인 예가 될 것이다. '언어 습득 계획'은 특정 언어를 교육함으로써 그 사용자의 수를 증대시키고 사용 능력을 향상시키려는 노력과 관계된 것이 가장 큰 비중을 차지하므로 '언어 교육 계획' 또는 '언어 습득 및 교육 계획'이라고도 하며,[2] 학교에서의 자국어(모어) 또는 제2언어 교육, 사회생활의 효율성과 경쟁력을 높이기 위한 각종 외국어 교육, 국민의 문해력 향상 지원 등이 그 대표적인 예라고 할 수 있다(Hornberger 2006).

〈표 10.1〉 대상과 초점에 따른 언어 정책 및 계획의 유형

유형	대상과 초점	사례
언어 지위 계획	언어의 기능과 사용 범위	공용어/국민어의 공인, 표준어의 선정 및 보급, 자국어 국제적 사용 확대, 소수자 언어 인권 보장 등
언어 자료 계획	언어의 체계와 형태	문자/철자법의 개발/개선, 표준 규범의 정리, 전문용어, 신어 등 어휘 정비와 현대화, 언어 순화 등
언어 습득/교육 계획	언어 사용 능력	자국어(모어) 교육, 제2언어 교육, 외국어 교육, 국민의 문해력 향상 등

둘째, 언어 정책 및 계획의 주체가 국가일 경우에 국가의 개입 방식 또는 정도를 기준으로 '국가 개입주의 언어 정책'과 '방임주의 언어 정책'으로 나누어 볼 수 있다(이광석 2006). 프랑스에서처럼 국가기관 또는 제도의 설립과 언어 사용에 관한 법률의 제정 및 시행[3] 등을 통해 국가 주도의 강력한 언어 정책을 펼치는 것이 국가 개입주의라면, 영미권에서처럼 언어 문제에 대한 국가의 직접적인 개입을 자제하고 민간에서의 자율적인 개입을 간접적으로 지원하는 언어 정책을 펼치는 것이 방임주의다. 물론 전적으로 개입주의적이거나 전적으로 방임주의적인 언어 정책 및 계획은 현실에 존재하지 않지만, 어느 측면이 더 강하냐에 따라 경향적인 분류가 가능할 것이다.

한 국가의 언어 정책이 국가 개입주의의 성격을 띠게 되는가, 방임주의의 성격을 띠게 되는가 하는 것에는 물론 정책 주체의 의지와 판단과 함께 해당 국가의 역사적 경험과 대내외적 언어 사용 환경이 결정적인 영향을 미친다. 실제로 프랑스의 국가 개입주의 언어 정책은 근대 국민국가 형성기의 강력한 언어 통일 정책의 경험과 20세기 이후 대내외적

지위 및 위세의 약화를 겪어온 프랑스어의 상황으로부터 많은 영향을 받았다. 반면 영어권 국가의 방임주의 언어 정책은 민간 차원의 영어 사전 편찬, 교육, 보급 등의 오랜 경험은 물론이고 20세기 이후 거의 모든 분야에서 실질적인 국제 공용어의 역할을 하고 있는 영어의 위세와 밀접한 관련이 있다(Schiffman 1996).

마지막으로 언어 정책 및 계획은 해당 국가 내에 존재하는 언어(들)의 기능과 사용 양상에 따라서도 그 유형을 분류할 수 있다. 사용자의 수나 지위 및 기능의 측면에서 절대 우위를 점하고 있는 언어 하나만이 국민적 정체성(national identity)[4]과 관련되고 나머지 언어들은 주변화되는 국가의 '단일 언어 사용 정책', 한 개가 아니라 두 개 또는 세 개의 언어가 국민적 정체성과 관련되고 나머지 언어들은 주변화되는 국가의 '이중 또는 삼중 언어 사용 정책', 다수의 언어들 중에서 어떠한 언어도 국민적 정체성과 관련을 맺지 못하는 국가의 '다중 언어 사용 정책' 등이 그것이다(Spolsky 2004).

단일 언어 사용 정책의 대표적인 예로는 아이슬란드와 프랑스, 그리고 한국의 언어 정책을 들 수 있다. 이 중 아이슬란드와 한국은 역사적, 민족적, 지리적 요인에 의해 실질적인 단일 언어 사용이 이루어져 온 국가라면, 프랑스를 비롯하여 단일 언어 사용 정책을 펼치는 대부분의 국가들은 실상은 다중 언어 사용 국가임에도 '1국가–1언어' 체제를 이상화하는 이데올로기를 바탕으로 강력한 단일 언어 사용을 추진하는 국가이다.

이중 또는 삼중 언어 사용 정책의 좋은 예로는 벨기에, 캐나다, 스위스 등의 언어 정책을 들 수 있다. 벨기에에서는 플랑드르어(네덜란드어)와 왈론어(프랑스어)가, 캐나다에서는 영어와 프랑스어가, 스위스에서는 독일어, 프랑스어, 이탈리아어 등이 각각의 국민적 정체성을 대변하면서 '국민어'의 하나로 기능하고 있다.

다중 언어 사용 정책은 2차 세계대전 이후 식민 지배에서 벗어난 아프리카 신생 독립국들의 언어 정책에서 흔히 발견된다. 이들 국가의 국경선 대부분은 언어적, 민족적 경계와는 상관없이 구 식민 지배 국가들의 이해관계에 의해 그어진 것으로, 그 내에 매우 다양한 언어공동체를 포함하게 되었다. 또한 상이한 언어공동체 간의 의사소통을 지배 국가의 언어에 의존했던 식민지 경험은 한 개 또는 두세 개의 토종 국민어가 성립할 수 없게 만들었다. 결국 이들 국가에서는 영어나 프랑스어와 같은 구 식민 지배 국가들의 몇몇 주요 언어들이 공용어로 공인되거나 비교적 다수의 사용자들에게 선호되기도 하지만 국민적 정체성을 형성하는 매개체가 되지는 못하고 있으며, 다수 또는 주류 공동체에서 사용되는 언어가 일부 국민어의 지위를 갖기도 하지만 그 지위와 기능은 여전히 제한적이고 가변적이다.

2. 언어 정책 및 계획의 역사와 배경

위에서는 언어 정책 및 계획을 국가가 정치적인 목적 하에 특정한 언어(들)와 그 사용 문제에 직간접적으로 개입하여 취하는 모든 활동이라고 정의했는데, 언어 사용 문제에 대한 이러한 의식적 개입 활동은 인류의 역사에서 꽤 오래전부터 존재해 왔다. 오랜 역사 속에서 끊임없이 반복되었던 전쟁과 정복의 과정에서 승자는 자신의 언어를 지배 언어로 삼는 경우가 많았고, 때로는 앞선 문화와 과학의 수용을 위해 타국의 언어와 문자를 의도적으로 도입하기도 했다.[5]

하지만 근대 이전의 대부분의 국가들에서는 위에서 살펴본 의미에서의 '언어 정책 및 계획'이 존재했다고 말하기 어렵다. 근대 이전 국가의 지배층에게 언어는 효율적 지배 수단의 문제였지 원활한 의사소통의 문제가 아니었기 때문이다. 특히 근대 이전의 문자 생활은 왕족, 귀족, 종교 지도자, 엘리트 지식인 등 매우 소수의 특정 계층만이 향유할 수 있는 것이었기에 국가 차원에서 표기의 표준화나 대중적 보급 등의 정책적 노력을 해야 할 필요성도 그다지 없었다. 특정 계층에 속한 영향력 있는 인사가 하는 말과 적는 글이 자연스럽게 표준이 되고 규범이 되면 그것으로 족했기 때문이다.[6]

2.1 근대적 산물로서의 언어 정책 및 계획

국가 차원의 언어 정책 및 계획이 본격적으로 수립되고 시행되기 시작한 것은 동서양을 막론하고 근대 국민국가의 성립 이후부터였다. 표기법 제정과 표준어 정책으로 대표되는 언어의 통일과 보급은, 구시대적 신분 차별을 철폐하고 법 앞에서의 만인 평등을 내세웠던 근대 국민국가의 형식적 평등주의를 드러내는 상징이자 국민적 정체성의 형성과 내적 통합의 수단으로 기능했다(조태린 2006). 근대 국민국가의 형성이 가장 빨리 이루어졌던 유럽에서도 19세기 이후 근대 언어 정책 및 계획의 강력한 동인은 '국민주의(nationalism)'였다고 말할 수 있다. 근대적 언어 정책 및 계획의 형성에 큰 영향을 미친 프랑스 혁명과 독일 낭만주의는 서로 다른 뿌리를 가지고 있지만, 단일하게 통일된 언어가 국민 의식(nationhood)의 가장 훌륭한 정의이자 수호자라고 여기는 국민주의적인 관점을 지녔다는 점에서는 공통점을 보인다(Spolsky 2004).

수세기에 걸쳐 오랜 시간 동안 공고하게 성립된 국가라는 정치 제도를 바탕으로 국민성을 만들어 온(State into Nationality process) 프랑스, 영국, 스페인, 포르투갈, 네덜란드, 덴마크, 스웨덴 등의 국가들은 물론이고 일찍이 부정할 수 없는 공통의 국민성을 형성하고 있었지만 고유하고 독립적인 국가의 수립이 뒤늦게 이루어진(Nationality into State process) 그리스, 폴란드, 독일, 이탈리아, 헝가리, 아일랜드 등의 국가들에서도 언어 정책 및 계획은 국민과 국가를 연결시킴으로써 근대 국민국가 내 사회·문화적 결속을 강화하는 핵심 방안이었다(Fishman 1971).

이처럼 언어는 다양한 주민을 통합시키고 개인과 소집단을 국민 체제에 참여시킬 수 있는 유례없이 강력한 수단임에 틀림없지만, 특정한 환경에서는 국민 체제의 분열과 내적 갈등의 주요한 근원이 될 수 있다는 양면성을 가지고 있다(Kelman 1971). 언어가 통합의 힘(unifying force)이 아닌 분리의 힘(divisive force)로 작용하는 경우는 다언어 사회 내에서 그 지위와 기능을 인정받지 못하는 언어 사용 집단이나 식민 지배 등의 정치적 상황 변화로 고유의 언어를 사용할 권리를 제한받거나 박탈당한 집단에게서 흔히 나타난다.

실제로 근대 국민국가의 형성 시기와 유형에 따라 언어를 바라보는 관점과 언어 정책 및 계획의 양상은 상당히 다른 모습으로 나타났다. 실제로 비교적 빨리 국민국가를 형성하고 제국주의적 팽창으로 나아간 국가들에서는 언어 정책 및 계획이 식민 지배를 원활하게 하는 '통합'을 목적으로 했지만, 국민국가의 형성이 지체되면서 식민지의 경험을 한 민족과 국가들에게는 언어 정책 및 계획이 제국주의적 지배로부터 벗어나서 독립을 이루고 지속하게 해 주는 '분리'의 기능을 했다. 국민주의는 이처럼 역사적 조건에 따라 제국주의로 전화되기도 하고 제국주의에 대한 저항의 이데올로기로 기능하기도 했지만, 제국으로서의 국민 통합을 위해서건 독립 국가로서의 국민 의식 형성을 위해서건 통일된 언어의 필요성을 강조했다는 점에서는 근본적인 차이가 없었다.

근대 언어 정책 및 계획은 국민주의 외에도 다음과 같은 세 가지의 이데올로기적 사고방식 또는 관점에 의해 합리화될 수 있었다. 첫째, 언어는 본질적으로 의사소통을 위해 한정되고 안정적이며 표준화되고 규칙에 지배되는 도구이다. 둘째, 사회경제적 진보, 근대화, 국민 통합 등을 위해서는 단일 언어 사용과 문화적 동질성이 필수적이다(안정적인 양층어 사용은 만일의 대비책이자 절충적 입장일 뿐이다). 셋째, 언어 선택은 모든 사람에게 동등하게 접근 가능하거나 이루어질 수 있는 '합리적 선택'이다(Ricento 2006).

이러한 언어 이데올로기에 기반하여 성립된 근대 국민국가는 그 구성원인 '국민'을 양성해 낼 수 있는 근대적 교육 제도가 필요했고, 그 교육의 핵심은 언제나 언어였기에 국가가 추진하는 언어 정책 및 계획에서는 '언어 습득 및 교육 계획'의 측면 역시 매우 중요했다. 국민어는 국민적 정체성의 형성뿐만 아니라 국민국가의 물적 토대인 자본주의 경제 체제가 필요로 하는 시장의 통합과 의사소통 범위의 확대에 필수적인 요소였기 때문에 의무화된 초등교육을 통한 문해력(literacy)의 대중화가 언어 정책 및 계획의 최우선 목표였다. 이처럼 근대 국민국가의 언어 정책 및 계획은 개인보다는 집단, 집단보다는 국가의 입장을 더 중시함으로써 상당히 전체주의적이고 하향적이며 일방적인 특성을 보였고, 그러한 기조는 20세기 중반까지 큰 변화가 없이 지속되었다.[7]

2.2 언어 정책 및 계획의 변화

하지만 20세기 후반 이후 현대 국민국가의 언어 정책 및 계획에는 변화가 생기기 시작했다. 자본주의 체제 국가는 물론이고 사회주의 체제 국가도 자유롭지 못했던 국민주의의 한계와 폐해에 대한 인식과 회의가 확산되면서 국민으로서의 권리와 의무보다 개인의 시민권과 인권을 보호하는 문제가 새로운 조명을 받게 되었다. 이 과정에서 소수자의 '언어 인권(linguistic human right)'의 문제가 제기되었는데(Skutnabb-Kangas & Phillipson 1994), 이는 국민적 정체성의 결집에 언어 정책 및 계획을 이용해 온 국민주의 경향에 대한 도전이라는 의미를 가진다(Spolsky 2004). 급격한 세계화의 진전과 함께 세계적으로 통용되는 보편적 보조 언어로서의 영어가 영향력을 확대하면서 영어권을 제외한 거의 모든 나라의 언어 정책 및 계획에서는 자국에서의 영어의 지위와 사용 문제도 또 하나의 중요한 사안으로 제기되었다. 이는 현대 언어 정책 및 계획에서 '언어 제국주의'(Phillipson 1992)나 '언어 생태학'(Calvet 1999; Boudreau et al. 2002)의 문제가 중요한 논점이 되게 만들었다.

20세기 중반까지와 달리 20세기 후반 이후의 언어 정책 및 계획은 국가나 집단의 이해보다는 개인의 권리, 편의, 행복 등을 중시하는 방향으로 변화하면서 상향적이고 상호적인 특성이 두드러지고 있다. 민주적인 복지국가가 추진하는 다른 정책들과 마찬가지로 언어 정책 역시 권위적이고 폐쇄적인 성격에서 대중 참여적이고 개방적인 성격으로 전환될 필요가 있기 때문이다. 언어 정책 및 계획의 수립 과정에서부터 국민의 언어 사용 실태에 대한 객관적이고 광범위한 조사와 함께 추진 목표 및 방향에 대한 다수 국민의 동의가 요구되고, 시행 과정에서도 정부와 국민 간의 끊임없는 상호 교류(feedback)와 설득을 통한 합의가 이루어지며, 결과에 대한 평가에도 국민의 참여를 보장하는 것이 새로운 언어 정책 및 계획의 기조로 등장하기 시작한 것이다.

3. 언어 정책 및 계획의 분야

언어 정책 및 계획은 대표적인 학제적 분야의 하나로서 사회언어학의 중요한 한 분과로 성장해 왔다. 그러나 아직도 언어 정책 및 계획에 대한 학문적 접근과 이론 정립이 가능한가에 대해 회의적인 시선이 있는 것이 사실이다. 언어 정책 및 계획의 이론 또는 모델이라고 제시되는 것이 사실은 특정한 유형의 언어 문제 또는 현상에 한정된 경험적 기술에 머무르는 경우가 적지 않고, 추진되었거나 추진하고자 하는 언어 정책 및 계획의 객관적 평가와 근거를 제시하기보다는 정치적 합리화의 명분과 수단으로 전락하는 경우도 있기 때문이다.

더구나 언어 정책 및 계획은 어떤 경우에도 정치적으로나 이데올로기적으로 중립적이지 않다. 사실 언제나 특정한 정치적 목적과 이데올로기적 입장을 견지한 상태에서 언어 정책 및 계획이 수립되고 추진되는 것이다. 이 과정에서 소수이거나 비주류인 집단의 이해를 희생시키고 다수이거나 주류인 집단의 이해에 호의적인 모습을 보이는 경우가 많으며, 후자의 이해는 마치 상식인 것처럼 받아들여지는 지배적 이데올로기 속에 은폐되어 구별해내기조차 어렵다(Luke et al. 1990).

하지만 언어 정책 및 계획의 이러한 사례별 특수성과 이데올로기적 측면을 인정한다는 것이 언어 정책 및 계획에 대한 과학적 연구가 성립할 가능성을 부정한다는 것을 의미하지는 않는다. 사례별 특수성과 이데올로기적 측면을 지닌 다른 학문 분야들, 특히 사회과학 분야들에서와 마찬가지로 언어 정책 및 계획의 연구에서도 학문적 접근과 이론 정립은 중요하다. 언어 정책 및 계획의 이론은 세계 각국의 사회 형성 및 발전 과정에서 언어와 언어 정책 및 계획이 어떤 역할을 하는지를 분석하고 설명하는 데 효과적인 방법을 제시해 줄 수 있기 때문이다.

물론 언어 정책 및 계획의 다양성과 복잡성을 고려한다면 모든 대상과 분야를 포괄하는 글자 그대로의 '일반' 이론을 기대하는 것은 너무 성급한 일이 될 것이다. 오히려 언어 정책 및 계획의 이론은 대상과 분야의 특수성에 따라 사회과학과 인문학의 다양한 이론들을 활용하는 개방적이고 상호 학문적인 모습으로 발전하는 것이 필요할 것이다. 그리고 이를 위해서는 언어 정책 및 계획에 관한 '선험적인(a priori)' 이론을 정립하고 그 이론을 입증할 언어 자료를 모으는 방식의 연구보다는 언어 문제와 관련한 특정한 사안들을 유형화하여 연구의 '분야(domain)'를 설정하고 그에 관한 논의를 해 나가는 방식이 더 효율적일 수 있다(Ricento 2006: 12). 따라서 여기서는 〈표 10.1〉에서 제시한 대상과 초점에 따른 언어 정책 및 계획의 유형을 바탕으로 한국과 한국어의 상황에서 주요한 몇 가지 분야를 살펴보고자 한다.

3.1 언어의 지위와 기능

앞서 2절에서 살펴본 것처럼 근대 국민국가의 형성 과정에서 어떤 언어에 어떤 지위와 기능을 부여하는가는 매우 중요한 문제였는데, 현대에 와서도 많은 국가들이 특정 언어에 특권적 지위와 기능을 공식적이고 제도적으로 부여하는 언어 정책 및 계획을 펼치고 있다. 언어학적 시각에서는 언어 사이에 우열이 없고 모든 언어가 평등하지만, 언어 외적인 기능과 사용의 측면에서는 차이와 우열이 있고 그로 인해 언어들 사이에 지위상의 불평등이 발생한다. 한 국가 내에서 어떤 기능과 역할을 하는가에 따라 특정 언어는 국민성과 국민 통합의 상징적 지표로서의 '국민어(national language)', 근대 자본주의적 경제 체제와 국민국가 수립에 필수 불가결한 '표준어(standard language)', 정치, 법률, 행정 등의 공공 분야에서 공식적인 기능을 담당하는 '공용어(official language)', 국가 차원에서 그 지위와 기능을 보장하는 '국가어(state language)' 등의 지위를 갖기도 하지만, 또 다른 언어는 그 중 어떤 지위도 갖지 못하는 것이다. 이는 언어 지위 계획의 문제로 언어 정책 및 계획의 중요한 분야에 해당한다.

이러한 언어의 지위와 기능 문제가 가장 명시적으로 제도화되는 것은 그 내용이 법률에 반영될 때다. 영국이나 오만 등을 제외하고 성문 헌법이 존재하는 전 세계 200여 개의 국가들 중에서 약 100개가 넘는 국가의 헌법에서 공용어나 국민어 지정과 관련한 조항이 발견된다(Spolsky 2004).

〈표 10.2〉 헌법을 통해 공용어 또는 국민어를 지정한 국가들

지정 개수	국가 수	대표적 사례
1개	78	프랑스
2개	18	이라크, 아일랜드, 카메룬, 케냐
3개	5	벨기에, 바누아투
4개	4	모리타니
6개	1	콩고 공화국
7개	1	세네갈
11개	1	남아프리카 공화국

(조태린 2009: 243~244)

단 하나의 공용어 또는 국민어를 지정하고 있는 헌법이 78개로 가장 많은데, 그 대표적인 예는 프랑스의 헌법으로 제2조에 "공화국의 언어는 프랑스어이다"라고 규정하고 있다. 2개의 언어를 공용어 또는 국민어로 지정하고 있는 헌법으로는, 아랍어와 쿠르드어(Kurdish)를 공용어로 규정한 이라크 헌법을 비롯하여, 아일랜드어를 국민어이자 제1공용어로 규정하고 영어를 제2공용어로 규정한 아일랜드 헌법, 영어와 프랑스어를 공용어로 지정한 카메룬 헌법, 스와힐리어(Swahili)와 영어를 공용어로 지정한 케냐 헌법 등이 대표적이다.

벨기에 헌법에서는 공용어 또는 국민어라는 표현이 명시적으로 나오지는 않지만, 프랑스어 사용 지역, 네덜란드어 사용 지역, 독일어 사용 지역, 이중 언어 사용 지역 등을 분명하게 규정함으로써 사실상 이들 3개 언어의 특정적 지위를 헌법에 규정하고 있다. 좀 더 명시적으로는 바누아투의 헌법이 비슬라마어(Bislama)를 국민어로 규정하고 비슬라마어와 함께 영어와 프랑스어 등의 3개 언어를 공용어로 규정하고 있다. 모리타니의 헌법은 아랍어, 풀라르어(Pular), 소닌케어(Soninke), 월로프어

(Wolof) 등 4개 언어를 국민어로 규정하고 이중 아랍어를 다시 공용어로 규정하고 있다.

이밖에도 콩고 공화국 헌법은 키콩고어(Kikongo), 링갈라어(Lingala), 스와힐리어, 췰루바어(Tshiluba) 등을 국민어로 지정하고 프랑스어와 영어를 공용어로 지정하는 등 총 6개의 언어에 대해 규정하고 있으며, 세네갈의 헌법은 프랑스어를 공용어로 지정하고 디올라어(Diola), 말린케어(Manlinke), 풀라르어, 세레르어(Serer), 소닌케어, 월로프어 등을 국민어로 지정하는 등 총 7개의 언어에 대해 규정하고 있고, 남아프리카 공화국 헌법은 세페디어(Sepedi), 세조토어(Sesotho), 세츠와나어(Setswana), 시스와티어(siSwati), 취벤다어(Tshivenda), 시총가어(Xitsonga), 아프리칸스어(Afrikaans), 영어, 이신데벨레어(isiNdelbele), 이시코사어(isiXhosa), 이시줄루어(isiZulu) 등 총 11개의 언어를 공용어로 규정하고 있다.

세계 각국의 모든 헌법에 언어 관련 조항이 명시적으로 등장하는 것은 아니다. 대한민국을 비롯하여 아르헨티나, 호주, 덴마크, 미국, 가나, 일본, 모로코, 멕시코, 네덜란드, 태국, 토고, 우루과이, 자이레 등 40여 개국의 헌법에는 언어에 관한 언급이 전혀 없다(Gauthier et al. 1993). 그렇다고 이들 국가에 언어 관련 문제에 대한 법적 규정과 적용이 전혀 없는 것은 아니다. 대부분의 경우에 별도의 언어 관련 특별법이 존재하거나 다양한 내용과 형식의 법률들에 몇 가지의 언어 관련 조항이 들어가곤 하기 때문이다. 세계 70여 개국에 450개가 넘는 언어 관련 법률이 존재하고 있거나 존재했었으며, 벨기에, 스페인, 영국, 미국 등과 같은 다언어 사용 국가들에서는 중앙정부 차원이 아니라 한 국가 내의 지역 자치정부 또는 연방 소속 정부 차원의 언어 관련 법률들도 적지 않게 발견된다(조태린 2009). 이 법률들 중 상당수가 특정 언어의 지위와 기능에 관한 조항을 포함하고 있다.

한국에서 한국어의 지위와 기능은 거의 절대적인데, 한국어를 가리키지만 한국어보다 더 많이 사용되는 '국어'라는 용어의 개념 속에는 하나의 언어가 가질 수 있는 거의 모든 지위와 기능이 함축되어 있다(조태린 2006). 앞서 살펴본 것처럼, 한국의 헌법에는 한국어의 지위와 기능에 관한 규정이 없지만, 2005년 "국어의 사용을 촉진하고 국어의 발전과 보전의 기반을 마련하여 국민의 창조적 사고력의 증진을 도모함으로써 국민의 문화적 삶의 질을 향상하고 민족문화의 발전에 이바지함을 목적으로" 제정된 〈국어기본법〉에서는 국어를 "대한민국의 공용어로서 한국어를 말한다"라고 정의하고 있다.

하지만 한국에서 한국어가 지닌 절대적 지위와 기능이 영원할 것이라고 장담할 수는 없다. 미래의 한국어의 지위와 기능에 큰 영향을 미칠 수 있는 중요한 요인 중의 하나로 영어를 대한민국의 공용어로 인정하고 사용하자는 주장까지 제기된 바 있기 때문이다. 1998년 소설가 복거일이 ≪국제어 시대의 민족어≫라는 책을 발간하면서 촉발된 영어 공용화 찬반 논쟁8)은 수많은 전문가들과 일반 국민을 들끓게 하다가 지금은 조용해진 모습을 보이고 있지만, 논란의 불씨가 완전히 사그라진 것은 아닌 듯하다.

영어 공용화와 관련한 논리와 주장들은 세부적으로 들어가면 적지 않은 차이가 존재하기도 한다. 찬성론의 경우에 영어 공용화가 궁극적으로 한국어가 사멸되는 것을 전제하는 입장과 전제하지 않는 입장으로 나뉠 수 있으며, 반대론의 경우에도 한국에서의 영어 사용 및 교육의 확대를 전혀 인정하지 않는 입장과 필요에 따라 부분적으로 인정하는 입장으로 나뉘기 때문이다. 여기서는 그러한 차이를 부각시키지는 않으면서, 영어 공용화에 대한 찬반 입장의 주요 논리와 주장을 비교해 보면 다음과 같다.

먼저 영어 공용화 '찬성론'은 영어가 이미 국제어로서 세계 지식과 정보의 대부분이 영어로 소통되고 있음에 주목한다. 현대 지식 기반 사회에서 영어 구사력은 생존의 필수 조건이자 전략적 자산이므로 한국의 발전과 번영을 위해서 영어를 공용화해야 한다는 것이다. 이러한 입장에서는 언어는 근본적으로 도구일 뿐이며, 민족어의 사멸이 곧 민족과 민족 문화의 사멸을 의미하는 것이 아니다. 따라서 세계화의 진전 속에서 한국어를 비롯한 대부분의 언어들은 그 기능과 위상이 크게 위축되거나 사멸하여 박물관의 언어가 되어도 문제될 것이 없다. 또한 '찬성론'은 현재 영어 교육을 위해 엄청난 비용이 투자되고 있지만 개인의 경제적 여건 차이로 인한 불평등이 심화되고 교육 효과도 매우 제한적이라고 비판하면서, 영어 공용화는 평등하고 자연스러운 영어 학습 환경을 제공함으로써 영어 교육을 위한 시간과 경비, 노력을 절감시킬 수 있다고 주장한다.

반면에 영어 공용화 '반대론'은 최근 중국어의 국제적 부상에서 볼 수 있는 것처럼 영어의 국제어로서의 지위는 영구불변한 것이 아님을 지적한다. 한국의 국제적 경쟁력을 중장기적으로 강화하고 유지하기 위해서는 공용화까지 하면서 영어에만 매달릴 필요가 없으며, 오히려 다양한 언어를 구사할 수 있는 전문 인력들을 양성하는 것이 효율적이라는 것이다. 이러한 입장에서는 언어는 단순한 도구가 아니라 정체성의 표현이자 역사의 저장고이며 인류 문화의 유산이므로 한국어를 포기하는 것은 한국 문화의 가장 중요한 한 부분을 포기하는 것이 된다. 따라서 한국어를 비롯하여 일정 규모 이상의 화자가 있는 언어들은 쉽게 사멸하지 않을 것이라고 예측한다. 인터넷을 비롯한 정보 통신과 자동 번역 등의 과학 기술의 발전은 오히려 다문화, 다언어주의를 활성화시키는 모습을 보여 주고 있기 때문이다. 또한 '반대론'은 영어 공용화로 영어 교육의 문제를 해결한다는 발상은 본말이 전도된 것이며, 진정한 의미에서의 영어 공용화는 영어 교육의 문제점이 선결되어야 가능하다고 주장한다. 영어 공용화를 한다고 모든 한국인이 영어를 잘할 수는 없으며, 오히려 영어로 인한 계층 간의 불평등과 갈등만 심화시킬 뿐이라고 지적한다.

이상과 같은 영어 공용화 논쟁에서는 나름의 찬반 논리와 주장이 정면으로 맞서는 것을 확인할 수 있지만, 그러한 논리와 주장을 뒷받침할 수 있는 객관적이고 구체적인 근거를 제시하는 부분에서는 부족함이 있었다. 따라서 좀 더 합리적이고 생산적인 논의로 나아가지는 못했고, 구체적인 정책 및 계획의 수립이나 추진으로 이어지지도 않았다. 중앙정부 차원이 아닌 인천 송도국제도시나 제주도 등의 지방자치단체 차원에서 영어 공용화 방안을 검토하는 정도의 조심스러운 정책적 시도가 있었을 뿐이다.

이밖에도 언어의 지위 및 기능과 관련한 정책 및 계획은 국민국가 내 소수어의 지위와 기능 문제와 자국어의 국제적 위상 강화 문제를 포함할 수 있다. 한국에서도 결혼 이주민과 이주 노동자의 급증으로 다문화 사회화가 진전됨에 따라 이주민의 모어에 대해 어떤 지위와 기능까지를 인정할 것인가의 문제가 점차 대두될 것으로 예상된다(양명희 2009). 예를 들어, 이주민의 모어로 기본적 인권과 관련한 행정적 사무를 볼 수 있도록 보장할 것인가, 이주민의 모어로 이루어지는 학교나 방송을 어디까지 인정할 것인가 등의 문제가 그것이다. 이에 대한 정책적 대응 방식에 따라 그 사회의 언어 정책 및 계획의 성격이 동화주의를 기반으로 하는지, 다문화주의를 기반으로 하는지 갈릴 수 있을 것이다.

또한 국제 사회에서 한국의 정치, 경제적 영향력과 지위가 상승함에 따라 지난 10~20년 사이에 한국어의 국제적 위상도 놀라울 만큼 올라간 것이 사실이다(강현석 외 2013). 그리고 이러한 한국어의 위상 강화는 직접적으로는 외국어로서의 한국어 교육의 확대를 가져왔고, 더 나아가서는 정치와 경제는 물론이고 문화 분야에서까지 한국의 국제적 위상을 높이는 데에도 기여하고 있다. 이러한 선순환의 지속을 위해 한국 정부는 한편으로는 외국인을 대상으로 하는 한국어 교육을 활성화하고 다른 한편으로는 각종 국제기구에서 한국어를 공식어의 하나로 인정하도록 하는 노력을 지속적으로 전개하고 있다.

3.2 표준어의 선정 및 보급

표준어에 대한 고전적 정의에서는 '표준어'를 "하나의 언어공동체 구성원 대다수에 의해 받아들여져 규준으로 쓰이는 언어의 성문화된 형식(codified form)"으로 규정하고 있다(Garvin & Mathiot 1956: 783). 그런데 이러한 정의는 표준어(standard language)와 언어 표준(language standard)의 차이를 드러내지 못하고, 표준어와 언어의 차이조차 구별하기 어렵게 한다는 점에서 한계가 있다. 사회언어학의 관점에서 볼 때, 언어는 '일정한 정치·사회적 권위에 의해 역사적으로 규범화되고 표준화되면서 주변의

유사한 언어적 변종들을 포괄하고 대표하는 지위를 획득한 언어적 변종'
인 반면에, 방언은 '그 지위와 기능이 여러 가지 정치·사회적 요인들에
의해 제한되면서 특정한 언어에 종속된 언어적 변종'이라고 정의할 수
있다(조태린 2004). 또한 '언어 표준(language standard)'이 '어느 시대, 어느
공간에나 존재하는 말의 특정한 형식(변종)에 대한 선호 또는 가치 부여
를 반영하면서 형성되는 보편적인 것'이라면, '표준어'는 '질적인 측면에
대한 가치 평가보다는 양적인 측면의 계량 및 산술 계산을 더 중시해
온 서구의 사회·문화적 전통을 반영하면서 근대 이후 형성된 특수한 것'
이라는 점에서 구별이 필요하다(Joseph 1987).

따라서 표준어는 사실상 '인위적이고 의식적인 방식에 의해 높은 수준
의 규범화 및 표준화가 이루어진 언어'일 뿐이라고 말할 수 있다. 표준어
형성의 선례를 낳은 서구의 경험을 살펴보면, 일반적으로 15~16세기 봉
건 국가와 17~18세기 절대주의 국가 시기에 왕정이 존재했던 지역 및
그 주변의 변종을 중심으로 일종의 공통어가 형성되고, 이 공통어가 수
세기에 걸쳐 문어의 형태로 궁정 및 귀족들에 의해, 그리고 저명한 학자
들과 작가들에 의해 변화하고 발전하다가, 19세기 이후 국민국가 시기에
성립된 공교육 체계를 통해 진정한 표준어의 지위를 획득하게 되었다
(Trudgill 1995).

하지만, 하나의 표준어가 형성되기까지 위와 같은 오랜 역사적 과정이
있었다는 것이 사실일지라도 '표준어'라는 용어 자체가 등장한 것은 매
우 최근의 일임을 분명히 기억할 필요가 있다. 실제로 표준어의 형성은
근대에 와서 이루어진 정치·경제적 변화와 밀접한 관계가 있다. 표준어
는 자본주의적 생산 및 재생산 체제의 규격화된 생산물의 하나이며, 이
러한 표준어의 형성은 시장의 통합과 의사소통 범위의 확대를 필요로
하는 자본주의를 기반으로 하는 근대적 국민국가의 수립에 필수적이었
음은 부정할 수 없는 사실이다(Bourdieu 1982; Fairclough 1989). 서구에서
형성된 표준어들의 모습에는 이러한 역사적 과정이 잘 반영되어 있으며,
이는 그것들의 시대적, 계급적, 지역적 기반으로 일반화되기도 한다. 서
구의 표준어들은 구시대적 신분 차별을 철폐하고 형식적 평등을 내세운

'근대 국민국가 형성기'에 근대 민주주의의 기구와 의사소통의 통로를 선점함으로써 언어 통일의 가장 큰 수혜자가 된 '부르주아'들이 사용하던 변종에 기반을 두고 당시 가장 발달한 '도시(수도) 및 그 주변'에서 노동력과 함께 이전해 온 여러 농촌 지역의 변종들을 흡수 또는 동화시키면서 형성되었기 때문이다.

서구 표준어의 근대성은 조선어학회의 '한글 마춤법 통일안'(1933)에 나오는 표준어 사정 원칙에서도 매우 유사한 모습으로 나타났다. 당시 식민지 조선의 정치·경제·사회적 조건이 서구에서 표준어들이 형성되던 시기의 조건과는 매우 달랐음에도, '현재, 중류 사회, 서울'이라는 표준어 사정의 기준은 서구의 표준어 형성의 세 가지 요소인 '근대, 부르주아 계급, 도시(수도)'와 너무도 잘 일치하기 때문이다. 하지만 서구의 표준어들이 수세기에 걸친 오랜 언어 표준의 시기를 통해 공통어로서의 기능을 발전시켜 오다가 형성되었다면, 한국어의 표준어는 근대 이전까지 중국 문자인 한자만이 공적인 용도의 문어로 기능했기 때문에 그 형성에 앞서 기반이 될 수 있는 언어 표준의 시기를 충분히 갖지 못했다(조태린 2007).

언어 정책 및 계획의 관점에서 볼 때, 표준어의 선정 및 보급은 주도 주체, 역사적 과정과 추진 방식 등에 따라 다양한 모습을 보인다. 하지만 그러한 다양성 속에서도 언어 표준화의 몇 가지 공통적인 측면을 찾아볼 수 있는데, 아래의 표와 같이 형식 대 기능, 사회 대 언어의 두 가지 대응 쌍을 가로축과 세로축으로 설정할 때 도출되는 선택(selection), 시행 (implementation), 성문화(codification), 정교화(elaboration) 등의 네 가지 측면이 그것들이다(Haugen 1983).

〈표 10.3〉 언어 표준화의 네 가지 측면

	형식	기능
사회	선택	시행
언어	성문화	정교화

(Haugen 1983: 87)

'선택'은 특정한 규범 형식의 사회적 선택을 의미하는 것으로 한 사회 내에 사용되는 여러 가지의 언어들 또는 언어 변종들 중 하나 또는 그 일부를 표준어라는 공통 규범으로 선정하는 것을 의미한다. '시행'은 정책 주체의 입장에서 하나의 언어 또는 언어 변종이 표준어의 기능을 수행하도록 노력하는 것을 의미하는 것으로 언어공동체의 입장에서는 그 기능을 '수용(acceptance)'하는 것이 될 것이다(Haugen 1966). '성문화'는 한 언어의 관행적 규범을 수립하기 위해 행해지는 모든 활동을 의미하는 것으로 문법서나 사전의 편찬, 표기법의 제정, 글쓰기 지침의 제작 등이 그 대표적인 예이다. '정교화'는 한 언어의 사회적 기능을 교육, 법률, 과학 등의 분야로 확대하는 것과 현대 사회와 기술의 요구에 맞게 한 언어의 어휘적, 문법적, 문체적 발전을 꾀하는 것을 의미한다.

 선택과 시행의 측면은 언어 표준화 정책 및 계획의 주체가 내리는 사회적 결정과 관련된 것이며, 성문화와 정교화는 표준화의 대상이 되는 언어에 가해지는 구체적 변화와 관련된 것이다. 또한 선택과 성문화는 여러 가지 언어 형식들 중에서 하나의 형식을 선정하고 그 형식의 규범을 수립하는 것이라면, 시행과 정교화는 하나의 언어에 특정한 기능을 부여하고 그 기능을 확대하는 것이라고 할 수 있다. 이러한 언어 표준화의 네 가지 측면은 서구의 경우에는 오랜 시간에 걸쳐 정부 등의 직접적 개입이 거의 없이 비교적 자연스럽게 이루어졌다면, 한국어의 표준화는 매우 짧은 시간 동안 일부 엘리트나 정부 등의 직접적 개입을 통해 매우 빠르고 계획적으로 이루어졌다.

 한국어 표준어의 형성 과정의 특성은 현재도 그대로 유지되고 있는데, 한국의 표준어 정책은 기본적으로 국가 차원에서 '표준어 규정'을 마련하여 고시하고 그 규정에 비추어 문제가 될 수 있는 구체적인 어휘나 표현들을 사정하여 목록으로 제시하는 방식이다. 그 목록은 '표준어 모음집' 형식에서 출발하여 '표준어 정보를 제시하는 사전' 형식으로 발전하였다. 현재는 1988년 문교부 고시로 공포된 '표준어 규정'과 1990년 문화부 고시로 공포된 '표준어 모음', 그리고 1999년에는 문화부 소속 국립국어연구원(현 국립국어원)이 50만 단어의 표제어를 담으면서 국민의 언어생활에 표준을 제공하는 데에 초점을 맞춘 표준어 대사전으로 간행한 ≪표준국어대사전≫이 한국어의 표준어 규범을 제시하고 있다.

이러한 한국의 표준어 정책은 한국어의 표준어 형성 과정이 지닌 역사적 특수성을 잘 반영하고 있는 것으로 현재의 한국어가 정치, 사회, 문화, 교육 등 다양한 분야에서 효율적인 의사소통의 매체로서 제 기능을 다하도록 하는 데에 결정적인 기여를 했다. 따라서 한국의 현행 표준어 정책은 나름의 역사적 정당성을 가지고 있으며 현재도 효율적이고 책임감 있는 방식이라고 할 수 있다. 하지만 또 다른 시각에서는 현행 표준어 정책이 경직되거나 비효율적인 측면을 가지고 있다는 비판도 나오고 있다. 국가가 국민의 언어생활에 관심을 갖고 원활한 의사소통이 이루어질 수 있도록 노력하는 것은 필요하지만, 고시 등의 강한 제도적 장치를 통해 규정한 표준어는 언중들에게 자연스러운 소통의 수단으로 느껴지기보다는 규율과 억압의 기제로 느껴지는 경우가 많다. 이러한 방식은 다양할 수 있는 표준어 형성 주체들 간의 상호 비판과 경쟁을 제도적으로 제거함으로써 배타적이며 독선적이고 타성적인 규범을 만들기 쉽다 (조태린 2007).

물론 교육이나 방송 분야에서는 다양한 변종들의 존재나 그것들 간의 경쟁이 혼란과 부담을 가져 올 수 있으며, 이로 인한 불평등 또는 차별을 해소한다는 차원에서 일정한 표준 변종은 필요할 것이다(Trudgill 1999). 하지만 교육이나 방송을 위해 모든 분야를 아우르는 단일한 모습의 표준어가 필요한 것은 아니다. 교육 분야는 단계별 교육의 목표와 수준을 고려하여, 방송 분야는 기관이나 프로그램의 특성을 고려하여 나름의 표준 변종을 선택하고 사용할 수 있기 때문이다(김선철 2006).

앞서 살펴본 바와 같이 자본주의의 형성과 근대적 국민국가의 수립은 언어 표준을 표준어로 변화하게 하는 결정인 계기가 되었다. 그런데 표준어의 형성이 근대 국민국가의 수립과 밀접한 관련을 맺고 있다는 사실이 표준어의 형성 및 관리에 국가가 늘 직접적인 개입을 한다는 것을 의미하지는 않는다. 대부분의 다른 나라에서는 표준어가 권위 있는 사전과 문법서에 의해 학습되며, 학교 교육이나 언론에서 사용되는 변종을 표준어로 인식한다. 권위 있는 사전이나 문법서는 국가 차원에서 편찬된 것일 수도 있고 민간 차원에서 발간한 것일 수도 있지만, 대부분 복수로 존재하며 그것들 사이의 경쟁 속에서 다수의 선택을 받는 것이 표준으로 인정받는 식이다. 이때의 다수도 절대적인 것은 아니어서 늘 선택의 대상이 바뀔 가능성이 있다.

3.3 언어 규범의 정립과 적용

언어 규범은 언어 자료 계획의 가장 대표적인 구성요소로서 거의 대부분의 국가에서 언어 정책 및 계획의 중요한 대상이 된다. 언어 규범의 구체적 모습들은 문법서, 사전, 철자법, 글쓰기 지침 등 다양하게 나타나며, 이는 대부분 앞 절에서 한 언어의 관행적 규범을 수립하기 위해 행해지는 활동으로 정의한 '성문화'의 결과물이라고 할 수 있다. 성문화는 두 개의 단계로 나눌 수 있는데, 하나는 문법서와 사전에 포함되는 성문화된 규범의 구축 단계이고, 다른 하나는 그렇게 구축된 규범을 정확한 발음법과 정서법을 통해 말하고 쓰는 습관을 통제하는 데 적용하는 단계이다(Garvin & Mathiot 1956). 특히 후자의 단계에서 주체의 개입이 어떤 모습인가에 따라 성문화 관련 언어 정책 및 계획의 양상이 방임주의와 개입주의라는 양 극단 사이에서 다양하게 나타나게 된다.

언어 규범이 '한 사회 속에서 기대되거나 받아들여지는 제반 행태의 규칙을 규정하는' 규범의 한 하위 범주라면(김하수 2008가), 언어 규범에서도 규범 일반에 나타나는 두 가지 측면, 즉 조정(coordination)의 측면과 편파성(partiality)의 측면을 발견할 수 있을 것이다. 먼저 언어 규범의 조정 측면은 언어 규범이 동일 언어 사용자 간의 원활한 의사소통에 도움을 주는 기능을 할 수 있음에 주목하는 것이다. 다중 언어공동체에서는 물론이고 단일 언어공동체 내에서도 다양한 매개 변수(parameter)에 의한 변이가 발생하기 마련이고 그러한 변이가 구성원 간의 의사소통에 장애가 될 정도로 심해지는 경우도 적지 않기 때문이다. 이러한 의미에서 언어 규범은 한 공동체 내에 속하는 화자 간의 상호작용 과정에서 발생하는 언어 차이 또는 언어 변이의 문제에 대한 해결책으로 제시될 수 있을 것이다(조태린 2010나).

언어 규범을 조정의 규범으로 보는 경우에도 그 출현 방식에 따라 다시 '관습'에 의한 것과 '법령'에 의한 것으로 나눌 수 있다. 관습에 의한 언어 규범이 특정한 문제에 대해 한번 성공적이었던 하나의 해결책이 모방과 권유에 의해 되풀이되면서 하나의 관습이 되고 다시 하나의 규범이 되는 것이라면, 법령에 의한 언어 규범은 그 형성 자체에 많은 시간이 요구되는 전자와는 달리 국가 권력의 힘에 의해 신속하고 효율적으로 하나의 규범이 되는 것이다(Bartsch 1987).

언어 정책 및 계획의 관점에서는 법령에 의한 언어 규범이 관습에 의한 언어 규범보다 더 명시적이고 직접적인 개입의 모습을 보일 것이다. 언어 규범은 온전한 의미에서의 관습의 모습을 띠는 것에서부터 법령은 아니지만 법령과 유사한 효과를 내는 것에 이르기까지 다양한 모습으로 존재한다. 발음이나 형태(표기)와 관련한 언어 규범(예를 들어, 한글 맞춤법)은 법적 강제력의 정도가 매우 높아서 법령의 수준에 육박할 수 있는 반면, 담화(텍스트)와 관련한 언어 규범(예를 들어, 표준 화법)은 법적 강제력의 정도가 낮아서 일종의 관습과 같은 모습일 가능성이 높다고 할 수 있다. 이러한 언어 규범의 발현 형식을 법적 강제력의 정도와의 관계하에 비교해 보면 다음의 표와 같다.

〈표 10.4〉 언어 규범의 발현 형식과 법적 강제력의 정도

발현 형식	약 ←		법적 강제력의 정도			→ 강	
	1(관습)	2	3	4	5	6	7(법령)
발음					▨		
형태(표기)					▨	▨	
어휘			▨	▨			
문법			▨	▨			
담화(텍스트)	▨						

(조태린 2010나: 192)

한편 집단의 정체성이라는 관점에서 보면, 언어 규범의 준수는 의사소통이라는 기능적인 측면보다 한 집단이나 사회의 내적인 질서를 보여주는 상징적인 측면이 주목될 수 있다(Bartsch 1987). 이는 언어 규범의 두 번째 측면인 편파성의 측면과 관련되는 것으로, 언어 규범은 그것을 내면화한 사람과 내면화하지 않았거나 못한 사람을 차별하고 내면화한 사람의 우월적 지위 또는 권력을 유지하고 강화하는 데에 기여하는 측면이 분명히 있다. 권력을 획득하려는 계급 또는 계급 연합은 지식인 집단을 구성하거나 지배하는 방식으로 그 구성체 내에서 발언권을 획득하는 데에 유리한 언어 규범을 독점하기 때문이다(Baggioni 1977).

근대 국민국가의 성립과 함께 국립 언어 기관이나 학술원에서 발간된 사전, 문법, 문체 지침서 등은 국가에서 인정하는 언어 규범이라는 의미에서 일종의 '승인 규칙(rule of recognition)'으로 기능했다. 이러한 언어 규범이 제정될 때 가장 많이 참고 되는 세 가지는 '지난 100년간의 문학작품', '언어공동체 구성원들에게 행한 설문 조사', 그리고 '규범 작성자 자신들의 언어적 직관'이다. 물론 구체적인 상황과 조건에 따라 그 반영의 정도가 달라질 수 있겠지만, 상호 의존적인 이 세 가지 요소가 적절히 반영된다면 그 규범은 상당한 보편성을 갖게 될 것으로 기대된다(Bartsch 1987). 따라서 언어 규범 관련 정책 및 계획의 성패도 이 요소들이 얼마나 적절하게 반영되는가에 달려 있다고 말할 수 있을 것이다.

한국어와 관련하여 제도화된 근대적 언어 규범은 대한제국 시기 학부 안에 설치한 '국문연구소'에서 1909년에 작성한 〈국문연구의정안(國文硏究議定案)〉이 최초의 시도였다. 〈국문연구의정안〉은 문자 체계와 표기법에 대해 전체적으로 매우 합리적이고 체계적인 내용을 담고 있어서 개화기 국어 연구의 성과를 집대성한 것이라고 평가할 수 있으나 보고서로만 남고 실제로 공포되지는 못했다. 이후 일제강점기에도 조선총독부가 〈보통학교용언문철자법(普通學校用諺文綴字法)〉(1912)을 제정·공표하기도 했지만, 한국어 사용자에게 실질적인 영향을 끼친 언어 규범은 1933년 민간단체인 '조선어학회'가 제정한 〈한글 마춤법 통일안〉이었다. 한국어의 표기법 관련 문제들을 총망라한 〈한글 마춤법 통일안〉은 내용을 일부 고치고 '마춤법'도 '맞춤법'으로 바꾸는 등 조금씩 수정되기는 했지만, 해방 이후 1948년 대한민국 정부에서 공식적으로 채택함에 따라 사회적으로 거의 그대로 수용되었다. 각종 사전과 교과서에 반영되면서 명실상부한 공식 표기 규범이 되었고, 현행 '한글 맞춤법'(1988년 문교부 고시 제88-1호)의 기본 토대를 이루고 있다. 조선어학회는 이외에도 1936년 〈사정한 조선어표준말 모음〉, 1940년 〈외래어표기법통일안〉 등을 제정하면서 한국어 규범의 기본 틀을 정립했다.

하지만 이렇게 형성된 언어 규범도 고정불변할 수는 없다. 언어 규범은 규범으로서의 기본적 속성상 보수적이어서 언어의 변화를 반영하는 속도가 느리지만, 돌이킬 수 없는 언어 변화의 결과를 마냥 외면할 수는 없기 때문이다. '한글 맞춤법'은 과거 조금씩 수정되어 온 것처럼 앞으로도 이런저런 이유에서 변화를 겪을 것이다. 언어 규범은 통시적인 변화의 모습을 보일 뿐만 아니라 공시적으로도 다양한 모습으로 존재한다. 〈표 10.4〉에서 살펴본 바와 같이, 언어 규범은 그것의 강제력의 정도나 적용 방식을 기준으로 할 때 자연스러운 관습의 모습을 띠는 유형에서부터 법령과 유사할 정도로 강력한 강제력을 가지는 유형에 이르기까지 다양하다. 한국어의 경우, 형태(표기)나 발음에 관련한 언어 규범은 '한글 맞춤법', '표준 발음' 등을 고시함으로써 법령과 유사한 수준의 강제력을 가지고 있다. 최근에는 한글 맞춤법에 부록의 형식으로 포함되어 있는 '문장 부호'를 정비하고 개선하여 독립된 언어 규범으로 강화하려는 움직임도 나타나고 있다(양명희 2013). 반면에 문장(문법) 단위의 언어 규범은 몇몇 권위 있는 문법서가 그 기능을 대신하고 있다. 어휘 단위에서의 언어 규범은 '표준어 규정'을 고시하는 방식에서 ≪표준국어대사전≫을 참조하게 하는 방식으로 유연하게 변화하고 있으나, 일반적으로 강제력이 가장 약한 담화(텍스트) 단위에서의 언어 규범은 국가기관(국립국어원)에서 '표준 언어 예절'을 제안함으로써 오히려 강화되는 모습을 보이기도 한다.

언어 규범 관련 정책 및 계획 중에서 특히 문자와 철자법 관련 정책 및 계획은 가장 많은 대중적 관심과 학술적 논쟁을 일으키는 분야 중의 하나이다. 얼핏 보기에 철자법은 실용의 문제이고 사용의 효율성, 학습의 편이성, 전달력 등과 같은 객관적 기준으로 경험적으로 검증하는 것을 통해 해결될 수 있는 문제인 듯하지만, 여기에도 이데올로기적 고려가 자주 개입되기 때문이다. 실제로 철자법은 효율적인 의사소통을 위한 공통 규범으로서 요구될 뿐만 아니라 국민주의를 포함하는 집단의 정체성 형성에도 도움을 줄 수 있으며, 문자와 자모의 변경은 교육받은 사람과 교육받지 못한 사람의 사이는 물론이고 같은 언어를 사용하던 사람들 사이도 갈라놓으면서 정치적 제휴의 중요한 변화와도 관련될 수가 있다(Spolsky 2004).

한국의 문자와 철자법 관련 정책 및 계획에서 가장 많은 논쟁은 한글 전용 정책과 국한자 혼용 정책의 대립에서 발생해 왔다. 물론 한글은 이제 교육, 언론, 문화 등 거의 모든 분야에서 한국어를 적는 기본 문자로서의 지위를 확고히 하고 있다. 초중고 교과서와 대학 교재에서조차 한자 혼용(混用)은 물론이고 한글 뒤 괄호 안에 한자를 적는 병용(倂用)도 찾아보기 어려워졌으며, 대부분의 주요 일간신문도 1990년대 말에 한글 가로쓰기를 도입하면서 이제 한자는 매우 제한된 범위 내에서 일부 양념처럼 사용될 뿐이다. 이러한 상황에서 '한글 전용론'과 '국한자 혼용론' 간의 논쟁은 논리적 대립으로만 남아 있을 뿐이지 현실적 대립은 더 이상 성립할 수 없다고 볼 수도 있을 것이다. 하지만 최근에는 국한자 혼용론이 '한자 교육론'의 모습으로 다시 등장하는 모습이 곳곳에서 나타나고 있다. 한자 교육론은 일단 교육의 문제이므로 한글 전용론과 정면 대립을 피할 수 있다. 하지만 대부분의 한자 교육론은 한자 교육이 제대로 이루어지기 위해서는 한자 사용이 필요하다는 주장으로 이어진다는 점에서 본질적으로는 국한자 혼용론과 다를 바 없다.

국한자 혼용론은 기본적으로 국어 어휘의 60~70%가 한자어이고 그 한자어의 25%가 동음이의어라는 점을 강조하고, 이러한 비중과 혼동 가능성을 근거로 한자 사용의 필요성을 주장한다. 또한 한자는 오래전부터 우리 문자의 일부가 되었으므로 전통문화의 전승과 고전의 이해를 위해서는 한자를 넘어 한문에 대한 소양도 필수적이라는 것이다. 또한 한자를 사용하는 것이 중국, 일본 등의 한자 사용 국가들과의 교류에 도움을 주며, 한자 교육이 사고력 증진과 깊이 있는 통찰을 유도하여 학생들의 인성 교육에도 효과적이라고 주장한다. 이에 대해 한글 전용론은 한글이 배우고 사용하기 쉬운 소리글자이기 때문에 지식, 정보, 과학, 기술 등의 민주화를 가능하게 한 효율적이고 과학적인 문자라고 주장한다. 더구나 한자어 동음이의어는 문맥을 통해 충분히 구별이 가능하므로 한글만으로 한국어를 적기에 부족함이 없다는 것이다. 또한 한글만을 사용하는 것이 전통문화와의 단절을 의미하는 것도 아니며 한글로도 그 내용을 얼마든지 교육할 수 있다고 주장한다. 이상과 같은 한글 전용과 국한자 혼용의 대립은 이 문제가 단순하게 학문적 논리의 문제만이 아니라 언어와 문자에 대한 가치 판단과 태도의 문제이자 정책적 행위의 문제이기도 함을 잘 보여 준다.

한국에서 언어 규범의 정립 및 적용과 관련하여 앞으로 중요하게 제기될 수 있는 또 하나의 문제는 남북 언어 통합 규범의 문제이다. 남북한의 통일은 정치, 사회, 경제적인 통합과 함께 언어적인 통합을 요구할 것인데, 이때 통일 국가 공통의 언어 규범이 중요한 역할을 할 것이기 때문이다. 이 점에서 남북한 정부의 직간접적 지원 또는 묵인하에 2001년 시작된 남북 국어학자들 간의 학술 교류, 2004년 시작된 남북 공동 지역어 조사 사업, 2005년 시작된 '겨레말 큰사전' 남북 공동 편찬 사업 등은 남북 언어 통합 규범을 수립하는 중요한 초석이 되었다고 평가할 수 있다. 물론 '한글맞춤법'과 '조선어 철자법'의 차이나 '표준어'와 '문화어'의 차이는 '이질화' 또는 '질적 차이'의 문제로 볼 만큼 심각한 것이 아니며 분단으로 인한 의사소통의 단절을 극복해 나가는 과정에서 해소해 나갈 수 있는 부분이 많음은 분명한 사실이다(김하수 2008다). 하지만 남북 언어 통합 규범이 그간의 언어생활에 대한 이해와 배려 없이 한쪽 규범의 일방적 강제에 의해 형성되거나 그 결과로 현재의 작은 차이가 통일 이후 남북한 주민 간의 차별의 빌미가 되어서는 안 될 것이라는 점에서 이와 관련한 언어 정책적 고민과 준비가 필요할 것이다.

3.4 언어 정교화와 순화

언어 규범의 정립 및 적용과 함께 언어 자료 계획의 중요한 한 축을 구성하는 언어 정교화와 순화도 세계 각국의 언어 정책 및 계획의 중심적 분야가 되고 있다. 먼저 언어 정교화는 어휘, 문법, 문체 등 다양한 단위에서 이루어질 수 있지만, 특히 한 언어가 교육, 법률, 과학 등의 분야에서 제 기능을 수행하는 데 필요한 전문용어를 정비하고 첨단 기술의 발전이 요구하는 신어를 개발하는 것을 중심으로 한다. 성문화와 함께 언어 표준화의 언어적 측면을 구성하는 정교화는 전문적이거나 기술적인 분야에서 권장되거나 공식화된 어휘의 목록을 작성하여 기능적으로 다양한 언어들 간에 상호 번역을 가능하게 하려는 필요와 관련이 크다(Fishman et al. 1971). 성문화가 형식적인 측면에서 최소한의 변이라고 한다면, 정교화는 기능적 측면에서의 최대한의 변이라고 정의할 수 있는 것이다(Haugen 1966).

한 언어의 어휘를 정교화할 필요성은 새로운 개념이 하나의 문화 안으로 들어올 때 나타난다. 새로운 개념은 다른 문화에서 발생하여 외국어로 표현되는 경우가 많은데, 이 경우 먼저 나타나는 정교화의 모습은 '차용'이다. 새로운 개념을 담고 있는 외국어를 들여오되 토착어의 음운 체계에 맞게 변형하여 사용하는 방식이다. 정교화의 또 다른 모습은 자국어를 기반으로 '신어'를 만드는 것이다. 외국어를 차용하는 것이 아니라 자국어의 어근이나 어휘를 활용하여 새로운 용어를 만들거나 기존 어휘의 의미를 확장하는 방식이다(Spolsky 2004). 차용의 대표적인 예로는 한국어에서 외래어로 정착된 '버스', '텔레비전', '컴퓨터' 등을 들 수 있다. 영어에서 라틴어 등을 어근으로 이용하거나 한국어에서 한자를 조합하는 방식이 새로운 용어를 만드는 예라면, '윈도', '마우스', '바이러스', '드라이브' 등은 영어에서 컴퓨터 관련 용어로 기존에 있던 어휘의 의미를 확장하는 대표적 예라 할 수 있다.

차용이 언어 접촉의 과정에서 자연스럽게 나타나는 현상 중의 하나로 효율성과 보편성을 중시하는 방식이라면, 자국어를 기반으로 하는 신어 개발은 그 과정에서 정치적이고 이념적인 가치가 개입된다는 점에서 정체성과 특수성을 고려하는 방식이라고 할 수 있다. 이를 언어 정책 및 계획의 관점에서 다시 비교하면, 차용은 방임주의적 언어 정책 및 계획에서 흔히 나타나는 방식인 반면에 자국어에 기반하는 신어 개발에서는 다양한 의견과 방법론을 조율하는 정책 주체를 필요로 하는 경우가 많다는 점에서 개입주의적인 성격이 나타나기 쉽다. 러시아어 차용어의 영향력에서 벗어나고자 했던 아르메니아 정부의 노력이나 러시아어와 터키어 그리고 프랑스어 차용어를 페르시아어 단어로 바꾸고자 한 이란 학술원의 활동과 페르시아 언어 문학 학술원의 설립은 언어 정교화를 위해 국가가 적극적으로 개입하는 모습을 보인 정책 및 계획의 대표적인 예들이다(Spolsky 2004).

20세기 전반기부터는 일본, 중국, 러시아, 프랑스, 캐나다 등 세계의 많은 주요 국가들에서 전문용어의 정비와 표준화가 정책적으로 추진되어 온 것과 비교해 볼 때(국립국어원 2007나), 한국에서는 비교적 최근에 와서야 이에 대한 관심이 언어 정책에 반영될 수 있었다. 한국에서 전문용어의 정비가 국가 차원의 언어 정책의 중요한 문제로 대두된 것은 1998년부터 2007년까지 10년에 걸쳐 '21세기 세종계획'이라는 이름하에 문화체육관광부(국립국어원)가 추진한 대규모 국어 정보화 사업에서였다. 21세기 세종계획의 한 분과 사업으로 추진된 '전문용어 표준화' 사업은 전문용어 문제와 관련한 언어학적, 전산학적 연구를 지원하고 활성화했을 뿐만 아니라 전문용어 사용 주체인 학계와 유관 단체를 규합하여 표준화를 위한 말뭉치 구축과 정비 및 활용을 위한 체계 구축을 목적으로 했다. 2003년부터는 교육부 소관 비영리법인인 '한국학술단체총연합회'에서도 회원으로 참여하는 모든 학문 분야의 학회 등 학술 단체들과 협조하에 학술 전문용어 정비 및 표준화 사업을 지속적으로 해 오고 있다.

위에서는 언어 정교화가 외국어의 차용과 자국어를 기반으로 하는 신어 개발이라는 두 가지 방식으로 이루어질 수 있음을 확인했는데, 후자는 많은 경우에 언어 순화(language purification)와 밀접한 관련을 맺는다. 물론 언어 순화는 외래적인 요소를 축출하고 고유하다고 믿는 요소를 보존하거나 복원하려는 시도만을 의미하지 않는다. 언어 순화의 개념을 비속하거나 거친 표현을 품격 있고 고운 표현으로 대체하는 것, 표준어 등의 언어 규범에 어긋나는 것을 어긋나지 않도록 교정하는 것, 지나치게 어렵고 복잡한 표현을 쉽고 간단명료한 표현으로 개선하는 것 등까지 포함하는 것으로 보는 입장도 많기 때문이다(김선철 2009).

하지만 언어 순화 관련 정책 및 계획에서 가장 많은 대중적 호응을 이끌어 내는 것은 무엇보다도 외래적인 요소를 오염 또는 변질의 원인으로 규정하고 오래전부터 선조들이 사용해 온 요소를 가장 신성한 언어로 복원시켜 내고자 할 때였다(Spolsky 2004). 외래 요소를 고유 요소로 대체하는 방향의 언어 순화는 단일 언어 사용 국가의 경우 국민적 정체성의 형성과 밀접한 관련이 있다. 비속어, 표준어, 어려운 말 등의 순화는 대립의 전선에 공동체 내부에 그어지지만 외래 요소의 순화는 대립의 전선이 공동체의 경계 밖에서 형성된다. 후자의 이러한 특성은 국민적 정체성의 형성을 강력하게 추구하는 정책을 추진하는 주체 또는 집단에게는 매우 효과적으로 활용할 수 있는 요소가 될 것이다.

한국은 정부 차원의 적극적이고 강력한 언어 순화 정책을 펼쳐온 대표적 국가 중의 하나이다(Jernudd & Shapiro 1989). 일제 식민 통치를 벗어난 직후부터 민관을 막론하고 활발하게 전개되었던 '국어 순화' 활동은 1990년대 이후 문화체육관광부 국립국어원이 일본어투, 행정, 건설, 미술, 전산, 임업 등 다양한 유형과 분야 걸쳐 체계적인 작업을 진행함으로써 국가가 추진하는 중요한 언어 정책의 한 부분이 되었다(이정복 2008). 특히 국립국어원은 2004년부터 순화어의 선정 과정에 일반 국민이 참여할 수 있는 국어 순화 전용 누리집인 '우리말 다듬기'를 운영하면서 정책 집행자와 언어 사용자가 상호 소통하는 새로운 언어 정책 및 계획의 모형을 창출했는데(박용찬 2005), 시간이 흐름에 따라 구체적인 운영 방식에는 일련의 변화가 있었지만 언어 사용자의 참여와 상호 소통을 통한 국어 순화라는 기본 방향은 지금도 계속 유지되고 있다.

하지만 최근까지도 한국에서 이루어진 국어 순화는 외래 요소의 축출을 중심으로 하는 언어 순결화에 지나치게 편중되는 모습을 보인 측면이 많았다. 이로 인해 일반 대중의 관심에서 되레 멀어지고 언어 발전의 측면에서 한국어의 어휘력과 표현력을 증대시키거나 한국 사회 내의 효율적 의사소통을 증진시키는 본연의 역할을 제대로 수행하지 못했다는 비판을 면하기 어려운 것도 사실이다(김하수 2008나). 이런 측면에서 한국에서의 국어 순화는 그 목적과 방향을 현대 사회가 요구하는 과제에 비추어 비판적으로 재검토하고 좀 더 효율적인 방법론을 개발하는 노력이 필요할 것이다.

3.5 언어 능력 향상

언어 능력의 향상은 앞서 살펴본 언어 정책 및 계획의 유형 중 '언어 습득 및 교육 계획'에 해당하는 문제이다. 언어 습득/교육 계획은 명시적인 목표가 무엇이고 그 목표를 달성하기 위해 사용하는 방법이 무엇인가에 따라 몇 가지 유형으로 나눌 수 있다(Cooper 1989). 먼저 명시적인 목표는 외국어 또는 제2언어 습득/교육, 언어 복원, 언어 유지 등의 세 가지로 나눌 수 있는데, 캐나다 퀘벡 주에서의 영어권 학습자의 프랑스어 습득/교육, 이스라엘에서의 히브리어 재토착어화 교육, 게일어 사용 지역에서의 아일랜드어 보전 교육 등이 각 유형의 대표적인 예들이다. 다음으로 목표 달성 방법은 학습 기회의 제공 및 확대, 학습 장려책의 제공 및 확대, 학습 기회 및 장려책의 동시 제공 및 확대 등의 세 가지로 나눌 수 있는데, 교육 및 참고 자료 제공, 학업 및 취업을 위한 필수 과목화, 캐나다 퀘벡 주에서의 영어권 학습자의 프랑스어 몰입 또는 이중 언어 교육 등을 각 유형의 대표적인 예로 들 수 있다.

국민의 언어 능력을 향상시키는 문제는 그동안 언어 정책의 차원에서보다 교육 정책의 차원에서 더 많은 접근과 논의가 이루어져 왔으나, 언어 정책적인 측면에서도 그 중요성을 간과할 수 없다. 언어 능력 향상은 개인의 입장에서는 특정 언어를 효과적으로 습득하거나 교육하는 문제이겠지만, 공동체의 입장에서는 그러한 습득/교육의 과정 및 결과가 중요한 사회적 의미를 갖기 때문이다. 언어 지위 계획에 따라 특정한 지위를 획득한 언어는 지위에 걸맞은 교육이 이루어질 때 그 지위를 유지할 수 있다. 한 국가가 자국민을 대상으로 펼치는 자국어(모어) 교육 정책이나 문해력 향상 지원 정책은 정도의 차이는 있어도 대부분의 국가에서 그 중요성과 필요성을 인정받고 있을 것이다.

하지만 외국어나 제2언어 교육과 관련한 정책의 문제는 개인 또는 집단의 입장에 따라 많은 이론과 논란의 여지가 발생한다. 특히 한 국가의 제도 교육 체계 내에서 어떤 외국어 또는 제2언어가 어느 시기부터 어떤 방식으로 교육되는가는 정치, 경제, 사회적으로 매우 중요한 의미를 갖는다. 전 지구적인 세계화와 그로 인한 다문화 사회의 확산은 예전보다 훨씬 더 많은 사람들에게 두 개 이상의 언어 사용 능력을 요구하기 때문이다. 세계화와 함께 급증하는 국제적 교류와 활동에 필요한 외국어 능력을 향상시키고 다문화 구성원들의 모어 및 이중 언어 능력을 유지·발전시키는 일이 현대 국가의 중요한 과제가 되었지만, 이와 관련한 학술적 연구는 물론이고 실제적 경험도 부족한 상황에서 대부분의 국가들이 정책적인 측면에서 많은 시행착오를 범하고 있는 실정이다.

한국에서도 국민의 국제적 언어 능력, 즉 외국어 능력을 향상시키는 문제는 이미 오래 전부터 언어 교육 정책의 핵심 과제 중의 하나였고, 얼마 전부터는 이주민 또는 다문화 가정 구성원들의 모어 및 이중 언어 능력을 발전시키는 문제도 사회적 관심과 정책적 노력이 증가하고 있다. 전자가 외국으로 나가서 활동하거나 생활하고자 하는 이들을 위한 언어 교육 정책과 관련된다면, 후자는 외국에서 들어와 한국인으로 또는 한국인처럼 살고자 하는 이들을 위한 언어 교육 정책과 관련되는 것이다.

한국에서의 외국어 교육은 언어에 따라 매우 큰 편차를 보이는데, 특히 영어 교육에 지나치게 편중된 실태와 이로 인해 발생하는 여러 가지 문제에 대한 비판적 논의는 이미 적지 않게 이루어진 바 있다.[9] 문화적 다양성의 측면과 경제적 실용성의 측면에서 다양한 제2외국어 교육의 중요성과 필요성이 지속적으로 제기되고 있지만, 학업이나 취업의 자격 요건 등에서 절대적인 기준으로 활용되는 영어는 외국어 교육에서의 압도적 비중이 오히려 강화되고 있으며 제2외국어 교육은 중국어와 일어를 제외하고는 그 명맥조차도 유지하기가 위태로워 보일 지경이다. 하지만 국제 사회의 정치·경제적 관계와 요구를 반영하되 그 지형도가 끊임없이 변화한다는 점을 고려하는 균형 잡힌 외국어 교육 정책이 필요한 시점이다.

또한 한국은 최근 국내에 체류하는 외국인이 150만 명을 넘었고, 2004년 이후 매년 총 결혼 건수 중 국제결혼이 차지하는 비율이 약 10%를 유지하는 상황이 지속되었는데, 그 결과 28만 명이 넘는 결혼 이주민과 19만 명이 넘는 다문화 가정 자녀가 살고 있는 다문화 사회로의 진전이 급격하게 이루어지고 있다. 그런데 이들에 대한 언어 교육 정책은 한국 사회에의 빠른 적응과 정착을 위한 한국어 교육에만 치중되었던 것이 사실이다. 하지만 최근에는 이주민 또는 다문화 가정 구성원의 모어가 지니는 문화적이고 경제적 가치가 새롭게 주목받고 있으며, 이를 동화주의적 입장에서 억제할 것이 아니라 다문화주의적 입장에서 활용할 필요성이 제기되고 있다(강현석 외 2013). 이에 따라 이주민 또는 다문화 가정 구성원의 모어를 중요한 국가적 자원으로 발전시킬 수 있는 공교육 차원에서의 이중 언어 교육에 대한 연구와 정책이 활성화되어야 할 것이다.

4. 요약 및 결론

지금까지 이 장에서는 언어 정책 및 계획과 관련한 사회언어학의 국내외 연구 성과들을 살펴보고 한국에서의 언어 정책 및 계획의 문제들을 논의해 보았다. 이를 위해 먼저 1절에서는 언어 정책 및 계획을 '국가가 정치적인 목적하에 특정한 언어(들)와 그 사용 문제에 직간접적으로 개입하여 취하는 모든 활동'으로 정의하고 그 유형을 '언어 지위 계획-언어 자료 계획-언어 습득/교육 계획', '국가 개입주의 언어 정책-방임주의 언어 정책', '단일 언어 사용 정책-이중 또는 삼중 언어 사용 정책-다중 언어 사용 정책' 등과 같은 세 가지 방식으로 나누어 각각의 대상과 특성을 살펴보았다. 이어서 2절에서는 국가 차원의 언어 정책 및 계획이 근대 이후 성립한 국민국가의 산물임을 역사적으로 입증하고 국민적 정체성의 형성, 사회적 통합 또는 분리, 소수자의 언어 인권 보장, 구성원간의 효율적 의사소통이라는 시대적 과제들을 실현하는 데에 어떻게 관여했는지를 살펴보았다.

그리고 이 장의 본론에 해당하는 3절에서는 사회언어학의 중요한 한부분을 차지하는 언어 정책 및 계획에 대한 국내외의 주요 연구 성과들을 '언어의 지위와 기능', '표준어의 선정 및 보급', '언어 규범의 정립과 적용', '언어 정교화와 순화', '언어 능력 향상' 등의 다섯 가지 분야로 나누어 살펴보면서 한국에서의 언어 정책 및 계획의 문제들을 논의해 보았다. 이제 마지막 4절에서는 지금까지의 논의를 바탕으로 언어 정책 및 계획의 향후 전망과 연구 과제를 정리하는 것으로 결론을 대신하고자 한다.[10]

언어 정책 및 계획의 전망을 논의하기에 앞서 먼저 필요한 것은, 가장 근본적인 문제, 즉 언어와 언어 사용의 문제에 대한 인위적인 개입이 필요한가, 그리고 그것이 가능한가에 대한 입장을 정리하는 것이다. 언어 사용의 가장 기본적인 이유가 타인과의 의사소통에 있다면, 언어 사용자는 자연스럽게 의사소통에 가장 적합한 언어를 선택하고 학습하고 사용할 것이라는 점에서 언어 사용에 대한 인위적인 개입은 애초에 불필요하다는 지적이 나올 수 있다. 또한 인위적인 개입의 필요성이 있다 해도 그것이 실제로 언어 사용자들의 자연스러운 언어 사용을 변화시킬 수 있는지에 대한 의문도 제기될 수 있다. 하지만 적어도 현대인의 언어 사용은 그렇게 이상적인 환경에서 자연스럽게 이루어지지 않고 있다. 한 개인이 자신의 언어 사용을 주체적이고 자연스러운 것으로 여기고 있을지라도 그의 언어 사용은 이미 특정한 정치적 의도와 이데올로기의 직간접적인 영향을 받거나 그것에 의해 조절되고 통제되고 있기 때문이다.

예를 들어, 한국인 대부분은 개인적으로 '교양 있는 사람들이 두루 쓰는 현대 서울말'을 표준어로 승인한 적이 없으며, 한글 맞춤법이 표음주의보다 표의주의에 충실한 표기법이 되어야 한다는 의견에 동의한 적도 없다. 초등학교 때부터 영어를 배우거나 중·고등학교에서의 한자 수업을 늘리자고 주장한 적도 없으며 우리나라가 단일 언어, 단일 문화 사회를 유지해야 할지, 다언어, 다문화 사회로 나아가야 할지에 대해 생각해 본 적이 별로 없을 것이다. 하지만, 대부분의 한국인은 방송 뉴스 진행자는 전라도 말이나 경상도 말을 사용해서는 안 된다고 생각하며, "꽃이 피다"를 "꼬치 피다"라고 적는 것이 틀렸다고 말한다. 초등학생 자녀의 영어 성적이나 중·고등학생 자녀의 한자 실력을 걱정하며, 결혼 이주 여성이나 한국에 정착하는 외국인 노동자들에 대한 한국어 교육을 강화하여 그들을 언어적으로 동화시켜야 한다고 주장한다.

이상의 모습은 언어 사용 문제에 대한 인위적 개입이 이미 다양하게 이루어져 왔음을 간접적이지만 명백하게 보여 주는 것이다. 따라서 이제 인위적 개입의 가능성에 대한 의문은 더 이상 불필요해 보인다. 오히려 문제는 그러한 인위적 개입에 대한 가치판단과 평가를 통해 부적절하다고 판단되는 인위적 개입을 어떻게 저지하거나 개선할 것인지, 그리고 적절하다고 판단되는 인위적 개입을 어떻게 보완하고 발전시킬 것인지가 될 것이다. 언어 정책은 이러한 인위적 개입이 국가에 의해 좀 더 체계적이고 규모 있게 이루어지는 것이라고 할 수 있다. 그 유형이 국가 개입주의로 분류되는지 방임주의로 분류되는지에 따라 개입의 방식과 정도에는 일정한 차이가 있겠지만, 현대 국민국가에서 언어 정책 및 계획은 피할 수 없는 과제이다.

언어와 언어 사용 문제에 대한 개입은 언제나 매우 정치적인 특성을 가지므로 언어 정책 및 계획 역시 정치적이고 이데올로기적인 문제와 관련되는 것에서 벗어날 수 없다(Calvet 1996: 23). 그런데 지금까지는 국민 통합이라는 정치적 목적이나 국민주의와 같은 이데올로기를 전면에 내세우면서 그것이 추구하는 바를 실현하는 데에 언어 정책 및 계획을 이용하는 것에 그치는 경우가 많았다. 하지만 이제는 그러한 정치적, 이데올로기적 구호만으로는 특정한 언어 정책 및 계획의 수립과 집행을 정당화하기에 부족하다. 예를 들어, 언어적 다양성이 명백한 사회적 '선(good)'이라는 가정은 도덕적이거나 당위적인 주장을 넘어서는 증거를 필요로 한다. 언어 정책 및 계획은 언어 문제에 대한 철학적 탐구에서 그치는 것이 아니라 그 정책 및 계획이 가져다 줄 수 있는 구체적인 성과

나 이점을 제시할 수 있어야 하기 때문이다(Ricento 2006: 11).

특정한 언어 정책 및 계획이 필요한 것인지, 그리고 그 방법이 적절한 것인지를 제대로 판단하기 위해서는 그것을 추진하게 된 동기가 무엇인지를 파악하는 것이 필요하다. 물론 언어 정책 및 계획의 동기를 구성하는 요소들은 매우 다양하다.11) 개인에게는 직업 등의 사회적 기회를 얻기 위해 자신의 언어 능력을 어떻게 향상시킬 것인가 하는 문제처럼 의사소통 수단의 결정과 습득 문제가 특히 중요하다. 최근 들어 개인의 이중 언어 또는 다중 언어 사용을 장려하고 지원하는 언어 정책 및 계획이 관심을 모으는 것은 그러한 이유에서이다. 반면에 공동체나 국가의 입장에서는 표기법의 정비, 문법서 및 사전의 발간 등의 '언어 자료 계획'적 측면이나 공동체 또는 국가의 정체성 유지 및 강화와 관련된 문제에 주된 관심을 두게 마련이다. 소수의 힘없는 언어공동체의 입장에서는 소수 언어 사용자에 대한 차별과 불평등을 개선하는 언어 정책 및 계획에 대한 요구가 가장 크다면, 국가 차원에서는 국민어를 바탕으로 국민적 정체성을 보호하는 언어 정책 및 계획을 여전히 중시할 것이며 최근에는 자국어의 국제적인 영향력을 확대하기 위한 노력도 많아지고 있다(Ager 2001: 197).

이미 언급한 바와 같이 언어 정책 및 계획은 언제나 특정한 정치적 의도나 이데올로기로부터 결코 자유롭지 않으며, 그것이 다수 국민의 이해에 반하는 것일 수도 있다. 하지만 국가가 언어 사용 문제에 대해 전혀 개입하지 않는 것이 불가능하다면, 그러한 개입이 낳을 수 있는 문제를 최소화하고 장점을 최대화하려는 긍정적인 시각이 필요하다. 사실 언어 정책 및 계획은 언어 사용 문제에 대한 인위적 개입이 특정 계층이나 집단만의 이익을 위해 일방적으로 이루어지지 않고 최대한 다수의 국민에게 이익이 되는 방향에서 합리적으로 이루어지게 할 수 있는 매우 효과적인 방법일 수 있다. 물론 이를 위해서는 언어 정책 및 계획에 대한 연구가 더욱 발전하고 국가의 언어 정책 및 계획을 체계적으로 추진할 수 있는 조직 및 제도가 마련되는 것과 함께 효율적인 협조와 합리적인 견제가 가능한 민간 차원의 언어 운동도 충분히 활성화되어야 할 것이다.

탐구 과제

1 한국어의 지위 및 기능과 관련하여 영어 공용화가 어떤 영향을 미칠 수 있는지 살펴보고, 영어 공용화 정책의 추진과 관련한 여러 가지 문제를 찬성 또는 반대 입장에서 토론해 보자.

2 현대 한국 사회에서는 표준어의 사용이 전국적으로 확산되면서 지역 방언이 빠른 속도로 사라지는 모습이 관찰되고 있다. 한국어의 다양성과 풍부성의 측면에서 향후 표준어와 방언의 관계가 어떤 모습으로 발전하는 것이 적절한지 생각해 보자.

3 근대 이후 한국어의 표기는 국한자 혼용 중심에서 한글 전용 중심으로 변화해 왔는데, 최근까지도 한자 교육 및 사용이 필요하다는 주장은 계속되고 있다. 한글 전용이 일반화된 현재의 시점에서 한자 교육 및 사용 주장의 의미와 문제점에 대해 토론해 보자.

4 영어 교육에 치중된 외국어 교육 정책에서 나타나는 문제점을 살펴보고, 세계화 시대의 국제 경쟁력 강화와 다문화 시대의 사회 통합을 위해 필요한 외국어 교육 정책의 방향에 대해 토론해 보자.

더 읽을거리

1 박의재 옮김(1999), ≪현대 사회언어학≫, 한신문화사.

로널드 워도(Ronald Wardhaugh)가 지은 An Introduction to Sociolinguistics를 번역한 것으로 사회언어학의 다양한 주제와 연구 내용을 전반적으로 살필 수 있는 책이다. 그 중 이 책의 15장 '언어 계획'은 언어 정책 및 계획의 기본적인 쟁점들과 함께 세계 각국의 여러 사례들을 제시하고 있다.

2 박용한·김동환 옮김(2009), ≪언어와 사회: 사회언어학으로의 초대≫, 소통.

수잔 로메인(Suzanne Romaine)의 ≪Language in Society: An Introduction to Sociolinguistics≫를 번역한 것으로 사회언어학의 미시와 거시의 두 가지 측면을 아우르는 통합의 사회언어학을 제시하고자 한 책이다. 그 중 이 책의 1장 '사회 속의 언어/언어 속의 사회', 2장 '언어 선택', 7장 '사회적 문제로서의 언어 문제' 등은 언어 정책 및 계획과 직간접적으로 관련된 여러 가지 문제들을 논의하고 있다.

3 김하수(2008), ≪문제로서의 언어≫ 1·2, 커뮤니케이션북스.

김하수(2014), ≪문제로서의 언어≫ 3, 커뮤니케이션북스.

한국 사회에서의 언어 사용 문제를 논의한 여러 편의 논문들을 엮은 책이다. 특히 전 권에 걸쳐 언어 규범, 순화, 사회 통합, 인권, 교육 등과 관련한 한국의 언어 정책 및 계획의 문제들을 비판적인 관점에서 심도 있게 논의하고 있다.

4 Spolsky, B. (2004). *Language Policy*. Cambridge: Cambridge University Press.

언어 이데올로기와 신념의 문제에서 시작하여 다양한 언어 정책 및 계획의 주제들을 풍부한 사례와 함께 논의하고 있는 언어정책론 개론서다. 특히 최근 들어 많은 관심을 받고 있는 전 세계적인 영어의 확산, 언어적 소수자의 인권 등의 문제들을 적극적으로 논의하고 있다.

5 Ricento, Th. (ed.) (2006). *An Introduction to Language Policy: Theory and Method*. Oxford: Blackwell Publishers.

언어 정책 및 계획 분야의 최고 권위자들이 대거 필진으로 참여한 언어정책론 개론서다. 언어정책론의 다양한 문제들을 이론적 측면, 방법론적 측면, 주제적 측면으로 나누어 기존 논의를 정리하고 향후 과제를 제시하고 있다.

1) 언어 정책 및 계획의 유형에 대한 이하의 논의는 조태린(2010가)의 1장 및 2장의 내용을 수정·보완한 것이다.

2) 언어 습득 계획을 언어 교육 계획을 포괄하는 더 넓은 개념으로 사용하기도 하지만(Cooper 1989), 이하에서는 이를 엄밀하게 구분하지 않고 '언어 습득/교육 계획'이란 용어를 사용하기로 한다.

3) 법을 통해 언어 사용 문제에 개입하는 것은 국가 개입주의 언어 정책의 가장 강력한 방식에 해당한다. 이에 대한 좀 더 구체적인 논의는 조태린(2009)를 참조할 수 있다.

4) 언어 정책과 국민적 정체성에 관한 논의와 각국의 사례에 대해서는 비어와 제이콥(Beer & Jacob 1985)를 참조할 수 있다.

5) 언어 정책 및 계획의 역사에 대한 이하의 논의는 조태린(2010가)의 3장의 내용을 수정·보완한 것이다.

6) 표의 문자인 한자를 사용한 중국에서는 이미 7세기부터 개별 한자의 당대 표준음을 규정하기 위한 운서(韻書)들이 국가적 사업으로 편찬되기도 했고, 고유의 문자가 없던 15세기 조선에서 훈민정음 창제는 문자 문제에 대한 국가 개입의 획기적 사례라고 할 수 있지만(송기중 1993), 그 영향 범위 역시 매우 한정되어 있었다.

7) 제2차 세계대전 이후 등장한 신생 독립국의 언어 정책 또한 기본적으로 서구의 선발 국민 국가의 언어 정책을 모델로 삼았다(Rubin & Jernudd 1971). 다만 이들 국가의 복잡한 언어 상황은 '단일 언어 사용 정책'이나 '이중 또는 삼중 언어 사용 정책'보다는 '다중 언어 사용 정책'이 더 적절한 경우가 많았다는 점에서 약간의 차이를 보일 뿐이다.

8) 이와 관련해서는 고종석(1999), 김영명(2000), 민현식(2000), 백경숙(2000), 정시호(2000가), 한학성(2000), 조동일(2001), 시정곤 외(2003), 모종린 외(2010) 등을 참조할 수 있다.

9) 이와 관련해서는 정시호(2000나), 장한업(2004), 이정린(2006), 안철택(2006), 서장원(2006), 이상욱(2006), 이기식(2007) 등을 참조할 수 있다.

10) 언어 정책 및 계획의 향후 전망에 관한 이하의 논의는 조태린(2010가)의 4장의 내용을 수정·보완한 것이다.

11) 에이저(Ager 2001)은 언어 정책의 동기를 구성하는 요소들을 다음과 같은 일곱 가지로 유형화하고 있다. 공동체의 정체성 형성과 유지, 표준화 이데올로기의 구현, 대외적 영향력과 이미지 제고, 외적 요인으로 인한 불안정 해소, 소수자에 대한 차별과 불평등 철폐, 이민자 등 관련 사회적 통합력 강화, 의사소통 수단 개선 등이 그것이다.

참고문헌

강길부(1997), ≪땅이름 국토사랑≫, 집문당.

강석우·김미정·이길용 옮김(2008), ≪사회언어학의 전망≫, 제이앤씨, [眞田信治 編(2006), ≪社會言語學の展望≫, くろしお出版.]

강신항(1967), 〈현대국어의 가족명칭에 대하여〉, ≪대동문화연구≫ 4, 77~115, 성균관대학교 대동문화연구소.

강신항(1976), 〈경북 안동 봉화 영해 지역의 이중언어생활〉, ≪성균관대학교 논문집≫ 22, 33~51, 성균관대학교.

강윤희(1994), 〈제주 사회에서의 두 방언 사용에 대한 민족지적 연구〉, ≪제주도연구≫ 11, 83~146, 제주도연구회.

강정희(1988), ≪제주 방언 연구≫, 한남대 출판부.

강정희(2004), 〈재일 한국인의 한국어에 대한 언어 태도 조사: 오사카 지역사회를 중심으로〉, ≪어문학≫ 86, 1~29, 한국어문학회.

강현석(2011), 〈해요체-합쇼체의 변이에 대한 계량사회언어학적 연구〉, ≪사회언어학≫ 19(2), 1~22, 한국사회언어학회.

강현석(2012), 〈기독교와 불교 기도문의 사회언어학적 비교 연구: 문형, 화행과 청자 경어법을 중심으로〉, ≪사회언어학≫ 20(2), 1~31, 한국사회언어학회.

강현석·이장희(2006), 〈천안·아산지역어와 대구지역어에 나타나는 w 탈락 현상의 비교연구〉, ≪사회언어학≫ 14(2), 11~25, 한국사회언어학회.

강현석 외(2013), ≪문화 소통 활성화를 위한 언어 정책 연구≫, 국립국어원.

강희숙(1994), ≪음운변이 및 변화에 관한 사회언어학적 연구: 전남 장흥 방언을 중심으로≫, 전북대학교 박사학위논문.

강희숙(2004), 〈백석의 시어와 구개음화〉, ≪한국언어문학≫ 53, 97~121, 한국언어문학회.

강희숙(2005), 〈고모음화의 실현과 방언 분화: 전남방언과 서울말을 중심으로〉, ≪우리말글≫ 33, 1~32, 우리말글학회.

강희숙(2013), 〈한국 대학생들의 언어적 불안정과 방언 전환: 광주·전남 지역 출신 대학생을 중심으로〉, 제37회 한말연구학회 전국학술대회 발표논문집, 42~54, 한말연구학회.

고영근(2010), 《표준 중세 국어문법론》, 집문당.

고영진(2002), 〈제주도 방언의 상대높임법의 형태론〉, 《한글》 256, 7~44, 한글학회.

고인수(1995), 《영어와 한국어의 요청화행 비교 연구》, 서울대학교 박사학위논문.

고종석(1999), 《감염된 언어》, 개마고원.

곽충구(2001), 〈구개음화 규칙의 발생과 그 확산〉, 《진단학보》 92, 237~268, 진단학회.

곽충구(2003), 〈현대국어의 모음 체계와 그 변화의 방향〉, 《국어학》 41, 59~91, 국어학회.

구경숙(2001), 《現代韓語色彩語研究》, 중국 南開大學 박사학위논문.

구본관(2008), 〈한국어 색채 표현에 대한 인지언어학적 고찰〉, 《형태론》 10(2), 261~285, 형태론연구회.

국립국어원(2003), 《한국어 학습용 어휘 선정 결과 보고서》. 국립국어원.

국립국어원(2005), 《2005 국민의 언어 의식 조사》, 국립국어원.

국립국어원(2007가), 《21세기 세종계획 백서(1998~2007)》, 월인.

국립국어원(2007나), 《전문 용어 연구: 정리 현황과 과제》, 태학사.

국립국어원 엮음(2007), 《방언 이야기》, 태학사.

국립국어원(2010), 《2010 국민의 언어 의식 조사》, 국립국어원.

국립국어원(2011), 《표준 언어 예절》, 국립국어원.

기나현(2007), 〈한국 고유 색채어의 의미 분석〉, 《관악어문연구》 32, 171~191, 서울대학교 국어국문학과.

기술표준원(2005), 《KS A 0011 물체색의 색이름》.

김경동(1993), 《한국사회 변동론》, 나남출판사.

김경석(1993), 〈한국어와 영어에서의 칭찬에 대한 응답의 비교분석〉, 《영어교육》 46, 영어교육학회.

김규남(1998), 《전북 정읍시 정해마을 언어사회의 음운변이 연구》, 전북대학교 박사학위논문.

김규남(1999), 〈전북 정읍시 청소년층의 언어 태도와 변항 (-a)의 상관성 연구〉, 《국어문학》 34, 23~47, 국어문학회.

김규현(2000), 〈담화와 문법: 대화분석적 시각을 중심으로〉, 《담화와 인지》 7(1), 155~184, 담화-인지언어학회.

김규현(2006), 〈한국어 대화에서 나타나는 첨가어의 순차적 분석〉, 《언어와 언어학》 37, 21~48, 한국외국어대학교 언어연구소.

김규현(2008가), 〈한국어 대화구조와 문법: 대화분석의 시각〉, 《응용언어학》 24(3), 31~62, 한국응용언어학회.

김규현(2008나), 〈교사-아동학습자 간의 교실담화의 대화분석〉, 왕한석 엮음, 《한국어와 한국사회》, 313~331, 교문사.

김규현·서경희(1996), 〈대화조직상의 성별 차이: 평가와 이해확인을 중심으로〉, 《사회언어학》 4(2), 77~111, 한국사회언어학회.

김기혁 옮김(2008), 《언어 유형론: 언어의 통일성과 다양성》, 소통. [Lindsay J. Whaley (1977). *Introduction Typology*. Sage Publication.]

김남국 옮김(2008), 《언어접촉과 2개 언어 상용》, 동인. [Appel, R., and Muysken, P.(1987). *Language Contact and Bilingualism*. University of Chicago Press.]

김덕호(2008), 〈민족 생활어란 무엇인가〉, 조숙정, 《김치·젓갈·장아찌》, 글누림.

김려령(2008), 《완득이》, 창비.

김명운(2009), 《현대국어의 공손성 연구》, 서울대학교 박사학위논문.

김민수(1953), 〈은어(隱語)-변말-시고(試考)-특(特)히 거지말(乞人語)를 중심(中心)으로 하여〉, 《국어국문학》 6, 9~13, 국어국문학회.

김방한 옮김(1982), 《언어학사》, 형설출판사. [Ivic, M. (1965). *Trends in Linguistics*. The Hague.]

김병제(1988), 《조선 언어지리학 시고》, 평양: 과학백과사전종합출판사.

김선재 옮김(1961), 《언어》, 문교부. [Jespersen, O. (1922). *Language: It's Nature, Development and Origin*. The Norton Library, W. W. Norton & Company Inc. New York.]

김선철(2006), 《중앙어의 음운론적 변이양상》, 경진문화사.

김선철(2009), 〈국어 순화의 개념과 방향 설정에 대하여〉, 《사회언어학》 17(2), 1~23, 한국사회언어학회.

김선희(1991), 〈여성어에 대한 고찰〉, 《목원대논문집》 19, 111~127, 목원대학교.

김성대(1977), 《조선시대의 색채어 낱말밭에 대하여: Leo Weisgerber의 이론을 바탕으로》, 고려대학교 박사학위논문.

김성배(1962), 〈한국 금기어고(韓國 禁忌語考)(上)〉, 《국어국문학》 25, 219~234, 국어국문학회.

김성배(1975), 《韓國의 禁忌語·吉兆語》, 정음사.

김연옥(2009), 〈조선족 중소학교 교원들의 언어 태도에 대한 약간의 고찰: 학교에서의 언어 사용을 중심으로〉, 《중국조선어문》 160, 55~60, 길림성

민족사무위원회.

김영명(2000), ≪나는 고발한다≫, 한겨레신문사.

김영모(1982), ≪한국 사회계층 연구≫, 일조각.

김영배(1969), 〈서북방언과 구개음화〉, ≪동악어문논집≫ 6, 동악어문학회.

김영배(1985), 〈ㄷ구개음화 재고〉, ≪천시권박사화갑기념 국어학논총≫.

김영태(1983), ≪창원 지역어 연구≫, 중앙대학교 박사학위논문.

김용숙(1966), 〈궁중 용어 및 풍속 채집 보고서(1)〉, ≪아세아여성연구≫ 5, 279~289, 숙명여자대학교.

김용숙(1974), ≪이조 궁중 풍속의 연구≫, 숙명여자대학교.

김우진(2006), ≪중국 신장지역 카작족 존대말의 구조와 사용 유형≫, 서울대학교 석사학위논문.

김이선 외(2010), ≪다문화가족의 언어·문화 사용 및 세대간 전수에 관한 연구≫ (경제·인문사회연구회 협동연구총서), 한국여성정책연구원.

김종훈·김태곤·박영섭(1985), ≪은어, 비속어, 직업어≫, 집문당.

김주관(1989), ≪존대말 사용의 이상적 규범과 실제적 변이상: 단기 사병의 언어공동체를 중심으로≫, 서울대학교 석사학위논문.

김지인(2009), ≪영어와 한국어의 기본 색채어의 의미 확장≫, 한국외국어대학교 박사학위논문.

김진우(1985), ≪언어≫, 탑출판사.

김진우(2004), ≪언어≫, 개정판, 탑출판사.

김태엽(2001), 〈주격조사 '-이가'에 대하여〉, ≪우리말글≫ 21, 1~24, 우리말글학회.

김하수(2008), ≪문제로서의 언어≫ 1·2, 커뮤니케이션북스.

김하수(2008가), 〈언어의 단위와 규범의 단위: 규범 문제에 관한 재인식을 위하여〉, ≪문제로서의 언어 1: 사회와 언어≫, 68~87, 커뮤니케이션북스.

김하수(2008나), 〈국어 순화의 문제점과 극복의 길〉, ≪문제로서의 언어 1: 사회와 언어≫, 157~173, 커뮤니케이션북스.

김하수(2008다), 〈언어 문제와 남북 학술 교류〉, ≪문제로서의 언어 2: 민족과 언어≫, 137~164, 커뮤니케이션북스.

김하수·조태린(2008), 〈한국 사회의 소수자에 대한 사회언어학적 접근〉, ≪사회언어학≫ 16(1), 79~104, 한국사회언어학회.

김해연(2010), 〈한국 사회언어학 연구 개관〉, ≪사회언어학≫ 18(2), 287~347, 한국사회언어학회.

김형준(2001), 〈공용어의 확산과 이슬람화에 따른 인도네시아 자바어의 변화〉, ≪사회언어학≫ 9(2), 49~70, 한국사회언어학회.

김혜련(1997), 〈사회문화적 능력과 언어전이: 한국어와 영어에서의 사과의 경우〉, ≪사회언어학≫ 5(2), 한국사회언어학회.

김혜숙(2010), 〈사회적 변인간 상호작용에 따른 영어 부가의문문 사용에 관한 연구〉, ≪사회언어학≫ 18(1), 31~52, 한국사회언어학회.

김흥규·강범모(1996), 〈고려대학교 한국어 말모둠 1(KOREA-1 Corpus): 설계 및 구성〉, ≪한국어학≫ 3, 233~258, 한국어학회.

남원식 옮김(1985), ≪사회언어학개론≫, 형설출판사. [Trugill, P. (1983). *Sociolinguistics: An Introduction to Language and Society*. Penguin Books.]

대한민국학술원(1993), ≪한국 언어 지도집≫, 성지출판사.

모종린(2010), ≪영어상용화와 국가경쟁력: 영어공용화 논쟁을 넘어서≫, 나남.

문금현(2013), 〈색채어 관련 관용표현에 나타난 인지 의미 양상〉, ≪국어국문학≫ 163, 73~102, 국어국문학회.

문순덕(2005), 〈제주방언 높임말 첨사의 담화 기능: '마씀, 양, 예'를 중심으로〉, ≪언어연구≫ 20-3, 71~87, 한국현대언어학회.

문효근(1962), 〈韓國의 禁忌語〉, ≪인문과학≫ 8, 1~25, 연세대학교 인문과학연구소.

민현식(1995), 〈국어의 여성어 연구〉, ≪아세아여성연구≫ 34, 7~64, 숙명여대 아세아여성문제연구소.

민현식(1997), 〈국어 남녀 언어의 사회언어학적 특성 연구〉, ≪사회언어학≫ 5(2), 529~587, 한국사회언어학회.

민현식(2000), 〈공용어론과 언어정책〉, ≪이중언어학≫ 17, 27~55, 이중언어학회.

민현식(2002), 〈국어 의식 조사 연구〉, ≪한국어 교육≫ 13-1, 71~105, 국제한국어교육학회.

박경래(1984), ≪괴산 방언의 음운에 대한 세대별 연구≫, 서울대학교 석사학위논문.

박경래(1989), 〈괴산지역어의 사회방언학적 고찰: 이중모음의 단모음화를 중심으로〉, ≪국어국문학≫ 101, 305~336, 국어국문학회.

박경래(1993), ≪충주 방언의 음운에 대한 사회언어학적 연구≫, 서울대학교 박사학위논문.

박경래(2002), 〈중국 연변 조선족들의 언어 태도〉, ≪사회언어학≫ 10(2), 59~85, 한국사회언어학회.

박동근(2012), 〈한국어 기본 색깔말의 원형과 뜻풀이〉, ≪문법교육≫ 16, 111~139, 한국문법교육학회.

박상훈·리근영·고신숙(1986), ≪우리나라에서의 어휘 정리≫, 평양: 사회과학출판사.

박성현(2007), ≪한국어 대화 화제와 말차례 체계≫, 집문당.

박소라(2004), ≪한국어 남녀 언어 변화에 관한 연구: 1960년대, 2000년대 멜로 영화에 나타난 남녀 언어를 대상으로≫, 서울대학교 석사학위논문.

박수영 옮김(2004), ≪언어학의 사상사≫, 역락. [Robins, R. H. (1973). *Indeenund Problemgeschichte der Sprachwissenscharft.*]

박영순(2004), 〈사회언어학 연구의 현황과 과제〉, ≪사회언어학≫ 12(1), 123~147, 한국사회언어학회.

박영순(2006), 〈은유 연구의 성과와 방법론〉, ≪한국어의미학≫ 20, 1~28, 한국어의미학회.

박용예(1990), ≪영한 화행대조 분석: '요청, 거절' 중심으로≫, 서울대학교 석사학위논문.

박용찬(2005), 〈'우리말 다듬기' 사이트의 운영 내용과 성과〉, ≪새국어생활≫ 15(1), 37~57, 국립국어원.

박용한·김동환 옮김(2009), ≪언어와 사회: 사회언어학으로의 초대≫, 소통. [Romaine, S. (2000). *Language in Society: An Introduction to Sociolinguistics* (2nd ed.). Oxford University Press.]

박은하(2007), 〈텔레비전 광고에 나타난 성별 차이어 인식 조사〉, ≪사회언어학≫ 15(2), 57~84, 한국사회언어학회.

박의재 옮김(1994), ≪사회언어학≫, 한신문화사. [Wardhaugh, R. (1986). *An Introduction to Sociolinguistics*. Basil Blackwell, New York.]

박정운(1997), 〈한국어의 호칭어 체계〉, ≪사회언어학≫ 5(2), 507~527, 한국사회언어학회.

박정일·최상진(2003), 〈금기어(禁忌語) 분석을 통한 한국인의 심층심리 탐색〉, ≪한국심리학회지: 일반≫ 22(1), 45~61, 한국심리학회.

박준언(1995), 〈미국에서의 이중언어사용 및 이중언어교육에 대한 인식의 변천 과정〉, ≪사회언어학≫ 3(1), 55~69, 한국사회언어학회.

박준언(2010), 〈우리나라 광고문들의 이중언어사용 분석〉, ≪이중언어학≫ 43, 131~162, 이중언어학회.

백경숙(1998), 〈영어와 한국어에서의 칭찬에 대한 응답전략 고찰〉, ≪사회언어학≫ 6(2), 한국사회언어학회.

백경숙(2000), 〈영어 공용화론에 대한 사회언어학적 소고〉, ≪사회언어학≫ 8(1), 469~495, 한국사회언어학회.

백경숙(2007), 〈실행공동체에 대한 小考〉, ≪교육논총≫ 23(2), 99~130, 한양대학교 교육문제연구소.

백경숙(2009), 〈변이어 교육을 위한 영화 'My Fair Lady'의 효용성 고찰〉, *STEM*

Journal 10(1), 119~145, 한국영상영어교육학회.

백동선(2003), ≪일본어의 대우표현 연구≫, 보고사.

복거일(1998), ≪국제어 시대의 민족어≫, 문학과지성사.

서경희(2008), 〈태도표지로서의 뭐: 상호작용적 기능을 중심으로〉, 왕한석 엮음, ≪한국어와 한국사회≫, 403~425, 교문사.

서상규(2002), 〈한국어 말뭉치의 구축과 과제〉, 홍윤표 외, ≪한국어와 정보화≫, 255~292, 태학사.

서장원(2006), 〈제2외국어 위기 상황과 번역 후속 세대 절대 부족의 문화적 의미〉, ≪카프카연구≫ 15(1), 139~161, 한국카프카학회.

서태룡 외(1998), ≪문법 연구와 자료≫, 태학사.

손춘섭·이건환·조경순(2003), 〈교수 사회의 대우법 사용 양상에 대한 연구〉, ≪사회언어학≫ 11(1), 149~192, 한국사회언어학회.

손희연(2006), 〈한국어 수업 상황의 코드 스위칭〉, ≪이중언어학≫ 31, 123~151, 이중언어학회.

손희연·서세정(2008), 〈한국 화교 화자들의 이중언어 사용 연구〉, ≪사회언어학≫ 16(1), 185~211, 한국사회언어학회.

송기중(1993), 〈언어 정책〉, 국어학회 엮음, ≪세계의 언어 정책≫, 1~13, 태학사.

송완용(2008), 〈언어사 연구와 언어지리학의 공헌〉, ≪언어와 정보사회≫ 9, 1~16, 서강대학교 언어정보연구소.

시정곤 외(2003), ≪한국어가 사라진다면≫, 한겨레출판.

신익성(1985), ≪훔볼트: 〈카비말 연구 서설〉≫, 서울대학교 출판부.

심재기(1983), ≪국어 어휘론≫, 집문당.

안상수(2007), ≪사회적 의사소통 연구: 성차별적 언어 표현 사례조사 및 대안 마련을 위한 연구≫, 국립국어원·한국여성정책연구원.

안철택(2006), 〈문화제국주의와 언어의 다양성〉, ≪독일문학≫ 100, 153~180, 한국독어독문학회.

양명희(2007), 〈한국인의 언어 의식의 변화〉, ≪사회언어학≫ 15(1), 107~128, 한국사회언어학회.

양명희(2009), 〈다문화 시대와 언어정책〉, ≪한국어교육≫ 20(1), 111~133, 국제한국어교육학회.

양명희(2013), 〈문장 부호 개정과 국어 정책〉, ≪한국어학≫ 61, 25~48, 한국어학회.

양영희(2005), 〈중세국어 존대법의 사회언어학적 접근 가능성 모색〉, ≪사회언어학≫ 13(1), 129~150, 한국사회언어학회.

오성애(2010), 〈청도 거주 조선족의 언어 능력과 언어 태도〉, ≪한국학연구≫

23, 181~212, 인하대학교 한국학연구소.

오예옥(2011), ≪언어 사용에서의 은유와 환유≫, 역락.

와와메인(2011), ≪한국어와 미얀마어 공손표현 대조 연구≫, 원광대학교 석사학위논문.

왕한석(1986), 〈국어 청자 존대어 체계의 기술을 위한 방법론적 검토〉, ≪어학연구≫ 22(3), 351~373, 서울대학교 언어교육원.

왕한석(1988), 〈한국 친족 용어의 내적 구조〉, ≪한국문화인류학≫ 20, 199~224, 한국문화인류학회.

왕한석(2005), 〈호칭어의 주요 이론과 연구 시각〉, 왕한석 외, ≪한국 사회와 호칭어≫, 17~48, 역락.

왕한석(2007), ≪또 다른 한국어≫, 교문사.

왕한석(2008), 〈한국의 사회언어학〉, 왕한석 엮음, ≪한국어와 한국사회≫, 교문사.

왕한석 외 옮김(2009), ≪언어와 사회≫, 한국문화사. [Saville-Troike, M. (2002). *The Ethnography of Communication: An Introduction*. Blackwell Publishers.]

유근석(1932), 〈언어와 인간〉, ≪한글≫ 2, 57~59, 조선어학회.

윤인지·김은비(2012), 〈다문화 가족의 언어 사용과 아동의 사회 정체성〉, ≪이중언어학≫ 48, 273~307, 이중언어학회.

이건식(2013), 〈조선 시대 조수(潮水) 구분 계열어의 의미 대립 체계〉, ≪한민족어문학≫ 64, 219~264, 한민족어문학회.

이광석(2006), 〈정책학의 관점에서 본 국어 정책의 의미와 방향〉, ≪한글≫ 271, 161~204, 한글학회.

이기갑(1986), ≪전라남도의 언어지리≫, 탑출판사.

이기갑(1997), 〈한국어 방언들 상대높임법 비교 연구〉, ≪언어학≫ 21, 185~217, 한국언어학회.

이기갑(2003), ≪국어 방언 문법≫, 태학사.

이기갑(2007), 〈한국어 친족어의 변화: 동기 관계어를 중심으로〉, ≪사회언어학≫ 15(1), 129~149, 한국사회언어학회.

이기갑·유영대·이종주(1998), ≪호남의 언어와 문화≫, 백산서당.

이기식(2007), ≪제2외국어교육 담론 활성화를 위한 간문화적 토대이론 연구≫, 한국연구재단.

이길재(2005), 〈언어변이와 사회계층에 대한 일 고찰: 나주지역어의 마찰음화를 중심으로〉, ≪한국언어문학≫ 55, 103~125, 한국언어문학회.

이미재(1988), ≪언어 변화에 관한 사회언어학적 연구: 경기도 화성 방언을 중심으로》, 서울대학교 박사학위논문.

이상욱(2006), 〈언어와 문화 그리고 기업경쟁력의 접점으로서 제2외국어 능력〉, 《카프카연구》, 231~263, 한국카프카학회.

이석규·김선희(1992), 〈남성어·여성어에 관한 연구〉, 《어문학연구》 2(1), 35~74, 목원대 어문학연구소.

이선영(2012), 〈국어의 기본 색채어와 그 의미〉, 《국어국문학》 162, 143~170, 국어국문학회.

이성희(1998), 《의사소통 전략의 성별 연구: 소집단 토의 담화분석을 중심으로》, 서울대학교 석사학위논문.

이순희(2013), 《한국 시각 디자인의 조형적·색채적 아키타입에 대한 연구: 한국 선사 암각화와 〈삼국유사〉를 중심으로》, 계명대학교 박사학위논문.

이원표(2001), 《담화분석: 방법론과 화용 및 사회언어학적 연구의 실례》, 한국문화사.

이익섭(1976), 〈한국 어촌 언어의 사회언어학적 고찰〉, 《진단학보》 42, 61~97, 진단학회.

이익섭(1984), 《방언학》, 민음사.

이익섭(1994), 《사회언어학》, 민음사.

이익섭(2000), 《사회언어학》, 개정판, 민음사.

이익섭(2004), 《사회언어학》, 개정판, 민음사.

이익섭 외(2008), 《한국 언어 지도》, 태학사.

이정린(2006), 〈문화적 층위의 세계화와 제2외국어교육〉, 《독일언어문학》 33, 349~377, 한국독일언어문학회.

이정복(1994), 〈제3자 경어법 사용에 나타난 참여자 효과 연구〉, 《국어학》 24, 353~384, 국어학회.

이정복(1996가), 〈대학생들의 제3자 경어법 사용에 나타난 참여자 효과〉, 《한국문화》 18, 33~71, 서울대학교 규장각한국학연구원.

이정복(1996나), 〈고려가요에 쓰인 형태소 '-시-'의 재해석〉, 《관악어문연구》 21, 267~296, 서울대학교 국문과.

이정복(1998), 《국어 경어법 사용의 전략적 특성》, 서울대학교 박사학위논문.

이정복(1999), 〈국어 경어법의 전략적 용법에 대하여〉, 《어학연구》 35(1), 91~121, 서울대학교 언어교육원.

이정복(2001가), 《국어 경어법 사용의 전략적 특성》, 태학사.

이정복(2001나), 〈복수 인물에 대한 경어법 사용 연구〉, 《어문학》 74, 45~67, 한국어문학회.

이정복(2003), 《인터넷 통신 언어의 이해》, 월인.

이정복(2006), 〈국어 경어법에 대한 사회언어학적 접근〉, ≪국어학≫ 47, 407~448, 국어학회.

이정복(2008), 〈외래어 순화 정책의 방향: 정부 활동을 중심으로〉, ≪어문학≫ 99, 27~66, 한국어문학회.

이정복(2009), ≪인터넷 통신 언어의 확산과 한국어 연구의 확대≫, 소통.

이정복(2010), 〈상황 주체 높임 '-시'의 확산과 배경〉, ≪언어과학연구≫ 55, 217~246, 언어과학회.

이정복(2011가), ≪한국어 경어법, 힘과 거리의 미학≫(개정증보판), 소통.

이정복(2011나), 〈한국어 경어법의 주요 기능〉, ≪우리말글≫ 53, 25~53, 우리말글학회.

이정복(2012가), 〈스마트폰 시대의 통신 언어 특징과 연구 과제〉, ≪사회언어학≫ 20(1), 177~211, 한국사회언어학회.

이정복(2012나), ≪한국어 경어법의 기능과 사용 원리≫, 소통.

이정복(2014), ≪한국 사회의 차별 언어≫, 소통.

이정복·판영(2013), 〈한국과 중국의 통신 언어 호칭어 '님'과 '亲(친)'의 쓰임〉, ≪우리말글≫ 58, 127~150, 우리말글학회.

이주행(1999), 〈한국 사회계층별 언어 특성에 관한 연구〉, ≪사회언어학≫ 7(1), 51~76, 한국사회언어학회.

이진호(2012), ≪한국어의 표준 발음과 현실 발음≫, 아카넷.

이창숙(2000), 〈국어의 여성어 연구〉, ≪강남어문≫ 10, 211~236, 강남대학교 국어국문학과.

이현복(1971가), 〈현대 서울말의 모음 음가〉, ≪어학연구≫ 7(1), 37~52, 서울대학교 어학연구소.

이현복(1971나), 〈서울말의 모음체계〉, ≪어학연구≫ 제7권 2호, 19~24, 서울대학교 어학연구소.

이화연(2009), 〈한국어, 아랍어, 영어의 여성언어 양상에 대한 비교연구〉, ≪중동문제연구≫ 8(1), 111~132, 중동문제연구소.

임영철(1995), 〈일본의 사회언어학: 언어 의식을 중심으로〉, ≪일어일문학연구≫ 26, 201~228, 일어일문학연구회.

임영철(1996), 〈일본어의 여성어에 대하여〉, ≪사회언어학≫ 4(2), 31~50, 한국사회언어학회.

임지룡·김동환 옮김(1998), ≪인지언어학 개론≫, 태학사. [Ungerer, F., and Schmid, H. (1996). *An Introduction to Cognitive Linguistics*. London & New York, London.]

임채완(1999), 〈중앙아시아 고려인의 언어적 정체성과 민족의식〉, ≪국제정치

　　논총≫ 39(2), 318~338, 한국국제정치학회.

임칠성 외(1997), ≪한국어 계량 연구≫, 전남대학교 출판부.

임형재(2006), 〈중국 조선족 대화에서 나타난 표현형 코드전환〉, ≪한민족문화
　　연구≫ 19, 123~143, 한민족문화학회.

임홍빈(1993), ≪국어의 여성어: 국어사 자료와 국어학의 연구≫, 문학과지성사.

장미경(2005), 〈한국 사회 소수자와 시민권의 정치〉, ≪한국사회학≫ 39(6), 159~
　　182, 한국사회학회.

장영길(1994), 〈서북방언의 비구개음화 요인에 대한 일 고찰〉, ≪동악어문논집≫
　　29, 동악어문학회.

장한업(2004), 〈새로운 제2외국어 교육목표 설정의 필요성〉, ≪불어불문학연구≫
　　60, 631~654, 한국불어불문학회.

장항규(1995), ≪영-한 대조분석: Apology를 중심으로≫, 울산대학교 석사학
　　위논문.

전병선(1977), ≪언어 환경 연구≫, 평양: 사회과학출판사.

정승철(1998), 〈제주 방언〉, 서태룡 외, ≪문법 연구와 자료≫, 태학사.

정승철(2013), ≪한국의 방언과 방언학≫, 태학사.

정시호(2000가), ≪21세기의 세계 언어전쟁: 영어를 공용어로 할 것인가≫, 경
　　북대 출판부.

정시호(2000나), 〈제2외국어교육론: 제2외국어 무용론을 비판함〉, ≪독어교육≫
　　19(1), 89~118, 한국독어독문학교육학회.

정영주(1993), ≪경상도 토씨 연구: 진주 지역어를 중심으로≫, 홍문각.

정용호(1988), ≪함경도 방언 연구≫, 교육도서출판사.

정종호(1990), ≪한국 친족호칭의 의미구조와 사회적 사용에 관한 연구: 안동지
　　방의 한 촌락의 사례를 중심으로≫, 서울대학교 석사학위논문.

정호완(2003), ≪우리말의 상상력≫, 이회.

정호정(2001), 〈공손어법의 언어문화특수성과 번역〉, ≪통번역학연구≫ 5, 169~
　　192, 한국외국어대학교 통역번역연구소.

조동일(2001), ≪영어를 공용어로 하자는 망상≫, 나남.

조소영(2014), 〈이런 '유통업계 은어' 들어 보셨나요〉, 데일리안(http://www.
　　dailian.co.kr), 2014.9.8.

조준학 외(1981), 〈한국인의 언어 의식: 언어 접촉과 관련된 사회언어학적 연
　　구〉, ≪어학연구≫ 17(2), 167~197, 서울대학교 어학연구소.

조철현(1981), 〈영국 영어와 미국 영어의 비교연구: 발음, 철자, 어휘면을 중심
　　으로〉, ≪연세논총≫ 18(1), 1~19, 연세대학교 대학원.

조태린(1998), ≪일제시대의 언어 정책과 언어 운동에 관한 연구≫, 연세대학교

석사학위논문.

조태린(2004), 〈계급언어, 지역언어로서의 표준어〉, 《당대비평》 26, 74~87, 생각의나무.

조태린(2005), 〈사회언어학의 기원에 대한 소고〉, 《사회언어학》 13(2), 235~ 255, 한국사회언어학회.

조태린(2006), 〈'국어'라는 용어에 대한 비판적 고찰〉, 《국어학》 48, 363~394, 국어학회.

조태린(2007), 〈표준어 정책의 문제점과 대안 모색〉, 《한말연구》 20, 215~341, 한말연구학회.

조태린(2009), 〈언어 정책에서 법적 규정의 의미와 한계: 국어기본법 다시 보기〉, 《한말연구》 24, 241~265, 한말연구학회.

조태린(2010가), 〈언어 정책이란 무엇인가〉, 《새국어생활》 20(2), 117~131, 국립국어원.

조태린(2010나), 〈언어 규범과 언어 변이의 문제: '표준 화법'을 중심으로〉, 《사회언어학》 18(2), 189~214, 한국사회언어학회.

조항범(1996), 《국어 친족 어휘의 통시적 연구》, 태학사.

지동은·서란영·신춘미·원미화(2009), 〈조선족집산거주민의 조한 이중 언어에 대한 태도 비교연구〉, 《중국조선어문》 160, 35~41, 길림성민족사무위원회.

채춘옥(2009), 〈연변지역의 여성어와 남성어에 대한 고찰〉, 《사회언어학》 17(2), 115~136, 한국사회언어학회.

최래옥(1995), 《한국의 민간 속신어 사전》, 집문당.

최명옥(1980), 《경북 동해안 방언 연구》, 영남대학교 민족문화연구소.

최명옥(1982), 〈친족명칭과 경어법〉, 《방언》 6, 1~26, 한국정신문화연구원.

최명옥(2013), 〈석학인문강좌 제8강: 한국어 대방언의 양상 강의안〉.

최재오(2006), 〈한영 이중언어 구사자들의 code switching 연구〉, 《이중언어학》 31, 253~276, 이중언어학회.

최진숙(2011), 〈초등학생들의 언어 태도 변화 연구〉, 《어학연구》 28(2), 431~ 450, 서울대학교 언어교육원.

최혜정(1998), 《국어에 나타난 성차별적 표현 연구》, 배재대학교 석사학위논문.

한국사회언어학회(2012), 《사회언어학 사전》, 소통.

한국사회언어학회 옮김(2002), 《문화와 의사소통의 사회언어학》, 한국문화사. [Bonvillain, N. (2002). *Language, Culture and Communication*. Prentice Hall.]

한길(2000), 〈'이른바 겹임자말' 월에서의 주체높임법에 관한 연구〉, 《강원인문논총≫ 8, 51~79, 강원대학교 인문과학연구소.

한성일(2013), 〈교회 안에서의 특정 어휘의 의미 변화 양상에 대한 연구〉, ≪한말연구≫ 33, 301~330, 한말연구학회.

한영순(1957), 〈평안북도 의주·피현 지방 방언의 어음론적 특성(하)〉, ≪조선어문≫ 5.

한영순(1967), ≪조선어 방언학≫, 평양: 김일성종합대학출판사.

한정한(2011), 〈통사 단위 단어〉, 유현경 외, ≪한국어 통사론의 현상과 이론≫, 태학사.

한학성(2000), ≪영어 공용어화, 과연 가능한가≫, 책세상.

허상희(2010), ≪한국어 공손표현의 화용론적 연구≫, 부산대학교 박사학위논문.

허재영(2000), ≪(생활 속의) 금기어 이야기≫, 역락.

홍민표(2004), 〈일본의 사회언어학 연구 동향〉, 국립국어원 엮음, ≪주요 국가의 사회언어학 연구 동향≫, 116~154, 국립국어원.

홍윤표(1978), 〈전주 방언의 격 연구〉, ≪어학≫ 5, 43~56, 전북대 어학연구소.

홍윤표(1994), ≪근대국어연구≫ I, 태학사.

황대화(1986), ≪동해안 방언 연구≫, 평양: 김일성종합대학출판사.

황대화(1988), ≪조선어 동서방언 비교 연구≫, 한국문화사.

황적륜 외 옮김(1994), ≪사회언어학≫, 한신문화사. [Fasold, R. (1990). *Sociolinguistics of Language*. Oxford: Blackwell.]

小倉進平(1940). *The Outline of the Korean Dialects*. 東京: 東洋文庫.

Ager, D. (2001). *Motivation in Language Planning and Language Policy*. Clevedon: Multilingual Matters Ltd.

Agheyisi, R., and Fishman, J. (1970). "Language attitudes: A brief survey of methodological approaches". *Anthropological Linguistics* 12, 137~157.

Ahn J. K. (1987). *The Social Stratification of Umlaut in Korean*. Doctoral dissertation. University of Texas at Austin.

Allport, G. W. (1954). *The Nature of Prejudice*. Cambridge, MA: Perseus Books.

Anon(1987). *Letters to Gorbachev: New Documents from Soviet Byelorussia* (2nd edition). London: Association of Byelorussians in Great Britain.

Appel, R., and Muysken, P. (1987). *Language Contact and Bilingualism*. Baltimore: Edward Arnold.

Atkinson, J. M., and Heritage, J. (1984). *Structures of Social Action: Studies in Conversation Analysis*. Cambridge: Cambridge University Press.

Austin, J. L. (1962). *How to Do Things with Words*. Cambridge, MA: Harvard

University Press.

Baggioni, D. (1977). "Pour un point de vue relativisée et historicisée sur la norme". *Lengas* 2, 15~34.

Bailey, G., Wikle, T., and Tillery, J. (1997). "The effects of methods on results in dialectology". *English Worldwide* 18(1), 35~63.

Bailey, G., Wilke, T., Tillery, J., and Sand, L. (1993). "Some patterns of linguistic diffusion". *Language Variation and Change* 5, 359~390.

Bailey, L. A., and Timm, L. (1976). "More on women's and men's expletives". *Anthropological Linguistics* 18, 438~439.

Baker, C. (2001). *Foundations of Bilingual Education and Bilingualism*. Clevedon, UK: Multilingual Matters.

Bakir, M. (1986). "Sex differences in the approximation to Standard Arabic: A case study". *Anthropological Linguistics* 28(1), 3~19.

Baldauf, R. B., and Luke, A. (eds.) (1990). *Language Planning and Education in Australasia and the South Pacific*. Clevedon: Multilingual Matters Ltd.

Baron, D. (1986). *Grammar and Gender*. New Haven: Yale University Press.

Bartsch, R. (1987). *Norms of Language: Theoretical and Practical Aspects*. London and New York: Longman.

Bauer, L. (1994). *Watching English Change*. London and New York: Longman.

Beebe, L. M., Takahashi, T., and Uliss-Welts, R. (1985). "Pragmatic transfer in ESL refusals". In R. C. Scacella, E. Andersen and S. C. Krashen (eds.). *On the Development of Communicative Competence in a Second Language*. Rowley, MA: Newbury House.

Beer, W. R., and Jacob, E. J. (eds.) (1985). *Language Policy and National Unity*. Totowa, NJ: Rowman and Allanheld.

Bennet, S., and Weinberg, B. (1979). "Sexual characteristics of pre-adolescent children's voices". *Journal of Acoustical Society of America* 65, 179~189.

Berlin, B., and Kay, P. (1969). *Basic Color Terms-Their Universality and Evolution*. Berkeley and Los Angeles: University of California Press.

Bernard, J. (1982). *The Female World*. New York: The Free Press.

Bernstein, B. (1971). *Class, Codes and Control, Vol. I: Theoretical Studies towards a Sociology of Language*. London: Routledge and Kegan Paul.

Biber, D. (1988). *Variation across Speech and Writing*. Cambridge: Cambridge University Press.

Bishop, G. (1987). "Context effects on self-perception of interest in government and public affairs". In H. J. Hipler, N. Schwarz, and S. Sudman (eds.). *Social Information Processing and Survey Methodology*, 179~199. New York: Springer-Verlag.

Blau, J. (1981). *The Renaissance of Modern Hebrew and Modern Standard Arabic: Parallels and Differences in the Revival of Two Semitic Languages.* Berkeley: University of California Publications.

Bloomfield, L. W. (1933). *Language.* New York: Holt, Rinehart and Winston.

Blum-Kulka, S. (1982). "Learning to say what you mean in a second language: A study of the speech act performance of learners of Hebrew as a second language". *Applied Linguistics* 3, 29~59.

Blum-Kulka, S. (1983). "Interpreting and performing speech acts in a second language: A cross-cultural study of Hebrew and English". In N. Wolfson and E. Judd (eds.). *Sociolinguistics and Language Acquisition*, 36~55. Rowley, MA: Newbury House.

Blum-Kulka, S. (1987). "Indirectness and politeness: Same or different?". *Journal of Pragmatics* 11(2), 131~146.

Boas F. (1940). *Race, Language and Culture.* New York: The Macmillan Company.

Boas, F. (1911). "Introduction to the Handbook of American Indian Language, Bureau of American Anthropology". *Bulletin* 40. Washington Government Printing office. 1922.

Bonvillain, N. (2002). *Language, Culture, and Communication: The Meaning of Messages.* Upper Saddle River, NJ: Prentice Hall.

Bortoni-Ricardo, S. M. (1985). *The Urbanization of Rural Dialect Speakers.* Cambridge: Cambridge University Press.

Boudreau, A. et al. (éds.) (2002). *L'écologie des langues/Ecology of Languagse: Mélanges (Homage to) William Mackey.* Paris: L'Harmattan.

Bourdieu, P. (1979). *Distinction: A Social Critique of the Judgement of Taste.* Boston: Harvard University Press.

Bourdieu, P. (1982). *Ce que parler veut dire: l'économie des échanges linguistiques.* Paris: Fayard.

Bourhis, R. Y., and Giles, H. (1976). "Methodological issues in dialect perception". *Anthropological Linguistics* 18, 294~304.

Bright, W. (ed.) (1966). *Sociolinguistics: Proceedings of the UCLA Sociolinguistics Conference, 1964.* The Hague: Mouton.

Brown, P., and Levinson, S. (1978). "Universals of language usage: Politeness phenomenon". In E. Goody (ed.). *Questions and Politeness*, 56~324. Cambridge: Cambridge University Press.

Brown, P., and Levinson, S. (1987). *Politeness-Some Universals in Language Usage*. Cambridge: Cambridge University Press.

Brown, R., and Gilman, A. (1960). "The pronoun of power and solidarity". In T. Sebeok (ed.). *Style in Language*, 253~276. Cambridge, MA: MIT Press.

Bucholtz, M. (1999). "'Why be normal?': Language and Identity practices in a community of nerd girls". *Language in Society* 28, 203~223.

Bucholtz, M., and Hall, K. (1995). *Gender Articulated*. New York and London: Routledge.

Calvet, L. J. (1996). *Les politiques linguistiques*. Paris: Presses unversitaires de France.

Calvet, L. J. (1999). *Pour une écologie des langues du monde*. Paris: Plon.

Cameron, D. (1990). "Demythologizing sociolinguistics: Why language does not reflect society". In J. E. Joseph and T. J. Tylor (eds.). *Ideology of Language*, 79~93. London: Routledge.

Cameron, D. (1996). "The language–gender interface: Challenging co-operation". In V. L. Bergvall (ed.). *Rethinking Language and Gender Research: Theory and Practice*, 31~53. London: Longman.

Cameron, D. (1997). "Theoretical debates in feminist linguistics: questions of sex and gender". In R. Wodak (ed.). *Discourse and Gender*, 21~36. Thousand Oaks, CA: Sage.

Cameron, D. (2002). "'Respect please!' Subjects and objects in sociolinguistics". In P. Stockwell. *Sociolinguistics: A Resource Book for Students*, 142~145. Routledge: London and New York.

Cameron, D. (ed.) (1998). *The Feminist Critique of Language: A Reader*. London: Routledge.

Cameron, D., McCalinden, F., and O'Leary, K. (1988). "Lakoff in context: The social and linguistic functions of tag questions". In J. Coates and D. Cameron (eds.). *Women in their Speech Communities*, 74~93. London: Longman.

Candace, W., and Zimmerman, D. (1987). "Doing gender". *Gender and Society* 1, 125~151.

Cheshire, J. (1982). "Linguistic variation and social function". In S. Romaine (ed.). *Sociolinguistic Variation in Speech Communities*, 153~166. London: Edward Arnold.

Cheshire, J., and Jenkins, N. (1991). "Gender issues in the GCSE oral English examination, Part II". *Language and Education* 5, 19~40.

Choi, J. S. (2001). "The effect of the amount of positive contact with English on desire to learn English and English proficiency". *Foreign Language Research* 20, 125~141.

Choi, J. S. (2005). "Changing attitudes to English and English speakers". *English Language Teaching* 17(2), 1~24.

Coates, J. (1986). *Women, Men, Language: A Sociolinguistic Account of Sex Differences in Language.* London and New York: Longman.

Coates, J. (1993). *Women, Men and Language* (2nd ed.). Longman: London.

Cobarrubias, J., and Fishman, J. A. (eds.) (1983). *Progress in Language Planning: International Perspectives.* Berlin: Mouton.

Cohen, A. D., and Olshtain, E. (1981). "Developing a measure of sociocultural competence: The case of apology". *Language Learning* 31, 113~134.

Cohen, A. D., Olshtain, E., and Rosenstein, D. S. (1986). "Advanced EFL apologies: What remains to be learned?". *International Journal of the Sociology of Language* 62(6), 51~74.

Cooper, R. L. (1989). *Language Planning and Social Change.* Cambridge: Cambridge University Press.

Coulmas, F. (1985). *Sprache und Staat: Studien über Sprachung und Sparchpolitik.* Berlin: De Gruyter.

Crosby, F., and Nyquist, L. (1977). "The Female register: An empirical study of Lakoff's hypotheses". *Language in Society* 6, 313~322.

Crystal, D. (2000). *Language Death.* Cambridge: Cambridge University Press.

Currie, H. (1952). "A projection of Sociolinguistics: The relationship of speech to social status". *Southern Speech Journal* 18, 28~37.

Davies, H. (1996). "Theorizing women's and men's language". *Language and Communication* 6, 71~80.

DeCapus, A. (1988). *Complaints: A Comparison between German and English. Unpublished Manuscript.* Bronxvill, NY: Concordia College, English Language Center.

DeFrancisco, V. (1998). "The sounds of silence: How men silence women in marital relations". In J. Coates (ed.). *Language and Gender*, 176~184. Malden, MA: Blackwell.

DeKlerk, V. (1992). "How taboo are taboo words for girls?". *Language in Society* 21, 277~290.

Downers, W. (1984). *Language and Society*. London: Fontana.

Drew, P., and Heritage, J. (1992). *Talk at Work: Interaction in Institutional Settings*. Cambridge: Cambridge University Press.

Dubois, B. L., and Crouch, I. (1975). "The question of tag-questions in women's speech: They don't really use more of them, do they?". *Language in Society* 4, 289~294.

Eastman, C. M. (1983). *Language Planning: An Introduction*. Novato, CA: Chandler and Sharp publishers.

Eckert, P. (1989). "The whole woman: sex and gender differences in variation". *Language Variation and Change* 1, 245~268.

Eckert, P. (2000). *Linguistic Variation as Social Practice*. Malden, MA: Blackwell.

Eckert, P., and McConnell-Ginet, S. (1992). "Think practically and look locally: language and gender as community-based practice". *Annual Review of Anthropology* 21, 461~490.

Eckert, P., and McConnell-Ginet, S. (1995). "Constructing meaning, constructing selves: snapshots of language, gender, and class from Belten High". In K. Hall and M. Bucholtz (eds.). *Gender Articulated*, 469~507. New York and London: Routledge.

Eckert, P., and McConnell-Ginet, S. (1998). "Communities of practice: Where language, gender and power all live". In J. Coates (ed.). *Language and Gender: A Reader*, 484~494. Oxford: Blackwell.

Eckert, P., and McConnell-Ginet, S. (2003). *Language and Gender*. Cambridge: Cambridge University Press.

Edelsky, C. (1981). "Who's got the floor?". *Language in Society* 10, 383~421.

Edwards, J. (2004). *Language Minorities*. The Handbook of Applied Linguistics, Routledge.

Edwards, J. R. (1979). "Social class differences and the identification of sex in children's speech". *Journal of Child Language* 6, 121~127.

Ehrlich, S. (1999). "Communities of practice, gender, and representation of sexual assault". *Language in Society* 28, 239~256.

Eisikovits, E. (1988). "Girl-talk/boy-talk: Sex differences in adolescent speech".

In P. Collins and D. Blair (eds.). *Australian English*, 35~54. St. Lucia: University of Queensland Press.

Emerson, R., Fretz, R., and Shaw, L. (2001). "Participant observation and fieldnotes". In P. Atkinson, A. Coffey, S. Delamont, J. Lofland, and L. Lofland (eds.). *Handbook of Ethnography*, 356~357. Thousand Oaks, CA: Sage Publications.

Enfield, N. J. (2007). "Meanings of the unmarked: How 'default' person reference does more than refer". In N. J. Enfield and T. Stivers (eds.). *Person Reference in Interaction: Linguistic, Cultural, and Social Perspective*, 97~120. Cambridge: Cambridge University Press.

Fairclough, N. (1989). *Language and Power*. London and New York: Longman.

Fasold, R. (1984). *The Sociolinguistics of Society*. Oxford: Basil Blackwell.

Fasold, R. (1990). *The Sociolinguistics of Language*. Oxford: Basil Blackwell.

Feagin, C. (2002). "Entering the Community: Fieldwork". In J. K. Chamber, P. Trudgill and N. Schilling-Estes (eds.). *The Handbook of Language Variation and Change*, 20~39. Oxford: Blackwell.

Ferguson, C. (1959). "Diglossia". *Words* 15, 325~340.

Fischer, J. (1958). "Social influences on the choice of a linguistic variant". *Word* 14, 47~56.

Fishman, J. A. (1966). *Language Loyalty in the United States*. New York: Arno Press.

Fishman, J. A. (1967). "Bilingualism with and without diglossia, diglossia with and without bilingualism". *Journal of Social Issues* 23, 29~38.

Fishman, J. A. (1971). "The impact of nationalism of language planning". In J. Rubin and B. H. Jernudd (eds.). *Can Language be Planned?*, 3~20. Honolulu: The University Press of Hawaii.

Fishman, J. A. ed. (1967). *Readings in the Sociology of Language*. The Hague: Mouton.

Fishman, J. A. et al. (1971). "Research outline for comparative studies of language planning". In J. Rubin and B. H. Jernudd (eds.). *Can Language be Planned?*, 293~305. Honolulu: The University Press of Hawaii.

Fishman, P. (1983). "Interaction: The work women do". In B. Thorne, C. Kramarae and N. Henley (eds.). *Language, Gender and Society*, 89~101. Rowley, MA: Newbury.

Frank, F. W., and Trichler, P. A. (1989). *Language, Gender and Professional Writing: Theoretical Approaches and Guidelines for Nonsexist Usage*.

New York: Modern Language Association.

Fraser, B. (1980). "On apologizing". In F. Coulman (ed.). *Conversational Routines*, 259~271. The Hague: Mouton.

Fraser, B., Rintell, E., and Walters, J. (1980). "An approach to conducting research on the acquisition of pragmatic competence in a second language". In D. Larsen-Freeman (ed.). *Discourse-analysis in Second Language Research*, 75~91. Rowley, MA: Newbury House.

Frescura, M. A. (1993). *A Sociolinguistic Comparison of 'Reaction to Complaints': Italian L1 vs. English L1, Italian L2, and Italian as a Community Language.* Unpublished doctoral dissertation. University of Toronto.

Fukushima, S., & Iwata, Y. (1987). "Politeness strategies in requesting and offering". *Japanese Association of College English Teachers Bulletin* 18, 31~48.

Gal, S. (1978). "Peasant men can't get wives: Language change and sex roles in a bilingual community". *Language in Society* 7, 1~16.

Gal, S. (1979). *Language Shift: Social Determinants of Linguistic Change in Bilingual Austria.* New York: Academic Press.

Gardner, R. C. (1985). *Social Psychology and Second Language Learning: the Role of Attitudes and Motivation.* London, UK: Edward Arnold.

Garrett, P. (2010). *Attitudes to Language.* Cambridge: Cambridge University Press.

Garvin, P. L., and Mathiot, M. (1956). "The urbanization of the Guarani language— A problem in language and culture". In Anthony F. C. Wallace (ed.). *Men and Cultures-Selected Papers of the fifth International Congress of Anthropological and Ethnological Sciences*, 783~790. Philadelphia: University of Pennsylvania Press.

Gauthier, F., Leclerc, J. et Maurais, J. (éd.) (1993). *Langues et Constitutions-Recueil des Clauses Linguistiques des Constitutions du Monde.* Québec: Publications du Québec.

Giles, H., Coupland, J., and Coupland, N. (1991). "Accommodation theory: Communication, context, and consequence". In H. Giles, J. Coupland and N. Coupland (eds.). *Contexts of Accommodation: Developments in Applied Sociolinguistics*, 1~68. Cambridge: Cambridge University Press.

Goffman, E. (1981). *Forms of Talk.* Philadelphia: University of Pennsylvania Press.

Goodwin, C. (1979). "The interactive construction of a sentence in natural conversation". In G. Psathas (ed.). *Everyday Language: Studies in Ethnomethodology*, 97~121. New York: Irvington.

Goodwin, C. (1981). *Conversational Organization: Interaction Between Speakers and Hearers*. New York: Academic Press.

Gordon, E. (1997). "Sex, speech, and stereotypes: Why women use prestige speech forms more than men". *Language in Society* 26, 47~64.

Grice, P. (1975). "Logic and conversation". In P. Cole and J. Morgan (eds.). *Syntax and Semantics Vol. III: Speech Acts*, 41~58. New York: Academic Press.

Gumperz, J. J. (1958). "Dialect difference and social stratification in a North Indian village". *American Anthropologist* 60, 668~682.

Gumperz, J. J. (1982a). *Discourse Strategies*. Cambridge: Cambridge University Press.

Gumperz, J. J. (1982b). *Language and Social Identity*. Cambridge: Cambridge University Press.

Haas, M. (1944). "Men's and women's speech in Koasati". *Language* 20, 142~149.

Haeri, N. (2003). *Sacred Language, Ordinary People: Dilemmas of Culture and Politics in Egypt*. New York/Basingstoke: Palgrave Macmillan.

Hartford, K., and Bardovi-Harlig, B. S. (1991). "Saying 'no': native and nonnative rejections in English". In L. Bouton and Y. Kachru (eds.). *Pragmatics and Language Learning. Monograph* 2, 41~57. Urbana-Champaign, IL: DEIL.

Haugen, E. (1966). "Dialect, language, nation". *American Anthropologist* 68, 922~935.

Haugen, E. (1983). "The implementation of corpus planning: Theory and practice". In J. Cobarrubias and J. Fishman (eds.). *Progress in Language Planning: International Perspectives*, 75~88. Berlin: Mouton.

Henley, N., and Kramarae, C. (1991). "Gender, power and miscommunication". In N. Coupland, H. Giles and J. Wiemann (eds.). *"Mis-communication" and Problematic Talk*, 18~43. Newbury Park, CA: Sage.

Herbert, R. K. (1989). "The ethnography of English compliments and compliment responses: A contrastive sketch". In W. Olesky (ed.). *Contrastive Pragmatics*, 3~35. Amsterdam and Philadelphia: John Benjamins.

Heritage, J. (1984). *Garfinkel and Ethnomethodology*. Cambridge: Polity Press.

Heritage, J. (2005). "Conversation analysis and institutional talk". In K. L. Fitch and R. E. Sanders (eds.). *Handbook of Language and Social Interaction*, 103~147. Mahwah. NJ: Lawrence Erlbaum.

Heritage, J., and Maynard, D. W. (2006). *Communication in Medical Care*.

Cambridge: Cambridge University Press.

Hester, S., and Eglin, P. (1997). "Membership categorization analysis: An introduction". In S. Hester and P. Eglin (eds.). *Culture in Action: Studies in Membership Categorization Analysis*, 1~23. Washington, D.C.: International Institute for Ethnomethodology and Conversation Analysis and University Press of America.

Hickey, R. (ed.) (2010). *The Handbook of Language Contact*. UK: Wiley–Blackwell.

Hill, J. (1987). "Women's speech in modern Mexicano". In S. Philips, S Steel and C. Tanz (eds.). *Language, Gender and Sex in Comparative Perspective*, 121~160. Cambridge: Cambridge University Press.

Holes, C. (1983). "Patterns of communal language variation in Bahrain". *Language in Society* 12, 433~457.

Holmes, J. (1984). "Hedging your bets and sitting on the fence: some evidence for hedges as support structures". *Te Reo* 27, 47~62.

Holmes, J. (1992). *Introduction to Sociolinguistics*. London: Longman.

Holmes, J. (1995). *Women, Men, and Politeness*. New York: Longman.

Holmes, J. (2008). *An Introduction to Sociolinguistics*. third edition. Pearson Education Limited: England.

Holmes, J., and Meyerhoff, M. (1999). "The community of practice: Theories and methodologies in language and gender research". *Language in Society* 28, 173~183.

Holms, J., and Hazen, K. (eds.) (2014). *Research Methods in Sociolinguistics*. Wiley Blackwell: Malaysia.

Horn, R. (2004). "Implicature". In R. Horn and G. Ward (eds.). *The Handbook of Pragmatics*. Malden. MA: Blackwell.

Hornberger, N. H. (2006). "Frameworks and models in language policy and planning". In Th. Ricento (ed.). *An Introduction to Language Policy: Theory and Method*, 24~41. London: Blackwell.

Housley, W., and Fitzgerald, R. (2009). "Membership categorization, culture and norms in action". *Discourse and Society* 20(3), 345~362.

Hudson, R. (1996). *Sociolinguistics*. Cambridge: Cambridge University Press.

Hughes, S. (1997). "Expletives of lower working class women". *Language in Society* 21, 291~304.

Hwang, J. R. (1975). *Role of Sociolinguistics in Foreign Language Education with Reference to Korean and English Terms of Address and Levels of*

Deference. Unpublished Doctoral Dissertation. Linguistics Department, University of Texas at Austin.

Hymes, D. H. (1966). "Two types of linguistic relativity". In W. Bright (ed.). *Sociolinguistics*, 114~158. The Hague: Mouton.

Hymes, D. H. (1971). *Pidginization and Creolization of Language*. Cambridge: Cambridge University Press.

Hymes, D. H. (1974). *Foundations in Sociolinguistics: An Ethnographic Approach*. Philadelphia: University of Pennsylvania Press.

James, D., and Clarke, S. (1993). "Women, men, and interruptions: A critical review". In D. Tannen (ed.). *Gender and Conversation*, 231~280. New York and Oxford: Oxford University Press.

Jefferson, G. (1985). "An exercise in the transcription and analysis of laughter". In T. A. van Dijk (ed.). *Handbook of Discourse Analysis Volume 3: Discourse and Dialogue*, 25~34. London: Academic Press.

Jefferson, G. (1988). "On the sequential organization of troubles-talk in ordinary conversation". *Social Problems* 35(4), 418~441.

Jenkins, N., and Cheshire, J. (1990). "Gender issues in the GCSE oral English examination, Part I". *Language and Education* 4, 261~292.

Jernudd, B. H., and Shapiro, M. J. (1989). *The Politics of Language Purism*. Berlin-New York: Mouton de Gruyter.

Jespersen, O. (1922). *Language: Its Nature, Development and Origins*. London: Allen and Unwin.

Joseph, J. E. (1987). *Eloquence and Power: The Rise of Language Standards and Standard Languages*. London: Frances Pinter.

Kasper, G. (1982). "Teaching-induced aspects of interlanguage education". *Language Learning* 16, 1~20.

Kelman, H. C. (1971). "Language as an aid and barrier to involvement in the national system". In J. Rubin and B. H. Jernudd (eds.). *Can Language be Planned?*, 21~51. Honolulu: The University Press of Hawaii.

Key, M. (1975). *Male/Female Language*. Metuchen, NJ: Scarecrow Press.

Kim, H. R. S. (2013). "Reshaping the response space with 'kulenikka' in beginning to respond to questions in Korean conversation". *Journal of Pragmatics* 57, 303~317.

Kim, H. R. S., and Kuroshima, S. (2013). "Turn beginnings in interaction: An introduction". *Journal of Pragmatics* 57, 267~273.

Kim, H. Y. (2005). "An overview of studies of conversation in Korean linguistics". *The Sociolinguistic Journal of Korea* 13(2), 89~126.

Kim, K. H. (1993a). "Topicality in Korean conversation: Conversation analytic perspective". In Patricia M. Clancy (ed.). *Japanese/Korean Linguistics* Vol. 2, 33~54. Stanford: CSLI.

Kim, K. H. (1993b). "Other-initiated repair sequences in Korean conversation as interactional resources". In S. Choi (ed.). *Japanese/Korean Linguistics* Vol. 3, 3~18. Stanford: CSLI.

Kim, K. H. (1999). "Other-initiated repair sequences in Korean conversation: Types and functions". *Discourse and Cognition* 6(2), 141~168.

Kim, K. H. (2001). "Confirming intersubjectivity through retroactive elaboration: Organization of phrasal units in other-initiated repair sequences in Korean conversation". In M. Selting and E. Couper-Kuhlen (eds.). *Studies in International Linguistics*, 345~372. Amsterdam/Philadelphia: John Benjamins.

Kim, K. H. (2003). "An analysis of collaborative completion in Korean conversation". *Language Research* 39(1), 147~182.

Kim, K. H. (2004). "A conversation analysis of Korean sentence-ending modal suffixes -ney, -kwun(a), and -ta: Noticing as a social action". *Sociolinguistic Journal of Korea* 12(1), 1~35.

Kim, K. H. (2007a). "The Korean topic marker '-nun' revisited: '-Nun' as a tying device". In N. H. McGloin and J. Mori (eds.). *Japanese/Korean Linguistics* Vol. 15, 81~92. Stanford: CSLI.

Kim, K. H. (2007b). "Sequential organization of post-predicate elements in Korean conversation: Pursuing uptake and modulating action". *Pragmatics* 17(4), 574~603.

Kim, K. H. (2012). "The use of *incey* in storytelling sequences: Indexing upshot through ordinariness". *Discourse and Cognition* 19(3), 29~58.

Kim, K. H., and Suh, K. H. (1994). "The discourse connective *nikka* in Korean conversation". In N. Akatsuka (ed.). *Japanese/Korean Linguistics* Vol. 4, 113~129. Stanford: CSLI.

Kim, K. H., and Suh, K. H. (1996). "Dealing with prior talk: Discourse connectives in Korean conversation". In N. Akatsuka. S. Iwasaki and S. Strauss (eds.). *Japanese/Korean Linguistics* Vol. 5, 83~99. Stanford: CSLI.

Kim, K. H., and Suh, K. H. (2002). "Demonstratives as prospective indexicals:

Ku and *ce* in Korean conversation". In N. Akatsuka, S. Iwasaki, S. Strauss and B. Comrie (eds.). *Japanese/Korean Linguistics* Vol. 10, 192~205. Stanford: CSLI.

Kim, K. H., and Suh, K. H. (2010a). *"Ketun* in conversation: Soliciting news receipt as sequentially-motivated action". In S. Iwasaki, H. Hoji, P. M. Clancy, and S. O. Sohn (eds.). *Japanese-Korean Linguistics* Vol. 17, 423~438. Stanford: CSLI.

Kim, K. H., and Suh, K. H. (2010b). "The sentence-ending suffix -ketun in Korean conversation with reference to -nuntey: Sequence organization and management of epistemic rights". *Discourse and Cognition* 17(3), 1~38.

Kiparsky, P. (1979). *Panini as a Variationist*. Cambridge: MIT Press.

Kloss, H. (1969). *Research Possibilities on Group Bilingualism: A Report*. Quebec: International Center for Research on Bilingualism.

Koo, J. (1995). *Politeness Theory: Universality and Specificity*. Unpublished doctoral dissertation. Harvard University, Cambridge, MA.

Kramer, C. (1975). "Women's speech: Separate but unequal". In B. Thorne and N. Henley (eds.). *Language and Sex*, 43~56. Rowley, MA: Newbury.

Labov, W. (1966a). *The Social Stratification of English in New York City*. Washington, D.C.: Center for Applied Linguistics.

Labov, W. (1966b). "Hypercorrection by the lower middle class as a factor in sound change". In W. Bright (ed.). *Sociolinguistics*, 88~101. The Hague: Mouton.

Labov, W. (1972). *Sociolinguistic Patterns*. Philadelphia: University of Pennsylvania Press.

Labov, W. (1990). "The intersection of sex and social class in the course of linguistic change". *Language Variation and Change* 2, 205~254.

Labov, W. (1991). *Sociolinguistic Patterns*. Philadelphia: University of Pennsylvania Press.

Labov, W. (1994). *Principles of Linguistic Change: Internal Factors*. Oxford: Blackwell.

Lakoff, R. (1973). "The logic of politeness: or minding your p's and q's". In C. Corum, T. Smith-Stark and A. Weiser (eds.). *Chicargo Linguistic Society* 9, 292~305. Chicago: Chicago Linguistic Society.

Lakoff, R. (1975). *Language and a Woman's Place*. New York: Harper and Row.

Lambert, W. E. (1967). "A social psychology of bilingualism". *Journal of Social*

Issues Vol. 23(2), 91~108.

Lambert, W. E. et al. (1960). "Evaluative reactions to spoken language". *Journal of Abnormal and Social Psychology*, 44~51.

Lave, J., and Wenger, E. (1991). *Situated Learning: Legitimate Peripheral Participation*. Cambridge and New York: Cambridge University Press.

Lee, J. S. H. (2004). "Linguistic hybridization in K-Pop: Discourse of self-assertion and resistance". *World Englishes* 23(3), 429~450.

Leech, G. (1983). *Principles of Pragmatics*. London: Longman.

Leech, G. (2002), "Language, culture and politeness", ≪인문논총≫ 58, 57~89, 부산대 인문학연구소.

Lerner. G. H. (1996). "Finding 'face' in the preference structure of talk-in-interaction". *Social Psychology Quarterly* 59(4), 303~321.

Levin, L., and Crockett, H. (1967). "Speech variation in a Piedmont community: Postvocalic 'r'". In S. Lieberson (ed.). *Explorations in Sociolinguistics*, 76~98. Bloomington: Indiana University Press.

Levinson, S. C. (1983). *Pragmatics*. Cambridge: Cambridge University Press.

Luke, A., McHoul, A., and May, J. L. (1990). "On the limits of language planning: Class, state and power". In R. B. Baldauf and A. Luke (eds.). *Language Planning and Education in Australasia and the South Pacific*, 25~44. Clevedon: Multilingual Matters Ltd.

Lukoff, F. (1978), "On honorific reference", ≪논뫼 허웅박사 환갑기념논문집≫, 539~562, 과학사.

Lyuh, I. (1994). "A comparison of Korean and American refusal strategies". *English Education* 49, 221~251.

Macaulay, R. K. S. (1977). *Language, Social Class, and Education: A Glasgow Study*. Edinburgh: Edinburgh University Press.

MacCormick, K. M. (2001). "Gender and language". In Mestherie (ed.). *Concise Encyclopedia of Sociolinguistics*, 336~345. Amsterdam: Elsvier.

MacKay, D. (1983). "Prescriptive grammar and the pronoun problem". In B. Thorne et al. (eds.). *Language, Gender and Society*, 38~53. Rowley, MA: Newbury.

Maltz, D., and Borker, R. (1982). "A cultural approach to male-female miscommunication". In J. J. Gumperz (ed.). *Language and Social Identity*, 196~216. Cambridge: Cambridge University Press.

Martinez, M. (1989). "The implementation of the Pascua Yaqui tribe language policy and the impact on the development of bilingual/bicultural education programs for Yaqui and O'odham students in a public school district". *Proceedings of the Eighth Annual International Native American Languages Institute* 20, 182~208. Tempe, INALII.

McConell-Ginet, S. (1983). "Intonation in a man's world". In K. B. Thorne, C. Kramarae and N. Henley (eds.). *Language, Gender and Society*, 69~88. Rowley, MA: Newbury House.

Mesthrie R., Swann, J., Deumert, A., and Leap, W. L. (2012). *Introducing Sociolinguistics* (2nd ed.). Edinburgh University Press.

Meyerhoff, M. (2006). *Introducing Sociolinguistics*. London and New York: Routledge.

Meyerhoff, M. (2011). *Introducing Sociolinguistics* (2nd ed.). New York: Routledge.

Milroy, J. (1981). *Regional Accents of English: Belfast*. Belfast: Blackstaff.

Milroy, J., and Milroy, L. (1990). "Language in society: Sociolinguistics". *Collins Dictionary of the English Language* (1991). London: Collins.

Milroy, L. (1980). *Language and Social networks*. Oxford: Basil Blackwell.

Milroy, L. (1988). "Review of Horvath 1985". *Language in Society* 17(4), 577~581.

Milroy, L. (2001). "Social networks". In R. Mesthrie (ed.). *Concise Encyclopedia of Sociolinguistics*. Amsterdam: Elsvier.

Milroy, L., and Margrain, S. (1980). "Vernacular language loyalty and social network". *Language in Society* 9(1), 43~70.

Milroy, L., and Milroy, J. (1992). "Social network and social class: Toward an integrated sociolinguistic model". *Language in Society* 21(1), 1~26.

Moerman, M. (1988). *Talking Culture: Ethnography and Conversation Analysis*. Philadelphia: University of Pennsylvania Press.

Moon, Y. I. (1998). "Interlanguage features of Korean and American refusal strategies". *English Education* 49, 221~251.

Mühlhäusler, P. (1986). *Pidgin and Creole Linguistics*. Oxford: Basil Blackwell.

Murphy, B., and Neu, J. (1996). "My grade's too low: The speech act set of complaining". In S. M. Gass and J. Neu (eds.). *Speech Acts across Cultures: Challenges to Communication in A Second Language*, 191~216. Berlin: Mouton de Gruyter.

Nichols, P. (1983). "Linguistic options and choices for black women in rural south". In K. B. Thorne, C. Kramarae and N. Henley (eds.). *Language, Gender and Society*, 54~68. Rowley, MA: Newbury House.

O'Grady, W. (1989). *Contemporary Linguistics*. New York: St. Martin's Press.

Ochs, E. (1992), "Indexing gender". In A. Duranti and C. Goodwin (eds.). *Rethinking Context: Language as An Interactive Phenomenon*, 335~358. Cambridge: Cambridge University Press.

Ochs, E., Schegloff, E. A., and Thompson, S. A. (1996). *Interaction and Grammar*. Cambridge: Cambridge University Press.

Oh, S. Y. (2007). "Interactional functions of English demonstratives in personal reference". *English Language and Linguistics* 23, 225~255.

Olshtain, E. (1983). "Sociocultural competence and language tranfer: The case of apology". In S. Gass and L. Selinker (eds.). *Language Transfer and Language Learning*, 232~249. Rowley, MA: Newbury House.

Olshtain, E., and Weinbach, L. (1988). "Giving and responding to compliments-characterizing compliments in Israeli society (In Hebrew)". *Hed Haulpan* 53, 35~39.

Ono, T., and Couper-Kuhlen, E. (2007). "Increments in cross-linguistic perspective: Introductory remarks". *Pragmatics* 17(4), 505~512.

Oppenheim, B. (1982). "A exercise in attitude measurement". In G.M. Breakwell, H. Foot and R. Gilmour (eds.). *Social Psychology: A Practical Manual*. London: Macmillan Press.

Park, J. S. (2009). "Pre-verbal negation yes/no question-answer sequences in conversation: Action formation and sequence organization". *Enehak (Linguistics)* 55, 75~107.

Park, Y. Y. (1998a). "A discourse analysis of the Korean connective *ketun* in conversation". *Crossroads of Language, Interaction and Culture* 1, 71~89.

Park, Y. Y. (1998b). "A discourse analysis of contrastive connectives in English, Korean, and Japanese conversations: With special reference to the context of dispreferred responses". In A. H. Jucker and Y. Ziv (eds.). *Discourse Markers: Descriptions and Theory*, 277~300. Amsterdam/ Philadelphia: John Benjamins.

Park, Y. Y. (1999). "The Korean connective *nuntey* in conversational discourse". *Journal of Pragmatics* 31, 191~218.

Park, Y. Y. (2002). ""Recognition and identification in Japanese and Korean telephone conversation openings". In K. K. Luke and T. S. Pavilidou (eds.). *Telephone Calls: Unity and Diversity in Conversational Structure across Languages and Cultures*, 25~47. Amsterdam/Philadelphia: John Benjamins.

Peirce, C. S. (1933). "Three kinds of signs". In C. Hartshorne and P. Weiss (eds.). *Collected Papers of Charles Sanders Peirce* Vol. 3. Cambridge, MA: Harvard University Press.

Peräkylä, A. (2002). "Authority and authority: Extended responses to diagnostic statements in primary care encounters". *Research on Language and Social Interaction* 35, 219~247.

Phillipson, R. (1992). *Linguistic Imperialism*. Oxford: Oxford University Press.

Piercy, C. (2012). "A trans-atlantic cross-dialectal comparison of non-prevocalic /r/". *University of Pennsylvania Working Papers in Linguistics* 18, 77~86. Department of Linguistics, University of Pennsylvania.

Pomerantz, A. (1978). "Compliment responses: Notes on the cooperation of multiple constraints". In J. Schenkein (ed.). *Studies in the Organization of Conversational Interaction*, 79~112. New York: Academic Press.

Pomerantz, A. (1984). "Agreeing and disagreeing with assessments: Some features of preferred/dispreferred turn shapes". In J. M. Atkinson and J. Heritage (eds.). *Structures of Social Action: Studies in Conversation Analysis*, 57~101. Cambridge: Cambridge University Press.

Raymond, G. (2003). "Grammar and social organization: Yes/No interrogatives and the structure of responding". *American Sociological Review* 68, 939~967.

Ricento, Th. (2006). "Language policy: Theory and practice-An introduction". In Th. Ricento (ed.). *An Introduction to Language Policy: Theory and Method*, 10~23. London: Blackwell.

Robillard, D. de(1989). *L'aménagement Linguistique, Problématique et Perspectives*. Thèse nouveau régime, Université de Provence.

Romaine, S. (2000). *Language in Society: An Introduction to Sociolinguistics* (2nd ed.). Oxford: Oxford University Press.

Rubin, J., and Jernudd, B. H. (eds.) (1971). *Can Language be Planned?*. Honolulu: The University Press of Hawaii.

Sacks, H. (1985). "The inference-making machine: Notes on observability". In T. A. van Dijk (ed.). *Handbook of Discourse Analysis*, 13~23. London: Academic Press.

Sacks, H. (1992a). *Lectures on Conversation* Vol. 1. (G. Jefferson ed.). Oxford/ Cambridge: Blackwell.

Sacks, H. (1992b). *Lectures on Conversation* Vol. 2. (G. Jefferson ed.). Oxford/

Cambridge: Blackwell.

Sacks, H., Schegloff, E. A., and Jefferson, G. (1974). "A simplest systematics for the organization of turn-taking in conversation". *Language* 50(4), 696~735.

Sankoff, D., and Laberge, S. (1978). "The linguistic market and the statistical explanation of variability". In D. Sankoff (ed.). *Linguistic Variation: Models and Methods*, 239~250. New York: Academic Press.

Sankoff, D., Cedergen, H., Kemp, W., Thibault, P., and Vincent, D. (1989). "Montreal French: Language, class and ideology". In R. Fasold and D. Schiffrin (eds.). *Language Change and Variation*, 107~118. Amsterdam: John Benjamins.

Sankoff, G. (1974). "A quantitative paradigm for the study of communicative competence". In R. Bauman and J. Sherzer (eds.). *Explorations in the Ethnography of Speaking*, 18~49. Cambridge: Cambridge University Press.

Sapir, E. (1949). "Language and environment". In *Selected Writing of Edward Sapir*, 89~103. edited by D. Mandelbaum. Berkeley: University of California Press.

Sattel, J. (1983). "Men, inexpressiveness and power". In B. Thorne, C. Kramarae and N. Henley (eds.). *Language, Gender and Society*, 118~124. Rowley, MA: Newbury.

Schatz, H. (1986). *Plat Amsterdams in its Social Context*. Amsterdam: P. J. Meertens-Institut voor Dialectologie, Volkskunde en Naamkunde.

Schegloff, E. A. (1996). "Turn organization: One intersection of grammar and interaction". In E. Ochs, E. A. Schegloff and S. A. Thompson (eds.). *Interaction and Grammar*, 70~85. Cambridge: Cambridge University Press.

Schegloff, E. A. (2006). "Interaction: The infrastructure for social institutions, the natural ecological niche for language, and the arena in which culture is enacted". In N. J. Enfield and S. C. Levinson (eds.). *Roots of Human Sociality: Culture, Cognition and Interaction*, 70~96. New York: Berg.

Schegloff, E. A. (2007). *Sequence Organization in Interaction: A Primer in Conversation Analysis*, Vol. 1. Cambridge: Cambridge University Press.

Schegloff, E. A., and Sacks, H. (1973). "Opening up closings". *Semiotica* 7, 289~327.

Schegloff, E. A., Jefferson, G., and Sacks, H. (1977). "The preference for self-correction in the organization of repair in conversation". *Language* 53, 361~382.

Schiffman, H. F. (1996). *Linguistic Culture and Language Policy*. London: Routledge.

Schilling, N. (2013). *Sociolinguistic Feldwork*. Cambridge: Cambridge University Press.

Schuman, H., and Presser, S. (1981). *Questions and Answers in Attitude Surveys: Experiments in Question Form, Wording, and Context*. New York: Academic Press.

Searle, J. R. (1969). *Speech Acts: An Essay in the Philosophy of Language*. Cambridge: Cambridge University Press.

Searle, J. R. (1975). "Indirect speech acts". In Cole, P. and Morgan, J. L. (eds.). *Syntax and Semantics* 3, 59~82. New York: Academic Press.

Searle, J. R. (1979). *Expression and Meaning*. Cambridge: Cambridge University Press.

Shuy, R. W., Wolfram, W. A., Riely, W. K. (1967). *Linguistic Correlates of Social Stratification in Detroit Speech*. East Lansing: Michigan State University.

Sidnell, J. (1999). "Gender and pronominal variation in an Indo-Guyanese creole-speaking community". *Language in Society* 28, 367~400.

Sidnell, J. (2010). *Conversation Analysis: An Introduction*. Wilely-Blackwell.

Skutnabb-Kangas, T., and Phillipson, R. (eds.) (1994). *Linguistic Human Rights: Overcoming Linguistic Discrimination*. Berlin/New York: Mouton de Gruyter.

Spolsky, B. (2004). *Language Policy*. Cambridge: Cambridge University Press.

Spolsky, B. (2009). *Language Management*. Cambridge: Cambridge University Press.

Stivers, T., and Heritage, J. (2001). "Breaking the sequential mold: Answering 'more than the question' during medical history taking". *Text* 21, 151~185.

Stivers, T., Enfield, N. J., Brown, P., Englert, C., Hayashi, M., Heinemann, T. (2009). "Universals and Cultural Variation in Turn-Taking in Conversation". *Proceedings of the National Academy of Sciences of the United States of America* 106(26), 10587~10592.

Stokoe, E. (2012). "Moving forward with membership categorization analysis: Methods for systemic analysis". *Discourse Studies* 14(3), 277~303.

Suh, K. H. (2009). "A contrastive study of compliment response among Indonesians and Koreans". *Southeast Asia Journal* 19(2), 109~135.

Suh, K. H., and Kim, K. H. (1993). "The Korean modal *keyss* as a marker of affect: An interactional perspective". In P. M. Clancy (ed.). *Japanese/Korean Linguistics* Vol. 2, 98~114. Stanford: CSLI.

Suh, K. H., and Kim, K. H. (2001). "The Korean modal marker *keyss* revisited:

A marker of achieved state of intersubjectivity". *Berkeley Linguistics Society* 26, 271~282.

Swacker, M. (1975). "The sex of the speaker as a sociolinguistic variable". In B. Thorne and N. Henley (eds.). *Language and Sex*, 76~83. Rowley, MA: Newbury.

Swann, J. et al. (2004). *A Dictionary of Sociolinguistics*. Edinburgh: Edinburgh University Press.

Tagliamonte, S. (1998). "Was/were variation across the generations: View from the city of York". *Language Variation and Change* 10, 153~191.

Tannen. D. (1981). "New York Jewish conversational style". *International Journal of the Sociology of Language* 30, 133~149.

Tannen, D. (1986). *That's Not What I Meant*. New York: Ballantine.

Tannen, D. (1990). *You Just Don't Understand: Women and Men in Conversation*. New York: Ballantine Books.

Tannen, D. (1994). *Gender and Discourse*. New York: Oxford University Press.

Thomas, J. A. (1995). *Meaning in Interaction: An Introduction to Pragmatics*. Harlow: Longman.

Thorne, B., and Henley, N. (1975). "Difference and dominance: An Overview of language, gender and, society". In B. Thorne and N. Henley (eds.). *Language and Sex: Difference and Dominance*, 5~42. Rowley, MA: Newbury House Publishers.

Tillery, J., Bailey, B., and Wikle, T. (1997). "The nationalization of a southernism (y'all)". South Central American Dialect Society. Dallas, TX. October 30.

Troemel-Ploetz, S. (1988). "Selling the apolitical". In J. Coates (ed.). *Language and Gender*, 446~458. Malden, MA: Blackwell.

Trudgill, P. (1972). "Sex, covert prestige and linguistic change in the urban British English of Norwich". *Language in Society* 11, 179~195.

Trudgill, P. (1974a). *Sociolingusitics: An Introduction to Language and Society* (1st ed.). Harmondsworth: Penguin Books.

Trudgill, P. (1974b). *The Social Differentiation of English in Norwich*. Cambridge: Cambridge University Press.

Trudgill, P. (1986). *Dialects in Contact*. Oxford: Blackwell.

Trudgill, P. (1995). *Sociolinguistics: An Introduction to Language and Society* (3rd ed.). Harmondsworth: Penguin.

Trudgill, P. (1999). "Standard English: What it isn't". In T. Bex and R. J. Watts (eds.). *Standard English-the Widening Debate*, 117~128. London and New York: Routledge.

Trudgill, P. (2003). *A Glossary of Sociolinguistics*. Oxford: Oxford University Press.

Trudgill, P., and Tzavaras, G. (1977). "Why Albanian-Greeks are not Albanians: Language Shift in Attica and Biotia". In H. Giles (ed.). *Language Ethnicity and Intergroup Relations*, 171~184. London: Academic Press.

Uchida, A. (1992). "When 'difference' is 'dominance': A critique of the 'antipower-based' cultural approach to sex differences". *Language in Society* 21, 547~568.

Wardhaugh, R. (1986). *An Introduction to Sociolinguistics*. Oxford: Blackwell.

Watts, R. (2003). *Politeness*. Cambridge: Cambridge University Press.

Weber, M. (1946). *From Max Weber*(translated and edited by H. Gerth, and C. W. Mills). New York: The Free Press.

Wenger, E. (1998). *Communities of Practice*. Cambridge: Cambridge Univ. Press.

West, C. (1998). "When the doctor is a 'lady': Power, status and gender in physician-patient encounters". In J. Coates (ed.). *Language and Gender*, 396~412. Malden, MA: Blackwell.

West, C., and Zimmerman, D. (1977). "Women's place in everyday talk: Reflection on parent-child interaction". *Social Problems* 24(5), 521~529.

West, C., and Zimmerman, D. (1983). "Small insults: A study of interruptions in cross-sex conversation between unacquainted persons". In B. Thorne, C. Kramarae and N. Henley (eds.). *Language, Gender and Society*, 103~118. Rowley, MA: Newbury.

Wierzbicka, A. (1991). *Cross-cultural Pragmatics*. Mouton de Gruyter.

Williams, F. (1973). "Some Research Notes on Dialect Attitudes and Stereotypes". In R. W. Fasold (ed.), *Variation in the Form and Use of Language: A Sociolinguistic Reader*, 354~360. Washington, D. C.: Georgetown University Press.

Wolfram, W. (1969). *A Sociolinguistic Description of Detroit Negro Speech*. Washington, DC: Center for Applied Linguistics.

Wolfram, W., and Fasold, R. (1974). *The Study of Social Dialects in American English*. Englewood Cliffs, NJ: Prentice-Hall.

Wolfson, N. (1981). "Compliments in cross-cultural perspective". *TESOL Quarterly* 15(2), 117~124.

Wolfson, N. (1988). "The bulge: A theory of speech behavior and social distance". In J. Pine (ed.). *Second Language Discourse: A Textbook of Current Research*, 21~38. Norwood, NJ: Ablex.

Wolfson, N. (1989). *Perspectives: Sociolinguistics and TESOL*. Cambridge: Newbury House/HarperCollins.

Wolfson, N., and Manes, J. (1980). "The compliment as a social strategy". *Papers in Linguistics* 13(3), 391~410.

Woods, N. (1988). "Talking shop: Sex and status as determinants of floor apportionment in a work setting". In J. Coates and D. Cameron (eds.). *Women in Their Speech Communities*, 141~157. London: Longman.

Wootton, A. J. (2005). *Interaction and the Development of Mind*. Cambridge: Cambridge University Press.

Wright, S. (2004). *Language Policy and Language Planning: From Nationalism to Globalisation*. Basingstoke, Hampshire and New York: Palgrave Macmillan.

Yenbing, Sh. (1955). [Kwanming Daily], November 23. Republished, 1957. in [*Collected Documents of the First National Writing Reform Conference*], 8~10. Peking: Wenzi gaige chubanshe 20.

Yule, G. (1996). *Pragmatics*. Oxford: Oxford University Press.

Zimmerman, D., and West, C. (1975). "Sex roles, interruptions and silences in conversation". In B. Thorne and N. Henley (eds.). *Language and Sex*, 105~129. Rowley, MA: Newbury.

찾아보기

2. 내용